UTB 3107

W0216831

Eine Arbeitsgemeinschaft der Verlage

Böhlau Verlag · Köln · Weimar · Wien
Verlag Barbara Budrich · Opladen · Farmington Hills
facultas.wuv · Wien
Wilhelm Fink · München
A. Francke Verlag · Tübingen und Basel
Haupt Verlag · Bern · Stuttgart · Wien
Julius Klinkhardt Verlagsbuchhandlung · Bad Heilbrunn
Lucius & Lucius Verlagsgesellschaft · Stuttgart
Mohr Siebeck · Tübingen
C. F. Müller Verlag · Heidelberg
Orell Füssli Verlag · Zürich
Verlag Recht und Wirtschaft · Frankfurt am Main
Ernst Reinhardt Verlag · München · Basel
Ferdinand Schöningh · Paderborn · München · Wien · Zürich
Eugen Ulmer Verlag · Stuttgart
UVK Verlagsgesellschaft · Konstanz
Vandenhoeck & Ruprecht · Göttingen
vdf Hochschulverlag AG an der ETH Zürich

Grundkurs Politikwissenschaft

herausgegeben von
Hans-Joachim Lauth und Ruth Zimmerling

Bislang erschienen ausserdem:

Karl-Rudolf Korte / Manuel Fröhlich: *Politik und Regieren in Deutschland* (UTB 2436)

Joachim Behnke / Nina Baur / Nathalie Behnke: *Empirische Methoden der Politikwissenschaft* (UTB 2695)

Josef Schmid u.a.: *Wirtschaftspolitik für Politologen* (UTB 2804)

Michael Becker / Johannes Schmidt / Reinhard Zintl: *Politische Philosophie* (UTB 2816)

Frank Schimmelfennig

Internationale Politik

FERDINAND SCHÖNINGH
PADERBORN · MÜNCHEN · WIEN · ZÜRICH

Der Autor:

Frank Schimmelfennig ist Professor für Europäische Politik an der ETH Zürich und Mitglied des Center for Comparative and International Studies. Weitere Informationen sind im Internet unter http://www.eup.ethz.ch abrufbar.

Bibliografische Information der Deutschen Nationalbibliothek

Die Deutsche Nationalbibliothek verzeichnet diese Publikation in der Deutschen Nationalbibliografie; detaillierte bibliografische Daten sind im Internet über http://dnb.d-nb.de abrufbar.

Gedruckt auf umweltfreundlichem, chlorfrei gebleichtem Papier.

(Verlag Ferdinand Schöningh GmbH & Co. KG, Jühenplatz 1, D-33098 Paderborn)
ISBN 978-3-506-76581-9

Internet: www.schoeningh.de

Printed in Germany.
Herstellung: Ferdinand Schöningh, Paderborn
Einbandgestaltung: Atelier Reichert, Stuttgart

UTB-Bestellnummer: ISBN 3-978-3-8252-3107-1

Inhaltsverzeichnis

Abbildungen, Tabellen und Textboxen

Vorwort der Reihenherausgeber

Mit der Reihe ‚Grundkurs Politikwissenschaft' bieten wir eine Lehrbuchsammlung an, die alle Teilbereiche des Grund- bzw. BA-Studiums in den Fächern Politikwissenschaft und Sozialkunde abdeckt. Herausgeber und Autoren der Reihe verfolgen einen doppelten Anspruch: Unser Ziel ist es, Studierenden der Politikwissenschaft/Sozialkunde Bücher zur Verfügung zu stellen, die sowohl *inhaltlich anspruchsvoll* als auch *didaktisch aufbereitet* sind, um die Bewältigung des Stoffs zu erleichtern. Die Autorenteams bestehen aus Dozentinnen und Dozenten mit langjähriger Lehrerfahrung zum betreffenden Teilbereich. Die vollständige Reihe wird sieben Bände umfassen, entsprechend der Teilbereiche

- *Politisches System der Bundesrepublik Deutschland,*
- *Politische Philosophie,*
- *Politische Theorie,*
- *Analyse und Vergleich politischer Systeme,*
- *Internationale Beziehungen und Außenpolitik,*
- *Wirtschaft, Gesellschaft und Politik* sowie
- *Statistik und Methoden der empirischen Politikforschung.*

Zwei thematische Besonderheiten unserer Reihe erleichtern diese umfassende Orientierung:

Erstens werden die Beziehungen zwischen Politik und Wirtschaft in einem eigenen Band behandelt, denn in den neuen BA-Studiengängen – insbesondere auch im Fach Sozialkunde – wird sozio-ökonomischen und wirtschaftspolitischen Zusammenhängen meistens eine größere Rolle eingeräumt.

Zweitens wird in dieser Reihe die politische Philosophie getrennt von der politischen Theorie behandelt. Diese Trennung, die in den meisten Studienordnungen nicht ausdrücklich vollzogen wird, ist inhaltlich notwendig. Fragestellungen der politischen Philosophie erfordern eine eigenständige umfassende Darstellung und Diskussion. Der Band zur politischen Theorie dagegen wird dem allgemeinen theoretischen Rüstzeug gewidmet sein, das angehende Politologen und Sozialkundelehrer brauchen

Wir möchten mit der Konzeption der Reihe ‚Grundkurs Politikwissenschaft' den Bedürfnissen im politikwissenschaftlichen Studium gerecht werden. Doch auch wir lernen aus Erfahrung. Als Herausgeber würden wir uns freuen, wenn Sie sich bei Bedarf mit Wünschen, Anmerkungen oder Fehlerhinweisen an uns oder an die Autoren wenden würden, damit eine eventuelle Neuauflage für das Studium noch nützlicher werden kann.

Vorwort

Der „Band Internationale Politik“ gibt eine problemorientierte und theoriegeleitete Einführung in die politikwissenschaftliche Teildisziplin der Internationalen Beziehungen (IB). In ihrem Kern befasst sich die IB mit den besonderen politischen Problemen der „internationalen Anarchie“, also der Abwesenheit herrschaftlicher Regelsetzung und Regeldurchsetzung jenseits staatlicher Grenzen. Sie analysiert die Herausforderungen der Anarchie für politisches Handeln und erforscht, wie und unter welchen Bedingungen diese Herausforderungen gemeistert werden können. Der Grundkurs besteht aus drei Teilen:

- Teil I gibt eine Einführung in die zentralen Gegenstände, Probleme und die theoretische Analyse der internationalen Politik. Die internationale Anarchie und die durch sie hervorgerufenen politischen Probleme der Unsicherheit, Ineffizienz und Unfreiheit stehen dabei im Vordergrund.
- Teil II stellt die aktuell wichtigsten kausalanalytischen Theorien der internationalen Politik vor: Realismus, Institutionalismus, Transnationalismus, Liberalismus und Konstruktivismus. Sie entwerfen jeweils unterschiedliche Modelle der Akteure, Strukturen und Prozesse internationaler Politik und formulieren unterschiedliche Bedingungen für die Überwindung der Probleme der Anarchie.
- In Teil III werden ausgewählte aktuelle Entwicklungen, Ereignisse und Muster internationaler Politik beschrieben und mit Hilfe der Theorien der internationalen Politik erklärt. Dazu zählen Krieg und Frieden sowie Kooperation und Integration in unterschiedlichen Bereichen der internationalen Politik (unter anderem Sicherheitspolitik, Handels- und Währungspolitik sowie Menschenrechtspolitik).

Der „Grundkurs Internationale Politik“ schließt damit eine Lücke in der neueren deutschsprachigen Einführungsliteratur, die typischerweise entweder einen Überblick über die Theorien der IB bietet oder auf die systematische Beschreibung von Akteure, Beziehungsmustern und Problemfeldern der internationalen Politik fokussiert ist – aber nicht beides miteinander verbindet.

Die Internationalen Beziehungen zeichnen sich durch ein hohes Maß an Theoriepluralismus aus, dem auch dieser Grundkurs verpflichtet ist. Es geht also nicht darum, die Überlegenheit einer bestimmten Theorie zu demonstrieren, sondern den Leserinnen und Lesern das wesentliche theoretische Instrumentarium an die Hand zu geben und sie dazu zu ermuntern, Erklärungsprobleme aus unterschiedlichen theoretischen Perspektiven anzugehen.

Der Grundkurs ist im Aufbau eng an den Zeitrahmen und die Anforderungen einer einsemestrigen Einführungsveranstaltung in die Internationalen Beziehungen angelehnt. Der Text der einzelnen Kapitel ist als Grundlektüre für die wöchentliche Vorlesung oder Seminarsitzung gedacht. Je nach Zeitangebot können einzelne Kapitel ausgelassen oder auf zwei Sitzungen verteilt werden. Hinweise auf weiterführende Literatur für das Selbststudium oder z. B. vorlesungsbegleitende Tutorien und Übungen ergänzen die Kapitel.

Die Struktur und die Inhalte des Grundkurses habe ich während der vergangenen gut 15 Jahre in Einführungsseminaren und -vorlesungen über internationale Politik an den Universitäten Tübingen, Konstanz, Darmstadt und Mannheim sowie an der ETH Zürich kontinuierlich erprobt und verändert. Ich habe dabei in vielfältiger Weise von Diskussionen mit Kolleginnen und Kollegen und von den Reaktionen und Anregungen der Studierenden profitiert. Ruth Zimmerling hat mich beharrlich dafür geworben, dieses Buch für die Grundkurs-Reihe zu verfassen. Andreas Dür und Thomas Jensen verdanke ich wertvolle Hinweise zu einzelnen Kapiteln. Tina Freyburg, Dirk Leuffen und Anne Wetzel haben große Teile des Textes gelesen und ausführlich kommentiert. Anne Wetzel hat überdies die Formatierung des Textes und die Formulierung der Randspaltentexte übernommen. Alrik Thiem hat das Register erstellt. Ihnen allen gebührt mein Dank. Die Verantwortung für verbleibende Mängel und Fehler liegt natürlich allein beim Verfasser.

Zürich, im Februar 2008
Frank Schimmelfennig

Teil I

Gegenstand, Probleme, Theoriekonstruktion

1 Gegenstand und Probleme der internationalen Politik

Was ist internationale Politik? In diesem Kapitel wird „internationale Politik“ zunächst als die Gesamtheit aller Interaktionen definiert, die auf die autoritative Verteilung von Werten jenseits staatlicher Grenzen gerichtet sind. Wichtiger als diese formale begriffliche Bestimmung und Abgrenzung ist aber die Frage, was das Besondere an der Politik jenseits staatlicher Grenzen ist und was die „internationale Politik“ als eigenständigen Gegenstand der Politik und der Politikwissenschaft ausmacht. Die Antwort lautet: Internationale Politik ist Politik unter den Bedingungen der Anarchie (Kap. 1.1). Der zweite Teil des Kapitels ist der Frage gewidmet, mit welchen besonderen Problemen und Herausforderungen Politik unter den Bedingungen der Anarchie konfrontiert ist. Er beschreibt zentrale Herausforderungen für die Werteverteilung in den Bereichen Sicherheit, Wohlfahrt und Freiheit und zeigt, wie sich die Problematik der internationalen Anarchie von der Einhegung ungezügelter staatlicher Souveränität zur Kompensation entwerteter staatlicher Souveränität verschoben hat.

1.1 Was ist internationale Politik?

1.1.1 Grenzüberschreitende autoritative Werteverteilung

Schlagzeilen

Was ist internationale Politik? Um das herauszufinden, können Sie eine beliebige überregionale Qualitätszeitung an einem beliebigen Tag zur Hand nehmen. Am 11. Januar 2008 hätten Sie in der *Süddeutschen Zeitung* unter anderem folgende Schlagzeilen lesen können:

- „Briten wollen neue Atomkraftwerke bauen. London möchte damit Klimaziele erreichen/Auch Franzosen, Finnen, Bulgaren, Slowaken und Balten planen Meiler“
- „Mehr als 150 000 Iraker seit US-Invasion getötet. Vereinte Nationen legen umfassende Untersuchung der Kriegsfolgen vor/Zwei Millionen Flüchtlinge“
- „CSU fordert Mitsprache bei EU-Erweiterung“
- „Familie Karadzic muss Pässe abgeben“
- „Ein beschwerlicher Weg. US-Präsident Bush reist im Auto nach Ramallah und kritisiert zur Freude der Palästinenser Israels Straßensperren“

- „Prag zögert in Raketenfrage. Beschluss über US-Abwehrsystem soll vertagt werden“
- Und auf der „Panorama“-Seite versteckt sich die Meldung: „Gisele Bündchen, 27, Top-Model, akzeptiert auch Dollars. Sie hat Berichte zurückgewiesen, sie lasse sich angesichts des schwachen Dollars nur noch in Euro bezahlen.“

Werteverteilung,...

Welche Schlagzeilen betreffen nun die internationale Politik, welche nicht? Zunächst handelt es sich bei allen hier berichteten Ereignissen um soziale Interaktionen, bei denen im weitesten Sinne materielle und nicht-materielle Werte verteilt – gewonnen und verloren, zugewiesen und getauscht – werden.

- Die meisten Schlagenzeilen handeln von direkten Werteverteilungen: Als Folge der US-Invasion verloren zahlreiche Menschen ihr Leben, ihr Hab und Gut und ihre Heimat; die Familie Karadzic verliert mit ihren Pässen ein Stück (Bewegungs-)Freiheit; und Gisele Bündchen verlangt und erhält Geld (Euros und offenbar auch Dollars) fürs Modeln.
- Andere Meldungen berichten von Entscheidungen, die eine zukünftige Verteilung von Werten ermöglichen oder verhindern oder Rahmenbedingungen dafür setzen: Die britische Regierung erlaubt privaten Unternehmen, neue Atomkraftwerke zu bauen, will sich aber selbst nicht finanziell engagieren. Die tschechische Regierung vertagt die Entscheidung, ihr Territorium für ein amerikanisches Raketenabwehrsystem zur Verfügung zu stellen.
- Schließlich werden bestehende Werteverteilungen kritisiert, andere Werteverteilungen gefordert und Möglichkeiten zur Mitwirkung an der Entscheidung über Werteverteilung verlangt. Die CSU will an der Entscheidung über den EU-Beitritt der Türkei teilhaben; Präsident Bush kritisiert israelische Straßensperren in den palästinensischen Gebieten.

... autoritativ ...

Als „Politik“ gelten jedoch nach einer über 50 Jahre alten, aber immer noch einflussreichen, Definition des amerikanischen Politikwissenschaftlers David Easton ausschließlich *autoritative Werteverteilungen,* also solche, die *kraft anerkannter Kompetenz und in verbindlicher Weise* erfolgen. Das trifft auf die meisten der berichteten Ereignisse in der Tat zu.

- Die Erlaubnis zum Bau neuer Atomkraftwerke beruht auf einem Energiegesetz, das vom britischen Parlament verabschiedet werden soll. Die tschechische Regierung zögert in der Raketenfrage. Die bosnische Polizei entzieht Familie Karadzic die Pässe. Parlament, Regierung und Polizei besitzen die anerkannte Kompetenz, in ihren Staaten allgemeinverbindliche Entscheidungen zu treffen und durchzusetzen.

- Keinesfalls um (Währungs-)Politik handelt es sich allerdings bei den Entscheidungen von Frau Bündchen. Sie kann zwar im Rahmen ihrer privaten Arbeitsverträge die Bezahlung in einer bestimmten Währung aushandeln – sie trifft aber damit keine verbindlichen Entscheidungen für andere und besitzt auch nicht die Kompetenz dazu.
- Zur Politik zählt nicht nur die autoritative Werteverteilung selbst, sondern auch die Einflussnahme darauf. Akteure, die nicht selbst die Kompetenz besitzen, verbindliche Entscheidungen zu treffen, versuchen durch politische Forderungen und Kritik entweder Entscheidungsrechte zu erhalten oder auf die Entscheidungen Einfluss zu nehmen. In diesem Sinne sind die Kritik von Präsident Bush und die Forderung der CSU politisch. Auch die Veröffentlichung der Vereinten Nationen über die Zahl der Kriegstoten im Irak ist in diesem Sinne natürlich eine politische Handlung.
- Schließlich sind die Toten im Irak selbst in ihrer großen Mehrheit Opfer *politischer* Gewalt. Ausländische wie inländische Truppen, die im Auftrag von Regierungen kämpfen und töten, führen Befehle der kompetenten politischen Akteure aus. Auch Terroranschläge sind politisch, insofern es den Terroristen darum geht, damit auf die Politik Einfluss zu nehmen oder selbst an die Macht zu gelangen. Anders steht es mit Entführungen und Tötungen, bei denen es nur darum geht, Lösegeld zu erzwingen. Das ist private Gewalt.

Damit wir von *internationaler* Politik sprechen können, muss es sich schliesslich um eine *staatliche Grenzen überschreitende (Einflussnahme auf die) autoritative Werteverteilung* handeln.

... und grenzüberschreitend

- Unserem Alltagsverständnis von internationaler Politik entsprechend trifft das am deutlichsten zu, wenn Regierungen unterschiedlicher Staaten kraft ihrer außenpolitischen Kompetenzen entweder bilateral oder im Rahmen internationaler Konferenzen und Organisationen miteinander interagieren. Dazu passt der Besuch von Präsident Bush in Israel und Palästina ebenso wie das Zögern der tschechischen Regierung.
- Die Schlagzeilen zeigen aber auch andere, weniger offensichtliche Akteure internationaler Politik: Die Studie über die Kriegstoten im Irak wurde von der Weltgesundheitsorganisation und dem

irakischen Gesundheitsministerium organisiert. Die Forderung der CSU kommt von einer Partei. Wenn es um die Einflussnahme auf autoritative Entscheidungen geht, kommen prinzipiell alle politischen Akteure in Frage: die Sekretariate internationaler Organisationen, nationale Ministerien und Behörden, Parteien und gesellschaftliche Organisationen.

- Was als Innenpolitik in den Grenzen eines einzelnen Staates erscheint, kann durchaus internationale Politik sein. Der Entzug der Reisedokumente der Familie Karadzics durch die bosnische Polizei sieht wie ein normaler innerstaatlicher Verwaltungsakt aus. Doch wurde er vom Internationalen Kriegsverbrechertribunal in Den Haag gefordert und vom Hohen Repräsentanten für Bosnien-Herzegowina und EU-Sondergesandten Miroslav Lajcak angeordnet.
- Auch in der anderen Richtung kann man sich täuschen. Die Schlagzeile über die Planung neuer Atommeiler in vielen europäischen Staaten erscheint als internationale Politik. Doch handelt es sich jeweils um rein nationale, wenn auch zeitlich parallel verlaufende Entscheidungen. Eine grenzüberschreitende autoritative Werteverteilung – z. B. durch internationale Organisationen oder zwischenstaatliche Verträge – findet nicht statt.

Internationale Politik geht damit weit über die althergebrachte Vorstellung großer Politik kleiner Zirkel hinaus. Erstens ist sie nicht beschränkt auf die großen Fragen von Krieg und Frieden, sondern umfasst potenziell sämtliche Politikbereiche. Gerade in Europa gibt es wenige Sachbereiche der Politik, nicht nur in der Wirtschafts-, Sozial- und Umweltpolitik, sondern selbst in der klassischen Innenpolitik, die nicht international verhandelt werden und reguliert sind. Zweitens reichen die an der internationalen Politik beteiligten Akteure potenziell weit in die innenpolitische und gesellschaftliche Sphäre hinein. Damit kommen wir zu folgender Definition internationaler Politik:

> Internationale Politik umfasst die Gesamtheit aller Interaktionen, die auf die autoritative Verteilung von Werten jenseits staatlicher Grenzen gerichtet sind.

1.1.2 Politik in der Anarchie

Diese Definition gibt jedoch nur eine Teilantwort auf die Frage „Was ist internationale Politik?“ Sie sagt noch nichts darüber aus, ob und wie sich internationale Politik von innerstaatlicher Politik wesentlich unterscheidet, welche Folgen die Überschreitung staatlicher Grenzen für die Probleme, Prozesse und Ergebnisse der Politik hat und warum die Internationalen Beziehungen eine eigenständige Teildisziplin der Politikwissenschaft sein sollten. Die Antwort auf diese Fragen lautet:

> Internationale Politik ist Politik unter den Bedingungen der Anarchie.

Anarchie als Ordnungsprinzip des internationalen Systems

Anarchie ist ein Ordnungsprinzip sozialer Systeme; sie ist das Gegenteil von Hierarchie oder Herrschaft. Herrschaft beruht auf einem Verhältnis von Über- und Unterordnung, Befehl und Gehorsam, zwischen sozialen Akteuren. In einem anarchischen System stehen die Akteure hingegen in einem formell gleichrangigen Verhältnis zueinander; „keiner von ihnen ist berechtigt zu befehlen; keiner ist verpflichtet zu gehorchen" (Waltz 1979: 88).

Zwei Dimensionen von Souveränität

Das internationale System ist ein *System territorial differenzierter Herrschaft*. Herrschaft besteht im internationalen System innerhalb der Territorien, nicht aber außerhalb. Die Einheiten dieser territorialen Herrschaft sind die *Staaten*. Staaten besitzen *interne und externe Souveränität*.

1. Interne Souveränität

Zum einen verfügen die Staaten auf ihrem Territorium (also innerhalb ihrer Grenzen) über das Herrschafts- oder Gewaltmonopol: allein der Staat ist befugt, innerhalb des Staatsgebiets verbindliche Entscheidungen zu treffen und verbindliche Regeln zu setzen und diese – notfalls mit Gewalt – auch durchzusetzen. Außerdem besitzt der Staat die „Kompetenz-Kompetenz": er hat das Recht, politische Kompetenzen zu definieren und zu verteilen. Zwar ist im zeitgenössischen liberaldemokratischen Staat die Souveränität des Staates von der Souveränität des Volks abgeleitet (Volkssouveränität) und durch eine Verfassung eingeschränkt; die Staatsgewalt ist zwischen Legislative, Exekutive und Judikative aufgeteilt (Gewaltenteilung); hoheitliche Funktionen sind teilweise an andere Organe wie Zentralbanken delegiert; die Regierung wird durch Wahlen eingesetzt und muss sich regelmäßig dem Votum des Volks unterziehen. Nach wie vor gibt es aber keine legitime Herrschaft neben der vom Staat direkt ausgeübten oder delegierten, und nach wie vor sind die Regeln und Entscheidungen des Staates für alle verbindlich – auch für diejenigen, die sie nicht gutheißen und ihnen nicht zugestimmt haben.

2. Externe Souveränität

Zum anderen gibt es im internationalen System keine Herrschaft außerhalb oder oberhalb der Staaten – geschweige denn ein internationales Gewaltmonopol. Mit anderen Worten, es gibt keinen Weltstaat. Herrschaft endet an den territorialen Grenzen der Staaten. Keine andere politische Instanz ist den Staaten übergeordnet und befugt, ihnen vorzuschreiben, wie sie die Herrschaft in ihrem Territorium zu ordnen und auszuüben haben. Ebenso wenig unterliegen die Staaten herrschaftlich (durch)gesetzten Regeln für ihre Beziehungen untereinander. Es liegt allein an den einzelnen Staaten zu entscheiden, wie sie sich gegenüber anderen Staaten verhalten und welche internationalen Regeln sie vereinbaren und anerkennen.

Widerspricht die Definition von internationaler Politik als *autoritativer* Werteverteilung jenseits staatlicher Grenzen nicht der Definition von internationaler Politik als Politik unter den Bedingungen der Anarchie? Kann es in einem anarchischen System überhaupt autoritative Werteverteilung auf der Basis anerkannter Kompetenz und der Verbindlichkeit von Entscheidungen und Regeln geben? Das ist durchaus möglich, wenn die Staaten z. B. einer internationalen Konferenz oder Organisation diese Kompetenz zur Werteverteilung ausdrücklich übertragen und internationale Entscheidungen und Regeln durch die Zustimmung aller Staaten zustande kommen, für die sie gelten sollen. Dabei bleibt das Prinzip der staatlichen Souveränität gewahrt. Anarchie ist also nicht mit Regellosigkeit oder Unverbindlichkeit gleichzusetzen. Herrschaftliche Regelsetzung und Regeldurchsetzung durch Zwang sind zwar in einem anarchischen System definitionsgemäß nicht möglich; das gilt aber nicht für die *freiwillige Vereinbarung und Befolgung von Regeln*.

Die „westfälische Ordnung" des Staatensystems

Die territorial differenzierte, anarchische Ordnung des internationalen Systems mag uns heute normal und alternativlos erscheinen. Tatsächlich ist das Staatensystem historisch betrachtet durchaus nicht der Regelfall. Es entstand in der frühen Neuzeit zunächst unter den norditalienischen Stadtstaaten und dehnte sich im 16. und 17. Jahrhundert auf ganz Europa aus. Es wird auch als „westfälische Ordnung" bezeichnet, weil grundlegende Prinzipien der externen und internen Souveränität der Staaten im Westfälischen Frieden von 1648 europaweit verankert wurden. In den folgenden Jahrhunderten hat es sich weltweit verbreitet.

Alternative Ordnungen: 1. Reiche

Das Staatensystem ist aber weder die einzige denkbare noch die einzige geschichtlich anzutreffende Ordnung internationaler Systeme. Eine historisch bedeutsame Alternative zum Staatensystem ist das Reich (oder imperiale System). Reiche sind in der Regel durch die militärische Eroberung nahezu des gesamten (bekannten) internationalen Systems von einem Zentrum aus entstanden (wie das Perserreich, das Reich Alexanders des Großen oder das Römische Reich). Im Gegensatz zur dezentralen, anarchischen politischen Ordnung des Staatensystems unterwerfen Reiche das System einer zentralen, hierarchischen Ordnung. Systemgrenzen und Herrschaftsgrenzen stimmen überein. Wegen der für die damalige Zeit riesigen räumlichen Entfernungen war diese Ordnung jedoch schwächer und instabiler als bei den vergleichsweise kleinräumigen Staaten der Neuzeit. Die Grenzen der Reiche waren offener und flexibler als die der Staaten; die Teilgebiete des Reiches unterstanden der Herrschaftsgewalt des Zentrums in unterschiedlichem Ausmaß. Außerdem konnte sich eine imperiale Ordnung nicht weltweit durchsetzen.

2. Die mittelalterliche Ordnung

Eine andere historische Alternative ist die politische Ordnung des europäischen Mittelalters, die dem Staatensystem vorausging und durch mehrere partielle, mittelbare und sich überlappende Herrschaftsansprüche und –rechte gekennzeichnet war. Zum einen resultierten sie aus dem pyramidalen Herrschaftsaufbau des Lehnssystems, einem mehrstufigen Tausch- und Vertragsverhältnis zwischen Lehnsherren und Vasallen. Die obersten Herrscher besaßen in diesem Gefüge, wenn überhaupt, nur einen mittelbaren Zugriff auf die Bevölkerung. Anstelle des Gewaltmonopols des modernen Staates existierten autonome Jurisdiktions- und Gewaltanwendungsbefugnisse auf allen Herrschaftsebenen. Zum anderen gab es eine Trennung zwischen weltlichen und geistlichen Herrschaftsangelegenheiten. Die Kirche besaß nicht nur eigene, von der weltlichen Herrschaft autonome bischöfliche und klösterliche Hierarchien mit eigenständigen Herrschaftsrechten und Gerichten. Sie verfügte auch über das Herrschaftsmonopol in allen Fragen des Glaubens und eine ausschließliche Zuständigkeit für Erziehung und Bildung. In der sektoralen Differenzierung und Mehrstufigkeit von Herrschaft sehen einige Autoren Ähnlichkeiten zu aktuellen Entwicklungen – z. B. in der Europäischen Union mit ihren Entscheidungsebenen (europäisch, national, subnational) und drei „Säulen" (Binnenmarkt, Außen- und Sicherheitspolitik und Justiz- und Innenpolitik) – und diskutieren die Möglichkeit, dass ein „neues Mittelalter" aufziehen könnte (so schon Bull 1977; vgl. Friedrichs 2001).

Idealtypische Ordnungsprinzipien...

Stellen wir die staatliche Ordnung noch einmal idealtypisch der internationalen Ordnung gegenüber. Das Ordnungsprinzip des Staates ist die Hierarchie; der Staat besitzt das Herrschafts- und Gewaltmonopol in seinen territorialen Grenzen; die Handlungskoordination innerhalb des Staates ist vertikal und erfolgt über Herrschaft. Das Ordnungsprinzip des internationalen Systems ist hingegen die Anarchie. Das Verhältnis der Staaten in der internationalen Anarchie ist durch formale Gleichheit oder Gleichrangigkeit charakterisiert; Herrschaft und Gewalt sind dezentralisiert und werden von den Staaten autonom ausgeübt. Die Handlungskoordination im internationalen System ist horizontal, sie erfolgt über Macht. Macht, verstanden als die Fähigkeit eines Akteurs A, einen Akteur B gegen dessen ursprünglichen Willen zu einem von A gewünschten Handeln zu bewegen, kann dabei ganz unterschiedlich ausgeübt werden. Das Spektrum reicht von der Zwangsmacht mit Mitteln der Gewaltandrohung und -ausübung über die Verhandlungsmacht bis hin zur Argumentationsmacht, also der Fähigkeit, andere Akteure von einer bestimmten Handlungsweise durch gute Gründe zu überzeugen. Abbildung 1.1 illustriert diese unterschiedlichen Ordnungsprinzipien.

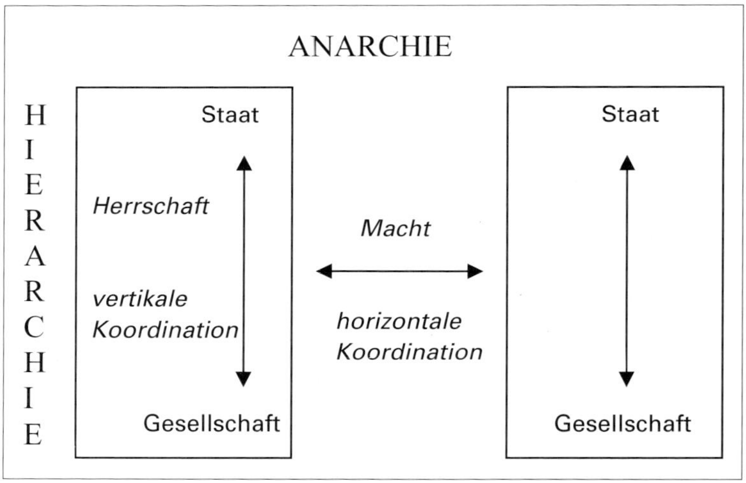

Abb. 1.1: Ordnungsprinzipien im internationalen System

...und empirische Abweichungen

Selbstverständlich gibt es in der Realität vielfältige Abweichungen und Ausnahmen von diesen reinen, idealtypischen Ordnungsprinzipien des Staatensystems. Und natürlich gibt es Zwischenstufen und Übergänge zwischen ihnen.

- In „gescheiterten Staaten" *(failed states)* besteht das Herrschafts- und Gewaltmonopol des Staates faktisch nicht mehr – das Staatsgebiet steht unter der Kontrolle rivalisierender bewaffneter Gruppen oder regionaler Regierungen. Damit nähern sich die innerstaatlichen Verhältnisse der internationalen Anarchie an; Innenpolitik wird zu internationaler Politik. Am Ende des Staatszerfalls steht eventuell wie in Jugoslawien oder der Sowjetunion die Gründung neuer Staaten.

- Auch in funktionierenden Staaten gibt es Bereiche, in denen horizontale Handlungskoordination vorherrscht. In liberalen Demokratien ist das vor allem die Marktwirtschaft, die auf dem Prinzip des freiwilligen Tauschs und der freien Preisbildung durch Angebot und Nachfrage beruht. Allerdings findet die *horizontale Handlungskoordination im Schatten der Hierarchie* statt. Wer von seinem Vertragspartner betrogen wird, kann die Hilfe von Polizei und Gerichten suchen; und der Staat greift auch ein, wenn die freie Preisbildung durch Kartelle und Monopole unterlaufen wird.
- Auf der anderen Seite gibt es internationale Organisationen, die durchaus rechtlich verbindliche Regeln aufstellen, bei deren Verstoß internationale Gerichte angerufen werden und Urteile fällen können. Hier handelt es sich nun allerdings um *vertikale Handlungskoordination im Schatten der Anarchie*. In vielen Organisationen können die Staaten frei entscheiden, ob sie das internationale Gericht und seine Entscheidungen anerkennen; und selbst wenn sie diese anerkannt haben, existiert keine internationale Polizei, die die Staaten dazu zwingen könnte, die Urteile auch zu befolgen.
- Schließlich können zunächst lockere Verbünde zwischen unabhängigen, souveränen Staaten durch die Zusammenlegung oder den Transfer staatlicher Kompetenzen zu Bundesstaaten werden, wie das in der Schweiz oder in Deutschland im 19. Jahrhundert geschehen ist und wie es die Föderalisten auch für die Europäische Union anstreben. Damit geht die Anarchie in Hierarchie über; internationale Politik wird zu Innenpolitik.

Diese Abweichungen und Übergänge belegen einmal mehr die Notwendigkeit, nicht bei einer formalen Unterscheidung von zwischenstaatlicher und innerstaatlicher Politik stehenzubleiben, die sich an den staatlichen Grenzen orientiert, sondern auf die tatsächlichen Ordnungsprinzipien zu schauen.

Fassen wir zusammen: Internationale Politik ist die autoritative Verteilung von Werten jenseits staatlicher Grenzen. Ihre Grundkonstitution ist die Anarchie. Sie unterscheidet internationale Politik wesentlich von den hierarchischen Verhältnissen im Innern der Staaten. Die Anarchie verursacht besondere Herausforderungen und Probleme für die Politik. Sie rechtfertigen es, dass wir uns mit der internationalen Politik in einer eigenständigen politikwissenschaftlichen Teildisziplin beschäftigen.

1.2 Herausforderungen und Probleme internationaler Politik

Einerseits steht internationale Politik vor den gleichen grundlegenden substanziellen Herausforderungen der Werteverteilung wie jede andere Politik auch: Sicherheit zu gewährleisten, die natürlichen Lebensgrundlagen zu erhalten, Wohlfahrt zu steigern und die individuellen Freiheiten und Menschenrechte zu respektieren und zu fördern. Die internationale Politik steht jedoch vor der besonderen Herausforderung, diese Leistungen unter den Bedingungen der Anarchie erbringen zu müssen. Unter den Bedingungen internationaler Anarchie sind die Probleme in der Regel nicht nur größer, sondern auch schwerer zu bearbeiten und zu lösen. Tabelle 1.1 gibt einen Überblick.

Werte	Probleme	Herausforderungen an Politik und Wissenschaft
Sicherheit	Unsicherheit: Krieg, Aufrüstung	Frieden, Abrüstung
Wohlfahrt	Ineffizienz: Marktfragmentierung, Marktversagen	Marktintegration, Bereitstellung und Bewahrung internationaler Kollektivgüter, Befriedigung von Grundbedürfnissen, Chancengleichheit
Freiheit	Unfreiheit: Verletzung und Einschränkung individueller Autonomie	Gewährleistung von Freiheiten und Rechten im Staat und jenseits des Staates

Tab. 1.1: Probleme und Herausforderungen internationaler Politik

1.2.1 Sicherheit

Kein internationales Gewaltmonopol

Im Austausch dafür, dass er für die physische Sicherheit der Menschen auf seinem Territorium sorgt und Gewalttäter verfolgt und verurteilt, verbietet es der Staat seinen Bürgern in der Regel (außer in manchen Staaten zur unmittelbaren Notwehr), sich Waffen zu beschaffen und Selbstjustiz zu üben. Der Staat monopolisiert den Besitz von Gewaltmitteln und das Recht zu deren Verwendung. Im internationalen System existiert kein solches Gewaltmonopol. Eine Weltpolizei, die für Sicherheit und Ordnung unter den Staaten sorgen würde, gibt es nicht. Zwar verbietet die Charta der Vereinten Nationen den Staaten die Ausübung von militärischer Gewalt (außer – parallel zur individuellen Notwehr – zum Zweck der Verteidigung) und sieht einen Sicherheitsrat vor, der bei Gefährdungen des Weltfriedens aktiv wird und auch mit Gewalt gegen Aggressoren vorgehen kann. Aber kein Staat kann vertrauensvoll seine Sicherheit in die Hände der Vereinten Nationen legen. Ein Rüstungsmonopol besitzen die Vereinten Nationen nicht – die bedrohlichsten Waffen sind nach wie vor im Besitz der Staaten selbst. Außerdem war der Sicherheitsrat während des Ost-West-Konflikts durch die Uneinigkeit seiner permanenten Mitglieder in seiner Handlungsfähigkeit blockiert – das gilt auch in der Gegenwart in vielen Fällen, in denen es um den Einsatz von militärischen Sanktionen geht. Wenn der Sicherheitsrat also überhaupt zur Bewahrung des Weltfriedens aktiv wird, dann sporadisch, selektiv und mit ungewissem Erfolg.

Prinzip der Selbsthilfe

Jeder Staat ist daher selbst für seine Sicherheit verantwortlich und beschafft sich dafür die Mittel, in der Regel Waffen und Streitkräfte, die er zu diesem Zweck für nötig erachtet (und sich leisten kann). Würden diese Waffen und Streitkräfte tatsächlich nur zur Abschreckung und Verteidigung eingesetzt, wäre das – abgesehen von den erheblichen Kosten der Rüstung und des Militärs – kein gravierendes Problem. Doch sie lassen sich genauso gut dazu verwenden, andere Staaten zu bedrohen oder zu bekämpfen, um damit staatliche Interessen durchzusetzen.

Unsicherheit

Weil kein Staat wirklich sicher sein kann, dass andere Staaten ihre Waffen und Streitkräfte ausschließlich defensiv verwenden, besteht im internationalen System eine existenzielle Unsicherheit. Krieg – die organisierte Anwendung physischer Gewalt zwischen sozialen Gruppen – ist in einem anarchischen System immer eine Möglichkeit, mit der Staaten rechnen müssen. Um Kriege zu verhindern oder zu gewinnen, investieren Staaten daher in immer bessere und stärkere Waffen. Aufrüstung und Rüstungswettläufe, die große Ressourcen verschlingen und bei Ausbruch eines Krieges Tod und Verwüstung bringen, sind daher ein weiteres zentrales Problem der Anarchie. Die Entwicklung atomarer, biologischer und chemischer Massenvernichtungswaffen hat dieses Problem auf die Spitze getrieben. Ein nuklearer Schlagabtausch würde große Teile des Erdballs entvölkern und unbewohnbar machen – vielleicht sogar die Erde insgesamt, wenn das Szenario des „nuklearen Winters“ zutrifft, demzufolge massenhafte Explosionen von nuklearen Sprengsätzen die Atmosphäre über lange Zeit durch Staub und Rauch verdunkeln würden.

Unsicherheit abzubauen, Kriege einzuhegen und zu verhindern sowie Rüstung zu begrenzen und zu verringern gehört also zu den zentralen Herausforderungen internationaler Politik. Entsprechend ist die Erforschung der Ursachen des Krieges und Rüstungswettläufen ein erstrangiges Thema der wissenschaftlichen Analyse internationaler Politik. Positiv gewendet: Im Gegensatz zu einem funktionierenden Staatswesen ist Frieden – wenn er denn mehr ist als eine Waffenpause, sondern die dauerhafte und verlässliche Abwesenheit von Krieg und militärischer Bedrohung – im anarchischen Staatensystem alles andere als selbstverständlich. Auch die Erforschung der Ursachen und Bedingungen stabilen Friedens gehört daher zu den zentralen Gegenständen der Disziplin der Internationalen Beziehungen. In der „Friedensforschung" hat sie auch eine gesonderte institutionelle Identität – mit eigenständigen Forschungsinstituten, Publikationsorganen und Vereinigungen – gefunden.

1.2.2 Wohlfahrt

Im Bereich der Wohlfahrt geht es darum, einerseits durch Deregulierung staatlich fragmentierter transnationaler Märkte Effizienzgewinne zu ermöglichen und zum anderen durch Regulierung der transnationalen Märkte oder durch internationale Ausgleichsmaßnahmen Marktversagen zu korrigieren.

Fragmentierte Märkte

Das internationale System ist als System territorial differenzierter Herrschaft auch ein System territorial fragmentierter Märkte. Staaten geben nationale Währungen aus, setzen Zölle und andere Abgaben für den Außenhandel fest, kontrollieren und beschränken den grenzüberschreitenden Austausch von Waren, Dienstleistungen, Geld und Arbeitskräften durch vielerlei Vorschriften. Diese autoritativen Eingriffe schaffen Ineffizienzen: Sie beschränken die Befriedigung der Bedürfnisse der Bevölkerung und erhöhen die Kosten und Preise gegenüber einem offenen Weltmarkt, auf dem komparative Kostenvorteile (also vergleichsweise niedrige Produktionskosten in einzelnen Ländern) und „Skaleneffekte" (also z. B. niedrigere Kosten durch die Produktion größerer Stückzahlen) zum Tragen kommen können. Eine Herausforderung internationaler Politik besteht also darin, solche politischen Eingriffe in grenzüberschreitende Wirtschaftsprozesse zu verringern oder abzuschaffen, die sich auf die Wohlfahrt sowohl im nationalen wie auch im globalen Maßstab negativ auswirken.

Innerhalb seiner Grenzen konnte der Staat einheitliche Wirtschaftsräume im Laufe der Zeit dank seiner Herrschaftsgewalt weitgehend durchsetzen. In der internationalen Politik müssen sich jedoch zahlreiche Staaten auf dem Verhandlungswege darauf einigen, Zölle und andere Handelshemmnisse abzubauen, die Eigentumsrechte von Ausländern zu schützen oder staatliche Beihilfen für Exporte inländischer Unternehmen zu verringern. Diese Verhandlungen sind auch deshalb langwierig und mühsam, weil die wirtschaftlichen Kapazitäten und Interessen zwischen den Staaten normalerweise weit unterschiedlicher sind als innerhalb der Staaten. Selbst wenn die Integration der fragmentierten Märkte gelingt, birgt sie jedoch Gefahren des Marktversagens.

Marktversagen

Marktversagen tritt auf, wenn der Markt Anreize für das Verhalten individueller Marktteilnehmer schafft, die in der Summe dazu führen, dass eine geringere Wohlfahrt erzeugt wird als möglich oder dass sie zu höheren Kosten produziert wird als nötig.

1. Betrug

Die Ursachen für Marktversagen sind vielfältig. Auf der einen Seite schafft der Markt Anreize dazu, andere Marktteilnehmer zu übervorteilen und zu betrügen, z. B. mangelhafte Ware zu verkaufen, mit Falschgeld zu bezahlen oder Kredite nicht zu bedienen. Solche Betrugsmöglichkeiten senken die Bereitschaft aller Marktteilnehmer, sich auf eigentlich vorteilhafte Geschäfte einzulassen.

2. Unterproduktion kollektiver Güter

Aber auch in Abwesenheit von betrügerischem Verhalten können Märkte Ineffizienzen hervorbringen. So werden manche, eigentlich erwünschte Güter nicht produziert, weil es sich für private Marktteilnehmer nicht lohnt. Leuchttürme sind beispielsweise für die Sicherheit der Schifffahrt unerlässlich und kollektiv sehr erwünscht. Es ist aber aussichtslos, die Kosten für die Errichtung und den Betrieb von Leuchttürmen zu erwirtschaften, weil es nicht möglich ist, die Nutzer zur Kasse zu bitten. Das Licht des Leuchtturms leuchtet für alle Schiffe, ob sie dafür bezahlt haben oder nicht, und der Betreiber des Leuchtturms könnte, wenn überhaupt, nur zu unverhältnismäßig hohen Kosten Gebühren bei auf hoher See vorbeifahrenden Schiffen eintreiben. Eine private Investorin oder Betreiberin wird also einen hohen Bogen um das „Leuchtturmgeschäft" machen und sich vielleicht eher für Freizeitparks interessieren, deren Zugang sie wirkungsvoll blockieren und nur gegen Entrichtung eines Eintrittspreises freigeben kann. Mit anderen Worten, „öffentliche Güter", also kollektive Güter, von deren Nutzung niemand effizient ausgeschlossen werden kann, werden vom Markt nicht oder nicht in der erwünschten Menge produziert. Dieses Problem ist als „Trittbrettfahrerproblem" *(free-riding)* bekannt – abgeleitet vom Trittbrett der Trambahn auf das in früheren Zeiten auch nicht zahlende Fahrgäste aufspringen und kostenlos mitfahren konnten.

3. Überkonsumption kollektiver Güter

Das Marktversagen bei öffentlichen Gütern besteht aber nicht nur in der Unterproduktion, sondern unter bestimmten Bedingungen auch in der Überkonsumption des Guts. Der Leuchtturm ist in dieser Beziehung unproblematisch, weil es unerheblich ist, ob die Lichtzeichen, die er aussendet, von einem oder vielen Schiffen gesehen werden. Die Nutzungsmöglichkeiten jedes einzelnen Nutzers sind unabhängig davon, dass und wie viele andere das Gut ebenfalls nutzen. Es gibt jedoch auch öffentliche Güter mit rivalisierender Nutzung – z. B. den Fischbestand eines Sees. Wenn hier immer mehr Fischer mit immer effektiveren Fangmethoden ihre Erträge zu steigern versuchen, kann es passieren, dass der See überfischt wird, der Fischbestand sich also nicht mehr natürlich regenerieren kann, und am Ende alle Fischer vor dem Ruin stehen. Dieses Problem der Übernutzung von gemeinschaftlichen Ressourcen ohne Zugangsbeschränkung ist auch als „Tragödie der Allmende" bekannt – benannt nach der Gemeindeweide, auf der alle Dorfbewohner ihre Tiere frei grasen lassen durften.

4. Not und Armut

Ein noch grundlegenderes Marktversagen kommt allerdings darin zum Vorschein, dass der Markt allein nicht in der Lage ist, die Befriedigung menschlicher Grundbedürfnisse und Chancengleichheit zu gewährleisten. Er verhindert nicht, dass Menschen in existenzielle Not geraten und in absoluter Armut verharren. Nahrung, Wohnraum, medizinische Versorgung und Bildung bleiben denen verwehrt, die sich deren Erwerb unter Marktbedingungen nicht leisten können. Damit geht einher, dass Märkte weder Chancengleichheit herstellen noch bestehende Ungleichheiten immerzu ausgleichen können, sondern diese eventuell sogar verstärken. Wer in absolute Armut hineingeboren wird, hat nicht nur eine geringere Lebenserwartung, sondern bei ansonsten gleichen Fähigkeiten auch geringere Chancen, diese zur Steigerung der eigenen Wohlfahrt umzusetzen. Ungleichheit zeigt sich auch darin, dass in Märkten immer wieder Kartelle und Monopole entstehen, die ihre Marktmacht dazu nutzen, den Wettbewerb auszuhebeln und die eigenen Gewinne durch überhöhte Preise zu steigern – oder dass Menschen unter unwürdigen und ausbeuterischen Verhältnissen arbeiten müssen.

Korrektur von Marktversagen

Im nationalen Rahmen kann der Staat in vielfacher Weise einspringen, um Marktversagen durch herrschaftliche Werteverteilung zu korrigieren. Er gibt dem Markt eine rechtliche Ordnung und verfolgt und bestraft Betrug. Kartellbehörden verbieten monopolistische Unternehmenszusammenschlüsse und gehen dem Verdacht auf Preisabsprachen nach. Der Staat stellt steuerfinanzierte öffentliche Güter bereit und reguliert die Nutzung gemeinschaftlicher Ressourcen. Als Wohlfahrts- oder Sozialstaat sorgt er schließlich durch Gesetze und Umverteilung dafür, Not und Armut zu lindern, die soziale Chancengleichheit zu erhöhen und die Rechte von Arbeitnehmern zu stärken.

Im anarchischen internationalen System sind die Voraussetzungen für eine solche politische Marktkorrektur ungleich ungünstiger. Erstens sind die soziale Ungleichheit und die Entwicklungsunterschiede im globalen Rahmen weitaus größer als innerhalb einzelner Staaten. Grenzüberschreitende Ressourcen wie Meere, der Weltraum oder das Klima sind schwerer zu kontrollieren als die kleinräumigeren Ressourcen innerhalb eines Staates. Zweitens können internationale Organisationen keine Steuern oder andere Zwangsabgaben erheben, die es ihnen erlauben würden, in größerem Umfang öffentliche Güter bereitzustellen, die Nutzung von Ressourcen effektiv zu regulieren oder Umverteilung zu finanzieren. Vielmehr sind sie auf freiwillige Beiträge durch die Staaten angewiesen. Drittens ist die politische und rechtliche Regulierung der Weltmärkte weit schwächer als die nationaler Märkte. Es ist schwerer, Betrug festzustellen und zu ahnden, und es fehlt ein internationaler Gesetzgeber, der alle am Weltmarkt Beteiligten auf gemeinsame Produkt- und Sozialstandards oder auf eine schonende und nachhaltige Nutzung von Ressourcen verpflichten könnte.

Internationale Herausforderungen

Grenzüberschreitendes Marktversagen stellt die internationale Politik also vor gewaltige Herausforderungen. Für die internationale Umwelt- und Ressourcenschutzpolitik sind dies Luftverschmutzung und Klimaveränderung; die Übernutzung von grenzüberschreitenden Gewässern durch intensive Landwirtschaft, Industrie oder für die Energiegewinnung aus Wasserkraft; die Verschmutzung oder Überfischung der Meere. Die internationale Entwicklungspolitik bekämpft Hungersnöte, Obdachlosigkeit und Analphabetismus; sie ist mit internationalen Flüchtlingsströmen und Epidemien konfrontiert; und sie versucht, die weniger entwickelten Länder der Erde so zu unterstützen, dass sie erfolgreich am internationalen Wirtschaftsleben teilnehmen und aus eigener Kraft die Bedürfnisse ihrer Bevölkerungen sicherstellen können. Die internationale Sozialpolitik schließlich steht vor der Herausforderung, zumindest minimale Standards für den Schutz und die Rechte von Arbeitnehmerinnen zu vereinbaren und durchzusetzen, wie z. B. das Verbot von Kinderarbeit, die gleiche Bezahlung für Männer und Frauen oder das Recht, Gewerkschaften zu gründen und zu streiken. Wie es gelingen kann, dass Staaten sich zu einer stabilen internationalen Zusammenarbeit verpflichten, um internationales Marktversagen zu korrigieren, ist daher ein zentrales Thema der Analyse internationaler Politik.

1.2.3 Freiheit

Im Bereich „Freiheit" geht es um die Sicherung und Stärkung individueller Autonomie, also der Selbstbestimmungschancen von Individuen. Diese Selbstbestimmungschancen hängen einerseits von negativen Freiheitsrechten gegenüber herrschaftlicher Verfügungsgewalt ab (z. B. der Freiheit vor Folter und willkürlicher Verhaftung, Gewissens- und Meinungsfreiheit), andererseits von positiven politischen Gestaltungsrechten (z. B. politischer Gleichheit, Demonstrationsrecht, Vereinigungsfreiheit, Wahlrecht).

In einem System territorial differenzierter Herrschaft sind auch die Freiheiten und die politischen Rechte der Individuen territorial differenziert. Sie besitzen diese Freiheiten und Rechte als Bürgerinnen und Bürger eines Staates. Die interne Souveränität des Staates hat jedoch zur Folge, dass die Freiheiten und Rechte, die sie genießen und ausüben können, von der Herrschaftsordnung dieses Staates abhängen. In liberalen Demokratien sind diese Freiheiten und Rechte vergleichsweise umfangreich, in autoritären oder autokratischen Staaten hingegen eingeschränkt oder unterdrückt. Die externe Souveränität des Staates bewirkt außerdem, dass internationale Regeln für die Ausübung staatlicher Herrschaft fehlen oder jedenfalls nicht verpflichtend sind. Die Herrschaftsordnung und -ausübung der Staaten ist eine „innere Angelegenheit"; internationale Versuche, darauf Einfluss zu nehmen, werden als unangemessene „Einmischung in die inneren Angelegenheiten" zurückgewiesen.

Menschenrechte innerhalb...

Das Problem der staatlichen Souveränität in einer anarchischen internationalen Ordnung besteht darin, dass diese Souveränität nicht nur die Freiheiten und Rechte derjenigen Bürgerinnen gegenüber externer Einmischung sichert, die in einem liberalen und demokratischen Staatswesen leben, sondern auch die Staaten schützt, die ihren Bürgern grundlegende Freiheiten und Rechte vorenthalten oder sie sogar foltern, vertreiben oder töten, wenn sie sich der Herrschaftsordnung widersetzen oder nicht in das ideologische Programm dieser Ordnung passen. Im Bereich Freiheit besteht die zentrale Herausforderung internationaler Politik also darin, die Anerkennung und Gewährleistung grundlegender Menschenrechte durch die Staaten zu fördern und zumindest massive Menschenrechtsverletzungen wie ethnische oder politische „Säuberungen" zu verhindern.

...und jenseits staatlicher Grenzen

Ein weiteres Problem der internationalen Anarchie ist jedoch die Gewährleistung von individuellen Freiheiten und Rechten jenseits der staatlichen Grenzen. Wenn Menschen ihre Freiheiten und Rechte nur als Bürgerinnen und Bürger eines Staates besitzen, was passiert, wenn sie in andere Länder reisen und aus wirtschaftlichen oder politischen Gründen vorübergehend oder dauerhaft aus ihrem Heimatstaat auswandern? Hier geht es unter anderem um Fragen des Einwanderungsrechts, des Asylrechts und der Familienzusammenführung – oder zusammengefasst um das Problem „kosmopolitischer" Rechte und Freiheiten, die Menschen ungeachtet ihrer Staatsangehörigkeit zustehen. Die internationale Politik steht hier vor der Herausforderung, die Menschenwürde und grundlegende Menschenrechte auch jenseits staatlicher Grenzen zu schützen.

Einschränkung von Freiheit im Namen der Sicherheit

Schließlich wirft die internationale Politik ihrerseits Freiheitsprobleme auf. Ein traditionelles Problem ist der Zusammenhang von internationaler Unsicherheit und innenpolitischer Unfreiheit. Staaten, die mit internationalen Bedrohungen konfrontiert sind, sehen sich oft gezwungen (oder nutzen diese als Rechtfertigung), die Freiheiten ihrer Bürgerinnen und Bürger im Namen der Sicherheit einzuschränken. Das reicht von der Wehrpflicht über verstärkte Überwachung bis hin zur Einschränkung von Grundrechten – auch in Demokratien.

Demokratiekompatibilität internationaler Politik

Doch selbst internationale Kooperation kann auf Kosten der Freiheit gehen. Die internationale Politik steht nicht nur vor der Herausforderung, durch internationale Vereinbarungen und Organisationen Sicherheit und Wohlfahrt zu steigern – was schwer genug ist. Wenn es ihr gelingt, stellt sich das weitere Problem der demokratischen Legitimation dieser Vereinbarungen und Organisationen. Viele Abkommen müssen aus Gründen der Effizienz schließlich mit undemokratischen Regierungen geschlossen werden. Aber auch wenn demokratische Staaten untereinander internationale Regeln vereinbaren oder gar politische Kompetenzen an internationale Organisationen delegieren, geschieht dies häufig auf Kosten innerstaatlicher politischer Kontrolle und Beteiligung. Internationale Verhandlungs- und Entscheidungsprozesse sind oft wenig transparent; sie werden von den Medien weniger beachtet und von den Bürgerinnen und Bürgern weniger gut verstanden als die Innenpolitik. Meist sind nur Regierungen und Verwaltungen an internationaler Politik beteiligt; die vom Volk gewählten Repräsentanten im Parlament bleiben außen vor. Auch sind internationale Abkommen im Nachhinein durch nationale Wahlen und Regierungswechsel nur schwer zu korrigieren. Schließlich ist auch die gerichtliche Überprüfung internationaler politischer Entscheidungen im Vergleich zur Praxis der Rechtsstaaten unterentwickelt.

Demokratiefähigkeit internationaler Politik

Darüber hinaus stellt sich die Frage, ob internationale Politik überhaupt demokratisch gestaltet werden kann. Skeptische Stimmen weisen darauf hin, dass es nicht mit formell demokratischen Institutionen oder Verfahren (etwa internationalen Parlamenten oder Volksabstimmungen) getan wäre, sondern dass zentrale soziale Voraussetzungen internationaler Demokratie fehlen. Selbst in der EU sind eine europaweite Öffentlichkeit mit europäischen Medien, europäischen Parteien mit europaweiten Parteiprogrammen und ein europäischer „Demos", also eine europaweite politische Gemeinschaft, die das Subjekt einer europäische Demokratie bilden könnte, nur schwach ausgeprägt. Daher rührt das demokratische Defizit oder Dilemma internationaler Politik.

Zusammengefasst besteht die Herausforderung für die internationale Politik also in der Sicherung und Stärkung individueller Autonomie (Freiheiten und Rechte) nicht nur im innerstaatlichen, sondern auch im transnationalen und intergouvernementalen Kontext.

1.2.4 Von der ungezügelten zur entwerteten Souveränität

In den vorangegangenen Abschnitten ging es um grundlegende Probleme und Herausforderungen für die Sicherheit, Wohlfahrt und Freiheit im anarchischen internationalen System. Bei genauerem Hinsehen sind diese Probleme jedoch nicht alle gleicher Natur. Zum Teil rühren die Probleme aus einem „Zuviel" an staatlicher Souveränität. Uneingeschränkte staatliche Souveränität bei der Rüstung, der politischen Regulierung der Märkte oder der Herrschaftsordnung und -ausübung verstärkt die Unsicherheit, den Rüstungswettlauf und die Kriegsgefahr. Sie verringert die Effizienz grenzüberschreitenden wirtschaftlichen Austauschs und den Schutz grenzüberschreitender natürlicher Ressourcen. Schließlich erhöht sie die Gefahr der Unterdrückung und Entrechtung von Menschen. Aber auch ein „Zuwenig" an staatlicher Souveränität schafft massive Probleme – wenn Staaten die Sicherheit ihrer Bürger nicht mehr wirksam schützen können; sie unfähig sind, das Versagen transnationaler Märkte zu korrigieren und internationale Armut und Ungleichheit zu verringern; oder wenn vom Staat gewährte individuelle politische Rechte durch die Delegation politischer Kompetenzen an internationale Organisationen entwertet werden.

Verschiebung der Anarchieproblematik: Von der Einhegung ungezügelter staatlicher Souveränität…

Es ist sogar so, dass sich mit der Zeit die Anarchieproblematik internationaler Politik verschoben hat. Als die staatliche Souveränität und Autonomie noch intakt und die staatlichen Grenzen noch undurchlässig erschienen, stand das Problem der Einhegung ungezügelter staatlicher Souveränität im Mittelpunkt theoretischer und praktischer Reflexion der internationalen Politik. Die wachsende Zerstörungskraft der Waffen, die steigende Zahl der Kriegstoten und die zunehmend globale Reichweite der Kriege, vor allem im Ersten und Zweiten Weltkrieg, ließen die Verhinderung zwischenstaatlicher Rüstungswettläufe und Kriege zu einer immer dringenderen Aufgabe werden. Vor dem Ersten Weltkrieg demonstrierte der Imperialismus, der Wettstreit der europäischen Mächte um die Kontrolle außereuropäischer Territorien, die negativen Folgen einer an der politischen Kontrolle von Rohstoff- und Absatzmärkten orientierten Außenwirtschaftspolitik. Vor dem Zweiten Weltkrieg war es die Weltwirtschaftskrise der 1930er Jahre, die die verheerenden Wirkungen des wirtschaftlichen Protektionismus enthüllte – also der Abschottung nationaler Märkte und anderer politischer Eingriffe zum Schutz der heimischen Wirtschaft. Faschismus und Kommunismus trieben die Entrechtung, Unterdrückung und Vernichtung von „Rassen“ und „Klassen“ auf die Spitze. Nach dem Ende des Zweiten Weltkrieges stand daher die Errichtung einer Weltordnung zur Verhinderung eines neuerlichen Weltkriegs, einer neuerlichen Weltwirtschaftskrise und neuerlicher Völkermorde ganz oben auf der internationalen Tagesordnung.

Zumindest in den wohlhabenden und demokratischen Ländern des „Westens“ hat die staatliche Souveränität seitdem jedoch ihre Schrecken weitgehend eingebüßt. Der dauerhafte Frieden zwischen den vormals verfeindeten europäischen Staaten wird weithin als Selbstverständlichkeit empfunden. Die Märkte sind wechselseitig geöffnet, Zölle auf Industriegüter ohne große Bedeutung, Kapitalverkehrskontrollen weitgehend abgeschafft. Durch den Binnenmarkt und die Währungsunion, also den Transfer der außenhandelspolitischen und währungspolitischen Kompetenzen von den Mitgliedstaaten zur Europäischen Union, ist dieser Prozess in Europa am weitesten fortgeschritten. Schließlich ist mit der Verbreitung und Konsolidierung von liberaldemokratischen Staaten die staatliche Herrschaft zivilisiert worden.

...zur Kompensation entwerteter Souveränität

Die Gefahren und Herausforderungen, die im Mittelpunkt der aktuellen Diskussion über die internationale Politik stehen, lassen sich eher darauf zurückführen, dass die staatliche Souveränität und Autonomie – teils gewollt, teils ungewollt – vielfach geschwächt wurde und die staatlichen Grenzen durchlässiger geworden sind. Nicht die Einhegung ungezügelter staatlicher Souveränität erscheint als das Generalproblem internationaler Politik, sondern die Entwertung staatlicher Souveränität und ihre Kompensation durch internationale Politik. Nicht zwischenstaatliche oder Großmachtkriege, sondern Bürgerkriege in zerfallenden Staaten und der internationale Terrorismus, der ohne eine klar zurechenbare staatliche Basis operiert, sind die vorherrschenden Sicherheitsprobleme. Nicht Imperialismus und Protektionismus, sondern die „Globalisierung“, das Wachstum von grenzüberschreitenden Wirtschaftsprozessen, die sich politischer Kontrolle und Steuerung entziehen, stellt eine aktuelle Herausforderung für die internationale Wirtschaftspolitik dar. Die Globalisierung droht außerdem den Wohlfahrtsstaat, die nationale Antwort auf die Probleme von Armut und Ungleichheit, zu unterminieren. Staaten, die in einem wachsenden Wettbewerb um Kapital und Kostensenkung stehen, sehen sich gezwungen, die Lohnnebenkosten und die Umverteilung durch Steuern niedrig zu halten. Arbeitnehmer in Wohlfahrtsstaaten sorgen sich um den Verlust ihrer Schutzrechte und ihres Wohlstandes durch Konkurrenz aus Billiglohnländern und durch Einwanderung.

Gleichzeitig sind die staatlichen *Grenzen immer durchlässiger* geworden. Im Zeitalter der Raketen- und Massenvernichtungswaffen kann kein Staat seine territorialen Grenzen mehr wirksam schützen. Kriege finden potenziell immer auf dem gesamten Territorium statt. Die Grenzen für Güter, Dienstleistungen und Kapital (und in geringerem Maße für Arbeitskräfte) stehen weit offen; Produktionen, Investitionen und Geldanlagen werden aus ökonomischen Gründen um die ganze Welt verschoben. Immer offener und unbedeutender sind im Zeitalter des Internet und einer globalen Kommunikations- und Unterhaltungsindustrie auch die kulturellen Grenzen des Staates. Ozonloch und Treibhauseffekt kümmern sich noch weniger um Grenzverläufe; von der wirtschaftlichen Ausbeutung der Ressourcen sind auch nicht-territoriale Räume wie die Weltmeere, der Weltraum oder die Antarktis bedroht.

Anders gesagt: Die aktuelle Anarchieproblematik der internationalen Politik resultiert weniger aus den intergouvernementalen als den transnationalen Beziehungen. Tabelle 1.2 gibt einen Überblick über die Verschiebungen der Anarchieproblematik. Dabei darf man jedoch nicht vergessen, dass die „alten" Anarchieprobleme in vielen Teilen der Welt immer noch aktuell sind. Dies wird drastisch deutlich, wenn man Europa etwa mit dem Vorderen Orient und Ostasien vergleicht – und mit den zwischenstaatlichen Sicherheitsproblemen, Rüstungswettläufen, ökonomischen Rivalitäten und Ressourcenkonflikten sowie den undemokratischen und menschenrechtsverletzenden Regimes, die in diesen Regionen nach wie vor dominieren.

Werte	Alte Probleme: ungezügelte Souveränität	Neue Probleme: entwertete Souveränität
Sicherheit	Rüstungswettläufe und Kriege	Entstaatlichung der Gewalt: Bürgerkriege, transnationaler Terrorismus
Wohlfahrt	Imperialismus, Protektionismus	Globalisierung: unregulierte Weltmärkte, globale Umweltprobleme
Freiheit	Staatliche Unterdrückung und Verfolgung	Internationalisierung der Politik: demokratische Legitimitätsprobleme

Tab. 1.2: Verschiebung der Anarchieproblematik

Fassen wir zusammen: Internationale Politik ist autoritative Werteverteilung unter den Bedingungen der Anarchie. Die Anarchie schafft nicht nur besonders gravierende Sicherheits-, Wohlfahrts- und Freiheitsprobleme; in einer anarchischen Ordnung ist es auch besonders schwer, diese Probleme wirksam zu bearbeiten und zu lösen. Dabei haben sich die zentralen Herausforderungen an die internationale Politik zumindest in der westlichen Welt von der Einhegung ungezügelter staatlicher Souveränität zur Kompensation teilweise entwerteter staatlicher Souveränität verschoben. Diese Herausforderungen stellen sich nicht nur der Praxis, sondern auch der Theorie internationaler Politik. Theorien der internationalen Politik versuchen empirisch abgesicherte Antworten auf die folgenden Fragen zu geben: Wie wirkt sich die internationale Anarchie auf die Akteure, Prozesse und Ergebnisse internationaler Politik aus? Wie können die Auswirkungen der Anarchie abgeschwächt oder konterkariert (oder aber auch verstärkt) werden? Unter welchen Bedingungen entstehen Kriege und Frieden? Wann kooperieren Staaten, vereinbaren gemeinsame Regeln und halten sich auch daran, um die Sicherheits-, Wohlfahrts- und Freiheitsprobleme der Anarchie zu bearbeiten und zu lösen?

Die Antworten der Theorien auf solche Grundfragen werden in den Kapiteln 3-7 dargelegt. In Kapitel 2 geht es hingegen zunächst allgemein um die Bausteine von Theorien internationaler Politik.

2 Bausteine der Theorie

In den folgenden Kapiteln werden die derzeit wichtigsten Theorien der internationalen Politik vorgestellt: Realismus, Institutionalismus, Liberalismus und Konstruktivismus. Die Darstellung der Theorien folgt einem festen Schema, das in diesem Kapitel entwickelt wird. Am Anfang steht die Definition von Theorie als „abstraktes und allgemeines Wissen" und die Unterscheidung von deskriptiver, normativer und kausalanalytischer Theorie (2.1). Im Weiteren geht es dann nur noch um kausalanalytische Theorien, die Behauptungen über Ursache-Wirkungs-Zusammenhänge aufstellen. In Kapitel 2.2 werden mit Korrelationen und Mechanismen die zwei grundlegenden Formen solcher Behauptungen eingeführt. Den letzten Abschnitt dieses Kapitels (2.3) nehmen schließlich die wichtigsten Bausteine einer sozialwissenschaftlichen Theorie ein: Akteure und Dispositionen; Strukturen und Strukturwirkungen; Prozesse und Interaktionen; Rückwirkungen und Dynamiken.

2.1 Theorie

2.1.1 Theorie als abstraktes und allgemeines Wissen

Theorie

Theorie kommt aus dem Griechischen und Lateinischen und heißt soviel wie „Zuschauen" oder „Betrachten". In diesem Sinn wird es als Gegensatz zu *Praxis* verstanden, dem „Tun" oder „Tätigsein". So verwendet bezeichnen Theorie und Praxis zwei verschiedene Formen der Auseinandersetzung mit der Wirklichkeit: Während die Praktikerin durch ihr aktives Eingreifen in die Wirklichkeit Erfahrungen sammelt, gewinnt der Theoretiker Erkenntnisse über die Wirklichkeit aus der Position des Beobachters. Heute bezeichnen wir mit „Theorie" allerdings in der Regel nicht mehr den *Prozess* der betrachtenden Auseinandersetzung mit der Wirklichkeit, sondern ihr *Produkt*.

Die Gegenüberstellung mit der Praxis reicht allerdings nicht aus, um Theorie hinreichend zu bestimmen. „Zuschauen" und „Betrachten" – das tut auch der Fernsehzuschauer, der in Nachrichten und Magazinsendungen etwas über die internationale Politik erfährt; die Dokumentarin, die Ereignisse der internationalen Beziehungen wie Kriege oder internationale Konferenzen im Detail festhält; und schließlich der Chronist, der die Ereignisse der internationalen Politik in einen historischen Zusammenhang bringt. Dennoch arbeiten sie nicht theoretisch. Der Fernsehzuschauer informiert sich. Er sammelt *Alltagswissen* über die internationalen Beziehungen, das Hans Morgenthau (1969: 64) als „partikular, fragmentarisch und unsystematisch“ kennzeichnet. Das kann man von der Dokumentarin nicht behaupten. Wie sie die internationale Politik dokumentiert, hat Methode. Sie strebt Vollständigkeit an, sammelt und ordnet systematisch. So entsteht (systematisches) *Faktenwissen*. Die Dokumentation umfasst jedoch nicht die Interpretation, die Herstellung von Zusammenhängen zwischen den dokumentierten Ereignissen und Tatsachen. Dies leistet wiederum der Chronist. Er bringt die Fakten in eine zeitliche Reihenfolge, stellt Zusammenhänge zwischen ihnen her und produziert auf diese Weise *historisches Wissen* oder „Geschichte“ – wie etwa die Geschichte des Zweiten Weltkrieges oder der amerikanischen Außenpolitik. Dieses Wissen ist jedoch typischerweise „idiographisches“ (individualisierend beschreibendes) oder Einzelfallwissen.

Theoretisches Wissen beruht demgegenüber auf einer *abstrahierenden* und *verallgemeinernden* Betrachtung und Auseinandersetzung mit der Wirklichkeit.

Abstrahieren und verallgemeinern

Abstrahieren und verallgemeinern heißt zum einen, sich vom konkreten, einzelnen Ereignis oder Phänomen zu entfernen und das Erkenntnisinteresse auf eine *Klasse* von Ereignissen oder Phänomenen zu richten. Wir erklimmen die Abstraktionsleiter, indem wir den *Inhalt* (die Intension) eines Begriffs reduzieren, also die Zahl der definierenden Attribute verringern. Gleichzeitig erhöhen wir damit den *Umfang* (die Extension) des Begriffs, also den empirischen Geltungsbereich, die Zahl der Ereignisse und Phänomene, die durch diesen Begriff erfasst werden. Abstraktion und Verallgemeinerbarkeit gehen also Hand in Hand. Wenn wir den „Zweiten Weltkrieg“ als eine „organisierte gewaltsame Auseinandersetzung zwischen Staaten“ definieren, „die alle Großmächte im globalen internationalen System involvierte und von 1939 bis 1945 dauerte“, so erreichen wir mit zahlreichen definierenden Attributen ein Maximum an Konkretion. Der Umfang des Begriffs liegt genau bei eins. Für die Definition des „Weltkriegs“ reduzieren wir die Liste der Attribute um die Zeitangabe (1939-1945). Dadurch gewinnt der Begriff an Umfang: Mit dem Ersten und dem Zweiten Weltkrieg umfasst er nun immerhin zwei empirische Referenten. Die Definition des Krieges als „organisierte gewaltsame Auseinandersetzung“ ist noch einmal inhaltsärmer und lässt den Umfang deutlich in die Höhe schnellen. Das gilt umso mehr, wenn wir „gewaltsame Auseinandersetzungen" zum Gegenstand der Theorie machen. Wo wir das Abstraktionsniveau und den Verallgemeinerungsgrad der Theorie sinnvoll ansetzen, ist zum einen eine Frage des Erkenntnisinteresses – Wollen wir etwas über Kriege erfahren oder über Gewalt? – und zum anderen eine Frage der Homogenität des Untersuchungsgegenstands. Einerseits scheinen Weltkriege sich von anderen Kriegen nicht so grundlegend zu unterscheiden, dass wir eine gesonderte Theorie der Weltkriege bräuchten. Andererseits sind „gewaltsame Auseinandersetzungen" ein so vielgestaltiges Phänomen, dass wir darüber wahrscheinlich keine starken theoretischen Aussagen machen können. Unter den genannten Alternativen erscheint also eine Theorie des Krieges das angemessene Abstraktionsniveau zu sein.

Wesentliches erkennen

Abstrahieren und verallgemeinern heißt zum anderen, Erkenntnisse zu erschließen, die über die beobachtbaren, dokumentierbaren einzelnen Fakten hinausgehen, diese „transzendieren". Die theoretische Beschäftigung mit der Wirklichkeit ist darauf gerichtet, das „Wesentliche" oder „Typische" an den beobachtbaren Tatsachen herauszuarbeiten, nicht das „Eigentümliche" oder „Einzigartige". Sie soll über den Einzelfall hinausgehende Zusammenhänge zwischen den Beobachtungen erkennen und ihre Ursachen und Wirkungen erforschen. Schließlich „transzendiert" die theoretische Auseinandersetzung mit der Wirklichkeit die Fakten auch in anderer Weise: Sie umfasst Spekulationen über Ereignisse wie die Entstehung des Universums oder das Aussterben der Dinosaurier, auf die Zukunft gerichtete Prognosen, die Kritik des faktisch Vorfindbaren und den Entwurf wünschbarer, ja utopischer Welten.

2.1.2 Theoriegattungen

In einem bereits 1969 erschienen Aufsatz formulierte Hedley Bull einen Katalog zentraler Fragen für die Theorie der internationalen Politik. Daraus drei Beispiele:

- „Bildet die Gesamtheit der souveränen Staaten eine politische Gesellschaft bzw. ein politisches System oder nicht?"
- „Besitzt ein Mitgliedstaat der internationalen Gesellschaft ein Recht zur Intervention in die inneren Angelegenheiten eines anderen, und wenn ja, unter welchen Umständen?"
- „In welchem Maß wird der Gang der diplomatischen Ereignisse zu jeder beliebigen Zeit durch die allgemeine Form oder Struktur des internationalen Systems bestimmt oder beschränkt; durch die Zahl, das relative Gewicht und die konservative oder radikale Einstellung der es bildenden Staaten, und durch die Instrumente der Interessendurchsetzung, die die Militärtechnologie oder die

Verteilung des Reichtums in ihre Hände gegeben hat; durch das spezifische System von Spielregeln, das der diplomatischen Praxis dieser Zeit zugrundeliegt?“ (Bull 1969: 27; Gliederung und Übersetzung F.S.)

Diese Fragen sind allesamt theoretischer Natur oder verweisen zumindest auf eine Theorie der internationalen Politik; allerdings gehören sie unterschiedlichen Theoriegattungen an: der deskriptiven, normativen und kausalanalytischen Theorie.

1. Deskriptive Theorie

Die Frage, ob die Staaten eine politische Gesellschaft, ein politisches System oder etwas anderes bilden, gehört in den Bereich der deskriptiven Theorie. Eine deskriptive (beschreibende) Theorie soll die Wirklichkeit mit Hilfe abstrakter Konzepte erschließen und „auf den Begriff bringen“. Sie gibt Antworten auf die Fragen: „Was ist mein Untersuchungsgegenstand? Was macht ihn in seinem Kern aus? Wie ist er beschaffen?“ Die Aufgabe deskriptiver Theorien ist es, das „Wesentliche“, „Konstitutive“ oder „Typische“ an einem Gegenstand herauszuarbeiten. Bulls Frage richtet sich genau darauf: Was ist das „Wesentliche“ an dem Kollektiv, das die Staaten bilden; was „konstituiert“ ihr Verhältnis untereinander? Genau diese Frage wurde im ersten Kapitel für die internationale Politik gestellt und mit Verweis auf die anarchische Ordnung des internationalen Systems beantwortet. Die Definition der internationalen Politik als Politik unter den Bedingungen der Anarchie war also bereits deskriptive Theoriebildung. Hedley Bulls Hauptwerk trägt im Übrigen den Titel *The Anarchical Society* – auch er sieht also Anarchie als konstitutiv für die internationale Politik an.

2. Normative Theorie

Die Frage nach dem Recht eines Staates zur Einmischung in die inneren Angelegenheiten eines anderen ist völkerrechtlicher Natur. Rechtliche Fragen sind stets Fragen von Rechten und Pflichten, Erlaubnissen und Verboten. Sie verweisen damit auf eine normative Theorie. Während eine deskriptive Theorie darauf zielt zu bestimmen, was *ist*, begründet eine normative Theorie, was *sein soll.* Sie entwirft wünschenswerte, weil (moralisch) gute oder richtige oder (ästhetisch) schöne Welten, die in der Regel nicht mit der in der Wirklichkeit vorfindbaren Welt übereinstimmen. Normative Theorien der internationalen Politik bestimmen und begründen in erster Linie, wie das Verhältnis der Staaten untereinander beschaffen sein soll und wie Staaten sich in der internationalen Politik verhalten sollen. Ob und unter welchen Umständen Staaten das Recht haben, in die inneren Angelegenheiten eines anderen Staates zu intervenieren, ist ein zentrales, immer wieder aufgegriffenes Thema der „Theorie des gerechten Krieges“.

3. Kausalanalytische Theorie

Die Frage nach den Bestimmungsfaktoren „diplomatischer Ereignisse“ führt schließlich zur kausalanalytischen Theorie. Kausalanalytische Theorien stellen Ursache-Wirkungs-Zusammenhänge her. Die kausalanalytische Beschäftigung mit der Wirklichkeit unterscheidet sich (ebenso wie die deskriptive) von der normativen durch ihr Interesse an der Erkenntnis dessen, was *ist.* Anders als die deskriptive Theorie beschreibt sie jedoch nicht (nur), was ein bestimmtes Phänomen ist und wie es beschaffen ist, sondern analysiert, *warum* es ist und *wie* es entstanden ist. Während deskriptive Theorien vor allem dazu dienen, die Wirklichkeit systematisch zu beschreiben und zu ordnen, und normative Theorien dazu geeignet sind, die Wirklichkeit zu bewerten und „bessere Welten“ zu entwerfen, lassen sich die in kausalanalytischen Theorien enthaltenen kausalen Behauptungen in dreifacher Weise verwenden: erstens, um zu *erklären*, wie etwas entstanden ist oder hervorgebracht wurde (Erklärungsfunktion); zweitens, um *vorherzusagen*, wie es sich entwickeln wird (Prognosefunktion); und drittens, um die Wirklichkeit in einer gewünschten Weise zu *gestalten* (Problemlösungsfunktion).

2.2 Korrelationen und Mechanismen

Kausalanalytische Theorien in den Internationalen Beziehungen stellen allgemeine Behauptungen über Ursache-Wirkungs-Zusammenhänge auf, die den Anspruch erheben, wichtige Ergebnisse internationaler Politik zu erklären: vor allem Krieg und Frieden sowie das Gelingen und Scheitern internationaler Kooperation. Die Behauptungen über Ursache-Wirkungs-Zusammenhänge, aus denen kausalanalytische Theorien bestehen, haben zwei wesentliche Formen: Korrelationen und Mechanismen. Für eine vollständige kausalanalytische Theorie benötigen wir beide. Dies illustriert dieser Abschnitt an der „Theorie des demokratischen Friedens“, einem der bekanntesten und am besten bestätigten Ursache-Wirkungs-Zusammenhänge der internationalen Politik.

2.2.1 Korrelationen

Korrelationsanalyse

Treten zwei oder mehr Ereignisse (Zustände, Phänomene etc.) in der Wirklichkeit regelmäßig zusammen auf, dann sprechen wir von einer *Korrelation*. Tritt eines dieser Ereignisse regelmäßig (und möglichst kurz) vor dem anderen auf, so können wir annehmen, dass es sich um die Ursache des anderen Ereignisses handelt. Mit anderen Worten: Sukzession impliziert Kausalität.

Die Theorie des demokratischen Friedens beruhte anfänglich auf einer solchen Korrelation zwischen Beobachtungen. Im „Correlates of War"-Projekt, das 1963 unter Leitung von J. David Singer und Melvin Small an der University of Michigan begann, wurden sämtliche Kriege nach 1815 erfasst und mit einer Vielzahl von gesellschaftlichen, ökonomischen und politischen Merkmalen der Staaten korreliert. Dabei zeigte sich, dass demokratische Staaten niemals gegeneinander Krieg geführt haben.

Aussagen über Korrelationen werden als *empirische Gesetzeshypothesen* formuliert, also als „Wenn-dann"-Sätze oder als „Je-desto"-Sätze, die ein regelmäßiges sukzessives Auftreten von unterschiedlichen empirischen Phänomenen behaupten.

Abhängige und unabhängige Variablen

Die Ursachen sind in der Sprache der Korrelationsanalyse die „unabhängigen Variablen" (X); Wirkungen werden als „abhängige Variablen" (Y) verstanden, weil ihr Wert von der Ausprägung der unabhängigen Variablen „abhängt". Die Theorie des demokratischen Friedens besteht demnach aus der empirischen Gesetzeshypothese: „Wenn zwei Staaten Demokratien sind, dann führen sie keinen Krieg gegeneinander." Oder: „Je demokratischer beide Mitglieder eines Staatenpaares sind, desto weniger wahrscheinlich ist es, dass eine militärische Auseinandersetzung zwischen ihnen ausbricht [...]" (Russett et al. 1995: 72). „Herrschaftsordnung" ist demnach die unabhängige Variable, „Krieg" (verstanden als zwischenstaatliche militärische Auseinandersetzung) die abhängige.

Kritik: 1. Problem des Theoriedefizits

Theorien, die allein auf der Basis von Korrelationen formuliert sind, werden allerdings in zweifacher Hinsicht kritisiert. Zum einen wendet die Kritik ein, dass die Behauptung einer regelmäßigen Aufeinanderfolge von Ereignissen ein Theoriedefizit aufweise. Ein empirisches Gesetz sagt uns nur, *dass* Y regelmäßig auf X folgt. *Warum* diese Korrelation existiert und *wie* sie hervorgebracht wird, bleibt im Dunkeln – daher spricht man auch von „Black Box"-Theorien. So erfahren wir durch das empirische Gesetz des demokratischen Friedens nicht, wie es dazu kommt, dass Demokratien untereinander Frieden halten, welche Qualitäten eines demokratischen Staatenpaares es sind, die diese Wirkung hervorbringen. Gerade dies, so die Kritik, müsse eine Theorie aber erklären können. Sie muss uns sagen, welche kausalen Mechanismen und Prozesse zwischen X und Y ablaufen, welche Eigenschaften von X es sind, die Y hervorbringen.

2. Falsche kausalanalytische Schlüsse

Eine zweite Kritik besagt, dass die Analyse von Korrelationen leicht zu falschen kausalanalytischen Schlüssen führen kann: Aus dem aufeinanderfolgenden Auftreten empirischer Phänomene wird zu Unrecht oder in falscher Weise auf ihre kausale Verknüpfung geschlossen.

a) Scheinkausalität

- Zum Beispiel könnte es sein, dass zwei miteinander korrelierte Phänomene in Wirklichkeit von einem dritten Phänomen abhängen, der zu beobachtende Zusammenhang zwischen ihnen allein auf diese gemeinsame Ursache zurückzuführen ist und die Annahme eines kausalen Zusammenhangs zwischen ihnen daher falsch ist. Wenn wir annehmen, dass ein hohes Wohlstandsniveau sowohl die Ursache von Demokratie als auch die Ursache des Friedens ist, dann könnten wir einen Zusammenhang zwischen Demokratie und Frieden beobachten, ohne dass er ursächlich ist.

b) Überdeterminierung

- Ebenso könnte es sein, dass zwei voneinander unabhängige empirische Phänomene gleichermaßen mit einem nachfolgenden Ereignis korreliert sind, von denen aber nur eines die tatsächliche Ursache ist. Nehmen wir ein internationales System an, in dem alle demokratischen Staaten sich auf Inseln befinden, alle nichtdemokratischen aber kontinental sind. In diesem Fall wären die Merkmale „Inselstaaten“ und „Demokratien“ gleichermaßen mit „Frieden“ korreliert. Aufgrund einer Korrelationsanalyse lässt sich jedoch nicht entscheiden, ob die demokratische Ordnung oder die Insellage die Friedensursache ist.

Die Beobachtung einer Korrelation gibt also zwar Anlass, einen kausalen Zusammenhang zu vermuten, für sich genommen bietet sie aber weder eine überzeugende Analyse dieses kausalen Zusammenhangs noch hinreichende Gewähr, dass die Korrelation tatsächlich kausaler Natur ist.

2.2.2 Mechanismen

Mechanismusanalyse

Die Mechanismusanalyse der Kausalität greift diese zwei Defizite der Korrelationen auf. Um zu zeigen, dass X tatsächlich die Ursache von Y ist und wie X Y verursacht, bedarf es des Nachweises eines *kausalen Mechanismus*, der von X ausgeht und Y hervorbringt. Der kausale Mechanismus geht auf kausale Kräfte zurück, die in X angelegt sind. Bei X kann es sich um soziale Akteure (Personen, Gruppen, Organisationen) und Strukturen (Ideen, Institutionen, Macht- oder Besitzverhältnisse) handeln. Diese kausalen Kräfte sind latent vorhanden, werden unter bestimmten Bedingungen „freigesetzt“ und bringen einen kausalen Prozess in Gang, der zu Y führt.

Um Kausalität zu analysieren, müssen wir also drei Dinge bestimmen, die zusammen den kausalen Mechanismus ergeben:

- die *Eigenschaften* von X, aus denen die kausalen Kräfte oder Tendenzen von X resultieren;
- die *kausalen Tendenzen*, die aus den Eigenschaften von X resultieren und Y hervorbringen; und
- die *auslösenden Bedingungen*, die die kausalen Tendenzen freisetzen.

Demnach muss eine Theorie des demokratischen Friedens die Eigenschaften oder Strukturmerkmale des demokratischen Herrschaftssystems benennen, denen die kriegsverhindernden Tendenzen zugeschrieben werden; bestimmen, unter welchen Bedingungen diese Tendenzen ausgelöst werden; und beschreiben, wie sie wirken, um einen Krieg zwischen demokratischen Staaten zu verhindern. Der kausale Mechanismus bringt damit Licht in die *black box*, die in der Korrelationsanalyse zwischen X und Y liegt (Abbildung 2.1).

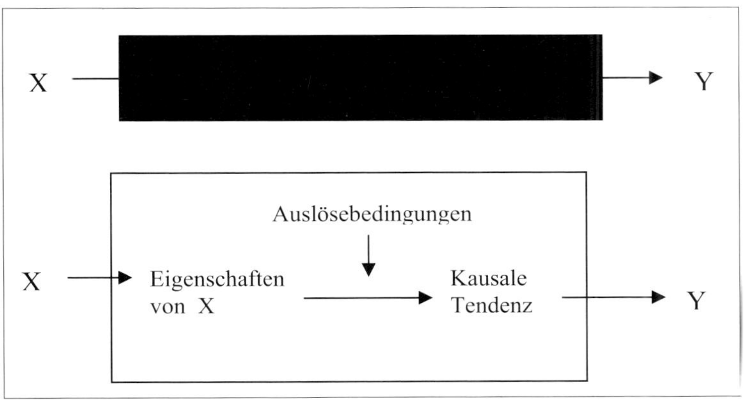

Abb. 2.1: Korrelation und kausaler Mechanismus

Anders als in der Korrelationsanalyse sind in der Mechanismusanalyse die beiden zentralen Elemente der Kausalbeziehung also nicht die Ereignisse, Tatsachen, Zustände oder Phänomene X als Ursache und Y als Wirkung, sondern die *Eigenschaften von X* als „eigentliche" Ursache und die *kausale Tendenz von X* als „eigentliche" Wirkung

Mechanismen des demokratischen Friedens

Die Theorie des demokratischen Friedens besteht aus dieser Perspektive im Kern aus Behauptungen über die friedensförderlichen Tendenzen der Struktur demokratischer Herrschaftssysteme. Tatsächlich finden wir in der Literatur über den demokratischen Frieden mehrere Theorien, die sich zwar nicht in ihrer empirischen Konsequenz – dass Demokratien keine Kriege gegeneinander führen –, aber hinsichtlich der dafür ursächlichen Eigenschaften und kausalen Tendenzen unterscheiden. Zwei frühe Theorien sind das „strukturell-institutionelle Modell" und das „kulturell-normative Modell" des demokratischen Friedens (Russett et al. 1995: Kap. 2; vgl. Abbildung 2.2).

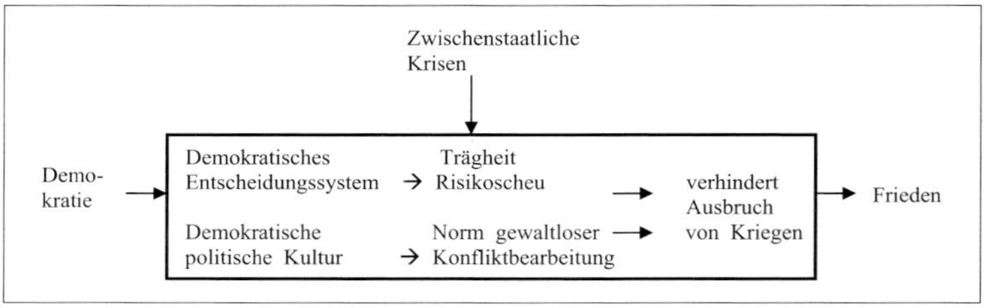

Abb. 2.2: Kausale Mechanismen des demokratischen Friedens

Strukturell-institutioneller Mechanismus

- Im strukturell-institutionellen Modell ergibt sich der kriegsverhindernde Mechanismus aus den strukturellen und institutionellen Beschränkungen des Entscheidungsprozesses in Demokratien. Regierungen demokratischer Staaten besitzen in ihren Entscheidungen keine freie Hand. Die Entscheidung zum Krieg ist durch die Gewaltenteilung, die Öffentlichkeit und die Notwendigkeit, eine breite gesellschaftliche Zustimmung zu erreichen, langwierig und schwer herbeizuführen. Die Merkmale des demokratischen Entscheidungsprozesses führen dazu, dass in einem demokratischen Staatenpaar keiner der beiden Staaten einen Überraschungsangriff fürchten muss und ausreichend Zeit für eine Beilegung einer Krise durch Verhandlungen bleibt. Die kausale Aussage würde also lauten: „Wenn sich eine zwischenstaatliche Krise entwickelt (auslösende Bedingung), dann tendieren Demokratien (X) aufgrund der zahlreichen institutionellen Beschränkungen ihres Entscheidungssystems (Eigenschaft von X) zu einem langsamen, risikoscheuen und verhandlungsorientierten Entscheidungsprozess über Krieg und Frieden (kausale Tendenz von X). Dieser Prozess verhindert verlässlich den Ausbruch von Kriegen zwischen Demokratien (Y)."

Kulturell-normativer Mechanismus

- Dem kulturell-normativen Modell zufolge resultiert der kriegsverhindernde Mechanismus aus den liberalen politischen Werten, der politischen Kultur und den Verhaltensnormen von Demokratien. Demokratien folgen in ihrem Inneren den Normen des friedlichen und rechtlich geregelten Konfliktaustrags. Diese Normen prägen auch das Verhalten demokratischer Regierungen nach außen. Auch dieser Mechanismus lässt sich dem obengenannten Schema entsprechend formulieren: „Wenn sich eine zwischenstaatliche Krise entwickelt (auslösende Bedingung), dann tendieren Demokratien (X) aufgrund ihrer politischen Kultur (Eigenschaft von X) zu einer an demokratischen Normen orientierten gewaltlosen Konfliktbearbeitung (kausale Tendenz von X). Dieser Prozess verhindert verlässlich den Ausbruch von Kriegen zwischen Demokratien (Y)."

Erklärung von Korrelationen

Indem der kausale Mechanismus zeigt, *warum* und *wie* X Y hervorbringt, ist er grundsätzlich geeignet, das Erklärungsdefizit der Korrelation zu überwinden. Durch eine Mechanismusanalyse gelangen wir tatsächlich zu einer Theorie des demokratischen Friedens, die uns sagt, welche Eigenschaften der Demokratien auf welche Weise den Frieden zwischen Demokratien hervorbringen.

Vermeidung kausaler Fehlschlüsse

Außerdem verringert die Analyse des kausalen Mechanismus zumindest die Wahrscheinlichkeit, dass ein angenommener kausaler Zusammenhang zwischen zwei Ereignissen auf einem Fehlschluss beruht. Regelmäßig aufeinanderfolgende empirische Phänomene X und Y kommen nämlich nur dann als ein Ursache-Wirkungs-Zusammenhang in Betracht, wenn es möglich ist, einen kausalen Mechanismus für diesen Zusammenhang einerseits theoretisch zu spezifizieren und andererseits empirisch zu beobachten. Angenommen, es ließe sich beobachten, dass erstens Entscheidungen über Krieg in demokratischen Staaten sehr schnell und von einem kleinen Kreis getroffen werden und in diesen Entscheidungsprozessen zweitens Krieg als eine normativ generell unproblematische Verhaltensweise erwogen wird, dann gäbe es weder empirische Anhaltspunkte für das strukturell-institutionelle noch für das kulturell-normative Modell des demokratischen Friedens.

Greifen wir noch einmal die beiden Beispiele kausaler Fehlschlüsse bei Korrelationen auf:

1. Scheinkausalität

- Würde eine Analyse des Entscheidungsprozesses über Kriege zeigen, dass Vertreter der wohlhabenden Schichten sich vehement für die Suche nach nichtmilitärischen Lösungen einsetzen und dass die Sorge um den Erhalt des wirtschaftlichen Wohlstands in den Beratungen den Ausschlag gegen die Option des Krieges gibt, dann erhielte die Annahme, dass ein hohes Wohlstandsniveau die gemeinsame Ursache von Demokratie und Frieden ist, empirischen Rückhalt.

2. Überdeterminierung

- Angenommen, wir beobachteten in den sicherheitspolitischen Entscheidungsprozessen der Inselstaaten, dass die Regierungen allein deshalb vor der Kriegführung zurückschrecken, weil sie nicht genug Schiffe besitzen, um einen erfolgversprechenden Angriff zu führen. Dann könnten wir Demokratie als Ursache des Friedens ausschließen und hätten eine eindeutige Erklärung zugunsten des Faktors „Insellage".

Halten wir also fest: Kausalanalytische Theorien gewinnen an Erklärungskraft, wenn Korrelationen durch kausale Mechanismen „ausgefüllt" werden.

2.3 Theoriekonstruktion

Sozialwissenschaftliche Theorien – und dazu gehören auch die Theorien der internationalen Politik – bestehen aus mehreren miteinander verknüpften Aussagen. Im Einzelnen sind das Aussagen über (1) Akteure und dispositionale Mechanismen, (2) Strukturen und strukturelle Mechanismen, (3) Prozesse und Interaktionsmechanismen sowie (4) Rückwirkungen und dynamische Mechanismen. Diese vier Bausteine der Theorie werden im Folgenden eingeführt.

2.3.1 Akteure und Dispositionen

Soziale Akteure

Die Akteure und ihre Dispositionen sind ein erster Baustein sozialwissenschaftlicher Theorien. Soziale Akteure zeichnen sich dadurch aus, dass sie fähig sind, absichtsvoll auf ihre soziale Umwelt einzuwirken. Die Handlungsfähigkeit von Akteuren setzt voraus, dass sie in der Lage sind, sich selbst als Personen zu begreifen, ihre Situation zu reflektieren, Wünsche zu formulieren, Entscheidungen zu treffen, diese Entscheidungen in Verhalten umzusetzen und mit diesem Verhalten in ihrer Umwelt etwas zu bewegen oder zu verändern. Akteure besitzen Bedürfnisse (physischer oder psychischer Art), Kognitionen – darunter fallen z. B. Werte, Einstellungen, Überzeugungen, kausales Wissen, Wahrnehmungen – und sie haben Ziele (Wünsche, Interessen, Präferenzen).

Handlungsdispositionen

Die Art und Weise, wie sie Bedürfnisse entwickeln, ihre Kognitionen bilden, ihre Ziele bestimmen und im Licht ihrer Bedürfnisse, Kognitionen und Ziele eine Verhaltensoption wählen, wird als ihre Disposition bezeichnet. Die Disposition der Akteure kann von ganz unterschiedlicher Qualität sein: rational oder irrational, wertrational oder zweckrational, erfolgsorientiert oder verständigungsorientiert, instrumentell und strategisch oder expressiv und emotional – um nur einige der in der Sozialtheorie anzutreffenden handlungstheoretischen Konzepte aufzugreifen. In jedem Fall resultiert das Handeln aus internen Dispositionen und psychischen Prozessen der Akteure.

Korporative Akteure

In der internationalen Politik sind die Akteure ganz überwiegend Gruppen und Organisationen: Staaten und Nationen, internationale Organisationen und Bewegungen, Wirtschaftsunternehmen und Interessenverbände. Der Staat als zentraler Akteur der internationalen Politik gehört zu den Grundannahmen vieler IB-Theorien – und zur politischen Umgangssprache, etwa wenn es heißt, dass das „Weiße Haus" dieses plant, „Deutschland" jenes will oder „London" anders darüber denkt. Streng genommen handelt es sich hier um eine unzulässige Personifizierung des Staates, weil Gruppen und Organisationen selbst weder denken noch wollen noch handeln können, sondern allein Individuen, die zu diesen Gruppen und Organisationen gehören. Nach Auffassung von Max Weber sind solche „Gebilde lediglich Abläufe und Zusammenhänge spezifischen Handelns *einzelner* Menschen, da diese allein für uns verständliche Träger von sinnhaft orientiertem Handeln sind. [...] [J]edenfalls gibt es für sie keine 'handelnde' Kollektivpersönlichkeit." (1980: 6). Um eine vertretbare „Abkürzung" handelt es sich allenfalls dann, wenn wir mit guten Gründen annehmen können, dass eine Organisation oder Gruppe gemeinsame Kognitionen und Ziele besitzt, einheitlich handelt und auch von ihrer Umwelt als kollektives, strategiefähiges Subjekt wahrgenommen wird. Dann sprechen wir von einem korporativen Akteur.

Anforderungen an die Theoriebildung: Relevante Akteure und vorherrschende Dispositionen

Theorien der internationalen Politik müssen also erstens bestimmen, wer die relevanten Akteure in der internationalen Politik sind. Wie gesagt, besteht Einigkeit darüber, dass korporative Akteure im Mittelpunkt stehen und Staaten oder Regierungen auf jeden Fall dazugehören müssen. Aber sind internationale Organisationen wie die Vereinten Nationen oder die EU ebenfalls von Bedeutung? Und gilt das auch für Nichtregierungsorganisationen (*non-governmental organizations* oder NGOs) wie Amnesty International oder Greenpeace oder für Unternehmen, Verbände und soziale Bewegungen? Wie wir in den nächsten Kapiteln sehen werden, unterscheiden sich die Theorien bei der Beantwortung dieser Fragen. Zweitens müssen Theorien der internationalen Politik Annahmen über die Disposition der relevanten Akteure machen. Welche Ziele verfolgen die Akteure in der internationalen Politik in erster Linie? Wie treffen sie ihre Entscheidungen und wählen ihre Handlungen? Auch hier geben die Theorien unterschiedliche Antworten. Allerdings handeln die Akteure immer in einer vorstrukturierten sozialen Umwelt. Deshalb sind Strukturen und Strukturwirkungen ein zweiter essenzieller Baustein sozialwissenschaftlicher Theorien.

2.3.2 Strukturen und Strukturwirkungen

In Abgrenzung zu den Akteuren zeichnen sich Strukturen zunächst dadurch aus, dass sie weder sinnlich unmittelbar erfahrbar noch handlungsfähig sind. Individuelle Akteure können wir bei ihren Handlungen beobachten; selbst Organisationen haben z. B. einen Sitz, fassen Beschlüsse und handeln durch Bevollmächtigte. Strukturen sind hingegen nicht physisch repräsentiert. Sie handeln nicht, ermöglichen und beschränken aber das Handeln der Akteure. Strukturen bestimmen die *internen Relationen* der Elemente eines sozialen Systems. Beispielsweise definiert die Anarchie das Verhältnis der Staaten (der Elemente des internationalen Systems) als gleichrangig, während die Hierarchie eine Struktur der Über- und Unterordnung ist. Zwar können wir die Anarchie nicht direkt beobachten, aber anhand des Verhaltens der Staaten und der Probleme und Herausforderungen der internationalen Politik können wir ihre Wirkungen dennoch ausführlich studieren.

Strukturtypen: Strukturen können vielfältiger Art sein. Eine gängige Unterscheidung ist die zwischen Schemata, Regeln und Ressourcen.

- Schemata — Unter den Begriff der Schemata lassen sich kulturelle Strukturen fassen. Hier handelt es sich beispielsweise um interne Relationen zwischen den Elementen der Sprache und anderer Ausdrucksmittel oder um kulturelle Grundunterscheidungen wie die zwischen „gut“ und „böse“ oder „gerecht“ und „ungerecht“. Die Kategorisierung anderer Menschen und Gruppen als „Freunde“ und „Feinde“ oder die Unterteilung der Welt in den „Westen“, den „Osten“ oder den „Norden“ und den „Süden“ fällt ebenfalls unter die Schemata. Ob jemand die Welt in europäische und nicht-europäische Länder, demokratische und undemokratische Länder oder aber christliche und nicht-christliche Länder einteilt, hat z. B. erhebliche Folgen dafür, ob die Türkei als geeigneter Beitrittskandidat der Europäischen Union gesehen wird.
- Regeln — Unter den Begriff der Regeln fallen normative Strukturen. Sie geben vor, welche Elemente zu einem sozialen System gehören, wie sie angeordnet oder positioniert sein sollen (konstitutive Regeln) und was die Akteure in einem bestimmten Kontext tun dürfen, sollen oder müssen (regulative Regeln). Zu den konstitutiven Regeln eines Staatensystems gehört die Bestimmung der Rechtssubjekte – Staaten und nicht Individuen – und ihres Verhältnisses zueinander: Anarchie und nicht Hierarchie. Zu den

regulativen Regeln zählen Abstimmungsregeln in internationalen Organisationen und internationale Regime mit ihren spezifischen Verhaltensvorschriften z. B. bezüglich der Rüstungskontrolle, des Schutzes der Menschenrechte oder der auf Importe zu erhebenden Zölle und Abgaben.

- Zum Strukturtyp der Ressourcen gehört schließlich die Verteilung von menschlichen Fähigkeiten (Körperkraft, Intelligenz, Technologien) und materiellen Ressourcen (Besitz von Land, Waffen oder Geldvermögen) unter den Akteuren. Die militärische oder ökonomische Machtverteilung im internationalen System ist eine ressourcenbasierte Struktur. Daneben gibt es jedoch auch soziale Ressourcen wie Vertrauen, Legitimität oder Respekt, auf die die Akteure zurückgreifen können.

Ressourcen

Alle diese Strukturen schaffen soziale Ordnung, indem sie Denk- und Sprechweisen bestimmen, Ränge und Rollen sowie Rechte und Pflichten festlegen, und schließlich Macht verleihen. Mit anderen Worten: Sie strukturieren das Verhältnis der Akteure zueinander und ihr soziales Handeln.

Anforderungen an die Theoriebildung: Relevante Strukturen und Strukturwirkungen

Theorien der internationalen Politik müssen uns also sagen können, welche die für die internationale Politik relevanten Strukturen sind. Das gilt für die unterschiedlichen Strukturtypen – Spielen in der internationalen Politik allein materielle Ressourcen eine Rolle? Oder sind Schemata und Regeln ebenfalls von Bedeutung und vielleicht sogar noch wichtiger? – und für einzelne Strukturen: Welche Schemata prägen die internationale Politik? Welche Regeln bestimmen das Handeln der internationalen Akteure? Welche Ressourcen sind ausschlaggebend, damit die Akteure ihre Ziele erreichen können? Alle Theorien internationaler Politik sehen die Anarchie als konstitutive Struktur des internationalen Systems an – welche Strukturen darüber hinaus von Bedeutung sind, ist aber höchst umstritten. Außerdem müssen Theorien der internationalen Politik sagen können, wie diese Strukturen wirken und zusammenspielen. Verschärfen oder entschärfen sie die Wirkungen der Anarchie? Schaffen sie mehr Sicherheit oder Unsicherheit? Erleichtern oder erschweren sie effizientes und nachhaltiges Wirtschaften im internationalen System? Auch darüber haben die Theorien internationaler Politik unterschiedliche Auffassungen.

Interaktion von Akteuren und Strukturen

Akteure und Strukturen interagieren in vielfältiger Weise. Über Sozialisationsprozesse prägen Strukturen wie familiäre und schulische Schemata und Regeln die Kognitionen und Ziele der Akteure. Regeln und Ressourcen erlauben und ermöglichen den Akteuren bestimmte Handlungsweisen, andere sind verboten oder nicht realisierbar. Andererseits können Akteure durch ihr Handeln Strukturen verändern, manipulieren oder gegeneinander ausspielen – z. B. gegen familiäre Regeln rebellieren, gelernte Schemata neu interpretieren oder ablehnen oder ihre Ressourcen gezielt stärken. Ob der Mensch ein Opfer seiner sozialen Verhältnisse ist oder seines Glückes Schmied, ist eine alte und in dieser Allgemeinheit nicht zu entscheidende sozialtheoretische Frage zwischen strukturdeterministischen und voluntaristischen Theorien. Unbestritten ist aber, dass sozialwissenschaftliche Erklärungen sowohl auf Akteure und ihre Dispositionen als auch auf Strukturen und ihre Wirkungen zurückgreifen müssen.

2.3.3 Prozesse und Interaktionen

Beziehungskonstellationen und Interaktionsmechanismen

Mit Akteursdispositionen und Strukturwirkungen alleine lassen sich die kollektiven Handlungsergebnisse der internationalen Politik jedoch nicht erklären. Akteursdispositionen und Strukturwirkungen bestimmen, wie die Akteure unter den gegebenen strukturellen Bedingungen handeln, also welche Ziele sie in welcher Weise verfolgen. Wie aus den vielen einzelnen Handlungen der Akteure ein kollektives Handlungsergebnis wie Krieg oder Frieden wird, ist damit aber noch keineswegs geklärt. Mit anderen Worten: Die Prozesse, die aus dem Miteinander und Gegeneinander der einzelnen Akteure resultieren, besitzen kausale Eigenständigkeit, und wir müssen die in diesen Prozessen wirkenden Beziehungskonstellationen und Interaktionsmechanismen kennen, um die Prozessergebnisse erklären zu können.

Das Problem der Analyseebenen...

Zum einen können wir Prozesse und ihre Ergebnisse nicht bruchlos auf die individuellen Eigenschaften der Einheiten und ihre Handlungen zurückführen. Nehmen wir einmal an, der Zusammenhang zwischen Demokratie und Frieden wäre so formuliert: „Demokratien führen keine Kriege." Dies wäre eine problematische reduktionistische Hypothese, weil die unabhängige Variable (Demokratie) auf der Ebene der Einheiten (auch subsystemische Ebene genannt), die abhängige Variable (Krieg) hingegen auf der Ebene des Systems angesiedelt ist. Da zum Krieg wie zum Frieden aber mindestens zwei Akteure gehören, reicht es nicht aus die Eigenschaften und Handlungen nur eines von ihnen zu kennen, um diese Phänomene zu erklären. Es kann nämlich sein, dass eine Demokratie von einem anderen Staat angegriffen und dadurch gegen ihre Absicht in einen Krieg verwickelt wird. Frei nach Schillers Wilhelm Tell: „Es kann der demokratischste Staat nicht in Frieden bleiben, wenn es dem bösen Nachbar nicht gefällt." Ebenso kann es natürlich sein, dass eine zum Krieg bereite Regierung auf einen Staat trifft, der ihre Forderungen vor Beginn der Kampfhandlungen erfüllt, und damit der Anlass zum Krieg entfällt.

...und seine Lösung

Will man also internationale Prozesse und ihre Ergebnisse mit Merkmalen der beteiligten Staaten erklären, dann muss man diese Merkmale so in Beziehung zueinander setzen, dass daraus eine systemische Variable wird. Somit sind unabhängige und abhängige Variablen auf der gleichen Analyseebene angesiedelt. Die Autoren der Korrelationsanalysen, auf denen die Hypothese vom demokratischen Frieden beruht, haben diesen Grundsatz beherzigt. Russett und Maoz z. B. wählten für ihre Untersuchung des Zusammenhangs von Demokratie und Frieden „militärische zwischenstaatliche Auseinandersetzungen" (*militarized interstate disputes*), eine abhängige Variable auf der dyadischen Analyseebene, also der Ebene von Staatenpaaren. Da die unabhängige Variable „Demokratie" jedoch nur als einzelstaatliches („monadisches") Merkmal vorlag, mussten sie eine Transformation vornehmen und kombinierten die Werte für den Regimetyp der Einzelstaaten nach einer Formel zu einer dyadischen Maßzahl der „demokratischen Gemeinsamkeit" (*joint democracy*; Russett et al. 1995: 76-77).

Spezifizierung der Interaktionsmechanismen

Zum anderen müssen Theorien Interaktionsmechanismen spezifizieren, die die Handlungen der einzelnen Akteure zu kollektiven Handlungsergebnissen transformieren. Diese Interaktionsmechanismen sind keineswegs trivialer Natur: Die aus der Aggregation (dem Zusammenwirken) von staatlichen Handlungen resultierende internationale Politik kann nämlich Formen annehmen und Ergebnisse zeitigen, die keiner der Akteure beabsichtigt oder erwartet hat. Das kennt man als das soziale Grundproblem der *nicht-intendierten Handlungs- oder Interaktionsergebnisse*. Sie können unerwartet positiv ausfallen, wie bei Goethes „Kraft, die stets das Böse will und stets das Gute schafft" oder bei der „unsichtbaren" Hand von Adam Smith, durch die das egoistische Handeln vieler einzelner das Gemeinwohl aller fördert. Aber auch das Gegenteil ist möglich, wie in dem Sprichwort, dass der „Weg zur Hölle mit guten Vorsätzen gepflastert" ist oder der systemtheoretischen Warnung, dass korrigierende Eingriffe in ein komplexes System mehr Schaden als Nutzen stiften können. Auch die Theorie des kollektiven Handelns analysiert unbeabsichtigt negative Handlungsfolgen, wie wir in Kapitel 1 bereits gesehen haben. Sie zeigt, dass unter Marktbedingungen von allen gewünschte öffentliche Güter entweder gar nicht produziert werden, weil es für jeden einzelnen rational ist, sie zu nutzen, ohne zu ihrer Herstellung beizutragen („Trittbrettfahrer-Problem"), oder aber vernichtet werden, weil es für jeden einzelnen rational ist, sie so ausgiebig wie möglich zu nutzen, ohne zu ihrer Erhaltung beizutragen („Tragödie der Allmende"). Solche Interaktionsmechanismen gehören zu den interessantesten Erkenntnissen, ihre theoretische Modellierung zu den spannendsten Herausforderungen sozialwissenschaftlicher Analyse.

Anforderungen an die Theoriebildung: relevante Konstellationen und Interaktionen

In einem dritten Schritt müssen Theorien internationaler Politik also die erklärungsrelevanten Beziehungskonstellationen und Prozesse benennen und die dazugehörigen Interaktionsmechanismen darlegen. Auch in dieser Hinsicht unterscheiden sich die Theorien der internationalen Politik signifikant.

2.3.4 Rückwirkungen und Dynamiken

Mit den bisherigen drei Bausteinen und Erklärungsschritten lassen sich einzelne Ergebnisse und Ergebnismuster internationaler Politik erklären. Aus dem Zusammenspiel von Akteuren, Strukturen und Prozessen sowie dispositionalen, strukturellen und Interaktionsmechanismen ergeben sich Krieg und Frieden, internationale Entscheidungen und Regelwerke oder aber fehlgeschlagene Verhandlungen und Vertragsbrüche.

Darüber hinaus wirken politische Ergebnisse in unterschiedlicher Weise zurück auf die Faktoren, die sie hervorgebracht haben. Einerseits können sie diese Faktoren stabilisieren. Das trifft immer dann zu, wenn ein politisches Ergebnis den Zielen und Erwartungen der Akteure und den bestehenden Strukturen entspricht. Andererseits können politische Ergebnisse auch destabilisierend wirken, wenn sie z. B. den Bedürfnissen und Absichten der Akteure widersprechen oder deren Überzeugungen erschüttern; oder wenn sie bestehende Schemata in Frage stellen, Regeln verletzen und Ressourcen umverteilen. Dadurch üben Handlungsergebnisse Veränderungsdruck aus. Das Ergebnis dieses Veränderungsdrucks ist allerdings offen. Wenn die Beharrungskraft bestehender Dispositionen und Strukturen ausreichend ist, um den Veränderungsdruck zu konterkarieren, weil Akteure sich z. B. gegenüber neuen Informationen verschließen oder Regelverletzer in ihre Schranken gewiesen werden, reproduziert sich die „alte Ordnung" ebenso wie im Fall stabilisierender politischer Ergebnisse. Es sind aber auch Veränderungen, Fortschritte ebenso wie Rückschritte, möglich: Akteure „lernen", sie korrigieren ihre Ziele oder passen ihre Strategien an. Normen verlieren ihre Gültigkeit und werden durch andere ersetzt. Neue Strukturen und Akteure entstehen, die wiederum neue Prozesse und veränderte Prozessergebnisse hervorbringen.

Anforderungen an die Theoriebildung: Bedingungen der Veränderung

In einem vierten Schritt erwarten wir von Theorien der internationalen Politik also, dass sie angeben, wie und unter welchen Bedingungen sich die relevanten Akteure, Strukturen und Prozesse der internationalen Politik reproduzieren und verändern. Gibt es so etwas wie Fortschritt in der internationalen Politik oder handelt es sich um die ewige Wiederkehr des Gleichen? Kann die Anarchie dauerhaft eingedämmt oder gar überwunden werden?

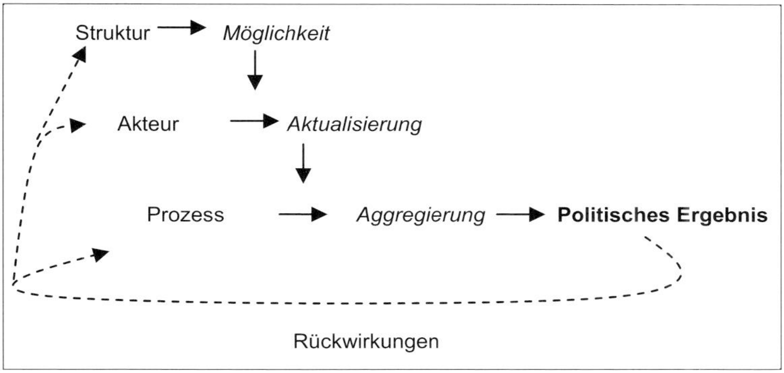

Abb. 2.3: Bausteine sozialwissenschaftlicher Theorien

Damit ist der Baukasten für die Theoriekonstruktion komplett bestückt. Abbildung 2.3 zeigt, wie die vier Bausteine sozialwissenschaftlicher Theorien zu einer vollständigen Erklärung verknüpft werden. Strukturen schaffen (latente) Möglichkeitsräume für das Handeln, die die Akteure entsprechend ihren Dispositionen nutzen oder „aktualisieren". Das Handeln der Akteure wird im Prozess durch einen Interaktionsmechanismus zu einem politischen Ergebnis aggregiert, das wiederum auf Strukturen, Akteure und Prozesse zurückwirkt.

Anwendung auf normativ-kulturelle Erklärung des demokratischen Friedens: 1. Struktur

Wie ließe sich dieses Schema nun auf die Konstruktion einer Theorie des demokratischen Friedens anwenden? Ich greife zur Illustration das „normativ-kulturelle Modell" heraus. Hier wird der demokratische Frieden auf die demokratische politische Kultur der beteiligten Gesellschaften mit ihren Normen der gewaltfreien und geregelten Konfliktbearbeitung zurückgeführt. Diese *Strukturen* bestimmen den *Möglichkeitsraum* (legitimen) sozialen Handelns.

2. Akteur

Damit es zu einer *Aktualisierung* dieser Normen kommt, muss die Theorie jedoch zugleich eine bestimmte *Disposition* der Akteure postulieren. Eine solche Disposition ist die Wertrationalität, die Max Weber als „bewußten Glauben an den [...] unbedingten *Eigen*wert eines bestimmten Sichverhaltens" definierte (1980: 12); ein anderer theoriekonformer dispositionaler Kausalmechanismus wäre die Logik der Angemessenheit (March/Olsen 1989: 160), wonach die Akteure das Verhalten wählen, das in ihrer jeweiligen Handlungssituation den für ihre soziale Rolle geltenden Regeln entspricht. Mit der Disposition der Zweckrationalität ließe sich der Frieden zwischen Demokratien im normativ-kulturellen Modell hingegen nicht erklären, wäre es doch im zweckrationalen Kalkül nicht zwingend, bei der Verwirklichung der eigenen staatlichen Ziele kategorisch auf das Mittel der Gewalt zu verzichten (vgl. Risse-Kappen 1995a: 501). Erst die Kombination von struktureller und handlungstheoretischer Analyse erbringt eine Erklärung dafür, warum demokratische Regierungen ihre gesellschaftlichen Grundnormen tatsächlich aktualisieren.

3. Prozess

Ohne Berücksichtigung des Bausteins „Prozess und Interaktion" bliebe die normativ-kulturelle Erklärung des demokratischen Friedens jedoch unvollständig. Würde die Interaktion keine Rolle spielen, dann müssten Demokratien sich gegenüber *allen* anderen Staaten friedlich verhalten, unabhängig davon, ob es sich um Demokratien handelt oder nicht (vgl. Layne 1996: 164; Risse-Kappen 1994a: 375). So aber muss man zwischen der *Beziehungskonstellation* Demokratie/Demokratie und der Konstellation Demokratie/Nicht-Demokratie unterscheiden. Aus der Logik des normativ-kulturellen Modells lässt sich ein aggressives Auftreten von Demokratien gegenüber Nicht-Demokratien durchaus erklären: Da Nicht-Demokratien fundamentale liberale Werte verletzen, versagen liberale Gesellschaften ihnen den Respekt vor ihrer souveränen Staatlichkeit, sprechen ihnen ihre Legitimität ab und überhöhen Interessenkonflikte mit ihnen ideologisch (Doyle 1996: 31-43). Demgegenüber besteht zwischen zwei Demokratien ein Werte- und Normenkonsens. Wenn beide Seiten wissen, dass die jeweils andere ähnliche liberale Werte und demokratische Verhaltensnormen besitzt und respektiert wie sie selbst, erwarten sie keine Kriegsvorbereitungen und Angriffe. Es entstehen gemeinsame Sicherheit und gegenseitiges Vertrauen.

4. Dynamik

Wenn dann tatsächlich in Konflikt- und Krisensituationen zwischen Demokratien der Frieden bewahrt wird, so bestätigt dieses politische Ergebnis die demokratischen Normen und die wertrationale Disposition der Akteure und es stärkt das gegenseitige Vertrauen, so dass auch bei zukünftigen Konflikten und Krisen die Option des Krieges in den Hintergrund tritt. Mehr noch: Die Bewahrung des Friedens stärkt auch die Legitimität der demokratischen Herrschaftsordnungen auf beiden Seiten. Der vorherrschende dynamische Mechanismus ist hier also die „Verstärkung".

Nach diesem Schema werden in den folgenden Kapiteln nun zentrale Theorien der Internationalen Beziehungen rekonstruiert.

Die wichtigsten Fragen, die die Darstellung anleiten werden, lassen sich in einer „Theorie-Checkliste" zusammenfassen (siehe Tab. 2.1).

1.	Wer sind die relevanten Akteure der internationalen Politik?
2.	Wie sind diese Akteure disponiert?
3.	Welche sind die relevanten Strukturen der internationalen Politik?
4.	Wie wirken diese Strukturen auf das Handeln der Akteure?
5.	Welche sind die relevanten Beziehungskonstellationen und Prozesse der internationalen Politik?
6.	Wie interagieren die Akteure, und wie werden ihre Handlungen aggregiert?
7.	Welche Ergebnisse internationaler Politik resultieren aus dem Zusammenwirken der Akteurs-, Struktur- und Interaktionsmechanismen (unter bestimmten Bedingungen)?
8.	Wie wirken diese Ergebnisse zurück auf die Akteure, Strukturen und Prozesse der internationalen Politik?
9.	Welche Dynamik zeichnet die internationale Politik aus, und wie entwickelt sich das internationale System?

Tab. 2.1: Theorie-Checkliste

Teil II

Theorien

In diesem Teil des Buches werden die aktuell relevanten kausalanalytischen Großtheorien der internationalen Politik entsprechend dem im vorangegangenen Kapitel entwickelten Schema rekonstruiert. Diese Theorien sind Realismus, Institutionalismus, Transnationalismus, Liberalismus und Konstruktivismus.

Debatten zwischen Großtheorien: Realismus vs. Idealismus

Die Theoriediskussion in den Internationalen Beziehungen ist seit Bestehen des Faches durch Debatten zwischen Großtheorien oder Denkschulen gekennzeichnet. Dementsprechend wird seine Geschichte oft als eine Folge von Debatten rekonstruiert. Die „erste Debatte" im Fach wurde etwa in der ersten Hälfte des 20. Jahrhunderts zwischen „Realismus" und „Idealismus" geführt, wobei die Bezeichnung „Idealismus" von den Realisten geprägt wurde und abwertend gemeint war. Später firmierte der Idealismus meist als „liberale Theorie" der internationalen Beziehungen. Bereits diese Debatte behandelte im Wesentlichen die Kernfrage der Internationalen Beziehungen: Kann die internationale Anarchie aufgrund von sozialen Entwicklungen oder durch gezieltes politisches Handeln überwunden oder zumindest so weit abgeschwächt werden, dass ihre problematischsten Konsequenzen zu vermeiden sind? Der Idealismus bejahte diese Frage prinzipiell und sah unter anderem in der Verstärkung transnationaler Austauschbeziehungen und internationaler Interdependenz sowie in der Entwicklung des Völkerrechts und internationaler Organisationen Ansätze zur Einhegung der Anarchie. Der Realismus hingegen erachtete diese Entwicklungen als zu schwach, um die „Realität" der internationalen Machtkonkurrenz auszuhebeln.

Neorealismus vs. neoliberaler Institutionalismus

In leicht veränderter Form ist diese Debatte später immer wieder aufgegriffen worden. In den 1970er und 1980er Jahren standen sich „Neorealismus" und „neoliberaler Institutionalismus" gegenüber. Wie der Name der Theorie nahelegt, behauptet der Institutionalismus gegen den Realismus, dass internationale Institutionen den negativen Auswirkungen der internationalen Anarchie entgegenwirken und zur Problemlösung in der internationalen Politik beitragen können. Der Institutionalismus entwickelte sich in dieser Zeit als eigenständige Theorie aus dem Liberalismus. Deshalb werden beide Theorien auch in diesem Buch getrennt behandelt.

Rationalismus vs. Konstruktivismus

In den 1990er Jahren verschob sich die Debatte erneut. Nun verlief die Kontroverse zwischen „Rationalismus" und „Konstruktivismus". Den rationalistischen Pol bildeten Realismus und Institutionalismus (und zum Teil auch der Liberalismus) gemeinsam, die allesamt mit der Annahme zweckrationaler und egoistischer internationaler Akteure operieren. Demgegenüber betont der Konstruktivismus die Bedeutung und Wirksamkeit sozialer Konstruktionen (z. B. Ideen,

Bedeutungszuschreibungen, Identitäten und Normen), die die Präferenzen und das Handeln internationaler Akteure prägen. Damit eröffnen sich auch neue Perspektiven auf die Wirkung und Einhegung internationaler Anarchie. Zugleich relativierten sich die Unterschiede zwischen Realismus und Institutionalismus. Auch die rationalistisch-konstruktivistische Debatte hat in den vergangenen Jahren viel von ihrer Schärfe verloren, und eine neue große Debatte ist aktuell nicht in Sicht.

Theorieauswahl

Aus dieser durch die „großen Debatten" informierten Perspektive stehen sich damit im Theorietableau der Internationalen Beziehungen aktuell im Wesentlichen Realismus, Institutionalismus, Liberalismus und Konstruktivismus gegenüber. Ich ergänze dieses Tableau um den Transnationalismus, der wie der Institutionalismus ursprünglich eine Spielart der liberalen Theorie internationaler Politik war. Während der Liberalismus nun aber vorwiegend als eine Theorie der innerstaatlichen, gesellschaftlichen Bedingungen internationaler Politik verstanden wird, analysiert der Transnationalismus zwischengesellschaftliche Beziehungen, Nichtregierungsorganisationen und private Selbstregulierung jenseits des Staates. Dabei thematisiert er insbesondere die Konsequenzen der neueren Anarchieproblematik einer entwerteten staatlichen Souveränität (vgl. Kap. 1.2) Da dieser Grundkurs den kausalanalytischen Theorien der internationalen Politik gewidmet ist, werden „kritische" und „poststrukturalistische" Theorien nicht behandelt.

Alle fünf Theorien teilen den gleichen Ausgangspunkt: dass die internationale Politik sich durch ihre anarchische Ordnung auszeichnet und dass diese Anarchie die Ursache der für die internationale Politik typischen Probleme ist. Darüber hinaus postulieren sie aber unterschiedliche Bedingungen und Mechanismen, die geeignet sind, die Anarchie in ihren Wirkungen einzudämmen und die Probleme einer anarchischen Ordnung effektiv zu bearbeiten. Während der Realismus im Kern eine Theorie der „reinen Anarchie" ist, betonen institutionalistische Theorien die kausale Relevanz internationaler Interdependenzen und Regime, liberale Theorien die Bedeutung innerstaatlicher und gesellschaftlicher Faktoren, transnationale Theorien die Wirkung zwischengesellschaftlicher Beziehungen und konstruktivistische Theorien den Einfluss von intersubjektiven Konstruktionen wie Identitäten und Normen auf die internationale Politik.

Idealtypische Rekonstruktion der Theorien

Die fünf Theorien werden idealtypisch rekonstruiert. Weder schildern die Theoriekapitel die historische Entwicklung der Theorieschulen, noch stellen sie einzelne Autoren oder Werke ausführlich dar. Vielmehr beschreiben sie die typischen Annahmen über Akteure, Strukturen, Prozesse und deren kausale Tendenzen und formulieren jeweils eine Kernhypothese, die für die jeweilige Theorie grundlegend ist. Auf die internen Differenzierungen und Kontroversen innerhalb der Theorien geht der Text nur sporadisch ein. Spezifischere Anwendungen auf konkrete Gegenstände wie Krieg, Allianzen oder supranationale Integration folgen in Teil III.

3 Unsicherheit und Macht: der Realismus

Es gibt mehrere Gründe, die Darstellung der Theorien internationaler Politik mit dem Realismus zu beginnen. Erstens – und das ist der wichtigste Grund – handelt es sich um die Theorie, die von einer weitgehend uneingeschränkten Anarchie in der internationalen Politik ausgeht und deren Auswirkungen in reiner Form analysiert. Zweitens ist es die einfachste, am wenigsten komplexe Theorie internationaler Politik. Drittens ist es wahrscheinlich die älteste Theorie internationaler Politik. Der Realismus beruft sich unter anderem auf Thukydides, der im 5. Jahrhundert v. Chr. im *Peloponnesischen Krieg* die internationale Politik im System der unabhängigen Stadtstaaten (*poleis*) des klassischen Griechenlands beschrieben hat, und auf Macchiavelli, den wichtigsten Theoretiker der Politik im System der italienischen Stadtstaaten, das als Wiege des heutigen internationalen Systems gilt. Viertens dient der Realismus den anderen Theorien als wichtigster Widerpart, gegen den sie argumentieren und von dem sie sich absetzen. Fünftens war er international über lange Zeit die dominante Theorie internationaler Politik – wenn auch weniger im deutschsprachigen Raum.

Realismus und Neorealismus

Der Realismus wurde nach dem Zweiten Weltkrieg zur Leittheorie internationaler Politik und behielt diese Stellung zumindest bis in die 1970er Jahre. Er wurde vor allem in den USA entwickelt und weiterentwickelt. Die wichtigste Weiterentwicklung ist die vom klassischen Realismus zum Neorealismus. Das Hauptwerk des klassischen Realismus ist *Politics Among Nations* (deutsch: *Macht und Frieden*) von Hans J. Morgenthau (1904-1980) aus dem Jahr 1948. Begründer des Neorealismus ist Kenneth N. Waltz (*1924) mit seinem Buch *Theory of International Politics* von 1979. Am Neorealismus orientiert sich auch die folgende Darstellung vorwiegend.

> Für den Realismus ist die zentrale Wirkung der anarchischen Struktur des internationalen Systems die existenzielle Unsicherheit der Staaten. Wie groß die Unsicherheit ist, hängt von zwei weiteren Strukturmerkmalen ab: der Machtverteilung und der verfügbaren Technologie. Eine hohe Machtkonzentration und eine Technologie, die die Defensive gegenüber der Offensive stärkt, verringern die Unsicherheit – allerdings nur leicht und temporär. Die Akteure sind im Realismus egoistisch-zweckrationale Staaten, die unter den Bedingungen der Anarchie und der Sorge um ihre Existenz nach Macht streben. Daraus resultiert als zentraler Prozess der internationalen Politik eine Machtkonkurrenz, die durch die Interaktionsmechanismen des Sicherheitsdilemmas und des Gleichgewichts in Bewegung gehalten wird und dafür sorgt, dass Anarchie, Machtstreben und Machtkonkurrenz immer wieder reproduziert werden.

Abbildung 3.1 veranschaulicht die kausalen Mechanismen, die in realistischer Perspektive Unsicherheit und Ineffizienz im internationalen System hervorbringen. Sie konkretisiert das allgemeine Struktur-Akteur-Prozess-Modell aus Abbildung 2.3.

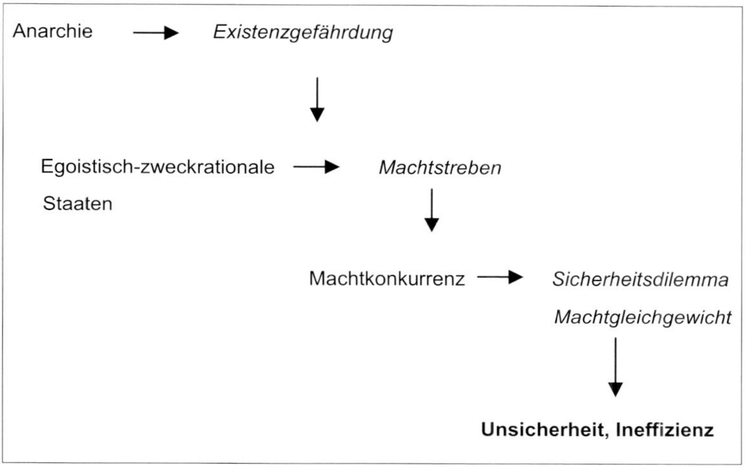

Abb. 3.1: Bausteine des Realismus

3.1 Akteure und Dispositionen: nach Macht strebende Staaten

Staaten als einzig relevante und einheitliche Akteure...

Die relevanten Akteure im Realismus sind ausschließlich Staaten. Die Staaten werden als nach außen *einheitlich handelnde korporative Akteure* (*unitary actors*) verstanden. Das heißt, wir können Staaten in der internationalen Politik wie Personen behandeln – mit einem einheitlichen Willen und einer kohärenten Handlungsweise. Nach realistischer Auffassung hören in Fragen der Außen- und Sicherheitspolitik die internen politischen Auseinandersetzungen auf; es überwiegt das „nationale Interesse" – so wie Kaiser Wilhelm II. bei Beginn des Ersten Weltkriegs verkündete: „Ich kenne keine Parteien mehr, ich kenne nur noch Deutsche." Auch wenn der außenpolitische Entscheidungsprozess tatsächlich komplex und konfliktreich ist: Nach außen treten die Handlungsbevollmächtigten des Staates – die Minister, die Regierungschefin oder die Diplomaten – geschlossen als Vertreterinnen und Vertreter einer einzigen Körperschaft auf. Auf der Basis dieser Annahme ist es durchaus sinnvoll davon zu sprechen, dass es zwischen Berlin und Warschau Meinungsverschiedenheit über die Ostsee-Pipeline gibt, dass sich Österreich für eine Aufnahme von Beitrittsverhandlungen der EU mit Kroatien stark gemacht hat oder dass es zu Verstimmungen zwischen dem Weißen Haus und dem Kreml kam.

...die nach Macht streben

Die Staaten werden im Realismus als *zweckrationale, egoistische und nach Macht strebende Akteure* konzipiert. Ein zweckrationaler Akteur wählt aus den Handlungsoptionen, die ihm zur Verfügung stehen, diejenige Option aus, die unter den gegebenen Umständen den höchsten Nutzen abwirft. Einem egoistischen Akteur geht es dabei ausschließlich um die Erhöhung oder Maximierung des *eigenen* Nutzens; der Nutzen anderer Akteure interessiert ihn nicht oder nur insoweit, als er zur Maximierung des eigenen Nutzens von Bedeutung ist. Die Annahme zweckrationaler, auch egoistischer Akteure teilen viele Theorien internationaler Politik. Was den Realismus von ihnen unterscheidet, ist die Annahme, dass die Staaten in erster Linie nach Macht streben.

Machtstreben als Akteursdisposition vs. Strukturwirkung

Innerhalb des Realismus ist jedoch umstritten, ob dieses Machtstreben tatsächlich eine Disposition der Akteure oder nicht vielmehr eine Strukturwirkung ist. Im *klassischen Realismus* wird das Machtstreben noch als Akteursdisposition behandelt. Es ist dem Menschen als politischem Wesen eigen. Kontextunabhängig streben alle Menschen in ihren politischen Beziehungen nach Macht. Der *Neorealismus* sieht das Machtstreben hingegen als Strukturwirkung der Anarchie. Es ist die von egoistisch-zweckrationalen politischen Akteuren unter den Bedingungen der Anarchie gewählte Handlungsweise.

3.2 Strukturen und Strukturwirkungen: Anarchie, Machtverteilung und Technologie

Kenneth Waltz unterscheidet in seiner *Theory of International Politics* drei relevante Strukturen des internationalen Systems: die (anarchische) Ordnung, die (fehlende) Arbeitsteilung und die Machtverteilung oder Polarität der Staaten. Daneben spielt aber auch die Technologie eine wichtige Rolle in der realistischen Theorie. Die Abwesenheit von Herrschaft und Arbeitsteilung ist die *strukturelle Konstante* des internationalen Systems. Deren Wirkungen betrachten wir zuerst (Kap. 3.2.1). Es folgen Machtverteilung und Technologie als *variable Strukturen*, die die Wirkungen der Anarchie modifizieren.

3.2.1 Ordnung und Arbeitsteilung

Gleichrangigkeit und Gleichartigkeit der Staaten

Die Ordnung und die Arbeitsteilung der Staaten sind im internationalen System konstant: Sie definieren das internationale System als System souveräner Staaten. Die Ordnung des internationalen Systems ist die *Anarchie*, und es gibt *keine Arbeitsteilung* unter den Staaten. Das heißt, die Staaten sind nicht nur gleich*rangig*, sondern auch gleich*artig*. Sie üben auf ihrem Territorium jeweils die gleichen souveränen und umfassenden Herrschaftsfunktionen aus. Im sektoral differenzierten Herrschaftsgefüge des Mittelalters gab es eine Arbeitsteilung (vor allem zwischen weltlicher und geistlicher Herrschaft). Auch die staatlichen Gesellschaften selbst sind in ihrem Inneren arbeitsteilig organisiert. Zwischen den Staaten gibt es jedoch keine Arbeitsteilung. Man stelle sich vor, in Europa wäre der französische Staat für die Landwirtschaftspolitik, die Schweiz für die Finanzpolitik und die britische Regierung für die Hochschulpolitik zuständig – das wäre ein arbeitsteiliges internationales politisches System.

Strukturwirkungen der Anarchie:

In der realistischen Theorie sind die Strukturwirkungen der Anarchie von fundamentaler Bedeutung für die internationale Politik. Wie wir bereits in Kapitel 1 gesehen haben, gibt es in der internationalen Anarchie keine den Staaten übergeordnete Instanz, die unter ihnen für Sicherheit und Ordnung sorgen würde. Gäbe es eine funktionierende Weltfriedensordnung mit einem unparteiisch, schnell und wirksam agierenden Sicherheitsrat, könnte sich jeder Staat sicher fühlen und müsste keine eigenen militärischen Anstrengungen unternehmen. So aber hat die internationale Anarchie zwei gravierende Folgen.

1. Primat der Autonomiesicherung

Erstens ist jeder Staat grundsätzlich von existenzieller Unsicherheit bedroht. Für den Staat als Herrschaftsorganisation bedeutet Sicherheit dabei nicht das bloße Überleben, sondern politische Autonomie oder Souveränität, also die Fähigkeit, auf dem eigenen Territorium unabhängig herrschen zu können. In einem anarchischen System muss die Sicherung des eigenen Überlebens in Autonomie das oberste Ziel jedes egoistisch-zweckrationalen Staates sein. Denn nur wenn dies gewährleistet ist, kann der Staat sich anderen Interessen und Zielen im Inneren und in der Außenpolitik (Reichtum, Umweltschutz oder Durchsetzung von Demokratie und Menschenrechten) widmen. Anders gewendet: Nach Auffassung des Realismus wird ein Staat ökonomische oder ideologische Ziele stets den sicherheitspolitischen Zielen unterordnen und die Ökonomie und Ideologie in den Dienst der eigenen Sicherheit stellen. Staaten, die diese Maxime der „Realpolitik" vernachlässigen, sich also unter den Bedingungen der Anarchie irrational verhalten, tun dies bei Strafe des Verlusts ihrer Machtposition im internationalen System – oder sogar ihres Untergangs.

2. Selbsthilfe und Machtstreben

Zweitens muss in Abwesenheit einer funktionierenden Weltpolizei jeder Staat selbst für seine Sicherheit sorgen. In der Terminologie von Waltz ist das internationale System daher ein System der „Selbsthilfe" (1979: 104). Um aber wirksam für seine eigene Sicherheit sorgen zu können, braucht der Staat Macht. Dabei stehen militärische oder militärisch nutzbare Ressourcen an oberster Stelle. Die Verfügung über Mittel physischer Zwangsgewalt (bewaffnete Streitkräfte) ist im internationalen System die wichtigste Machtressource. Sie ist das wirksamste Instrument, um das staatliche Territorium gegen jegliche Herrschafts- und Kontrollansprüche anderer Staaten zu verteidigen. Sie ist aber auch hilfreich, um andere internationale Ziele zu verfolgen. Mit Waffengewalt kann der Staat sich z. B. Zugang zu Ressourcen wie Wasser oder Rohstoffen verschaffen; er kann andere Staaten zwingen, ihre Märkte zu öffnen oder die eigene politische Ideologie anzunehmen. Mit anderen Worten: Für den Realismus ist militärische Macht *fungibel*. So wie Geld auf einem Markt unterschiedlichste Güter kaufen kann, ist militärische Macht im internationalen System geeignet, politische Ziele jedweder Art zu realisieren. Militärische Macht ist die „Währung" der internationalen Politik.

Militärische Macht...

Militärische Macht setzt natürlich andere Ressourcen voraus. Eine große Bevölkerung erlaubt die Aufstellung umfangreicher Streitkräfte; ein großes Territorium macht Staaten bei Angriffen weniger verwundbar; die Produktion schlagkräftiger Waffen verlangt technologische Kenntnisse, technische Fertigkeiten und die Verfügung über die notwendigen Rohstoffe und eine leistungsfähige Industrie. Die Beschaffung der Waffen und der Unterhalt und die Organisation der Streitkräfte verlangen schließlich entsprechende finanzielle Mittel und administrative Kapazitäten des Staates. Insofern gehören auch solche Ressourcen zur staatlichen Machtbasis. Wirklich relevant für die Macht eines Staates in der internationalen Politik werden sie aber erst in dem Maße, wie sie sich in (militärische) Zwangsmacht umformen lassen. Rein friedlich genutzte ökonomische Macht hilft letztlich gegen militärische Bedrohungen nicht.

...als relatives Gut

Macht ist immer *relativ*. Noch so große Streitkräfte und noch so viele Waffen helfen nicht, wenn ein anderer Staat mit überlegenen militärischen Mitteln drohen kann; und auch eine kleine Armee reicht aus, wenn die Nachbarstaaten über noch geringere militärische Mittel verfügen. Militärische Macht ist also ein relatives oder positionales Gut. Staaten, die nach Macht streben, vergleichen sich daher immer mit anderen Staaten. Sie können nicht damit zufrieden sein, eine bestimmte (absolute) Truppenstärke oder Menge an Waffen zu besitzen; erst wenn sie entweder über *mehr und bessere* militärische Mittel verfügen als andere Staaten oder wenn sie zumindest über *ausreichende* Macht verfügen, um anderen Staaten die Stirn bieten zu können, sind sie wirklich mächtig.

Halten wir fest: Die aus realistischer Sicht wichtigste Wirkung der internationalen Anarchie liegt darin, dass Sicherheit das oberste Ziel egoistisch-zweckrationaler Staaten sein muss und dass die Staaten selbst für ihre Sicherheit sorgen müssen. Um ihre eigene Sicherheit zu gewährleisten, müssen die Staaten nach militärischer Macht streben, und weil Macht relativ ist, müssen sie alles daran setzen, mindestens so mächtig zu sein wie andere Staaten.

Offensiver und defensiver Realismus

So zentral die Annahme für den Realismus ist, dass Staaten nach Macht streben, so ist doch umstritten, in welchem Ausmaß sie dies tun. Anders gefragt: Ist Macht Selbstzweck oder Mittel zum Zweck? Versucht der Staat Macht zu maximieren, das heißt, ist er erst zufrieden, wenn er mächtiger als alle anderen Staaten im internationalen System ist? Oder strebt er nur in dem Umfang nach Macht, wie es notwendig ist, um seine Sicherheit zu gewährleisten? An dieser Frage scheiden sich offensive und defensive Varianten des Realismus. Für Waltz als Vertreter des defensiven Realismus ist Sicherheit, nicht Macht, das oberste Ziel der Staaten in der Anarchie (1979: 126). Als „defensive Positionalisten" werden Staaten erst dann aktiv, wenn andere Staaten so mächtig werden, dass die eigene politische Autonomie Schaden zu leiden droht. Vertreter des offensiven Realismus wie John Mearsheimer oder Fareed Zakaria behaupten hingegen, dass alle Staaten nach Machtmaximierung streben (müssen), selbst wenn Sicherheit ihr oberstes Ziel ist. Jeder Staat würde gerne der mächtigste Staat sein, weil diese Position in einem anarchischen System die besten Überlebenschancen und die höchste Sicherheit bietet. Die ständigen Machtverschiebungen und neuen Gefahren und Bedrohungen im internationalen System geben den Staaten ohnehin keine Gelegenheit, sich auf einer bestimmten Machtposition auszuruhen, sondern verlangen permanente Anstrengungen zur Erhöhung der eigenen Macht (Mearsheimer 1995: 11-12; Zakaria 1995: 479). Staaten sind demnach „offensive Positionalisten".

Status-quo-Mächte vs. revisionistische Mächte

Eine vermittelnde Position besteht darin, unterschiedliche Typen von Staaten zu unterscheiden. Schon im klassischen Realismus wurde zwischen den saturierten Status-quo-Mächten, die mit ihrer Machtposition im internationalen System zufrieden sind und diese zu verteidigen suchen, und den revisionistischen Mächten unterschieden, die nach einer höheren Machtposition streben (Morgenthau 1973: Kap. 2 und 3). Die Status-quo-Mächte sind defensive Positionalisten (oder „Löwen", wie Randall Schweller 1994 anschaulich schreibt), die revisionistischen Mächte hingegen offensive Positionalisten oder „Wölfe".

Immerwährende Machtkonkurrenz...

Unabhängig davon, ob man die Staaten als defensive oder offensive Positionalisten versteht, resultiert aus der Tatsache, dass sie in der internationalen Anarchie nach Macht streben müssen, um zu überleben, eine immerwährende internationale Machtkonkurrenz. Sie wirkt sich auch auf internationale Beziehungen aus, die nicht unmittelbar sicherheitsrelevant sind, also nicht mit Streitkräften, Waffen und Bündnispartnern zu tun haben, sondern mit Wohlfahrt und Freiheit.

...auch in den internationalen Wirtschaftsbeziehungen

Für die Wohlfahrt lässt sich das am Beispiel des Handels illustrieren (Grieco 1990). Rein ökonomisch betrachtet kommt eine Wirtschaftsbeziehung zwischen zwei Staaten dann zustande, wenn sie für beide Seiten profitabel ist, also ihren jeweiligen Eigennutzen erhöht. Unter den Bedingungen von Anarchie und Unsicherheit sehen egoistisch-zweckrationale Staaten jedoch nicht nur auf ihre eigenen wirtschaftlichen Gewinne.

Bedeutsamkeit relativer Gewinne

- Zum einen ziehen sie relative Gewinne und Verluste in Betracht. Wenn ein Staat B mehr von der Beziehung profitiert als ein Staat A, B also einen relativen Gewinn erzielt, so stärkt dies die Macht von B gegenüber A und könnte sich mittelfristig als Sicherheitsproblem für A entpuppen. Staaten sind also darauf bedacht, nur solche Beziehungen mit anderen Staaten einzugehen, bei denen die Gewinne in etwa gleich und damit machtneutral verteilt sind. Sie verzichten also lieber auf absolute Gewinne, als hinzunehmen, dass andere Staaten größere Vorteile aus der Zusammenarbeit ziehen als sie selbst.

Vermeidung von Abhängigkeit

- Zum anderen haben Staaten Sorge vor Abhängigkeit. Internationale Wirtschaftsbeziehungen verstärken die ökonomische Arbeitsteilung: Staaten spezialisieren sich auf Güter, die sie konkurrenzfähig produzieren können, und ziehen sich aus Wirtschaftszweigen zurück, für die anderswo günstigere Bedingungen bestehen. Das würde bedeuten, dass Staaten z. B. ihre Landwirtschaft oder Erdölförderung weitgehend aufgeben sollten, wenn es günstiger ist, Agrarprodukte oder Erdöl zu importieren. Staaten wollen jedoch auf jeden Fall vermeiden, bei der Grundversorgung ihrer heimischen Bevölkerung und Wirtschaft sowie bei militärisch relevanten Ressourcen von anderen Staaten abhängig und damit im Krisenfall erpressbar zu werden. Aus Sorge um ihre Selbsthilfefähigkeit halten sie also an der Produktion von „strategischen" Rohstoffen und Gütern auch zu überhöhten Preisen fest und kontrollieren deren Handel.

- Außerdem fürchten Staaten, von anderen Staaten betrogen und getäuscht zu werden. Wenn Staaten eine Liberalisierung des Handels vereinbaren, besteht unter den Bedingungen der Anarchie immer die Gefahr, dass eine Seite sich nicht an die Abmachungen hält, den Handelspartner durch den Schutz eigener Produkte und die Behinderung von Importen übervorteilt und sich auch dadurch einen Machtvorteil verschafft.

Furcht vor Betrug

Die durch das Sicherheitsproblem ausgelöste dreifache Furcht vor Betrug, relativen Verlusten und Abhängigkeit verringert also die Bereitschaft der Staaten, wechselseitig profitable Beziehungen aufzunehmen und zu vertiefen. Wenn Kooperation überhaupt zustande kommt, ist sie immer instabil, weil Staaten zum einen ständig überprüfen, ob sie betrogen werden, relative Verluste erleiden oder an Autonomie verlieren, und weil sie zum anderen einen Anreiz besitzen, relative Gewinne zu erzielen sowie andere Staaten zu übervorteilen und in Abhängigkeit zu bringen. Anarchie schafft damit nicht nur Unsicherheit, sondern auch Ineffizienz.

Ineffizienz als Folge der Anarchie

Schließlich wirkt sich die internationale Anarchie negativ auf die individuelle Freiheit aus. Mit der politischen Autonomie der Staaten ist auch die politische Autonomie ihrer Bürgerinnen und Bürger permanent bedroht. Die vorrangige Notwendigkeit, für Sicherheit zu sorgen und dafür die staatliche Verfügungsgewalt über die gesellschaftlichen Ressourcen ebenso wie die politische Geschlossenheit zu stärken, führt dazu, dass staatliche Kompetenzen auf Kosten individueller Freiheiten und Rechte ausgedehnt werden. Der Realismus bietet uns also eine Erklärung dafür, warum und wie die internationale Anarchie zu fundamentalen Problem der Unsicherheit, Ineffizienz und Unfreiheit führt.

Unfreiheit als Folge der Anarchie

3.2.2 Machtverteilung

Im anarchischen internationalen System sind für den Realismus Machtverteilung und Technologie die einzig relevanten veränderlichen Strukturen. Es handelt sich jeweils um Strukturen der Kategorie „Ressourcen". Die *internationale Machtverteilung* (oder „Polarität") ergibt sich aus der Zahl der Großmächte im System. Ein System mit nur einer Großmacht ist ein unipolares System; ein System mit zwei Großmächten ist bipolar; drei Großmächte und mehr bilden ein multipolares System.

Polarität des internationalen Systems

Offensive und defensive Großmacht

Für die Definition der Großmacht sind entsprechend dem realistischen Machtbegriff letztlich militärische Ressourcen ausschlaggebend. Großmächte verfügen also im Vergleich zu anderen Staaten über deutlich überlegene Machtressourcen. Eine eindeutige und allgemein akzeptierte Definition existiert jedoch nicht, so dass es im Einzelfall umstritten sein kann, ob ein Staat als Großmacht gelten kann. Zwei Attribute werden allerdings häufig angeführt – ein defensives und ein offensives. Eine defensive Großmacht kann dadurch definiert werden, dass sie *allein* gegen jeden anderen *einzelnen* Staat im internationalen System militärisch bestehen kann. Im internationalen System der Gegenwart ist der Großmachtstatus notwendigerweise mit dem Besitz von Atomwaffen verbunden. Um das defensive Kriterium zu erfüllen, bedürfen Staaten allerdings einer gesicherten nuklearen Zweitschlagsfähigkeit, also der Fähigkeit, auch nach einem nuklearen Angriff noch so wirksam zurückzuschlagen, dass kein Staat einen solchen Angriff wagen würde. Das offensive Kriterium lautet, dass eine Großmacht in der Lage ist, im gesamten System militärischen Einfluss auszuüben. Gegenwärtig würde dies also die Fähigkeit zur „globalen Machtprojektion" vorauszusetzen, wie es in der Sprache der Militärstrategie heißt. Eine offensive Großmacht muss über die Möglichkeiten verfügen, ihre Streitkräfte z. B. mit Hilfe von Militärbasen, Flugzeugträgern oder Langstreckenwaffen an jedem Krisenherd der Erde zum Einsatz zu bringen.

Historische Systeme und Systemwandel

Im europäischen Staatensystem der Neuzeit war eine multipolare Machtverteilung der Normalfall. Die Identität der Großmächte hat sich im Verlauf der Geschichte geändert: Spanien und Schweden z. B., die in der frühen Neuzeit Großmächte waren, fielen später zurück. Dafür stiegen unter anderem Preußen und Russland auf. Es gab aber immer mehr als zwei Großmächte. Erst mit dem Übergang zu einem globalen bipolaren System mit den „Supermächten" USA und Sowjetunion nach dem Zweiten Weltkrieg ereignete sich ein Systemwandel. Ob nach dem Ende der Sowjetunion erneut ein solcher Wandel stattgefunden hat, hängt von der verwendeten Definition des Begriffs „Großmacht" ab. Autoren wie Charles Krauthammer sahen einen „unipolaren Moment" (Krauthammer 1991) in der Geschichte des internationalen Systems mit den USA als einziger verbleibender Großmacht – was plausibel erscheint, wenn man das Kriterium globaler Machtprojektion zugrunde legt. Andererseits verfügt Russland nach wie vor über eine gesicherte nukleare Zweitschlagsfähigkeit – nach diesem Kriterium hätten wir es also immer noch mit einem bipolaren System zu tun. Schließlich verbindet sich mit dem Aufstieg Chinas und vielleicht anderer Mächte die Erwartung einer Rückkehr zur Multipolarität (Waltz 1993).

Eine andere Kategorisierung der Machtverteilung unterscheidet hegemoniale und nicht-hegemoniale Systeme. Hegemonie gründet sich auf Übermacht: der Hegemon besitzt größere Machtressourcen als alle anderen Staaten zusammen. Hegemonie ist im Prinzip mit allen „Polaritäten" vereinbar (wobei es wiederum stark auf die Definition und Messung von Hegemonie und Großmacht ankommt). Nicht jedes unipolare System ist notwendig hegemonial – der „unipolare Moment" der USA nach dem Ende der Sowjetunion war nicht unbedingt ein „hegemonialer Moment" –, und auch in multipolaren Systemen kann es hegemoniale Phasen geben.

Alternative Kategorisierung: Hegemonie

Wie wirkt sich nun die Machtverteilung im System auf die Wirkungen der Anarchie, also die Unsicherheit und das Machtstreben der Staaten aus?

Auswirkungen der Machtverteilung

Unipolarität und Hegemonie

- Unipolarität und Hegemonie schwächen die negativen Auswirkungen der Anarchie ab, denn sie gehen in die Richtung der Zentralisierung und Monopolisierung von Macht, die die Entstehung des Staates auszeichnete. Weil der Hegemon nicht mit effektiver Gegenmacht konfrontiert ist, vermag er für Sicherheit und Ordnung im internationalen System zu sorgen. Er kann Aggressoren in die Schranken weisen, Regeln setzen und durchsetzen und damit als ein „Proto-Weltstaat" fungieren. Ist der Hegemon hinreichend übermächtig, werden es andere Staaten gar nicht erst wagen, sich auf eine offene Machtkonkurrenz mit ihm einzulassen. Hegemonie dämpft daher auch das Machtstreben im System. Weiterhin sind Staaten in einem hegemonialen Umfeld, in dem für Sicherheit und Ordnung gesorgt wird, eher bereit, sich auf die absoluten Gewinne in ihren Beziehungen mit anderen Staaten zu konzentrieren und relative Verluste und Abhängigkeiten in Kauf zu nehmen. Schließlich ermöglicht die Hegemonie dadurch, dass sie die internationale Bedrohung mindert, ein höheres Maß an innerstaatlicher Freiheit. Auch wenn Hegemonie die Anarchie formell nicht abschafft (also durch Hierarchie ersetzt), mildert sie ihre Wirkungen doch zumindest vorübergehend ab.

Bipolarität

- Eine mittlere Position nimmt die Bipolarität ein. Da es nur zwei Großmächte gibt, sind die Fronten klar. Die kleineren Staaten sortieren sich in starre „Blöcke" unter der Führung der Großmächte (oder bleiben neutral). Die Großmächte müssen jeweils nur die Machtentwicklung *eines* Konkurrenten beobachten und einschätzen.

Multipolarität

- In einem multipolaren System hingegen sind ganz unterschiedliche Allianzen möglich; Bündniswechsel sind häufig. Die Großmächte müssen nicht nur die Machtentwicklung mehrerer Konkurrenten im Auge behalten, sondern auch der Möglichkeit

Rechnung tragen, dass sich die Bündnisse neu sortieren könnten. Multipolarität schafft daher größere Unsicherheit als Bipolarität. Fehleinschätzungen der Machtentwicklung im System sind wahrscheinlicher. Bipolare Systeme sind daher stabiler und weniger anfällig für Kriege zwischen den Großmächten, und sie begünstigen die Kooperation zwischen den Großmächten, weil diese ihre relative Gewinnentwicklung und Abhängigkeit leichter kalkulieren und im Auge behalten können.

Machtkonzentration verringert die von der Anarchie generierte Unsicherheit und Machtkonkurrenz. Machtdiffusion bringt hingegen die kausalen Tendenzen der reinen Anarchie umso deutlicher zum Vorschein.

3.2.3 Technologie

Verhältnis von Offensive und Defensive

Neben der Machtverteilung spielt auch die im System verfügbare Technologie in realistischen Erklärungen internationaler Politik eine wichtige Rolle. Natürlich geht es in erster Linie um die *Militärtechnologie* und deren Verteilung unter den Staaten. Für den Realismus ist dabei vor allem relevant, ob die Militärtechnologie die Offensive oder die Defensive, den Angreifer oder den Verteidiger, bevorzugt (vgl. Brown et al. 2004). Fällt die Balance zwischen Offensive und Defensive zugunsten der Offensive aus, so erhöht das die Unsicherheit im System. In einem Konflikt- oder Krisenfall muss ein Staat es dann auf jeden Fall vermeiden, von einem anderen Staat zuerst angegriffen zu werden. Staaten tendieren also dazu, in einem Konflikt früh und vielleicht vorschnell zu militärischen Mitteln zu greifen. „Präemptivschläge", die den Vorteil der Offensive ausnutzen, sind wahrscheinlich. Wenn jedoch die Defensive stärker ist als die Offensive, kann jeder Staat riskieren, angegriffen zu werden, weil er sich immer noch wirksam verteidigen kann. Das gibt allen Seiten Zeit zum Verhandeln und zur Suche nach einer friedlichen Lösung. Die Überlegenheit der Defensive erhöht also die Sicherheit im System.

Man stelle sich ein System vor, in dem alle Staaten über einen undurchdringlichen Schutzschild verfügten. In einem solchen System wäre trotz Anarchie das Überleben aller Staaten gesichert. Die Technologie würde also die Sicherheitsprobleme der Anarchie vollständig beheben. Ein System, in dem mehrere Staaten über eine Waffe verfügten, die innerhalb kürzester Zeit alle Waffen der anderen Staaten funktionsuntüchtig machen würde, wäre hingegen höchst unsicher. Alle Staaten hätten einen Anreiz, diese Waffe so schnell wie möglich einzusetzen („*use 'em or lose 'em*"). Natürlich kommt es auch auf die Verteilung der Technologien an. Wenn nur ein einziger Staat über einen undurchdringlichen Schutzschild verfügte, wäre die Sicherheit im System nicht unbedingt erhöht, sondern eventuell sogar verringert, weil dieser Staat die anderen Staaten gefahrlos bedrohen könnte.

Nuklearwaffen

Aktuell betrifft die technologische Struktur des Systems vor allem die Frage der Nuklearwaffen und ihrer Verbreitung. Prinzipiell ist in einem etablierten nuklearen Abschreckungssystem die Defensive gestärkt. Es genügen relativ wenige atomar bestückte Raketen mit großer Reichweite, die – z. B. auf Unterseebooten oder in gehärteten unterirdischen Silos – weitgehend unverwundbar stationiert sind, um einem Angreifer mit einem vernichtenden Gegenschlag zu drohen und ihn damit von einem Angriff abzubringen. Auch die Aufrüstung würde verlangsamt oder sogar gestoppt, weil der potenzielle Angreifer auch mit noch so vielen Waffen den Gegenschlag nicht verhindern könnte und der potenzielle Verteidiger nur hinreichend viele Waffen vorhalten muss, um einen gesicherten nuklearen Zweitschlag glaubwürdig androhen zu können. Nuklearwaffen sind aber nicht per se stabilisierend. Problematisch sind z. B. grenznah aufgestellte und schlecht geschützte Atomraketen, bei denen ein Anreiz besteht, sie früh in einem militärischen Konflikt einzusetzen, bevor sie in die Hände des Gegners fallen oder von dessen Waffen zerstört werden. Solche Waffen waren z. B. der Stein des Anstoßes in der Nachrüstungsdebatte über die Stationierung von Mittelstreckenraketen in Europa in den 1980er Jahren.

Eine militärische Technologie und Rüstungsstruktur, die die Defensive stärkt, verringert also die von der Anarchie erzeugte Unsicherheit und Machtkonkurrenz.

Wenn man beide variablen Strukturen des internationalen Systems (Machtverteilung und Technologie) zusammen betrachtet, so erscheint der Ost-West-Konflikt mit seiner Kombination aus Bipolarität und wechselseitiger nuklearer Abschreckung aus realistischer Sicht also als eine relativ sichere und stabile Ära in der Entwicklung des internationalen Systems. Eine multipolare Welt ohne nukleare Abschreckung, wie sie in den ersten Jahrhunderten des modernen internationalen Systems existierte, ist demnach besonders instabil und unsicher.

3.3 Prozess und Interaktion: Sicherheitsdilemma und Machtgleichgewicht

Die internationale Anarchie zwingt die Staaten dazu, nach Macht zu streben, um ihre Sicherheit zu gewährleisten. Das allseitige Machtstreben mündet in einen Prozess der Machtkonkurrenz, der das Wesen der internationalen Politik bestimmt. Die Interaktion der Staaten in einem anarchischen System besitzt außerdem eine Eigendynamik, die sie in der Machtkonkurrenz gefangen hält. Zum einen sorgt das Sicherheitsdilemma dafür, dass selbst rein defensiv eingestellten Staaten der Ausstieg aus der Machtkonkurrenz nicht gelingt. Zum anderen sorgt das Machtgleichgewicht dafür, dass offensive Staaten daran scheitern, eine dauerhafte Vorrangstellung im System zu erreichen. Außerdem ist militärische oder Zwangsmacht der zentrale Mechanismus der positiven Handlungskoordination in der internationalen Politik.

3.3.1 Sicherheitsdilemma

Um das Sicherheitsdilemma in der internationalen Politik zu verstehen, ist es nützlich, sich mit einfachen Grundlagen der spieltheoretischen Analyse vertraut zu machen. Die Spieltheorie modelliert und analysiert strategisches Handeln, also Handeln, dessen Ergebnis nicht nur davon abhängt, welche Entscheidung ein Akteur trifft, sondern auch davon, wie sich der Interaktionspartner verhält (siehe Textbox 3.1).

Textbox 3.1 Spieltheorie

Spieltheoretische Modelle erlauben es, interdependente Entscheidungssituationen rationaler Akteure zu analysieren. Das einfachste „Spiel" besteht aus zwei Akteuren (A und B), die jeweils zwei Verhaltensmöglichkeiten (C und D) besitzen. Daraus ergeben sich vier mögliche Interaktionsergebnisse: CC, CD, DC und DD. Die Akteure bringen diese Ergebnisse für sich in eine Präferenzordnung und ordnen ihnen einen Nutzenwert zu. In einer ordinalen Präferenzordnung erhält das Ergebnis mit der höchsten Präferenz (also das beste Ergebnis) den Nutzenwert 4, das zweitbeste Ergebnis den Nutzenwert 3, das zweitschlechteste Ergebnis den Nutzenwert 2, und das Ergebnis mit der niedrigsten Präferenz den Wert 1. Diese Präferenzordnung kann nun in einer Matrix abgetragen werden, wobei die erste Ziffer den Nutzenwert für A darstellt und die zweite Ziffer den Nutzenwert für B.

Das wahrscheinlich bekannteste Spiel ist das Gefangenendilemma, das mit folgender Situation veranschaulicht werden kann. Zwei mutmaßliche Bankräuber werden verhaftet, denen die Polizei allerdings nur illegalen Waffenbesitz nachweisen kann. In getrennten Verhören versucht die Polizei, die beiden Bankräuber zu einem Geständnis zu bringen. Die Bankräuber

(A und B) können entweder schweigen (C) oder gestehen (D). Das sind die Konsequenzen der möglichen Interaktionsergebnisse:

- CC – beide schweigen. Der Bankraub kann nicht nachgewiesen werden; beide erhalten 1 Jahr Gefängnis wegen unerlaubten Waffenbesitzes.
- CD oder DC – einer gesteht, der andere schweigt. Der geständige Bankräuber kommt als Kronzeuge frei; der andere erhält 10 Jahre Gefängnis.
- DD – beide gestehen. Beide Räuber erhalten 5 Jahre Gefängnis.

Unter der Annahme, dass beide Bankräuber so wenig Zeit im Gefängnis verbringen wollen wie möglich, ist die Präferenzordnung jeweils DC > CC > DD > CD. Das ergibt folgende Matrix:

A B	C	D
C	CC 3,3	DC 4,1
D	CD 1,4	DD 2,2

Die Spieltheorie ermöglicht uns nun zu bestimmen, welches der vier Ergebnisse zu erwarten ist. Da beide Bankräuber einzeln verhört werden, wissen sie nicht, wie der jeweils andere sich verhalten wird. Die dominante Strategie für beide Akteure ist D. Nur wenn sie D spielen, können sie zum einen das schlechteste Ergebnis vermeiden (1, 10 Jahre Gefängnis) und haben zum anderen die Chance, das beste Ergebnis zu erreichen (4, Freilassung). Wenn beide D spielen, erreichen sie nur ihre dritte Präferenz (DD mit dem Nutzenwert 2,2, 5 Jahre Gefängnis). Dieses Ergebnis ist aber stabil (ein sogenanntes Nash-Gleichgewicht), weil kein Spieler seine Wahl bereut, nachdem er die Wahl des anderen erfahren hat. Wissend, dass der andere D gewählt hat, sind beide froh, ebenfalls D gewählt zu haben, weil sie sonst mit CD sogar nur ihre vierte Präferenz erreicht hätten. Das Ergebnis mit dem höchsten Gesamtnutzen wäre jedoch CC gewesen. Individuell rationales Verhalten führt also im Gefangenendilemma zu einem kollektiv suboptimalen Ergebnis.

Das Dilemma defensiver Positionalisten: Kooperationswunsch versus…

Nehmen wir an, wir befinden uns in einem internationalen System, das entsprechend den Annahmen des defensiven Realismus ausschließlich aus „defensiven Positionalisten" besteht, also aus Staaten, die zwar die Vorherrschaft anderer verhindern wollen, selbst aber keine Vorherrschaft anstreben. In ihrer Machtkonkurrenz können diese Staaten entweder den Status quo bewahren („C"; z. B. nicht aufrüsten und keinen Angriff vorbereiten) oder aber den Status quo zu ihren Gunsten zu verändern versuchen („D"; also aufrüste oder einen Angriff vorbereiten). Daraus ergeben sich folgende mögliche Interaktionsergebnisse zwischen zwei Staaten: Beide bewahren den Status quo (CC); beide versuchen ihn zu ihren Gunsten zu verändern (DD); oder einer versucht, den Status quo zu seinen Gunsten zu verändern, während der andere nichts unternimmt (CD und DC). Als defensive Positionalisten wünschen sich beide Staaten den Erhalt des Status quo (CC 4) am meisten. Keinesfalls akzeptabel wäre hingegen, dass der andere sich einen machtpolitischen Vorteil verschafft (CD 1). Dann nehmen sie schon lieber Rüstungswettlauf, Bündniskonkurrenz oder die Eskalation zum Krieg in Kauf (DD 2). Die daraus resultierende spieltheoretische Matrix (vgl. Tab. 3.1) ähnelt der des Gefangenendilemmas (vgl. Textbox 3.1). Da das individuell bestmögliche Ergebnis (CC) gleichzeitig das kollektive optimale Ergebnis ist, ist die Situation jedoch kooperationsfreundlicher.

Staat A Staat B	Status quo (C)	Machtpolitischer Vorteil (D)
Status quo (C)	Stabilität (4,4)	Machtgewinn A (3,1)
Machtpolitischer Vorteil (D)	Machtgewinn B (1,3)	*Machtkonkurrenz (2,2)*

Tab. 3.1: Sicherheitsdilemma

...Risikoscheu...

Dennoch ist DD das Gleichgewichtsergebnis. Um ihr bestes Ergebnis zu erreichen, müssten sich beide Staaten defensiv verhalten (also C wählen). Dabei riskieren sie jedoch, dass der andere Staat das defensive Verhalten ausnutzt, um sich selbst einen Machtgewinn zu verschaffen. Das wäre aber für beide das schlechteste Ergebnis. Ob sie sich dennoch defensiv verhalten, hängt von zwei Faktoren ab. Erstens ist entscheidend, welches Risiko der Staat einzugehen bereit ist. Ginge es nur um einen kleinen Einsatz, würde er das Risiko zu verlieren vielleicht in Kauf nehmen. Es geht aber um die Machtposition, die Sicherheit und letztlich das Überleben des Staates. Das verlangt *risikoscheues* Verhalten. Die Staaten werden alles tun, um zu vermeiden, im Rüstungswettlauf ins Hintertreffen zu geraten, bündnispolitisch isoliert zu werden oder einem Überraschungsangriff zum Opfer zu fallen. Das erfordert von ihnen, D zu spielen, also selbst einen machtpolitischen Vorteil zu suchen, bevor es (vielleicht) der andere tut.

...und Misstrauen

Zweitens hängt es davon ab, wie groß ihr Vertrauen ist, dass der andere Staat sich ebenfalls defensiv verhalten wird. Wenn sie sich dessen sicher sein könnten, würden Staaten es wohl wagen, sich ebenfalls defensiv zu verhalten. Aber woher sollen sie diese Gewissheit nehmen, wenn außen- und sicherheitspolitische Entscheidungen unter großer Geheimhaltung gefällt werden und kein souveräner Staat sich internationaler Kontrolle unterwirft? Den öffentlichen Friedensbeteuerungen und Absichtsbekundungen anderer Regierungen zu trauen, wäre töricht. Freundschaften zwischen Staaten gibt es für „Realpolitiker" nicht: Der Partner von heute kann schon morgen der Gegner sein. Gemessen daran, was auf dem Spiel steht, ist es also auch in dieser Hinsicht besser, vom schlimmsten Fall auszugehen. Angesichts der Unsicherheit über die Absichten und Fähigkeiten anderer Staaten und angesichts der existenziellen Gefahren und Bedrohungen in der internationalen Politik werden auch defensive Positionalisten sich nicht auf ein rein defensives Verhalten einlassen.

Wenn sie dann sehen, dass die andere Seite sich genauso verhalten hat wie befürchtet, fühlen sie sich in ihrer Wahl bestätigt – auch wenn es sich dabei um eine wechselseitige Fehlwahrnehmung handelt. Beide Staaten haben sich in der eigenen Wahrnehmung nur gegenüber einem möglichen offensiven oder aggressiven Verhalten des jeweils anderen Staates schützen wollen; diese Schutzmaßnahmen werden aber von der jeweils anderen Seite als bewusst offensives oder aggressives Verhalten interpretiert. Das aus dem „Worst-Case"-Denken und Misstrauen der einen Seite geborene, defensiv gemeinte Verhalten wird im „Worst-Case"-Denken und Misstrauen der anderen Seite als offensives Verhalten gedeutet. Gefangen in der Unsicherheit eines anarchischen internationalen Systems und im wechselseitigen Misstrauen können also selbst rein defensive Positionalisten der Machtkonkurrenz nicht entkommen.

3.3.2 Machtgleichgewicht

Der Interaktionsmechanismus des Sicherheitsdilemmas erklärt uns, warum in der internationalen Anarchie selbst Staaten, die nur nach Sicherheit streben, in eine Machtkonkurrenz geraten. Was aber passiert mit offensiven Positionalisten, also mit Staaten, die nach Hegemonie im internationalen System streben? Hier greift der Mechanismus des Machtgleichgewichts (*balancing*).

Interne Gleichgewichtspolitik

Offensiv positionale Staaten sind Rivalen um die Vorherrschaft im internationalen System. Wenn Staat A wahrnimmt, dass Staat B – z. B. aufgrund von Bevölkerungswachstum, Territorialgewinnen, einer dynamischeren Wirtschaft, neuer Energieressourcen oder technologischer Innovationen, aber vor allem durch militärische Aufrüstung – mächtiger wird, betreibt Staat A Gleichgewichtspolitik. Zunächst versucht Staat A, den Machtverlust durch die Mobilisierung eigener Machtressourcen auszugleichen, z. B. durch die Förderung der eigenen Industrie, die Vergrößerung der Streitkräfte oder die Entwicklung überlegener Waffen (internes *balancing*).

Externe Gleichgewichtspolitik

Wenn dies nicht ausreicht, geht Staat A zu einer externen Gleichgewichtspolitik über – das heißt, er verbündet sich mit anderen

Staaten (C, D ...) gegen Staat B, bis dessen Machtvorsprung ausgeglichen ist. Externe Gleichgewichtspolitik ist für Staaten gegenüber der internen Gleichgewichtspolitik immer die zweitbeste Strategie, weil Bündnisse ihre Probleme haben: Sie schaffen Unsicherheit und Autonomieverluste. Auf der einen Seite weiß Staat A niemals sicher, ob er sich auf seine Bündnispartner im Krisenfall verlassen kann; auf der anderen Seite kann er durch seine Bündnispartner in Konflikte hineingezogen werden, an denen er kein Interesse hat.

Bündnisverhalten der Staaten: „Lämmer"...

Auch Staat B wird Bündnispartner suchen, wenn er im Machtkampf keine Ressourcen mehr aus eigener Kraft mobilisieren kann. Solange er aber Staat A überlegen ist, wird er keine Bündnispartner finden. Staaten schließen sich nämlich prinzipiell der schwächeren Seite an. Kleinere defensiv positionale Staaten („Lämmer"; vgl. Schweller 1994) könnten zwar von der mächtigeren Seite wahrscheinlich wirksameren Schutz erhalten, doch geht es ihnen eben nicht ums pure Überleben, sondern um die Bewahrung ihrer Souveränität und politischen Autonomie. Diese wäre aber in Gefahr, wenn Staat B durch neue Bündnispartner immer mächtiger werden, sich zum Hegemon entwickeln und vielleicht sogar ein imperiales Zentrum ausbilden würde. Nur wenn aufgrund der Übermacht von Staat B kein aussichtsreiches Bündnis gegen ihn möglich wäre, wäre es besser, sich B anzuschließen als von B bekämpft zu werden.

...und „Schakale" unterstützen die schwächere Seite

Offensiv positionale kleinere Staaten (Schwellers „Schakale") verhalten sich aus anderen Motiven genauso. Staat B braucht die Bündnispartner weniger als Staat A; also wird er nicht bereit sein, ihnen einen großen Teil der Machtgewinne abzugeben. Staat A ist bereit, ihnen mehr zu bieten als Staat B, weil er sie braucht, um die Vormacht von Staat B ausgleichen zu können.

Halten wir fest: Selbst in einem internationalen System, in dem es nur machtmaximierende, offensiv positionale Staaten gibt, von denen keiner die Herstellung oder Bewahrung des internationalen Machtgleichgewichts anstrebt, wird dennoch immer wieder ein Machtgleichgewicht entstehen. Je mächtiger ein Staat wird, umso mehr Bündnispartner wird er verlieren und umso größer werden die Anstrengungen der anderen Staaten sein, eine Gegenmacht auszubilden und seine hegemonialen oder imperialen Bestrebungen zum Scheitern zu bringen. Es ist wie bei einem Segelboot mit Ballastkiel. Je stärker der Wind es auf die Wasseroberfläche zu drücken und zum Kentern zu bringen droht, umso stärker wirken die Kräfte im Kiel, die es wieder aufrichten.

3.3.3 Handlungskoordination durch Zwangsmacht

Negative Handlungskoordination

Machtkonkurrenz und Machtgleichgewicht können als Prozesse und Interaktionsmechanismen negativer Handlungskoordination durch militärische oder Zwangsmacht verstanden werden. Um nicht Opfer der militärischen Macht anderer Staaten zu werden und dadurch politische Autonomie zu verlieren, bilden Staaten militärische Gegenmacht. Die wechselseitige Androhung von Zwang sorgt, wenn sie glaubwürdig ist, dafür, dass Staaten die Durchsetzung der Interessen und Ziele anderer Staaten wirksam *abwehren* können.

Positive Handlungskoordination

Militärische Macht ist jedoch für den Realismus auch das erfolgreichste Mittel der positiven Handlungskoordination, also der Verwirklichung politischer Ziele durch internationale Kooperation. Im von Existenzkampf und Rivalität geprägten Verhältnis der Staaten ist das Reservoir an gemeinsamen Interessen sehr klein. Selbst dort, wo sich staatliche Interessen überschneiden und durch zwischenstaatliche Zusammenarbeit (besser) verwirklicht werden könnten, kommt Kooperation aus Angst vor Abhängigkeit und relativen Verlusten oft nicht zustande. Um Ziele zu erreichen, die sich nicht aus eigener Kraft verwirklichen lassen, können Staaten also in der Regel nicht auf die *freiwillige* Kooperation anderer Staaten bauen. Das wirksamste Mittel, um andere Staaten zur Kooperation zu bewegen, wenn diese konkurrierende Interessen besitzen oder Abhängigkeit und relative Verluste fürchten, ist Zwang (oder die Drohung mit dem Einsatz von Zwangsmitteln).

Hegemonial induzierte Kooperation

Zwangsmacht ist aus realistischer Perspektive daher das zentrale Mittel internationaler Handlungskoordination. Ihre Androhung sorgt nicht nur dafür, dass andere Staaten überhaupt kooperieren, sondern bestimmt auch die Inhalte und Bedingungen der Kooperation. Im Verhältnis zweier Staaten kann derjenige seine Interessen durchsetzen, der über die größeren militärischen Machtressourcen verfügt. Er kann erreichen, dass der schwächere Staat ihm Militärbasen zur Verfügung stellt, keine Waren aus anderen Ländern auf seinen Märkten zulässt und ihm Rohstoffe zu besonders günstigen Konditionen verkauft. Im internationalen System als Ganzem verlangt die Durchsetzung von Kooperation einen Hegemon, der seine militärische Übermacht dazu verwendet, Regeln für die internationale Zusammenarbeit zu setzen und andere Staaten dazu zu zwingen, sich an diese Regeln zu halten.

Die Ergebnisse internationaler Politik erklärt der Realismus daher durchgängig als Folge von Zwang, der Androhung von Zwang oder der Furcht vor der Androhung von Zwang. Kriege, Rüstungswettläufe und Bündnisse sind Ergebnisse der Machtkonkurrenz oder negativer Handlungskoordination durch militärische Macht. Aber auch Ergebnisse positiver Handlungskoordination wie zwischenstaatliche Abkommen oder internationale Organisationen erklärt der Realismus primär durch Macht. Er erwartet, dass die Inhalte und Bestimmungen internationaler Verträge das Interesse der mächtigsten Vertragspartner widerspiegeln und ihnen dazu dienen, ihre Machtposition zu verteidigen oder zu verbessern. Dem gleichen Zweck dienen internationale Organisationen. Ihre Tätigkeiten entsprechen den Interessen der mächtigsten Mitgliedstaaten, und ihre Regeln und Verfahren stellen sicher, dass diese sie für ihre Zwecke einsetzen können.

3.4 Dynamik: Hegemoniezyklen

Der Realismus sieht die Entwicklung des internationalen Systems vor allem als ein zyklisches Phänomen, das durch Machtkonkurrenz erzeugt wird. Im Kleinen besteht der Zyklus im ewigen Hin und Her zwischen Machtungleichgewicht und Machtgleichgewicht. Schon das Sicherheitsdilemma führt dazu, dass ständig mindestens ein Staat die Befürchtung hat, dass ein anderer Staat seine Macht ausbaut, und daher versucht, den vermeintlichen Vorsprung auszugleichen. Ebenso sorgen das Vormachtstreben oder auch nur die unterschiedliche Entwicklung der Machtressourcen der Staaten permanent dafür, dass ein einmal erreichtes Machtgleichgewicht permanent in Frage gestellt und anschließend durch Gleichgewichtspolitik wiederhergestellt wird.

Hegemoniezyklen

Im Großen, also systemweit und über längere Zeiträume, sieht der Realismus überdies Hegemoniezyklen am Werk (vgl. Gilpin 1981; Kennedy 1991; Modelski 1981). Hin und wieder gelingt es Staaten trotz des Gleichgewichtsmechanismus, in der Machtkonkurrenz eine starke Übermacht zu erringen und eine hegemoniale Ordnung zu errichten – wie Großbritannien zeitweise im 18. und 19. Jahrhundert und die USA nach dem Zweiten Weltkrieg. Beide verdankten diese Hegemonie einer Kombination aus überlegenen technologischen, wirtschaftlichen, sozialen, politischen und militärischen Innovationen und Ressourcen. Diese Hegemonialphasen sind Phasen von stabiler Ordnung im System – der Hegemon sorgt für Frieden, etabliert Regeln für das Miteinander der Staaten und kann diese Regeln auch gegenüber Regelverletzern durchsetzen. Seine Übermacht sorgt dafür, dass kein anderer Staat es als aussichtsreich ansieht, den Hegemon herauszufordern.

Verringerung des hegemonialen Machtvorsprungs

Dieser Zustand ist jedoch nicht von Dauer. Erstens ahmen andere Staaten die Innovationen des Hegemons nach, so dass sein ökonomisch-technologischer, politischer und schließlich auch militärischer Vorsprung schmilzt. Oder sie entwickeln als Antwort auf die hegemoniale Herausforderung eigene Innovationen, die ihnen selbst Überlegenheit verschaffen. Während der Hegemon zweitens die Kosten der Aufrechterhaltung seiner militärischen Machtposition und der von ihm geschaffenen Ordnung trägt, können andere Staaten in seinem Windschatten ihre Ressourcen ganz in die Stärkung der eigenen ökonomischen und schließlich militärischen Macht stecken. In dem Maße, wie andere Staaten an Macht gewinnen, wird es für den Hegemon außerdem immer aufwändiger und kostspieliger, Regelverletzer zu sanktionieren. Die Kosten der Aufrechterhaltung der hegemonialen Ordnung erhöhen die Staatsausgaben und ziehen Ressourcen von Investitionen in die Wirtschaft und die Technologie ab. Sie tragen also ihrerseits dazu bei, den Machtvorsprung des Hegemons zu verringern.

Phase der Rivalität und Machtdiffusion

Irgendwann gerät die Hegemonie und mit ihr die hegemoniale Ordnung in eine Krise oder bricht ganz zusammen. Das internationale System tritt in eine Phase relativer Unordnung und verstärkter Rivalität ein. In hegemonialen Ausscheidungskämpfen versuchen mächtig gewordene Herausforderer, in der Regel Landmächte, die Hegemonie zu erringen. In der Analyse von Modelski (1981; vgl. Tab. 3.2) gelingt ihnen das jedoch nicht; vielmehr profitiert ein anderer Staat, der oft mit dem niedergehenden Hegemon verbündet und eine Seemacht ist, von der Situation. Sowohl das napoleonische Frankreich als auch das wilhelminische und nationalsozialistische Deutschland sind bei dem Versuch gescheitert, die britische Hegemonie zu beerben. Auch die Sowjetunion musste am Ende der 1980er Jahre ihr Ziel aufgeben, die USA bzw. den Westen „einzuholen und zu überholen". Vielmehr gelang es Großbritannien 1815 und den USA 1990, ihre Machtposition wiederherzustellen und auszubauen, bis ihr Machtvorsprung sich wieder verringerten und die Kosten der Durchsetzung und Aufrechterhaltung ihrer Weltordnung erneut stiegen. Der Wechsel von hoher Machtkonzentration und hoher Machtdiffusion bzw. von hegemonialer Stabilität und Großmachtrivalität erzeugt folglich eine zyklische Dynamik.

Jahrhundert	Weltmacht	Herausforderer
16.	Portugal	Spanien
17.	Niederlande	Frankreich
18.	Großbritannien	Frankreich
19.	Großbritannien	Deutschland
20.	USA	Sowjetunion
(21.)	(USA)	(???)

Tab. 3.2: Hegemonialphasen (nach George Modelski 1981)

Stationäre Zyklen

Der Realismus vertritt außerdem eine *reine* oder „stationäre" Zyklentheorie der internationalen Politik. Wie das Kreisen der Erde um die Sonne Jahr für Jahr Sommer und Winter bringt, erzeugt die Machtkonkurrenz immer wieder Phasen von Machtkonzentration und Machtdiffusion. Bei allen Veränderungen in der Weltwirtschaft, der Militärtechnologie oder der politischen Systeme bleibt internationale Politik im Wesentlichen der Machtkonkurrenz und dem Rhythmus der Hegemoniezyklen verhaftet: *„Plus ça change, plus c'est la même chose."*

Unwahrscheinlichkeit eines Systemwechsels

Fortschritt gibt es in der internationalen Politik nicht, weil und solange es sich um Politik in der Anarchie handelt. Nur ein radikaler Systemwechsel, von der Anarchie zur Hierarchie, vom Staatensystem zu Weltstaat, könnte diese Dynamik durchbrechen. Doch der Gleichgewichtsmechanismus sorgt dafür, dass dieser Systemwechsel umso schwieriger wird, je mehr sich das internationale System ihm annähert. Aus systemischer Perspektive wäre eine stabile Hegemonie durchaus wünschenswert: Sie würde die Unsicherheit im System verringern und für Frieden und Ordnung sorgen. Aus der Perspektive des individuellen Staates (der nicht gerade der Hegemon ist), handelt es sich jedoch um einen höchst unerwünschten Zustand, weil der Hegemon im günstigsten Fall seine politische Autonomie einschränkt und im ungünstigsten Fall sein Überleben als Staat bedroht.

Unüberwindbarkeit der Anarchie und ihrer Folgen

Die fundamentalen Probleme der internationalen Politik lassen sich daher nicht überwinden und lösen. Sicherheitsdilemma und Machtgleichgewicht sorgen dafür, dass das Machtstreben der Staaten, ihre Machtkonkurrenz und die Anarchie immer wieder reproduziert werden. Damit dauert auch die Unsicherheit als grundlegendes Problem der internationalen Politik fort, die ihrerseits Ineffizienzen produziert und alle anderen Probleme (wie Not, Ungleichheit, Unfreiheit) in den Schatten stellt und unbearbeitet lässt. Der Wandel von Machtverteilung und Technologie kann diese Unsicherheit zeitweise reduzieren. Aber jede Phase erhöhter Sicherheit und Stabilität wird früher oder später durch Machtdiffusion und technologische Innovationen enden.

3.5 Zusammenfassung

Im realistischen Modell interagieren in der internationalen Politik egoistisch-zweckrationale Staaten unter den Bedingungen der Anarchie. Die Anarchie erzeugt eine existenzielle Unsicherheit, die die Staaten dazu zwingt, nach Macht zu streben. Durch die Interaktionsmechanismen des Sicherheitsdilemmas und des Machtgleichgewichts gelingt es den Staaten allerdings nicht, dauerhaft Sicherheit oder Überlegenheit zu erreichen. Frieden und Kooperation werden vor allem durch eine hohe Machtkonzentration im internationalen System begünstigt; nur ein Hegemon kann durch die Androhung oder Ausübung von Zwangsmacht für eine stabile internationale Ordnung sorgen. Außerdem hat die vorherrschende Militärtechnologie einen Einfluss. Die Kernhypothese des Realismus lautet daher: *Je höher die internationale Machtkonzentration ist und je mehr die verfügbare Technologie die Defensive gegenüber der Offensive stärkt, desto höher ist die Wahrscheinlichkeit von Frieden und internationaler Kooperation*. Die Machtkonkurrenz sorgt jedoch dafür, dass weder Hegemonie noch überlegene Defensivtechnologien von Dauer sind. Vielmehr verläuft die Entwicklung des internationalen Systems in Hegemoniezyklen. Die realistische Theorie erklärt vor allem, warum in einem anarchischen internationalen System die Probleme der Unsicherheit, Ineffizienz und Unfreiheit auftreten und *nicht* dauerhaft und wirksam zu lösen sind. Tabelle 3.3 fasst die zentralen Theoriemerkmale des Realismus noch einmal in Stichworten zusammen.

	Realismus
Akteure	Staaten
Dispositionen	Egoistisch, zweckrational
Strukturen	Anarchie plus Machtverteilung, Technologie
Strukturwirkungen	Existenzgefährdung, Machtstreben
Prozesse	Machtkonkurrenz
Interaktionsmechanismen	Sicherheitsdilemma, Machtgleichgewicht
Überwindung von Dilemmata	Übermacht, Zwang
Handlungskoordination	Zwangsmacht
Bedingungen von Frieden und Kooperation	Machtkonzentration, Defensivtechnologie
Dynamik	Hegemoniezyklen

Tab. 3.3: Stichworte zum Realismus

Weiterlesen

Klassiker

Die Klassiker des Realismus sind Morgenthaus *Politics Among Nations* (seit 1948 in zahlreichen Neuauflagen erschienen, jüngst 2005 auch als Taschenbuch) und Waltz' *Theory of International Politics* (1979). Um einen ersten Eindruck von diesen Werken zu erhalten, seien das erste Kapitel (*A Realist Theory of International Politics*) von Morgenthau und Kapitel 6 (*Anarchic Orders and Balances of Power*) von Waltz empfohlen.

Überblicke

Knappe Überblicke über die zentralen Annahmen, Hypothesen und Kontroversen im Realismus bieten Benjamin Frankel (*Restating the Realist Case*, 1996) und – als defensiver Realist – Joseph Grieco (*Realist International Theory and the Study of World Politics*, 1997).

Vertiefungen und Kontroversen

In *Structural Realism After the Cold War* (2000) setzt sich Kenneth Waltz mit der internationalen Politik der Gegenwart und mit den konkurrierenden institutionalistischen und liberalen Theorien auseinander. Aktuelle Kontroversen innerhalb der realistischen Theorie werden von Stephen Brooks (*Dueling Realisms*, 1997) behandelt. Joseph Grieco (*Anarchy and the Limits of Cooperation*, 1988) entwickelt in Auseinandersetzung mit dem Institutionalismus eine realistische Theorie der Kooperation.

4 Interdependenz und Regime: der Institutionalismus

Wurzeln des Institutionalismus: Von normativen und utopischen Entwürfen...

Auch die Wurzeln des Institutionalismus reichen zurück in die Frühzeit des modernen Staatensystems. Mit der staatlichen Souveränität und der internationalen Anarchie entwickelten sich auch Überlegungen, den rechtlosen Zustand zwischen den Staaten zu beenden, Regeln für das Miteinander souveräner Staaten zu formulieren, ihre Rivalität in geordnete Bahnen zu lenken und internationale Kooperation zu erleichtern. Hugo Grotius (1583-1645) gilt mit seinen Schriften zur Freiheit der Meere und zum Kriegs- und Friedensrecht als einer der Begründer des Völkerrechts. Weiter reichten Vorschläge zu einem internationalen Staatenbund wie im *Projet pour rendre la paix perpétuelle en Europe* (1713) des Abbé de Saint-Pierre, in dem das fragile europäische Machtgleichgewicht durch einen permanenten Staatenkongress ersetzt und zwischenstaatliche Konflikte statt durch wechselseitige Drohungen und Krieg durch ein internationales Schiedsgericht entschieden werden sollten. Internationales Recht und internationale Organisation sind bis in die Gegenwart Kernthemen des Institutionalismus geblieben.

... zum Funktionalismus

Allerdings waren die Schriften dieser frühen Theoretiker in erster Linie normative Entwürfe – und etwa im Fall des Abbé de Saint-Pierre sogar utopische Ideen. Diese normative und utopische Qualität des frühen Institutionalismus hat dazu beigetragen, dass er von den Realisten als „idealistisch" kritisiert wurde. Der Funktionalismus mit seinen Hauptvertretern David Mitrany (1888-1975) und später Ernst Haas (1924-2003) beruhte jedoch auf der Beobachtung *materieller* Veränderungen im internationalen System – vor allem der Zunahme internationaler Interdependenz – und des Wachstums internationaler Organisationen. Darauf gründeten sie die Erwartung umfassender internationaler Integration: dass internationale Organisationen zunehmend politische Kompetenzen von den Staaten übernehmen, die Gesellschaften ihre politische Loyalität vom Staat auf internationale Organisationen übertragen und damit schließlich die staatliche Fragmentierung des internationalen Systems überwunden wird. Diese Aussicht erwies sich jedoch wiederum als wirklichkeitsfern.

Neoliberaler Institutionalismus

Der Neoliberalismus oder neoliberale Institutionalismus der 1970er und 1980er Jahre blieb daher in seinen Annahmen nahe am realistischen Weltbild eines durch Unsicherheit und Macht geprägten Staatensystems. Allerdings behauptete er, dass Interdependenz und internationale Regime die Unsicherheit und Machtkonkurrenz im internationalen System deutlich verringern und eine stabile internationale Ordnung auch in Abwesenheit von Hegemonie hervorbringen können. Die Titel der beiden inzwischen klassischen Texte dieser Denkschule sind Programm: *Power and Interdependence: World Politics in Transition* (1977) von Robert O. Keohane (*1941) und Joseph S. Nye (*1937) und *After Hegemony: Cooperation and Discord in the World Political Economy* von Robert Keohane. An dieser Variante des Institutionalismus (die im Zuge der Rationalismus-Konstruktivismus-Debatte auch als *rationalistischer* Institutionalismus bezeichnet wurde) orientiert sich die folgende Darstellung weitgehend. Darüber sollte jedoch nicht in Vergessenheit geraten, dass es in der Sozial- und Politikwissenschaft eine ganze Palette weiterer Institutionalismen gibt (vgl. z. B. Peters 1999). Der soziologische oder konstruktivistische Institutionalismus wird im Kapitel über den Konstruktivismus (Kap. 7) vorgestellt.

Abbildung 4.1 gibt einen Überblick über die zentralen Bausteine der institutionalistischen Theorie. Im Gegensatz zu den „Bausteinen des Realismus" (Abb. 3.1), in denen die Wirkungen der Anarchie dargestellt wurden, stehen hier (und in den folgenden Theoriekapiteln) diejenigen Faktoren und Mechanismen im Vordergrund, durch die die Wirkungen der Anarchie eingedämmt und abgeschwächt werden.

Der Institutionalismus unterscheidet sich vom Realismus im Wesentlichen dadurch, dass Interdependenz und Regime als wirkmächtige Strukturmerkmale des internationalen Systems zur internationalen Anarchie hinzutreten. Die Interdependenz – die wechselseitige Abhängigkeit der Staaten voneinander – verringert zum einen den Nutzen militärischer Gewalt und damit die Bedrohung der Staaten; zum anderen erhöht sie den Bedarf an internationaler Kooperation. Internationale Regime (Regelwerke) und die mit ihnen verbundenen internationalen Organisationen ermöglichen, dass dieser Kooperationsbedarf auch befriedigt werden kann, indem sie Regeln festlegen, die Regeleinhaltung der Staaten überwachen und Regelverletzungen bestrafen. Unter den Bedingungen der Interdependenz sind egoistisch-zweckrationale Staaten nicht nur stark an internationaler Kooperation und an einem friedlichen Miteinander interessiert; sie streben auch nicht in erster Linie nach Macht, sondern nach (absoluten) Gewinnen. Daraus resultiert ein Prozess der Wohlfahrtskonkurrenz. Dank des „langen Schattens der Zukunft", der durch die Interdependenz hervorgebracht wird, und die Kontrollfunktionen internationaler Regime kann das Dilemma kollektiven Handelns in der Wohlfahrtskonkurrenz überwunden und stabile Kooperation gewährleistet werden. Über die konkreten Ergebnisse dieser Kooperation entscheiden dann die Präferenzkonstellation („Winsets") und die Verhandlungsmacht der Staaten. Die stabile Kooperation festigt und verstärkt wiederum die Interdependenz und die Institutionalisierung der internationalen Politik. Im Zeitverlauf wird die internationale Anarchie damit zwar nicht abgeschafft, aber doch zivilisiert.

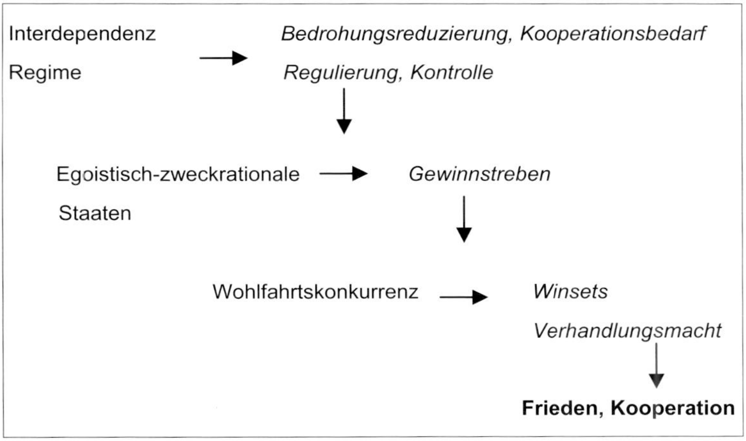

Abb. 4.1: Bausteine des Institutionalismus

Im weiteren Verlauf des Kapitels wird der Institutionalismus in zwei Schritten erläutert. Zunächst wird es um die Wirkungen der Interdependenz gehen, dann um die der internationalen Regime.

4.1 Akteure und Dispositionen: eigennützige Staaten

Egoistisch-zweckrationale Staaten...

Bei den Annahmen über die Akteure und ihre Dispositionen unterscheidet sich der Institutionalismus zunächst nicht vom Realismus. Auch hier sind der Ausgangspunkt einheitlich und egoistisch-zweckrational handelnde Staaten. Ebenso teilt er mit dem (Neo-)Realismus die Auffassung, dass die Ziele und Verhaltensweise egoistisch-zweckrationaler Staaten vor allem von den strukturellen Spielräumen ihres internationalen Handlungskontextes abhängen. Dass Staaten nach Macht streben (müssen), ist für den Realismus eine Folge des anarchischen Handlungskontextes und der ihm eigenen existenziellen Unsicherheit der Akteure. Weil der Institutionalismus andere strukturelle Bedingungen für die internationale Politik ausmacht, die diese existenzielle Unsicherheit deutlich verringern, sieht er auch einen größeren Handlungsspielraum für die Akteure. Sie können nach Macht streben, aber sie müssen es nicht. Vielmehr sind sie frei, andere Ziele zu verfolgen.

...die aber nicht vorrangig nach Macht streben

Der Institutionalismus lässt also die starke, enge Annahme nach Macht strebender Staaten fallen. Stattdessen nimmt er an, dass Staaten einfach nur eigennützig handeln, wobei offen bleibt, worin dieser Eigennutzen im Einzelfall besteht. Wichtiger für den Institutionalismus ist jedoch die Frage, welche Strukturen es sind, die es den Staaten ermöglichen, nicht vollständig auf ihre Unsicherheit fixiert zu sein und nach Macht streben zu müssen, sondern sich auf andere Ziele zu konzentrieren.

4.2 Strukturen und Strukturwirkungen I: Interdependenz

Strukturmerkmale des internationalen Systems

Auch bei den Strukturen ist der Ausgangspunkt des Institutionalismus prinzipiell der gleiche wie im Realismus. Die Anarchie wird als fundamentale Struktur des internationalen Systems anerkannt, und auch die ihr vom Realismus zugeschriebenen Wirkungen stellt der Institutionalismus nicht in Frage. Unsicherheit und Ineffizienz sind für den Institutionalismus wie für den Realismus die Grundprobleme. Allerdings treten neue Strukturkomponenten hinzu, die der Realismus nicht für relevant erachtet: Interdependenz und internationale Institutionen, vor allem internationale Regime. Es sind das Wachstum der zwischenstaatlichen Interdependenz und – in einem zweiten Schritt – das Wachstum internationaler Institutionen, die die strukturellen Wirkungen der Anarchie nachhaltig und dauerhaft dämpfen und den Akteuren einen größeren Handlungsspielraum bei der Verfolgung ihrer Interessen geben.

Interdependenz: 1. weite Definition

Interdependenz heißt „wechselseitige Abhängigkeit“. Im Kern bedeutet internationale Interdependenz, dass ein Staat bei der Verwirklichung seiner Ziele auf andere Staaten angewiesen ist. Ob man Interdependenz beobachtet und wie stark sie ist, hängt jedoch ganz wesentlich davon ab, wie eng oder weit sie definiert wird. Eine sehr weite Definition würde schon damit beginnen, dass Staaten *irgendein* Ziel ohne die Kooperation mit anderen Staaten *weniger effizient* erreichen können als durch internationale Kooperation. Auf der Basis dieser weiten Definition ist Interdependenz allerdings allgegenwärtig. Kein Staat war wohl je in der Lage, sämtliche seiner Ziele selbstständig in höherem Maße und mit geringerem Mitteleinsatz zu verwirklichen als durch Kooperation mit anderen Staaten.

2. enge Definition

Eine engere und gehaltvollere Definition kann einerseits bei der Art staatlicher Ziele ansetzen. Interdependenz liegt demnach nur dann vor, wenn zentrale Funktionen der Staaten betroffen sind, vor allem die Sicherheit nach außen und innen, die Stabilität der staatlichen Ordnung, die Befriedigung der Grundbedürfnisse der Bevölkerung und darüber hinaus die Erreichung und Bewahrung eines von der Gesellschaft erwarteten Wohlfahrtsniveaus. Andererseits sind *Effizienz*einbußen für sich genommen zu geringfügig, um von Abhängigkeit zu sprechen.

Interdependenz setzt demnach voraus, dass Staaten ihre zentralen Funktionen ohne die Zusammenarbeit mit anderen Staaten gar nicht, in hohem Maße unzureichend oder nur zu extrem hohen Kosten erfüllen können.

Wenn Staaten sich z. B. nicht aus eigener Kraft verteidigen können, ausländische Unterstützung bei der Aufrechterhaltung ihrer politischen Ordnung brauchen, die Ernährung ihrer Bevölkerung nicht sicherstellen können oder auf dem eigenen Territorium nicht über die Energieressourcen oder Rohstoffe verfügen, die sie für ihre Wirtschaft benötigen, dann sind Staaten auch in einem engeren Verständnis international abhängig.

Anders gesagt: Wir können die internationale Abhängigkeit eines Staates als ein Kontinuum konzipieren, das von absoluter Autarkie bis zu absoluter Dependenz reicht und drei qualitative Zustände umfasst:

- *Autarkie*: die Fähigkeit eines Staates, seine zentralen Aufgaben wirksam und effizient zu erfüllen. Ein autarker Staat hat keinen Nutzen von internationaler Kooperation.
- *Autonomie*: die Fähigkeit eines Staates, seine zentralen Aufgaben wirksam, aber mit erheblichen Effizienzeinbußen zu erfüllen. Ein autonomer Staat ist auf internationale Kooperation nicht angewiesen, würde aber von ihr profitieren.
- *Dependenz*: die Unfähigkeit eines Staates, seine zentralen Aufgaben wirksam zu erfüllen. Ein dependenter Staat ist dazu auf internationale Unterstützung angewiesen.

Symmetr sche und asymmetrische Interdependenz

Interdependenz kann entweder symmetrisch oder asymmetrisch sein. Bei symmetrischer Interdependenz ist die Abhängigkeit in etwa gleichermaßen wechselseitig; bei asymmetrischer Interdependenz ist ein Staat mehr auf internationale Kooperation angewiesen als der andere. Aus institutionalistischer Sicht ist Interdependenz aber nicht nur ein Merkmal der Beziehungen zwischen den Staaten, sondern ein Strukturmerkmal des internationalen Systems. Generell geht der Institutionalismus nicht nur davon aus, dass Autarkie höchst unwahrscheinlich ist, dass also alle Staaten von internationaler Kooperation profitieren würden, sondern dass Staaten auch zunehmend weniger in der Lage sind, zentrale Aufgaben autonom zu erfüllen.

Realistische Bewertung der Interdependenz

Aus Sicht des Realismus hat die Tatsache internationaler Interdependenz zunächst nichts Überraschendes. Auch wenn gemäß den Annahmen des Realismus letztlich alle Staaten nach Autarkie streben, kann es nur den Wenigsten gelingen – wenn überhaupt. Abgesehen von den Großmächten sind alle Staaten dependent, weil sie sich autonom nicht wirksam verteidigen können und auf internationale Unterstützung durch ein Bündnis oder eine Großmacht angewiesen sind. Selbst Großmächte, die in der Lage sind, ihre zentralen Aufgaben selbstständig zu erfüllen, würden in der Regel von internationaler Kooperation profitieren. Jedoch ist Interdependenz aus realistischer Perspektive in einem anarchischen, von existenzieller Unsicherheit gekennzeichneten internationalen System nicht kausal relevant. Solange es autonome Großmächte gibt (solange also nicht sämtliche Staaten des Systems dependent sind), werden diese alles versuchen, um ihre Autonomie aufrechtzuerhalten und zu vergrößern, was genau zu der vom Realismus analysierten Machtkonkurrenz führt. Und solange sie in einer von existenzieller Unsicherheit gekennzeichneten Umwelt handeln müssen, werden Großmächte lieber auf Vorteile aus der internationalen Kooperation verzichten, als sich der Gefahr relativer Verluste und wachsender Abhängigkeit auszusetzen. Ein Realist würde also von einer Institutionalistin verlangen zu zeigen, dass die Interdependenz so stark ist, dass auch Großmächte ihre zentralen Aufgaben nicht mehr autonom erfüllen können, und vor allem, dass die existenzielle Unsicherheit im System so gering ist, dass die Staaten sich auf vertiefte internationale Kooperation einlassen würden.

Interdependenz auch von Großmächten

Genau dies behauptet der Institutionalismus. Zum einen weist er darauf hin, dass sich die internationale Politik mit neuen Problemen konfrontiert sieht, die auch Großmächte mit ihren enormen Machtressourcen autonom nicht effektiv bearbeiten oder lösen können. Das trifft vor allem auf die globalen Gemeinschaftsgüter (Atmosphäre, Klima, Meere) zu. Der Klimawandel z. B. stellt eine existenzielle Bedrohung des Ökosystems der Erde dar, und es gehört zu den zentralen Aufgaben jedes Staates, die eigene Gesellschaft vor dieser Bedrohung zu schützen bzw. ihre Kosten zu minimieren. Kein Staat aber kann dies im Alleingang leisten, wenn nicht alle relevanten Produzenten von Treibhausgasen ihre Emissionen reduzieren. Ein Realist würde dem Befund wahrscheinlich zustimmen, aber argumentieren, dass Staaten dennoch zuerst an ihre militärische Sicherheit denken müssen und daher keine Beschränkungen ihrer wirtschaftlichen und technologischen Leistungsfähigkeit akzeptieren werden. Im anarchischen internationalen System steht der Klimaschutz in der Prioritätenliste der Staaten klar hinter militärischer Sicherheit und Machterhaltung.

Entwertung militärischer Macht

Das zweite und letztlich entscheidende Argument des Institutionalismus lautet daher, dass unter den Bedingungen „komplexer Interdependenz“ (Keohane/Nye 1977) der Wert militärischer Macht und damit auch die Unsicherheit im System deutlich abgenommen haben.

1. schwindender Nutzen überlegener Machtressourcen

Auf der einen Seite schwindet der Nutzen überlegener Machtressourcen. Das liegt zum einen an der nuklearen Abschreckung, zum anderen an asymmetrischen Kriegen. Großmächte, die über eine gesicherte nukleare Zweitschlagsfähigkeit verfügen, lassen sich mit überlegenen Machtressourcen ohnehin nicht wirksam militärisch erpressen (vgl. Kap. 3.2). Außerdem mussten beide Supermächte erfahren, dass sich ihre drückende technologische, ökonomische und militärische Überlegenheit in Partisanen- oder Guerillakriegen nicht in dauerhafte militärische Siege ummünzen ließ: die USA zunächst in Vietnam und gegenwärtig mit ihren Verbündeten im Irak, und die Sowjetunion (und gegenwärtig eventuell die NATO) in Afghanistan. Gleiches gilt für den Kampf gegen den transnational operierenden Terrorismus. In dem Maße, wie nukleare Abschreckung und asymmetrische Kriegführung kennzeichnend für die gegenwärtige globale militärstrategische Situation sind, ist die Bedeutung konventioneller militärischer Überlegenheit geschrumpft.

2. schwindende Zweckmäßigkeit militärischer Mittel

Darüber hinaus schwindet die Zweckmäßigkeit militärischer Mittel generell. Zum einen eignen sich die Atomwaffen, die stärksten Waffen, die sich gegenwärtig im Besitz der Großmächte befinden, aufgrund ihres Zerstörungspotenzials vorrangig zur Abschreckung oder Vernichtung eines Gegners, nicht aber zur begrenzten Kriegführung und zur Durchsetzung spezifischer politischer Ziele. Zum anderen eignet sich der Einsatz jeglicher, auch konventioneller militärischer Mittel nicht mehr dazu, um in vielen der neuartigen Problemlagen internationaler Politik eigene Interessen durchzusetzen. In den Problembereichen, in denen die staatliche Souveränität teilweise entwertet ist, in denen die Kontrolle über Ressourcen und Entscheidungen nicht bei den Staaten monopolisiert ist und in denen die Verursacher der Probleme nicht Staaten, sondern eine Vielzahl gesellschaftlicher Akteure sind, ist die Anwendung militärischer Zwangsgewalt unwirksam oder zumindest ineffizient. Die Finanzmärkte, in denen in kürzester Zeit riesige Summen gehandelt und über den gesamten Erdball transferiert werden können, eignen sich ebenso wenig als Ziel militärischer Drohungen und Attacken wie die diffuse Masse an Unternehmen und Verbrauchern, die für globale Umweltprobleme sorgen.

Schließlich müssen Großmächte hochindustrialisierte, hochtechnologische und wirtschaftlich erfolgreiche Staaten sein. Dies verlangt jedoch, sich auf wirtschaftliche Verflechtung und Arbeitsteilung, Öffnung der eigenen Märkte und wissenschaftlichen Austausch einzulassen. Mit der zunehmenden Öffnung, Verflechtung und Arbeitsteilung sinkt jedoch der Nutzen und steigen die Kosten militärischer Gewalt, weil sie genau diese Voraussetzungen von Reichtum und technologischem Fortschritt untergräbt. Wer nach einem Großmachtstatus oder nach Vorherrschaft im internationalen System strebt, muss sich also *nolens volens* auf genau die Interdependenz einlassen, die in der Folge die Anwendung militärischer Gewalt immer weniger zweckrational werden lässt.

Konsequenzen: 1. Militärische Macht nicht fungibel

Aus dieser Analyse des abnehmenden Nutzens militärischer Macht zieht der Institutionalismus drei Konsequenzen, die von der realistischen Strukturanalyse abweichen. Erstens ist militärische Macht nicht fungibel. Sie lässt sich unter den Bedingungen der Interdependenz nicht wirksam für beliebige Ziele und Interessen der Staaten einsetzen.

2. Problemspezifische Interdependenz entscheidend

Zweitens sind für den tatsächlichen Einfluss von Staaten nicht deren allgemeine Machtressourcen (*overall power, power over resources)* entscheidend, sondern deren Position in der problemspezifischen Interdependenz (*issue-area power, power over outcomes*). Militärisch schwache Staaten können hohe, Supermächte hingegen geringe problemspezifische Macht besitzen. Ein an militärisch nutzbaren Machtressourcen armer Staat besitzt im Problemfeld „Flussreinhaltung" dennoch eine starke Machtposition, wenn sein Territorium am Oberlauf des Flusses liegt. Während die Schadstoffe, die er als „Oberlieger" in den Fluss einleitet, ohnehin durch den Fluss über die Landesgrenzen hinausgeleitet werden, ist der „Unterlieger" auf seine Kooperation angewiesen, damit die Schadstoffe aus dem Oberlauf nicht sein Wasser und seine Ufer verschmutzen und er nicht allein für deren Entsorgung aufkommen muss. In anderen Worten, die problemspezifische Interdependenz ist asymmetrisch zugunsten des Oberliegers. Für seine Kooperation bei der Flussreinhaltung kann er vom Unterlieger einen Preis verlangen. Andererseits wäre eine vom Ozonloch bedrohte Supermacht trotz ihrer gewaltigen Machtressourcen weder in der Lage, das Ozonloch aus eigener Kraft zu schließen, noch andere Staaten zu dessen Schließung zu zwingen, weil die Verursacher eine diffuse, weltweit verstreute Gruppe sind. An der asymmetrischen Interdependenz zu seinen Ungunsten kann auch die geballte militärische Macht nichts ändern.

3. Militärische Sicherheit nicht zentrales Problem internationaler Politik

Drittens – und das ist die entscheidende Konsequenz – ist militärische Sicherheit nicht mehr das alles überschattende Problem internationaler Politik. Wenn militärische Überlegenheit sich nicht unbedingt auszahlt, dann müssen Staaten sich auch nicht mehr unbedingt vor einem militärischen Machtvorsprung anderer Staaten fürchten. Wenn militärische Macht ohnehin bei vielen zentralen Problemen der internationalen Politik nicht zweckmäßig einsetzbar ist, dann müssen Staaten sich in diesen Problembereichen auch nicht von militärischer Macht bedroht fühlen. Und wenn Staaten durch den Einsatz von Zwangsmacht ihren eigenen Wohlstand untergraben und ihrem eigenen Einfluss in der Welt schaden, dann werden sie diese militärische Zwangsmacht auch nur in Extremfällen ausüben, so dass andere Staaten normalerweise nicht mit der Anwendung oder Drohung von physischer Gewalt rechnen müssen.

Halten wir also fest: Die Zunahme von Interdependenz im internationalen System verringert den Nutzen der Anwendung militärischer Macht und des Strebens nach militärisch verwendbaren Machtressourcen. Wenn der Nutzen militärischer Machtressourcen und Machtausübung schwindet, dann nimmt auch die Sorge davor ab, zum Opfer der Zwangsgewalt anderer Staaten zu werden. In der Konsequenz verringert sich die existenzielle Unsicherheit im System, und Sicherheit hört auf, das vorrangige Ziel jeglicher Außenpolitik zu sein.

Streben nach absoluten Gewinnen statt Vermeidung relativer Verluste

Folglich können Staaten es sich leisten, andere Ziele gleichrangig oder vorrangig zu verfolgen. Sie können es sich ebenfalls leisten, Abhängigkeiten und relative Verluste zuzulassen, weil die höhere Sicherheit im System die Machtkonkurrenz entschärft und Ungleichheit und Verwundbarkeit nicht ohne weiteres in einen militärisch nutzbaren Machtvorsprung verwandelt werden können. Staaten können sich also ganz auf das Streben nach absoluten Gewinnen (statt auf die Vermeidung relativer Verluste) konzentrieren und sie können sich auf internationale Kooperation und Arbeitsteilung einlassen, um diese absoluten Gewinne zu steigern.

Internationale Interdependenz schwächt die von der internationalen Anarchie erzeugte Unsicherheit und Machtkonkurrenz ab und erzeugt einen erhöhten Kooperationsbedarf.

4.3 Prozess und Interaktion I: Wohlfahrtskonkurrenz im Schatten der Zukunft

Wohlfahrtskonkurrenz statt Machtkonkurrenz

Wie verändert die internationale Interdependenz nun die Prozesse und Interaktionsmechanismen der internationalen Politik? Zunächst müssen Staaten nicht mehr vorrangig nach Macht, der Vermeidung relativer Verluste und nach Autarkie streben, sondern können sich auf andere Ziele und die Maximierung ihrer absoluten Gewinne konzentrieren. Dadurch verschiebt sich das dominante Prozessmuster internationaler Politik von der Machtkonkurrenz zur Wohlfahrtskonkurrenz. Unter „Wohlfahrt" soll hier der gesamte Eigennutzen eines Staates verstanden werden; anders als Macht definiert sich Wohlfahrt nicht dadurch, mehr zu haben als andere, sondern möglichst viel für sich selbst zu haben.

Allerdings führt auch das Streben nach absoluten Gewinnen oder Wohlfahrt zu internationaler Konkurrenz. Viele Güter, nach denen Staaten streben, sind knapp: Energieträger wie Erdöl oder Erdgas, industrielle Rohstoffe wie Stahl oder Kupfer, und auch die Faktoren Kapital und Arbeit, die zur Produktion von Gütern und Dienstleistungen gebraucht werden. Staaten konkurrieren um Energie und Rohstoffe, um Kapital und Arbeitskräfte, um Innovationen und Technologien und um Märkte und Konsumenten. Sie versuchen, ihre Kosten zu senken und ihre Gewinne zu steigern, und sie suchen nach Möglichkeiten, dabei ihre Konkurrenten auszustechen.

Ineffizienz als Grundproblem

Auch in einem System, in dem die Staaten völlig sicher sind und internationale Kooperation anstreben, bleibt für sie im Prozess der Wohlfahrtskonkurrenz der Anreiz bestehen, die internationale Kooperation zum eigenen Vorteil zu gestalten und auszunutzen, und es bleibt die Furcht, von anderen Staaten betrogen, getäuscht und übervorteilt zu werden. In dem Maße, wie mit der abflauenden Machtkonkurrenz das Sicherheitsproblem entschärft wird, tritt das Problem des Marktversagens in den Vordergrund, das durch die Wohlfahrtskonkurrenz in einem anarchischen System erzeugt wird. An die Stelle der Unsicherheit als Kardinalproblem internationaler Politik tritt die Ineffizienz.

Der Interaktionsmechanismus der Wohlfahrtskonkurrenz ist im Kern der gleiche wie der der Machtkonkurrenz. Zwar treten das „Trittbrettfahren" und die „Tragödie der Allmende" (Kap. 1.2) an die Stelle des Sicherheitsdilemmas; doch lassen sie sich in gleicher Weise als Dilemma-Spiele analysieren. Betrachten wir zunächst das „Freihandelsdilemma" als Beispiel für Marktversagen durch Trittbrettfahren (Tab. 4.1).

Staat A / Andere Staaten (B)	Marktöffnung (C)	Protektion (D)
Marktöffnung (C)	Freihandel (3,3)	Zusatzgewinn A (4,1)
Protektion (D)	Zusatzgewinn B (1,4)	*Protektionismus (2,2)*

Tab. 4.1: Freihandelsdilemma

Freihandelsdilemma

Freihandel ist für alle Seiten nützlicher als Protektionismus. Wenn Staat A nach dem Prinzip der Gewinnmaximierung handelt, dann ist es für ihn jedoch am günstigsten, alle anderen Staaten öffnen ihre Märkte völlig und verzichten darauf, ihrer Wirtschaft durch Schutzmaßnahmen wie staatliche Beihilfen einen Wettbewerbsvorteil zu verschaffen, während Staat A den eigenen Markt durch allerlei versteckte Handelshemmnisse und Subventionen vor der ausländischen Konkurrenz schützt und die eigene Wirtschaft z. B. durch Steuervergünstigungen oder Ausfallsbürgschaften beim Export unterstützt. Wenn alle Staaten jedoch zu solchen protektionistischen Maßnahmen greifen, und sei es nur, um zu verhindern, dass andere Staaten sich einen einseitigen Wettbewerbsvorteil verschaffen, kommt es zu einem Protektionismuswettlauf, von dem letztlich keiner profitiert.

Dilemma der Gemeinschaftgüter

Ähnlich lässt sich die Situation bei der Nutzung von Gemeinschaftsgütern wie Meeresfischen oder beim Umweltschutz modellieren (Tab. 4.2). Wenn alle Staaten versuchen, ihre individuellen Gewinne zu maximieren, indem sie möglicht viel fischen oder keine Rücksicht auf den Schutz der natürlichen Umwelt nehmen (D), kommt es zu einer Vernichtung oder dauerhaften Schädigung der Ressourcen (DD), die eigentlich nicht im Interesse der Staaten ist. Bevor aber nur die anderen Staaten davon profitieren, während Staat A seine Ressourcennutzung im Sinne der Nachhaltigkeit einschränkt (CD mit Nutzenwert 1 für A), beteiligt sich auch Staat A am „Raubbau“ an der Natur (Nutzenwert 2).

Staat A Andere Staaten (B)	Nachhaltige Nutzung (C)	Maximale individuelle Nutzung (D)
Nachhaltige Nutzung (C)	Ressourcenschutz (3,3)	Zusatzgewinn A (4,1)
Maximale individuelle Nutzung (D)	Zusatzgewinn B (1,4)	*Ressourcenvernichtung (2,2)*

Tab. 4.2: Dilemma der Gemeinschaftsgüter

An dieser Analyse würde sich auch durch hochgradige Interdependenz im internationalen System nichts ändern, solange es keinen Weltstaat oder zumindest einen Hegemon gibt, der dafür sorgt, dass alle Staaten sich kooperativ verhalten (also C spielen). Damit wäre die Theorie durch die Eigendynamik der Dilemma-Situation doch wieder bei der realistischen Prognose unkooperativer internationaler Politik angelangt, die allenfalls durch hohe Machtkonzentration zu beheben wäre.

Die Überwindung des Dilemmas: 1. Schatten der Zukunft

Allerdings verändert die internationale Interdependenz das „Spiel" in mehrfacher Hinsicht. Zum einen treffen die Staaten unter den Bedingungen hoher Interdependenz in vielen Politikbereichen und immer wieder aufeinander. Mit anderen Worten, die Interdependenz schafft einen tendenziell endlosen „Schatten der Zukunft". Zum anderen ist es unter den Bedingungen internationaler Interdependenz zwar eventuell kostenträchtig, aber immerhin nicht existenzgefährdend, wenn Staaten sich hin und wieder einseitig kooperativ verhalten, also C spielen. Nun ist im Gefangenendilemma die unkooperative Lösung DD nur dann das spieltheoretisch erwartete Ergebnis, wenn das Spiel einmal (oder in einer festgelegten Anzahl von Spielzügen) gespielt wird. Wenn das Spiel unendlich wiederholt oder „iteriert" wird (oder die Spieler jedenfalls nicht wissen, wie oft es gespielt wird), gibt es jedoch eine kooperative Lösung (CC).

2. Tit for tat

Kooperation bildet sich heraus, wenn die Spieler kooperativ beginnen und sich dann jeweils reziprok verhalten, also C mit C und D mit D beantworten: Diese Strategie ist als „Tit for tat" bekannt. In einer einmaligen oder endlichen Entscheidungssituation wird Staat A, der sich kooperativ verhält, möglicherweise von Staat B betrogen und übervorteilt. Bei Iteration kann Staat A jedoch ebenfalls unkooperativ auf das unkooperative Verhalten von B antworten. Er kann z. B. seine eigene Wirtschaft unterstützen oder die Fangquote seiner Fischereiflotte erhöhen und Staat B damit klarmachen, dass unkooperatives Verhalten sich nicht auszahlt. Wenn B dies einsieht, wird es sich früher oder später kooperativ verhalten. Dieses kooperative Verhalten wird nun von Staat A ebenfalls durch kooperatives Verhalten beantwortet, und es kommt zu dem kollektiv optimalen Ergebnis CC. Kooperation setzt sich also in einer Dilemmasituation auch ohne Hierarchie oder Hegemonie durch, sofern nur die Akteure einen unbegrenzten Zeithorizont besitzen, reziproke oder konditionale Strategien (wie „tit for tat") anwenden und es sich leisten können, sich hin und wieder einseitig kooperativ zu verhalten. Genau dies ermöglicht die Interdependenz.

Vier Bedingungen stabiler Kooperation

Im Prinzip ermöglicht der Schatten der Zukunft in Dilemmasituationen also eine sich über Zeit selbst hervorbringende („emergente") und stabilisierende Kooperation. Allerdings setzt das Funktionieren dieses Mechanismus voraus, dass die Probleme der Interpretation, Kontrolle und Sanktionen hinreichend effizient gelöst werden und die Transaktionskosten nicht die Gewinne aus der Kooperation übersteigen.

1. Interpretation

- Damit konditionale Strategien die erwünschte Wirkung erzielen, muss hinreichend präzise definiert sein, welches Verhalten als kooperativ und welches als unkooperativ gelten soll. Ansonsten versteht Staat A eventuell ein von Staat B kooperativ gemeintes Verhalten als unkooperativ, reagiert daraufhin unkooperativ und setzt somit eine Spirale in Gang, durch die die Akteure doch wieder bei einem suboptimalen Ergebnis enden. Allerdings ist jede Übereinkunft prinzipiell unvollständig: auch eine noch so präzise Definition kooperativen und unkooperativen Verhaltens kann nicht jede Interpretationsmöglichkeit und nicht jeden Anwendungsfall vorhersehen. Die Staaten müssen also Verfahren vereinbaren, wie solche unvollständigen Übereinkünfte ergänzt, weiterentwickelt und interpretiert werden sollen. Andernfalls könnte Staat A aus Furcht, bei der Interpretation und Fortentwicklung der Kooperationsvereinbarung übervorteilt zu werden, die Kooperation ganz verweigern.

- Um konditionale Strategien wirksam anwenden zu können, muss jeder Akteur das Verhalten der anderen kontrollieren können – also möglichst schnelle und genaue Informationen darüber erhalten, ob diese sich kooperativ oder unkooperativ verhalten. Ansonsten wird Staat A gegenüber den anderen Staaten eventuell so misstrauisch sein, dass er sich aus Furcht betrogen und ausgebeutet zu werden, doch nicht auf Kooperation einlässt. 2. Kontrolle
- Konditionale Strategien beruhen darauf, dass unkooperatives Verhalten durch reziprokes unkooperatives Verhalten sanktioniert wird. Jeder Akteur muss also in der Lage sein, wirksame Sanktionen zu verhängen; Staat A muss über die Macht verfügen, Staat B schaden zu können. Andernfalls wird Staat B, aus Angst übervorteilt zu werden und sich nicht dagegen wehren zu können, sich wiederum eventuell nicht auf Kooperation einlassen. 3. Sanktion

Um auf das Beispiel des Freihandels zurückzukommen: Eine funktionierende Zusammenarbeit bedarf einer anerkannten Festlegung, welche staatlichen Subventionen und Handelsbeschränkungen verboten und erlaubt sind und welches Verhalten als Verstoß gegen den Freihandel gelten soll, einer zuverlässigen Überwachung der Wirtschafts- und Außenhandelspolitik aller Beteiligten, einer wirksamen Bestrafung von Betrugsversuchen, und eines Verhandlungsforums, in dem strittige und offene Fragen geklärt werden können, bevor es zu einem Zusammenbruch der Kooperation kommt.

4. Transaktionskosten

Selbst wenn die Akteure prinzipiell fähig sind, diese Probleme wirksam zu bearbeiten, so verursachen die Verfahren der Interpretation, Kontrolle und Sanktion doch jeweils Kosten – sogenannte Transaktionskosten, die mit den zu erwartenden Gewinnen aus der Kooperation verrechnet werden müssen. In jedem Fall schmälern die Transaktionskosten den Nutzen der Zusammenarbeit; eventuell können sie so hoch sein, dass sie eine Kooperation ineffizient werden lassen und damit verhindern. Das ist vor allem dann wahrscheinlich, wenn jeder Staat einzeln für die Kontrolle und Sanktionierung anderer Staaten sorgen müsste. Genau hier kommen nun internationale Regime ins Spiel.

4.4 Strukturen und Strukturwirkungen II: Regime

Internationale Regime

Anders als die Interdependenz, die wie Machtverteilung und Technologie dem Strukturtypus „Ressourcen" zuzurechnen ist, zählen Institutionen zu den „Regeln". Für den (rationalistischen) Institutionalismus in den Internationalen Beziehungen sind die relevanten Institutionen „internationale Regime" – das sind problemspezifische und handlungsleitende Regelwerke. Sie legen die Prinzipien fest, nach denen ein bestimmter Problembereich geordnet sein soll; sie schreiben den Akteuren in diesem Problembereich vor, wie sie sich verhalten sollen (Gebote) und was sie nicht tun dürfen (Verbote); und sie legen bestimmte Verfahren für Verhandlungen, Kontrolle, Streitfälle und Sanktionen in diesem Problembereich fest. Außerdem sind internationale Regime normalerweise explizit („geschrieben") und formell, das heißt, sie beruhen auf vertraglich fixierten zwischenstaatlichen Vereinbarungen. In diesem Sinne sprechen wir unter anderem von einem Handelsregime, einem Regime zum Schutz der Fischbestände und einem Weltklimaregime.

Internationale Regime und internationale Organisationen

Internationale Regime stehen oft mit internationalen Organisationen in Verbindung. Beide Dinge sollten aber begrifflich getrennt werden. Erstens sind Regime Institutionen, damit Bestandteile der sozialen Struktur und nicht handlungsfähig. Internationale Organisationen hingegen sind (wie Staaten auch) korporative Akteure; sie treffen Entscheidungen und handeln. Das gilt auch, obwohl die meisten internationalen Organisationen schwache, also wenig zentralisierte, bürokratisierte und autonome Organisationen sind, in denen die Mitglieder (also die Staaten) dominieren. Primär ist, dass sie überhaupt handeln; wie autonom und in wessen Interesse sie das tun, ist sekundär. Zweitens sind Regime nicht mit Organisationen deckungsgleich. Mehrere Organisationen können an einem Regime mitwirken, und eine Organisation kann in Verbindung mit mehreren Regimen stehen – das gilt vor allem für generalistische Organisationen wie die Vereinten Nationen oder die Europäische Union.

Funktionalistische Institutionentheorie: 1. Funktionen von Regimen

Der (rationalistische) Institutionalismus basiert auf einer funktionalen Institutionentheorie. Staaten vereinbaren internationale Regime und gründen internationale Organisationen, weil diese für sie nützliche Funktionen erfüllen und ihnen dabei helfen, ihre Gewinne zu maximieren. Insbesondere helfen sie ihnen dabei, die Kooperationsprobleme der Interpretation, Kontrolle und Sanktion zu erfüllen und ihre Transaktionskosten zu senken.

2. Funktionen internationaler Organisationen

Internationale Organisationen üben wichtigen Aktivitäten und Funktionen im Zusammenhang mit internationalen Regimen aus. Zum einen entstehen viele internationale Regime in internationalen Organisationen – dort werden sie entworfen, verhandelt und vereinbart (wie etwa das europäische Währungsregime im Rahmen der Europäischen Gemeinschaft). Oder aber internationale Organisationen werden zum Zweck der Administration eines Regimes gegründet (wie etwa die NATO für das transatlantische Verteidigungsbündnis). Sie überwachen die Regeleinhaltung, machen Vorschläge zur Weiterentwicklung des Regimes und bereiten die regelmäßigen Treffen der Regimemitglieder vor. Außerdem verknüpfen internationale Organisationen oft mehrere Regime. Das erleichtert die Aufgaben der Interpretation, Weiterentwicklung und Sanktionierung.

Starke und schwache Regime

Starke internationale Regime stellen präzise Regeln auf, interpretieren diese in Streitfällen und haben etablierte Verfahren zu ihrer Weiterentwicklung. Sie werden von internationalen Organisationen verwaltet, die die Regeleinhaltung selbstständig kontrollieren und Sanktionen gegen Regelverletzer einleiten und verhängen. Schwache internationale Regime senken immerhin die Transaktionskosten, indem sie den Staaten ein Verhandlungsforum bieten und sie mit den Informationen versorgen, die sie für Interpretation, Kontrolle und Sanktionen brauchen.

Interpretation

- Internationale Regime legen durch ihre zumeist vertraglich vereinbarten Regeln fest, was als kooperatives und unkooperatives Verhalten zu gelten hat. Sie bieten Verfahren der Regelinterpretation (z. B. durch Schiedssprüche und Gerichtsurteile) und der kooperativen Weiterentwicklung der Regeln (vor allem durch Folge- und Revisionskonferenzen wie die Welthandelsrunden oder die Regierungskonferenzen der EU). Zumindest senken Regime dadurch, dass sie einen etablierten Verhandlungsrahmen für die Staaten bereitstellen, die Transaktionskosten bei Verhandlungen über die Interpretation und Weiterentwicklung der Regeln. Durch die Verknüpfung von Regimen lassen sich überdies anerkannte und praktikable Regeln und Interpretationen von einem Problemfeld in ein anderes übertragen.

Kontrolle

- Internationale Organisationen sammeln Informationen über das Verhalten der Regimeteilnehmer und stellen den Staaten diese Informationen zur Verfügung. Damit sorgen sie für ausreichende und für alle Staaten gleichermaßen zugängliche Informationen, um ihnen die Furcht davor zu nehmen, unbemerkt von anderen übervorteilt zu werden. Eine schwache Form der Kontrolle sind z. B. Berichte, die die Staaten regelmäßig über die Erfüllung der Regimevereinbarungen abliefern müssen. Eine stärkere Form sind Berichte, die von den Sekretariaten der internationalen Organisationen unabhängig verfasst werden, und Beschwerden von Individuen oder anderen Staaten, die von internationalen Gerichten geprüft werden.

Sanktion

- Einige internationale Regime verfügen über zentralisierte Sanktionsverfahren (wie Strafen oder Ausschluss). Internationale Gerichtshöfe (wie der Europäische Gerichtshof) verhängen Strafen gegen regelverletzende Staaten direkt. Andere, wie das Schiedsgericht der Welthandelsorganisation WTO ermächtigen geschädigte Staaten, die Regelverletzer selbst in einem bestimmten Umfang zu bestrafen. Wieder andere Organisationen stellen den Regelverstoß eines Staates einfach nur öffentlich und autoritativ fest und überlassen es den Staaten, wie sie darauf reagieren.

Internationale Regime helfen den Staaten also, die aus der Interdependenz erwachsenden spontanen internationalen Kooperationschancen zu verwirklichen und zu stabilisieren, indem sie wichtige Funktionen für die Anwendung konditionaler Kooperationsstrategien erfüllen. Sie senken einerseits die Transaktionskosten der Kooperation und erhöhen andererseits die Kosten unkooperativen Verhaltens.

> Internationale Regime verringern die aus der internationalen Anarchie erwachsende Unsicherheit und Ineffizienz, indem sie Informationen liefern, Verhalten kontrollieren und damit den Staaten die Furcht vor Betrug und Übervorteilung nehmen.

Reputationskosten fördern Kooperation

Andererseits hilft die internationale Interdependenz dabei, den internationalen Regimen Wirksamkeit zu verleihen. Staaten sind unter den Bedingungen der Interdependenz auch in Abwesenheit einer weltstaatlichen oder hegemonialen internationalen Zwangsgewalt bereit, sich an die Regeln zu halten und Urteile internationaler Gerichte zu akzeptieren, weil die Entdeckung und öffentliche Feststellung von Betrug und Regelverletzungen sowie die Missachtung von Schiedssprüchen und Urteilen Reputationskosten verursachen würde. In einem interdependenten System, in dem Staaten immer wieder und in unterschiedlichen Kontexten aufeinandertreffen und von der Zusammenarbeit profitieren, kann kein Staat daran interessiert sein, eine Reputation als unzuverlässiger Kooperationspartner zu erwerben. Auch wenn sich unkooperatives Verhalten in einer bestimmten Situation und in einem bestimmten Problemfeld für Staat A auszahlen würde, ist es insgesamt irrational, weil eine Reputation der Unzuverlässigkeit unter anderen, für Staat A ungünstigeren, Umständen dazu führen kann, dass kein anderer Staat zur Zusammenarbeit mit A bereit ist. Es zahlt sich in einem interdependenten System also nicht aus, im kurzfristigen Eigeninteresse zu handeln.

Überwindung der Dilemmata internationaler Politik

Zusammen schaffen Interdependenz und Regime ein stabiles Fundament für Frieden und effiziente internationale Kooperation – auch unter den Bedingungen der Anarchie und schwacher Machtkonzentration im internationalen System. Gemeinsam sind sie in der Lage, die Dilemmata internationaler Politik zu überwinden: das Sicherheitsdilemma ebenso wie die Dilemmata der kollektiven Güter.

4.5 Prozess und Interaktion II: Verhandlungsmacht und Kooperation

In einem interdependenten und institutionalisierten internationalen System sind Machtkonkurrenz und (militärische) Zwangsmacht nicht mehr die vorrangigen Instrumente der zwischenstaatlichen negativen und positiven Handlungskoordination. Außerdem steht dank der Überwindung der Dilemmata internationaler Politik die Möglichkeit internationaler Kooperation nicht mehr grundsätzlich in Frage. Nicht ob Staaten überhaupt miteinander kooperieren, sondern unter welchen Bedingungen und mit welchen Ergebnissen sie dies tun, rückt ins Zentrum der Analyse.

Winsets

In der Regel gibt es nicht nur ein einziges mögliches Kooperationsergebnis, von dem alle beteiligten Staaten profitieren würden, sondern eine Menge von allseits akzeptablen und damit möglichen Verhandlungsergebnissen. Diese bezeichnet man als *Winset*. Weil das einfache spieltheoretische Modell des Gefangenendilemmas mit dem wir bisher die zwischenstaatliche Interaktion analysiert haben, Kooperation als binäre Entscheidung (kooperieren oder nicht kooperieren) konzipiert, kann es mit dieser Differenzierung der möglichen Kooperationsergebnisse nicht umgehen. Zum einen kann es nicht erklären, wie die Kooperation konkret ausgestaltet wird: wie also die Gewinne aus der Kooperation unter den beteiligten Akteuren verteilt werden und wer sich dabei durchsetzen kann. Zum anderen lässt es offen, ob innerhalb des *Winsets* auch tatsächlich der höchstmögliche kollektive Nutzen realisiert werden konnte oder ob das Verhandlungsergebnis hinter den Möglichkeiten zurückgeblieben ist (Sebenius 1992). Räumliche Verhandlungsmodelle (vgl. Textbox 4.1) liefern hier detailliertere Informationen.

Modell II in Textbox 4.1 zeigt eine Verhandlungssituation, in der alle Staaten interdependent sind, weil sie alle von geringeren Außenhandelszöllen profitieren würden, die sie allerdings gemeinsam vereinbaren und einhalten müssen. Das Modell setzt voraus, dass internationale Institutionen dafür sorgen, dass die Transaktionskosten geringer bleiben als der zu erwartende Wohlfahrtsgewinn und dass Regelverletzer wirksam kontrolliert werden. Die Analyse kann sich daher ganz auf den Nutzen und die Verhandlungsmacht der Akteure konzentrieren, um konkrete Verhandlungsergebnisse zu erklären.

Textbox 4.1 Räumliche Modelle

Mit räumlichen Modellen können wir die Entfernung zwischen den Präferenzen der Akteure, deren Verhandlungsspielräume und deren Verhandlungsmacht modellieren. Das einfachste räumliche Modell ist eindimensional – betrifft also einen einzigen Verhandlungsgegenstand (bei Verhandlungen über ein Handelsabkommen z.B. das Ausmaß der Zollsenkungen für Industriegüter). Diese Dimension lässt sich als eine Achse darstellen, auf der die „Idealpunkte" der Verhandlungspartner abgetragen werden, also das Politikergebnis, das ihren Präferenzen am besten entsprechen würde. Mit SQ ist außerdem der Status quo eingetragen – also z.B. das bestehende Zollniveau.

(I) 1 SQ 2 3 4

Staat 1 hätte also in Modell I z.B. gerne höhere Zölle, Staat 4 hingegen weit geringere Zölle als aktuell vereinbart. Je weiter ein Verhandlungsergebnis vom Idealpunkt entfernt ist, desto geringer ist sein Nutzen für den Akteur. In der oben dargestellten Konstellation ist – bei Einstimmigkeit – kein Verhandlungsergebnis möglich, weil jede Verschiebung des Status quo den Nutzen mindestens eines Staates verringern würde und dieser Staat daher nicht zustimmen würde. Es gibt keine gemeinsamen Interessen, die die Staaten 1 bis 4 durch eine Verhandlung verwirklichen könnten. Mit anderen Worten, das Winset von SQ, die Menge an Verhandlungsergebnissen, die den Status quo ersetzen könnten, ist leer. Anders stellt sich die Situation dar, wenn der Status quo links der Idealpunkte der Staaten 1-4 liegt (wie in Modell II)

W(SQ) ←→ A1 A2 A3 A4

(II) SQ 1 2 3 4

Nun würden alle Staaten von einer Verschiebung des Status quo zugunsten geringerer Zölle profitieren, wenn auch in unterschiedlichem Maße. Für jeden Staat besteht das Akzeptanz-

Set, also die Menge der Verhandlungsergebnisse, denen er zustimmen würde, in allen Punkten auf der Verhandlungsachse, die weniger weit von seinem Idealpunkt entfernt sind als der Status quo. Der Abschnitt zwischen SQ und A1 umfasst also das Akzeptanz-Set für Staat 1, der zwischen SQ und A2 dasjenige für Staat 2 usw. Das Winset von SQ ist die Schnittmenge aller Akzeptanz-Sets und entspricht in diesem Beispiel dem Akzeptanz-Set von Staat 1. Das kollektive Optimum innerhalb des Winsets ergibt sich aus der kleinstmöglichen Summe der Distanzen zwischen den Idealpunkten und dem Verhandlungsergebnis. In Modell II wäre das Optimum mit A1 identisch. Die Nähe zu SQ bestimmt die Verhandlungsmacht eines Staats. Weil Staat 1 am nächsten am Status quo liegt, ist seine Verhandlungsmacht am größten. Sein Akzeptanz-Set ist mit dem Winset identisch, und er hat die besten Chancen, seinen Idealpunkt als Verhandlungsergebnis durchzusetzen. Staat 4 hingegen hat die geringste Verhandlungsmacht: er muss mit dem zufrieden sein, was Staat 1 zulässt.

Verhandlungserfolg

Im Kern geht es bei Verhandlungen darum, Werte zu schaffen und zu verteilen. Auf der einen Seite eruieren die Verhandlungspartner, wo es Kooperationsspielraum im wechselseitigen Interesse gibt, und versuchen, den gemeinsamen Kuchen so groß wie möglich zu machen.

Je größer das *Winset* ist, umso größer ist die Chance erfolgreicher Verhandlungen.

Verhandlungsmacht: 1. Kosten des Status quo

Auf der anderen Seite versucht jeder Verhandlungspartner, ein möglichst großes Stück des Kuchens für sich zu gewinnen. Ob und inwieweit ihm das gelingt, hängt von seiner Verhandlungsmacht ab. In dem Maße, wie militärische Zwangsmacht keine sinnvolle und glaubwürdige Option mehr darstellt, tritt Verhandlungsmacht als Instrument der Handlungskoordination an ihre Stelle. Verhandlungsmacht resultiert aus der Position der Staaten in der problemfeldspezifischen Interdependenz. Ein Staat A gewinnt Verhandlungsmacht dadurch, dass er weniger dependent oder autonomer ist und daher internationale Kooperation weniger braucht als ein Staat B. Er kann also mit einem Scheitern der Verhandlungen oder dem aktuellen Status quo besser leben als Staat B. Unter diesen Bedingungen kann A von B dafür, dass er zur Kooperation bereit ist, Zugeständnisse verlangen – vor allem, dass die Kooperation zu den von A gewünschten Bedingungen stattfindet und er ein größeres Stück vom gemeinsamen Kuchen erhält. Modell II in Textbox 4.1 zeigt, dass nur die Staaten 1 und 2 ihren Idealpunkt erreichen können, während Staaten 3 und 4 sich mit leichten Verbesserungen ihres Nutzens zufrieden geben müssen. Weil der Idealpunkt von 1 und 2 näher am Status quo liegt, haben sie ein kleineres Akzeptanz-Set als 3 und 4, profitieren weniger von einer Veränderung des Status quo, haben aber auch geringere Kosten, falls es nicht zu einer Einigung kommt. Wegen ihres kleineren Akzeptanz-Sets können sie glaubwürdig damit drohen, eine Vereinbarung zu blockieren, die nicht nahe an ihrem Idealpunkt liegt. Dies begründet ihre Verhandlungsmacht.

> Je näher der Idealpunkt eines Staates am Status quo liegt, desto größer ist seine Verhandlungsmacht und desto stärker kann er die Verteilung der Gewinne zu seinen Gunsten beeinflussen.

Ob sich in einer Verhandlungssituation entsprechend Modell II Staat 1 oder 2 durchsetzen können, hängt aber noch von weiteren Faktoren ab. Auch die Verteilung von Information und manipulative Taktiken sowie institutionelle Regeln haben Einfluss auf die Verhandlungsmacht der Akteure.

2. Information und Manipulation

Der Verhandlungserfolg hängt zum einen davon ab, wie gut die Verhandlungspartner über die tatsächlichen Idealpunkte und Akzeptanz-Sets der anderen informiert sind. In Modell II hat Staat 1 ein Interesse daran, seine Verhandlungspartner glauben zu machen, dass sein Idealpunkt links von seinem tatsächlichen Idealpunkt 1 liegt, also näher am Status quo und möglichst so, dass der Rand des Akzeptanz-Sets von 1' (A1') mit dem tatsächlichen Idealpunkt 1 zusammenfällt. Gelingt Staat 1 diese Informationsmanipulation, so kann er seinen Idealpunkt als das scheinbar äußerste Zugeständnis, zu dem er fähig ist, gegenüber den Staaten 2-4 durchsetzen und verhindern, dass Staat 2 seinen Idealpunkt erreicht (siehe Abb. 4.2). Indem Staat 1 manipulativ seinen eigenen Nutzen erhöht, verringert sich allerdings der kollektive Nutzen: Die Summe des Nutzenverlusts der Staaten 2-4 wird durch die Verkleinerung des *Winsets* größer als der Nutzengewinn von Staat 1.

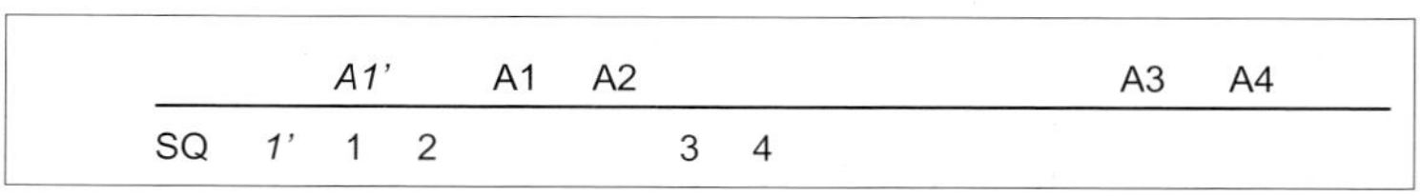

Abb. 4.2: Räumliches Verhandlungsmodell mit manipuliertem Idealpunkt

3. Institutionelle Regeln

Verfahrens- und Abstimmungsregeln in internationalen Regimen und Organisationen können die Verhandlungsmacht der Akteure ebenfalls beeinflussen. Nehmen wir an, Staat 2 besitzt die alleinige Kompetenz, Vereinbarungsvorschläge zu machen (so wie beispielsweise die Kommission in der EU). Dann kann Staat 2 (gemäß Modell II in Textbox 4.1) sich gegenüber Staat 1 durchsetzen, indem er seinen Idealpunkt als Vorschlag präsentiert, ohne dass Staat 1 einen Gegenvorschlag machen könnte. Nehmen wir weiter an, im besagten Regime würde nicht einstimmig, sondern mit Dreiviertel-Mehrheit entschieden. In diesem Fall könnte sich Staat 2 sogar in der in Modell I in Textbox 4.1 gezeigten Verhandlungssituation durchsetzen, weil er mit den Staaten 3 und 4 eine Abstimmungskoalition bilden und Staat 1 überstimmen könnte. Allerdings sind Mehrheitsentscheidungen in internationalen Organisationen die große Ausnahme.

Halten wir fest: In einem hochgradig interdependenten internationalen System verliert Zwangsmacht an Bedeutung, und in einem hochgradig institutionalisierten System ist internationale Kooperation nicht mehr grundsätzlich problematisch, weil die Wohlfahrtskonkurrenz in einen institutionellen Rahmen eingebettet ist. Unter diesen Bedingungen sind *Winsets* und Verhandlungsmacht für die Möglichkeit und Ausgestaltung internationaler Kooperation ausschlaggebend. Verhandlungsmacht speist sich in erster Linie aus den unterschiedlichen Kosten des Status quo und in zweiter Linie aus Informationsasymmetrien und institutionellen Regeln.

4.6 Dynamik: Zivilisierung

Fortschritt

Laut der realistischen Theorie verläuft die Entwicklung des internationalen Systems deshalb zyklisch, weil die Strukturausprägungen, die Unsicherheit reduzieren und damit Frieden und Kooperation begünstigen, von den Interaktionsmechanismen der Machtkonkurrenz unterminiert werden. Konkret: Hegemonie und Technologien, die die Defensive stärken, fordern intensive Anstrengungen der Staaten heraus, die Macht des Hegemons auszugleichen und neue Technologien zu erfinden, die der Offensive wieder einen Vorteil verschaffen. Der Institutionalismus nimmt hingegen an, dass es Fortschritt im internationalen System gibt.

1. Wachsende Interdependenz

Zum einen ist das Wachstum internationaler Interdependenz ein säkularer Trend, der durch ökonomische und technologische Basisprozesse vorangetrieben wird. Die Entwicklung der Informations- und Kommunikationstechnologien lässt die Welt immer enger zusammenwachsen; und ökonomische Produktions- und Austauschprozesse werden immer weiträumiger und gewinnen ebenfalls tendenziell globale Reichweite.

2. Zunahme und Verrechtlichung internationaler Regime und Organisationen

Wenn internationale Interdependenz wächst, dann wächst auch der Bedarf an Kooperation, und mit dem Bedarf an Kooperation wächst der Anreiz, internationale Regime und Organisationen zu errichten und zu verstärken. Seit der zweiten Hälfte des 19. Jahrhunderts hat die Zahl internationaler Verträge kontinuierlich zugenommen, und auch die Anzahl internationaler Organisationen hat sich in mehreren Gründungswellen in der gleichen Zeit stark vergrößert.

Der World Treaty Index (für die Online-Suche zugänglich unter http://db.lib.washington.edu/wti/wtdb.htm) verzeichnet über 55000 Verträge; einen Überblick über die internationalen Organisationen bietet das *Yearbook of International Organizations* (vgl. http://www.uia.org/organizations). Für das Jahr 1999/2000 führt es 1839 intergouvernementale Organisationen auf (vgl. http://www.uia.org/statistics/organizations/ytb199.php).

Neben das quantitative Wachstum internationaler Verträge und Organisationen ist in jüngster Zeit verstärkt deren qualitatives Wachstum getreten. Während sich die zahlenmäßige Zunahme internationaler Organisationen abgeflacht hat, sind die Kompetenzen und Verfahren bestehender internationaler Organisationen rechtsförmiger geworden. Diese „Verrechtlichung" internationaler Regime und Organisationen lässt sich unter anderem an der Streitbelegung durch internationale Gerichte, den vermehrten Sanktionsmöglichkeiten durch internationale Organisationen und der Beteiligung von Individuen und Nichtregierungsorganisationen an den Regimeverfahren ablesen (vgl. List/Zangl 2003).

3. Wechselseitige Verstärkungseffekte

Diese Trends werden durch wechselseitige Verstärkungseffekte unterstützt. Wachsende Interdependenz erhöht den Bedarf an internationalen Regimen, und je intensiver diese Interdependenz ist, je höher also der Nutzen der Staaten ist, der auf dem Spiel steht, desto stärker ist auch der Bedarf nach starken, rechtsförmigen internationalen Kontroll- und Sanktionsverfahren. Die Existenz internationaler Regime und wirksame Kontroll- und Sanktionsverfahren verstärken wiederum die Bereitschaft der Staaten, sich auf eine Vertiefung internationaler Interdependenz einzulassen, die wiederum eine Nachfrage nach weiterer oder vertiefter Institutionalisierung hervorruft. Außerdem strahlen Institutionen in einem Politikbereich potenziell in andere Politikbereiche aus. Staaten entwickeln Kooperationserwartungen, die auch in schwerer zu regelnden Bereichen Misstrauen abbauen helfen. Bestehende Regime bieten Verhandlungsforen, die die Transaktionskosten für Kooperation in benachbarten Politikbereichen senken, und sie schaffen exemplarische Regeln und Verfahren, die auf andere Bereiche übertragen werden können.

Zivilisierung internationaler Politik

In der Summe kommt es zu einer Selbststabilisierung dezentraler Kooperation mit Hilfe internationaler Regime. Es entwickelt sich ein „Engelskreis", in dem sich Interdependenz und Regime gegenseitig stützen und in ihrem Wachstum fördern. Die existenzielle Unsicherheit des internationalen Systems, die Erwartung von Gewaltdrohungen und Gewaltanwendungen, die Furcht vor Machtverlust, Abhängigkeit und Betrug relativieren sich damit zunehmend und entfernen sich langfristig aus dem Horizont der internationalen Akteure. Die Anarchie verschwindet damit nicht, sie wird aber „reguliert" (Rittberger/Zürn 1990). Es entsteht zwar keine supranationale Weltregierung, aber „internationales Regieren" (*global governance*) wird auch „ohne Regierung" möglich (Czempiel/Rosenau 1992). Indem internationales Recht zunehmend die zwischenstaatliche Macht und Gewalt ersetzt, findet eine Zivilisierung der internationalen Politik statt.

Auswirkungen auf den Bereich der Freiheit: Demokratiedefizit

Auch dieser Engelskreis hat jedoch problematische Nebenfolgen. Die Freiheitswirkungen der institutionalistischen Problemlösungsperspektive sind nämlich durchaus zweischneidig. Auf der einen Seite wirkt sich die Verminderung äußerer Bedrohung prinzipiell positiv auf die innere Freiheit der Staaten aus. Andererseits bringt gerade das Wachstum internationaler Interdependenz und internationaler Institutionalisierung das demokratische Defizit internationalen Regierens hervor. Die Interdependenz und der damit verbundene Autonomieverlust der Staaten haben zur Folge, dass die nationalstaatliche Demokratie an Relevanz verliert. Demokratie verlangt ja nicht nur, dass politische Entscheidungen demokratisch getroffen werden, sondern auch, dass diese demokratischen Entscheidungen sämtliche gesellschaftlich relevante Werteverteilungen betreffen. Diese Voraussetzung schwindet jedoch, wenn infolge der internationalen Interdependenz die relevanten Werteverteilungen gar nicht mehr wirksam von den einzelnen Staaten vorgenommen werden können. Die internationale Institutionalisierung schafft aus demokratischer Perspektive keine Abhilfe. Zwar ermöglicht sie internationale Kooperation und eine wirksamere Problembearbeitung, als sie im nationalstaatlichen Rahmen zu leisten wäre. Doch sind es die Regierungen und die staatlichen Bürokratien, die miteinander kooperieren und verbindliche Regeln vereinbaren. Die nationalstaatlichen Öffentlichkeiten sind über die internationalen Verhandlungen und Vereinbarungen zumeist nur unzureichend informiert – dafür sorgen die Intransparenz intergouvernementaler Verhandlungen und die geringere Medienaufmerksamkeit. Parlamente kommen häufig erst bei der Ratifizierung internationaler Verträge ins Spiel. Die durch internationale Institutionen und Vereinbarungen gesteigerte Effizienz der Politik wird also durch den Verlust demokratischer Kontrolle erkauft. Darin besteht die Schattenseite der Zivilisierung der internationalen Politik.

4.7 Zusammenfassung

Der Institutionalismus behauptet, dass zwei Kernprobleme der Anarchie – Unsicherheit und Marktversagen – auch in Abwesenheit eines Weltstaats oder einer Hegemonialmacht bei hoher Interdependenz und mit Hilfe von Institutionen wirksam verringert werden können. Interdependenz verringert die militärische Bedrohung und erhöht den Kooperationsbedarf im internationalen System. Internationale Institutionen verringern die Betrugsmöglichkeiten und erhöhen damit die Kooperationswilligkeit der Staaten. Zusammen sorgen sie für mehr Frieden und Effizienz in der internationalen Politik und langfristig für eine Zivilisierung des internationalen Systems – wenn auch um den Preis eines demokratischen Defizits internationalen Regierens. Die Kernhypothese des Institutionalismus lautet: *Je stärker die zwischenstaatlichen Beziehungen interdependent und institutionalisiert sind, desto höher ist die Wahrscheinlichkeit von Frieden und (weiterer oder vertiefter) internationaler Kooperation.* Tabelle 4.3 fasst die zentralen Merkmale des Institutionalismus in Stichworten zusammen.

	Institutionalismus
Akteure	Staaten
Dispositionen	Egoistisch, zweckrational
Strukturen	Anarchie plus internationale Interdependenz und Regime
Strukturwirkungen	Sicherheit, Kooperationsanreize
Prozesse	Wohlfahrtskonkurrenz
Interaktionsmechanismen	Dilemmata kollektiver Güter, Winsets
Überwindung von Dilemmata	Iteration, Kontrolle
Handlungskoordination	Verhandlungsmacht
Bedingungen von Frieden und Kooperation	Interdependenz und Institutionen
Dynamik	Zivilisierung

Tab. 4.3: Stichworte zum Institutionalismus

Weiterlesen

Klassiker

Klassische Texte des Institutionalismus sind *Power and Interdependence* von Robert Keohane und Joseph Nye (ursprünglich 1977 und 2000 in dritter Auflage erschienen) sowie *After Hegemony* (1984) von Robert Keohane. Die Grundgedanken von *Power and Interdependence* finden sich in Teil 1 (*Understanding Interdependence*); die funktionale Regimetheorie von Keohane in Kapitel 6 von *After Hegemony*.

Überblicke

Andreas Hasenclever, Peter Mayer und Volker Rittberger (1997) bieten eine ausführliche Darstellung der Regimetheorie. Kapitel 3 (*Interest-based theories*) behandelt den neoliberalen Institutionalismus. Eine kurze deutschsprachige Einführung geben Bernhard Zangl und Michael Zürn (*Interessen in der internationalen Politik*, 1999).

Vertiefungen und Kontroversen

In *Interessen und Institutionen* (1992) gibt Michael Zürn eine Einführung in den rationalistischen Institutionalimus und die spieltheoretische Analyse von internationalen Konflikten. Sein situationsstruktureller Ansatz ergänzt die Analyse der Gefangenendilemma-Situation um weitere problematische Situationen internationaler Interdependenz. *Neorealism and Neoliberalism* (hrsg. von David Baldwin, 1993) ist eine Aufsatzsammlung, die zentrale Beiträge der realistisch-institutionalistischen Theoriedebatte dokumentiert. *The Rational Design of International Institutions* von Barbara Koremenos, Charles Lipson und Duncan Snidal (2001) erklärt die institutionelle Form von internationalen Regimen und Organisationen mit einer funktionalen Institutionentheorie.

5 Netzwerke und Ressourcentausch: der Transnationalismus

Wie der Institutionalismus sieht auch der Transnationalismus Möglichkeiten, der Unsicherheit und Ineffizienz der internationalen Anarchie zu entkommen und stabilen Frieden und dauerhafte internationale Kooperation zu gewährleisten. Im Unterschied zum Institutionalismus setzt er dabei jedoch nicht auf *zwischenstaatliche* Verhandlungen und Institutionen. Vielmehr sieht der Transnationalismus die Staaten und ihre Politik als die Ursache der internationalen Anarchieprobleme – und nur begrenzt als Teil ihrer Lösung. Lösungen erwartet er stattdessen von grenzüberschreitenden Netzwerken unterhalb der Ebene der Regierungen.

Wurzeln des Transnationalismus

In der politischen Theorie der Aufklärung des 18. Jahrhunderts wurde die Idee einer natürlichen transnationalen Interessenharmonie zwischen den Völkern und Menschen entwickelt, die im markanten Gegensatz zum Machtstreben, Misstrauen und den militärischen Konflikten unter den Regierungen stand. Die „Entstaatlichung" und „Vergesellschaftung" der internationalen Politik schien daher einen Ausweg aus den Problemen der internationalen Anarchie zu weisen. Britische Freihandelstheoretiker wie Adam Smith (1723-1790) und später Richard Cobden (1804-1865) sahen vor allem im freien und intensiven grenzüberschreitenden wirtschaftlichen Austausch und in der Überwindung von Merkantilismus und Kolonialismus eine wirksame Strategie zur Sicherung des Friedens und Mehrung des internationalen Wohlstands. Unter dem Einfluss der französischen Revolution entstanden außerdem Friedenspläne „von unten". Im Unterschied zu den frühen institutionalistischen Friedensplänen beruhten sie auf dem Zusammenschluss und der internationalen Organisation von Völkern (statt Regierungen).

Entwicklung nach dem Zweiten Weltkrieg

In jüngerer Zeit nahm der Transnationalismus von der aufklärerischen und romantischen Vorstellung einer transnationalen Interessenharmonie Abstand, blieb aber der Annahme verpflichtet, dass transnationale Beziehungen relevant für die Entwicklung und Stabilisierung internationaler Ordnung sind. Nach dem Zweiten Weltkrieg war es vor allem Karl Deutsch (1912-1992), der die transnationalistische Perspektive gegen den vorherrschenden Realismus aufrechterhielt und sozialwissenschaftlich fundierte. Für seine Theorie der „Sicherheitsgemeinschaften" (*Political Community and the North Atlantic Area: International Organization in the Light of Historical Experience*, 1957) untersuchte er die Intensität und Qualität transnationaler Kommunikations- und Austauschprozesse als Voraussetzung für stabilen Frieden und internationale Integration.

In den 1970er Jahren wurde der Bedeutungszuwachs transnationaler Akteure und Beziehungen im Zusammenhang mit der Diskussion internationaler Interdependenz thematisiert, unter anderem von Robert Keohane und Joseph Nye in einem Sammelband über *Transnational Relations and World Politics* (1971). Erst in den 1980er Jahren gingen Institutionalismus und Transnationalismus stärker getrennte Wege. John Burton (*1915) und James N. Rosenau (*1924) entwickelten darüber hinaus weitreichende Entwürfe einer „Weltgesellschaft" (Burton, *World Society*, 1972) bzw. eines „multi-zentrischen Systems" (Rosenau, *Turbulence in World Politics*, 1990), das sie dem „westfälischen" Modell der territorial differenzierten Staatenwelt gegenüberstellten.

Aktuelle Forschung

Im Gegensatz zu früheren Varianten befasst sich die aktuelle transnationalistische Forschung weniger mit den Friedensleistungen als mit den Kooperations- und Steuerungsleistungen transnationaler Akteure und Beziehungen. Transnationale Akteure und Beziehungen werden nicht mehr in erster Linie als Alternative und Ablösung staatlicher Akteure und Beziehungen verstanden. Vielmehr thematisiert die Forschung den Einfluss transnationaler Akteure auf staatliches Handeln und das Zusammenwirken staatlicher und nicht-staatlicher Akteure in transnationalen Netzwerken. Schließlich liegt der Fokus nicht mehr vorrangig auf wirtschaftlichen Akteuren und Beziehungen, sondern hat sich zugunsten der Erforschung von zivilgesellschaftlichen Nichtregierungsorganisationen und von ideellen Einflüssen transnationaler Akteure und Netzwerke verschoben. Darin besteht eine Überschneidung mit dem Konstruktivismus.

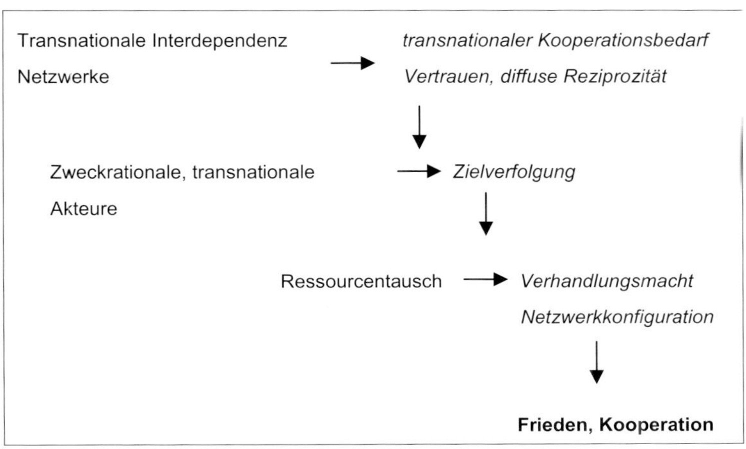

Abb. 5.1: Bausteine des Transnationalismus

Im transnationalistischen Modell der internationalen Politik (Abb. 5.1) bilden öffentliche, private und zivilgesellschaftliche Akteure transnationale Netzwerke, um unter den Bedingungen grenzüberschreitender Interdependenz ihre Ziele effizienter erreichen zu können. In den transnationalen Netzwerken findet zu diesem Zweck ein Prozess des Ressourcentauschs statt. Netzwerke erzeugen zudem zwischengesellschaftliches Vertrauen und „diffuse Reziprozität". Dadurch wird die fundamentale Unsicherheit der internationalen Anarchie aufgehoben und Kooperation gefördert. In Netzwerken spielt nicht nur die Verhandlungsmacht der Akteure für die Politikergebnisse eine Rolle, sondern auch die Netzwerkkonfiguration und die Position der Akteure in dieser Konfiguration. Die Vertiefung transnationaler Interdependenz und das Wachstum transnationaler Netzwerke verstärken sich wechselseitig und setzen – ähnlich wie nach institutionalistischer Auffassung – einen positiven Rückkopplungsprozess in Gang, durch den das internationale System zunehmend „vergesellschaftet" wird.

5.1 Akteure und Dispositionen: zweckrationale transnationale Akteure

Vielfalt von Akteuren und Dispositionen

Alle Varianten des Transnationalismus haben eines gemeinsam: die Abkehr von einem staatszentrischen Modell der internationalen Politik und den Fokus auf Akteure, die nicht „Regierungen" zugerechnet werden können. Wie der Name der Theorie zeigt, definiert sich der Transnationalismus in erster Linie durch seine Annahmen über die relevanten Akteure und Beziehungen in der internationalen Politik. Der Transnationalismus entfernt sich in doppelter Hinsicht von der von Realismus und Institutionalismus geteilten Annahme, dass die relevanten Akteure der internationalen Politik egoistisch-zweckrationale Staaten seien. Zum einen sind neben den Staaten andere Akteurstypen relevant – und auch Staaten können nicht als einheitliche Akteure verstanden werden. Zum anderen besitzen diese Akteure eine größere Vielfalt von Dispositionen: Weder streben sie ausschließlich nach Macht, wie der Realismus annimmt, noch vorrangig nach Wohlfahrtsgewinnen, wie der Institutionalismus behauptet.

Staaten als uneinheitliche Akteure

Schon der Staat selbst ist kein einheitlicher Akteur. Er zerfällt in Fachministerien und Teilbürokratien, die jeweils unterschiedliche Ziele verfolgen können und dies auch selbstständig grenzüberschreitend tun. Das gilt nicht nur für die klassischen, in die Außenpolitik involvierten Ministerien (Außen-, Verteidigungs- und Entwicklungsministerien). Unter den Bedingungen internationaler Interdependenz haben sämtliche Fachministerien mehr oder minder großen Anteil an der internationalen Politik. Dies gilt auch für die immer noch vorwiegend so genannten *Innen*ministerien z. B. bei der Terrorismusbekämpfung, der Asyl- und Migrationspolitik und der internationalen Polizeizusammenarbeit. Während bei den Ministerien aber immerhin noch das Prinzip der hierarchischen Unterordnung unter die Regierung gilt, trifft das für die – je nach Land mehr oder weniger – unabhängigen öffentlichen Agenturen wie Zentralbanken, Kartellämter, Patentämter oder Agenturen der Entwicklungszusammenarbeit schon nicht mehr zu.

Einfluss gesellschaftlicher Organisationen

Über den staatlichen oder staatsnahen Bereich hinaus versuchen gesellschaftliche Organisationen, auf die internationale Politik Einfluss zu nehmen: Parteien, Gewerkschaften, Unternehmerverbände oder auch einzelne Unternehmen selbst, soziale Bewegungen (wie Friedens-, Unabhängigkeits-, Menschenrechts- und Umweltschutzbewegungen) und ihre Organisationen (Nichtregierungsorganisationen oder NGOs, *non-governmental organizations*). Alle diese Akteure haben eigene internationale Ziele oder zumindest gesellschaftliche Ziele, die von der internationalen Politik beeinflusst werden. Sie besitzen zudem hinreichende Autonomie, um transnational zu handeln, also diese Ziele unabhängig von den Regierungen auch jenseits der eigenen staatlichen Grenzen zu verfolgen. Neben diesen transnational agierenden, aber national verankerten öffentlichen, privaten und zivilgesellschaftlichen Akteuren, gibt es auch unmittelbar transnationale Akteure, deren organisatorische Basis nicht auf einen Staat beschränkt ist. So wie die Staaten im Zuge wachsender internationaler Interdependenz intergouvernementale Organisationen schaffen, gründen wirtschaftliche und zivilgesellschaftliche Akteure multinationale Unternehmen und internationale NGOs (kurz INGOs).

Zweckrationale Akteure

Der Transnationalismus ist nicht nur bei der Auswahl der relevanten Akteure offener und variabler als Realismus und Institutionalismus; auch bei der Bestimmung ihrer Dispositionen ist er weniger festgelegt. Neben Akteuren, die macht- und gewinnorientiert nur am eigenen Nutzen orientiert sind, sind in der internationalen Politik auch Akteure von Bedeutung, deren Handeln am Nutzen anderer (altruistisches Handeln) und des Kollektivs (gemeinnütziges Handeln) oder aber an Ideen und Werten (idealistisches Handeln) ausgerichtet ist. Alle diese Akteure versuchen jedoch, ihre spezifischen Ziele zu erreichen und ihren Nutzen zu erhöhen. Sie wählen unter den bestehenden Handlungsoptionen diejenige, die ihre eigenen Gewinne oder die Wohlfahrt anderer maximiert oder ihren Ideen und Werten am besten Geltung verschafft. Es handelt sich also weiterhin um zweckrationale Akteure, wobei der Zweck ihres Handelns allerdings variabel ist.

Akteurstypen: idealtypisch…

Tabelle 5.1 zeigt eine Klassifikation der für den Transnationalismus relevanten korporativen Akteure. Einerseits kann territorial zwischen nationalen und transnationalen Akteuren unterschieden werden und andererseits sektoral zwischen öffentlichen, privaten und zivilgesellschaftlichen.

	National	**Transnational**
Öffentlich	Nationale Bürokratien	Internationale Bürokratien
Privat (eigennützig)	Nationale Unternehmen	Multinationale Unternehmen
Zivilgesellschaftlich (gemeinnützig)	(nationale) NGOs	INGOs

Tab. 5.1: Korporative Akteure im Transnationalismus

Nationale öffentliche Akteure sind die staatlichen Bürokratien, die sich jedoch nicht zu einem einheitlichen Staat addieren, sondern eigenständige bürokratische Ziele verfolgen und untereinander transgouvernementale Beziehungen eingehen. Ihr internationales Pendant sind die internationalen Bürokratien, die in internationalen Organisationen angesiedelt sind und ebenfalls nicht ausschließlich als Instrumente der Regierungen verstanden werden können, sondern eigenständige Ziele entwickeln und verfolgen. Der private Sektor umfasst vor allem die Wirtschaft. Private Akteure sind in der Regel Unternehmen. Auch hier können wir nationale, lediglich in einem einzigen Land tätige Unternehmen (die natürlich auch grenzüberschreitenden Handel treiben können) von multinationalen oder transnationalen Unternehmen unterscheiden, die in mehr als einem Land Güter oder Dienstleistungen produzieren (auch wenn ihr Hauptsitz zumeist im Mutterland angesiedelt bleibt). Von privaten Akteuren wird angenommen, dass sie eigennützig und gewinnorientiert handeln. Parallel dazu können wir nationale NGOs (die natürlich auch grenzüberschreitende Kontakte haben können) von internationalen NGOs wie *Greenpeace*, *Amnesty International* oder *Terre des Hommes* unterscheiden, die in zahlreichen Ländern vertreten sind. Zivilgesellschaftliche Organisationen verfolgen überwiegend idealistische oder gemeinnützige Ziele.

…und in der Realität

In der Realität verwischen sich die sektoralen Grenzen ebenso wie die Akteursdispositionen allerdings bisweilen. Während einige öffentliche Organisationen eine relativ große Autonomie vom Staat genießen (wie z. B. der öffentlich-rechtliche Rundfunk, die Deutsche Gesellschaft für Technische Zusammenarbeit oder im Bereich der transnationalen öffentlichen Organisationen die Internationale Organisation für Normung ISO), sind einige nominal zivilgesellschaftliche Organisationen tatsächlich staatliche Marionettenorganisationen oder hängen finanziell stark von öffentlichen Mitteln ab. Man spricht daher im ersten Fall auch von GONGOs (*government-organized NGOs*) und im zweiten Fall von QUANGOs (*quasi-autonomous NGOs*). Bei transnational agierenden Arbeitnehmer- und Arbeitgeberorganisationen sowie bei internationalen Sportverbänden wie dem Internationalen Olympischen Komitee und der FIFA vermischen sich hingegen zivilgesellschaftliche und private Aktivitäten.

Eigennütziges und uneigennütziges Handeln

Auch eine klare und eindeutige Zuordnung von eigennützigem und gemeinnützigem Handeln zu den einzelnen Akteurstypen ist nicht immer möglich. Beispielsweise versuchen Ministerien und staatliche Agenturen eigennützig, ihre Kompetenzbereiche zu erhalten und auszuweiten und möglichst große Haushaltsmittel zugewiesen zu bekommen. Gewerkschaften, Unternehmer- und Branchenverbände versuchen, für ihre Mitglieder möglichst günstige Bedingungen im internationalen Wettbewerb zu erwirken. Gewerkschaften wollen z. B. die Zuwanderung von Arbeitsmigranten eindämmen, um das Arbeitskräftereservoir im heimischen Markt gering zu halten und damit höhere Löhne erzielen zu können. Die Vertretungen wettbewerbsfähiger Branchen dringen auf eine Liberalisierung des Handels, die weniger wettbewerbsfähigen Wirtschaftszweige auf protektionistische Maßnahmen. Unabhängigkeitsbewegungen kämpfen für einen eigenen Staat, Umweltschutzbewegungen gegen den Bau eines Atomkraftwerks oder eines Flughafens in ihrer Nähe. Auch NGOs geht es beim Wettbewerb um Spenden und öffentliche Aufträge um den Erhalt und die Vergrößerung ihrer Organisation.

Policy-Paradigmen

Daneben vertreten die Akteure spezifische Policy-Paradigmen, das heißt, professionelle Standards, was „richtige" und „gute" Politik ist und wie sie am besten zu erreichen ist. Im Außenministerium mag dies die Vermeidung von Gewalt und die „hohe Kunst der Diplomatie" sein, im Wirtschaftsministerium ein marktliberales Paradigma, im Entwicklungsministerium hingegen ein Credo des Interventionismus zugunsten der Bekämpfung von Armut und Not. Zentralbanken sind vor allem der Währungsstabilität, Kartellbehörden dem Wettbewerb, und Patentämter dem Schutz des geistigen Eigentums verpflichtet. NGOs setzen Spenden, Mitgliedsbeiträge und öffentliche Mittel zum Wohle von Menschen und Gruppen in anderen Ländern ein. Soziale Bewegungen vertreten Prinzipien wie Menschenrechte, Gewaltlosigkeit oder Nachhaltigkeit, auch wenn sie ihnen nicht unmittelbar selbst zugute kommen.

Nicht organisierte Gruppen und Individuen als Akteure

Obwohl die aktuelle Transnationalismusforschung vor allem korporative Akteure in den Blick nimmt, so ist der Transnationalismus doch prinzipiell auch offen für die grenzüberschreitenden Aktivitäten von lose oder nicht organisierten Gruppen (wie Flüchtlings- und Diaspora-Gruppen) oder von Individuen. Populäre Einzelpersonen (wie z. B. „Lady Di" in der Kampagne gegen Landminen) können sich ebenso wirkungsvoll zugunsten der Lösung internationaler Probleme einsetzen wie einzelne Wissenschaftlerinnen und ehemalige Politiker.

Geringe Strukturwirkungen

Der Transnationalismus ist zweifelsohne die „voluntaristischste" unter den hier vorgestellten Theorien der internationalen Politik. Das heißt, sie geht nicht nur von einer großen Vielfalt von Akteuren und Akteursdispositionen aus, sondern schreibt auch den Strukturen der internationalen Politik nur eine geringe strukturierende Wirkung zu. Anders als im Realismus sind es nicht die internationalen strukturellen Zwänge, die die Ziele der Akteure definieren, sondern es sind die Akteure selbst.

5.2 Strukturen und Strukturwirkungen: transnationale Interdependenz und Netzwerke

5.2.1 Transnationale Interdependenz

Wirkungen transnationaler Interdependenz

In *Power and Interdependence* zählten Keohane und Nye (1977) den Bedeutungszuwachs transnationaler Beziehungen zu den grundlegenden Merkmalen „komplexer Interdependenz" im internationalen System. Die Annahme einer durch Interdependenz in ihren Auswirkungen abgeschwächten Anarchie ist daher der Ausgangspunkt für die Strukturanalyse des Transnationalismus wie des Institutionalismus. Allerdings betont der Transnationalismus die transnationale gegenüber der rein zwischenstaatlichen Interdependenz. In der institutionalistischen Analyse sorgt internationale Interdependenz für die relative Entwertung allgemeiner und militärischer Machtressourcen und für zwischenstaatlichen Kooperationsbedarf (vgl. Kap. 4.2). Aus transnationalistischer Sicht hat das Wachstum internationaler Interdependenz aber nicht nur Auswirkungen auf die Staaten und ihr Verhältnis untereinander, sondern auch auf transnationale Akteure und deren Rolle in der internationalen Politik.

1. Aufwertung der Machtressourcen nicht-staatlicher Akteure

Erstens stärken die uneingeschränkte internationale Anarchie und das Primat der Sicherheit diejenigen Akteure, die über die Fähigkeit wirksamer organisierter Gewaltanwendung verfügen – also die Staaten. In dem Maße, wie sich Sicherheitsprobleme in der internationalen Politik verringern, verliert diese Fähigkeit der Staaten an Bedeutung. Andere Probleme der internationalen Politik privilegieren die

Staaten hingegen nicht unbedingt. Vielmehr erfordern sie Kenntnisse und Fähigkeiten, z. B. bei der Generierung von problembezogenem Fachwissen oder der Bereitstellung von wirtschaftlichen Gütern oder Finanzprodukten, bei denen transnationale Akteure wie international vernetzte Forschungsinstitute oder multinationale Unternehmen oftmals überlegen sind. Interdependenz sorgt also nicht nur für die Aufwertung problemspezifischer Machtressourcen, wie vom Institutionalismus angenommen, sondern auch für die Aufwertung akteursspezifischer Machtressourcen nicht-staatlicher Akteure.

2. Eingeschränkte Autonomie der Staaten(welt)

Zweitens nimmt der Institutionalismus an, dass zwar nicht jeder einzelne Staat, aber doch die Gesamtheit der Staaten über die notwendigen Ressourcen verfügt, um zentrale gesellschaftliche Ziele in Zusammenarbeit zu erreichen. Internationale Interdependenz lässt sich daher durch zwischenstaatliche Kooperation wirkungsvoll bearbeiten. Aus transnationalistischer Perspektive ist jedoch nicht nur die Autonomie einzelner Staaten eingeschränkt, sondern die der Staatenwelt insgesamt. Im Zuge der „Globalisierung" haben sich bedeutsame Prozesse der Werteverteilung, vor allem im Bereich der Wohlfahrt, nicht nur aus dem Rahmen des Staates hinaus verlagert, sondern auch aus dem Bereich der zwischenstaatlichen Politik. Die nationale wie internationale staatliche Steuerungsfähigkeit ist damit so eingeschränkt, dass auch intensive zwischenstaatliche Kooperation von mangelhafter Wirkung ist. Wirksame Kooperation verlangt demnach die Beteiligung von nicht-staatlichen transnationalen Akteuren.

Interdependenz ist also transnational, und eine wichtige strukturelle Variable in dieser transnationalen Interdependenz ist die Ressourcenverteilung unter öffentlichen, privaten und zivilgesellschaftlichen Akteuren.

Akteurstypen und Ressourcentypen

Entsprechend dem staatszentrierten Modell internationaler Politik verfügen die Akteure, also die Staaten, grundsätzlich über die gleichen Ressourcen, wenn auch in unterschiedlichem Ausmaß. Aus dieser unterschiedlichen Verteilung der gleichen, letztlich für die Ausübung militärischer Macht relevanten Ressourcen, ergibt sich aus realistischer Perspektive die internationale Machtverteilung. Der Transnationalismus geht darüber hinaus: Die sektoral differenzierten transnationalen Akteure haben nicht nur unterschiedlich hohe Ressourcen, sondern verfügen vor allem über unterschiedliche Arten von Ressourcen, die sie zur Durchsetzung ihrer Ziele einsetzen können.

- Öffentliche Akteure verfügen über die legitime Autorität, Regeln zu setzen und durchzusetzen. Das gilt für nationale ebenso wie für internationale öffentliche Akteure. Aus Steuern und anderen Zwangsabgaben generierte finanzielle Ressourcen sowie die Mittel zur Ausübung physischen Zwangs sind allerdings typischerweise nur bei nationalen öffentlichen Akteuren angesiedelt.

- Private Akteure verfügen über Eigentumsrechte, die von öffentlichen Akteuren nicht ohne weiteres angetastet werden können, und über finanzielle Ressourcen, die diejenigen der öffentlichen Akteure in vielen Staaten übersteigen.
- Zivilgesellschaftliche Akteure haben in der Regel weder formale politische Autorität noch Zwangsmittel noch nennenswerte wirtschaftliche Macht. Ihre wichtigste Ressource sind Informationen über die weltweite politische Situation in unterschiedlichsten Problemfeldern, Wissen über die Ursachen und Lösungsmöglichkeiten politischer Probleme sowie eine anerkannte fachliche und/ oder moralische Autorität, die ihren Informationen Glaubwürdigkeit verleiht.

Ressourcen definieren Machtverhältnisse

Je nachdem, wie knapp oder nachgefragt diese Ressourcen in einem Problemfeld internationaler Politik sind, und je nachdem, wie viele Akteure über sie verfügen und sie anbieten können, ergeben sich unterschiedliche Machtverhältnisse zwischen den transnationalen Akteuren. Sind in einem Problemfeld beispielsweise Informationen stark nachgefragt oder stehen sie im Verdacht, von öffentlichen oder privaten Akteuren manipuliert zu werden, so stärkt dies die zivilgesellschaftlichen Akteure, die über diese Informationen und über Glaubwürdigkeit verfügen. Das gilt z. B. für Informationen über die Sicherheit von Lebensmitteln oder über die Menschenrechtssituation in einem Land. Ist hingegen die Lösung eines Problems allgemein bekannt, bedarf aber einer rechtlichen Kodifizierung und Durchsetzung, so sind öffentliche Akteure gefragt und können ihre politischen Interessen zum Tragen bringen. Idealerweise stehen für eine wirksame und effiziente Problemlösung die Regeldurchsetzungsautorität öffentlicher Organisationen, die Eigentumsrechte und wirtschaftlichen Ressourcen privater Unternehmen und die Informationen von NGOs zur Verfügung. Zu diesem Zweck bilden sich transnationale Netzwerke, in denen die Ressourcen mehrerer Akteure zusammengebracht und getauscht werden.

5.2.2 Transnationale Netzwerke, Vertrauensbildung und Effizienzförderung

Dem Institutionalismus zufolge helfen internationale Regime den Staaten dabei, ihren Kooperationsbedarf zu verwirklichen, indem sie Regeln und Informationen bereitstellen, die Vertrauen bilden und

Kosten senken. Eine ähnliche Rolle spielen für den Transnationalismus transnationale Netzwerke. Netzwerke stellen eine besondere Organisations- und Steuerungsform dar, die sich einerseits vom „Staat" und andererseits vom „Markt" unterscheidet.

Netzwerke von Akteuren gleichen Typs...

Politiknetzwerke setzen sich aus *mehreren korporativen Akteuren oder* (seltener) *Individuen* zusammen. Sie können aus Akteuren gleichen Typs bestehen, die ihre jeweils begrenzten, aber gleichartigen Ressourcen bündeln, um ihre Ziele besser zu erreichen.

- Öffentliche Netzwerke bestehen aus gleichartigen öffentlichen oder bürokratischen Akteuren. Man findet sie z. B. in der internationalen Polizeizusammenarbeit, als Netzwerke von Gerichten, Zentralbanken oder Umweltbehörden. Damit sie als transnationale (und nicht allein transgouvernementale) Netzwerke gelten können, müssen allerdings regierungsunabhängige öffentliche Akteure beteiligt sein.
- Private Netzwerke bestehen in der Regel aus Akteuren mit kommerziellen Interessen. Ein Beispiel sind Business-Networks, die der wechselseitigen Information und Anbahnung von Geschäftskontakten dienen. Kartelle, also Absprachen über Preise oder Absatzmärkte, stellen aus wirtschaftsliberaler Sicht ein eher unerwünschtes privates Netzwerk dar.
- Zivilgesellschaftliche Netzwerke setzen sich vorwiegend aus NGOs zusammen. Dazu gehören wissensbasierte oder epistemische Netzwerke (*epistemic communities*, Haas 1992), in denen Fachwissen generiert und ausgetauscht wird, und normbasierte oder advokatorische Netzwerke (Keck/Sikkink 1998), die sich auf gemeinsamen Werten oder moralischen Prinzipien gründen und ihnen Geltung zu verschaffen suchen.

...und unterschiedlichen Typs

Oft bestehen Politiknetzwerke aber aus Akteuren unterschiedlichen Typs, die ihre jeweils spezifischen Ressourcen einbringen. Am bekanntesten sind die „*Public-Private Partnerships*" (PPP), also Netzwerke aus öffentlichen und privaten Akteuren, es sind jedoch alle Kombinationen transnationaler Akteure (vgl. Tab. 5.1) möglich. Solche gemischten Netzwerke sind oft auch „Netzwerke von Netzwerken", in denen z. B. advokatorische, zivilgesellschaftliche Netzwerke mit öffentlichen, administrativen Netzwerken interagieren. Ein Handelsliberalisierungsnetzwerk kann sich z. B. zusammensetzen aus den einschlägigen nationalen Handels- oder Wirtschaftsministerien, internationalen Organisationen wie der WTO oder der EU, nationalen und transnationalen Unternehmen und Unternehmensverbänden sowie einem Experten-Netzwerk aus Ökonominnen und Juristen. Ein transnationales Fischerei-Ressourcenschutz-Netzwerk für die

Nordsee könnte z. B. nationale Meeresforschungseinrichtungen, Fischereiministerien und Fischereiverbände der Anrainerstaaten, Naturschutz-INGOs wie Greenpeace sowie die Europäische Fischereiaufsichtsagentur umfassen.

Dezentrale, nicht-hierarchische Organisation und Steuerung

Netzwerke zeichnen sich durch eine dezentrale, nicht-hierarchische Organisations- und Steuerungsform aus. Die Akteure kommen auf freiwilliger Basis zusammen, bleiben als eigenständige, gleichberechtigte Akteure bestehen und bringen keine einheitliche, formelle Organisation hervor. Das unterscheidet Netzwerke von der hierarchischen Steuerungsform des Staates. Damit wir von einem Netzwerk (im Gegensatz zu einer marktförmigen Struktur und Steuerung) sprechen können, müssen die informellen Beziehungen der Netzwerkakteure jedoch eine gewisse Strukturiertheit und Stabilität aufweisen, also einigermaßen dauerhafte und geordnete Beziehungsmuster.

Wirkungen transnationaler Netzwerke:

Welche Auswirkungen haben transnationale Netzwerke auf die Probleme internationaler Politik und ihre Lösung? Der Transnationalismus schreibt ihnen zunächst allgemeine Wirkungen zu, die das Problem der fundamentalen Unsicherheit und des Misstrauens in der internationalen Anarchie dämpfen. Diese Wirkungen sind zum einen in Karl Deutschs Theorie der Sicherheitsgemeinschaft und zum anderen in der Theorie des Sozialkapitals beschrieben. Spezifischer helfen Netzwerke bei der Einrichtung und Überwachung internationaler Regime.

1. Sicherheitsgemeinschaften: Frieden durch gesellschaftliche Vernetzung

Nach Karl Deutsch (1957) ist eine Sicherheitsgemeinschaft eine Gruppe, in der die gesicherte und belastbare Erwartung besteht, dass gesellschaftliche Probleme und Konflikte friedlich, also ohne den Einsatz organisierter physischer Gewalt, bearbeitet und gelöst werden. In einer Sicherheitsgemeinschaft besteht also ein grundlegendes wechselseitiges Vertrauen in das friedliche Verhalten aller Mitglieder. Die existenzielle Unsicherheit, die aus der Furcht vor möglichen aggressiven Handlungen anderer Akteure resultiert und in das Sicherheitsdilemma mündet, ist in einer Sicherheitsgemeinschaft überwunden.

Verschmolzene und pluralistische Sicherheitsgemeinschaften

Deutsch unterscheidet zwei Typen der Sicherheitsgemeinschaft. Die „verschmolzene Sicherheitsgemeinschaft" entsteht durch die formelle politische Vereinigung von zwei oder mehreren vormals souveränen Einheiten. Die Entstehung der schweizerischen Eidgenossenschaft, die Gründung des deutschen Reichs 1871 oder die deutsche Wiedervereinigung 1990 sind Beispiele dafür. Von besonderem Interesse für die internationale Politik sind allerdings die „pluralistischen Sicherheitsgemeinschaften", in denen die politischen Einheiten zwar ihre formelle Souveränität bewahren, aber dennoch dauerhafte

Friedenserwartungen ausbilden. Solche pluralistischen Gemeinschaften haben sich früh zwischen den USA und Kanada und in Skandinavien gebildet.

In Deutschs Analyse ist die formelle Vereinigung von Staaten keineswegs eine notwendige Bedingung für die Entstehung einer Sicherheitsgemeinschaft; sie ist nicht einmal hinreichend, wie die Erfahrung mit Bürgerkriegen oder Sezessionskriegen zeigt. Es kommt also für die Entstehung einer Sicherheitsgemeinschaft nicht in erster Linie auf die Existenz und Stärke gemeinsamer Institutionen an und schon gar nicht darauf, dass diese ein Gewaltmonopol und hierarchische Steuerungsfähigkeit besitzen. Darin unterscheidet sich der Transnationalismus vom Institutionalismus und mehr noch vom Realismus. Vielmehr ist die Qualität transnationaler Verflechtung und Vernetzung entscheidend. Außerdem haben pluralistische Sicherheitsgemeinschaften den Vorteil, dass sie weniger voraussetzungsvoll und krisenanfällig sind.

Bedingungen pluralistischer Sicherheitsgemeinschaften

Deutsch nennt zwei wesentliche Bedingungen für pluralistische Sicherheitsgemeinschaften: die Vereinbarkeit zentraler politischer Werte und hohe Responsivität zwischen den beteiligten politischen Einheiten. Responsivität, also die Fähigkeit, auf Bedürfnisse, Botschaften und Handlungen anderer schnell und angemessen zu antworten, hängt wiederum davon ab, dass in den beteiligten Staaten Institutionen und gut verankerte politische Praktiken existieren, die die wechselseitige Kommunikation und Konsultation fördern (Deutsch 1957: 66 f.) Hilfreich sind weiterhin intensive und vielfältige Kommunikations- und Austauschbeziehungen auf allen gesellschaftlichen Ebenen und die Erwartung, dass diese die Wohlfahrt der beteiligten Gesellschaften steigern. Transnationale Netzwerke, nicht nur zwischen korporativen Akteuren, sondern auch zwischen Individuen, fördern diese Responsivität, vor allem, wenn sie dicht und dezentralisiert sind, so dass zahlreiche, vielfältige und redundante Kommunikationskanäle und Kontakte zwischen ihren Teilnehmern bestehen (vgl. Textbox 5.1).

2. Sozialkapital: Kooperation durch gesellschaftliche Vernetzung

Ein anderer Theoriestrang argumentiert, dass Netzwerke soziales Kapital abbilden und erzeugen, auf dessen Basis Unsicherheit und Marktversagen überwunden werden können. Anders als finanzielles oder Humankapital besteht soziales Kapital nicht aus Vermögenswerten oder Arbeitskraft und Qualifikationen, sondern resultiert aus den sozialen Beziehungen der Individuen untereinander. Indem die Individuen in ihre sozialen Beziehungen „investieren", z. B. durch Kommunikation, Zusammenkünfte, gemeinsame Aktivitäten, Unterstützung und Geschenke, häufen sie soziales Kapital an, das sie zum einen selbst nutzen können, wenn sie einmal Hilfe oder Unterstützung brauchen. Zum anderen verändert soziales Kapital aber auch die Qualität der sozialen Beziehung selbst, indem es wechselseitiges Verständnis und Vertrauen enthält. Wo eine Gruppe hohes soziales Kapital akkumuliert hat, reduziert sich ihre Sorge vor gewaltsamen Übergriffen und Betrug; der Bedarf an Überwachungs- und Sanktionsgewalt durch Dritte ist dementsprechend gering.

In der Analyse von Robert Putnam sind soziale Netzwerke, vor allem bürgerschaftliche oder zivilgesellschaftliche Netzwerke, eine wesentliche Form sozialen Kapitals (Putnam 1993: 171-176). Je dichter diese Netzwerke in einer Gemeinschaft sind, desto zahlreicher sind die Gelegenheiten zu wiederholten Interaktionen, desto länger ist der „Schatten der Zukunft" und desto häufiger sind die Gelegenheiten zur Anwendung konditionaler Strategien und zur Überprüfung der Vertrauenswürdigkeit und Kooperationsbereitschaft anderer (vgl. Kap. 4.3). Außerdem schaffen Netzwerke Transparenz. Akteure können die Vertrauenswürdigkeit anderer nicht nur in ihren eigenen Beziehungen mit ihnen prüfen, sondern auch beobachten, wie sie sich in ihren Beziehungen mit Dritten verhalten. Schließlich erzeugen und verstärken Netzwerke Normen verallgemeinerter oder diffuser Reziprozität, die anders als spezifische Reziprozität nicht auf den gleichzeitigen Tausch gleichwertiger Ressourcen durch zwei Interaktionspartner angewiesen ist, sondern auf der Erwartung, dass eine Leistung, die jetzt für ein bestimmtes Mitglied der Gemeinschaft erbracht wird, irgendwann in der Zukunft und eventuell durch andere Mitglieder der Gemeinschaft vergolten wird. Netzwerke, in denen die Norm allgemeiner Reziprozität unter einer Vielzahl unterschiedlicher Akteure stark verankert ist, erleichtern Kooperation im Vergleich zu Beziehungen spezifischer Reziprozität und sind daher besonders gut geeignet, eine wirksame und effiziente Verwirklichung der Ziele der Netzwerkmitglieder zu fördern. Genauso wie Putnam die Qualität und Effektivität von Demokratien mit der Dichte bürgerschaftlicher Netzwerke erklärt, lässt sich die Qualität internationaler Politik auf die Dichte transnationaler Netzwerke zurückführen. Die Theorien der Sicherheitsgemeinschaft und des Sozialkapitals lassen sich in einem wesentlichen Punkt zusammenführen:

> Je dichter die transnationalen Netzwerke sind, desto größer sind die Chancen grenzüberschreitender Responsivität und der Bildung zwischengesellschaftlichen Vertrauens. Diese sind Voraussetzungen für Frieden und Kooperation.

Netzwerke und Regime: unterschiedliche Wirkungsweisen…

Um die Besonderheiten von Netzwerken und der transnationalistischen Analyse ihrer Wirkungen für Frieden und internationale Kooperation noch klarer herauszuarbeiten, bietet sich ein Vergleich mit der institutionalistischen Analyse von internationalen Regimen und Regimewirkungen an. Netzwerke sind im Gegensatz zu Regimen informell, offen und spontan. Ihre vertrauensbildenden Wirkungen und damit die Überwindung der Dilemmata internationaler Politik resultieren nicht aus den Informationen, die internationale Regime und die mit ihnen verbundenen Organisationen allen Regimeteilnehmern kostengünstig zur Verfügung stellen, sondern aus den Informationen, die die Netzwerkteilnehmer selbst aus ihren eigenen und den von ihnen beobachteten Interaktionen im Netzwerk gewinnen. Nicht die Qualität der Regimeregeln und -verfahren ist ausschlaggebend, sondern die Qualität der zwischengesellschaftlichen Kommunikation und der Netzwerkverbindungen. Transnationalisten erachten internationale Institutionen durchaus als friedens- und kooperationsförderlich. Sie sehen in ihnen aber vor allem einen fruchtbaren Boden und einen institutionellen Fokus für die Entstehung und Stabilisierung transnationaler Netzwerke. Die eigentliche vertrauensbildende und kooperationsförderliche Wirkung von Regimen vollzieht sich in den von ihnen gestärkten Netzwerken – und nicht so sehr über ihre eigenen Kontroll- und Sanktionsleistungen.

...und komplementäre Funktionen

Darüber hinaus erbringen transnationale Netzwerke spezifische Funktionen im Zusammenhang mit internationaler Kooperation, die sich mit den Leistungen überlappen, die der Institutionalismus internationalen Regimen und Organisationen zuschreibt: die Bereitstellung von Informationen und die Senkung von Transaktionskosten bei der Anbahnung und Überwachung internationaler Vereinbarungen.

1. Regimeunterstützung und -hervorbringung

Zum einen können transnationale Netzwerke zwischenstaatliche Regime bei ihrer Entstehung und ihrer Wirkung unterstützen. In diesem Fall erleichtern private und zivilgesellschaftliche Akteure die Aufgabe der nationalen und internationalen bürokratischen Akteure, die für die Erstellung und Durchsetzung der Regimeregeln zuständig sind. Zum anderen können transnationale Netzwerke im Rahmen kollektiver Selbstregulierung auch eigene Regime hervorbringen – eventuell sogar ohne Beteiligung staatlicher Akteure. Ein Beispiel für ein rein privates Regime sind die informellen Vereinbarungen internationaler Versicherungsfirmen über die Versicherbarkeit von Kriegsrisiken, die unter anderem die Versicherung gegen Risiken eines Landkriegs untersagen. Ein Beispiel für ein privat-zivilgesellschaftliches Regime ist das „Rugmark-Regime" zur Verringerung der Kinderarbeit in der asiatischen Teppichindustrie. Eine NGO, die *Rugmark Foundation*, überwacht den Produktions- und Vertriebsprozess und zertifiziert gegen eine von den Teppichimporteuren zu entrichtende Gebühr, dass die Teppiche frei von Kinderarbeit sind. Staatliche oder internationale politische Akteure sind an diesem Regime nicht beteiligt. Der *Global Compact* der Vereinten Nationen hingegen ist ein netzwerk-basiertes Regime, das zum Zweck der Stärkung weltweiter unternehmerischer sozialer Verantwortung alle Akteurstypen umfasst – Regierungen, Agenturen der Vereinten Nationen, Unternehmen und NGOs.

2. Stärkung internationaler Kooperation durch:

Im Einzelnen erfüllen transnationale Netzwerke folgende Funktionen zur Stärkung der Effektivität und Effizienz internationaler Kooperation und Regime (vgl. Raustiala 1997):

a. Informationen

- Die Bereitstellung von Informationen über Probleme und Lösungsmöglichkeiten ist die Funktion, bei der transnationale Netzwerke wahrscheinlich die bedeutendste Rolle spielen und gegenüber rein nationalen und internationalen politischen und bürokratischen Akteuren besonders klare Vorteile besitzen. Von besonderer Relevanz sind hier Expertennetzwerke oder *epistemic communities*, die über anerkannte Kompetenz in spezifischen Politikbereichen verfügen, das dem Wissen bürokratischer Akteure überlegen ist (Haas 1992). Das gilt insbesondere für technische und naturwissenschaftliche Probleme wie Klimawandel, Gewässerreinhaltung oder die Vereinbarung technischer Standards. Der Einfluss dieser Netzwerke beginnt schon damit, dass sie Probleme wie den Treibhauseffekt, das Ozonloch oder die Gewässerverschmutzung überhaupt erst aufdecken und politische Akteure darauf aufmerksam machen. Außerdem liefern sie Informationen über die Ursachen und Lösungsmöglichkeiten der Probleme. Damit bringen sie nicht nur neue Probleme auf die internationale Tagesordnung, sondern strukturieren auch die Verhandlungsoptionen. Je geschlossener und konsensualer die Expertennetzwerke agieren, desto größer ist ihr Einfluss auf die Agenda internationaler Politik.

b. Senkung von Verhandlungskosten und Steigerung der Verhandlungseffizienz

- Gerade ärmere Staaten haben oft nicht die Mittel und Fähigkeiten, für internationale Verhandlungen eigene bürokratische Expertenstäbe zu unterhalten. Hier springen NGOs bisweilen ein. Im Gegenzug bekommen NGOs die Gelegenheit, ihre Positionen von Staaten vertreten zu lassen. Außerdem begleiten NGOs internationale Konferenzen, erheben Verhandlungspositionen und fassen Verhandlungsverläufe zusammen. Sie stellen damit eine wichtige Informationsquelle für die staatlichen Delegationen dar und können zum Verhandlungserfolg beitragen.

c. Implementation

- Staaten haben oft Probleme bei der Umsetzung internationaler Abkommen. Einige wissen eventuell nicht genau, was von ihnen gefordert ist; andere mögen dies wissen, verfügen aber nicht über die administrativen, technologischen oder finanziellen Mittel, um internationale Vereinbarungen innerstaatlich umzusetzen. Transnationale Politikimplementationsnetzwerke können sie dabei durch Expertise, Know-how und finanzielle Hilfe unterstützen.

d. Kontrolle und Sanktionen

- Transnationale Netzwerke, deren Mitglieder in zahlreichen Ländern präsent sind, können sich oft ein direkteres und genaueres Bild von der Umsetzung internationaler Abkommen und der Einhaltung von Regeln machen als internationale Organisationen oder andere Staaten. Außerdem sorgen sie für Öffentlichkeit bei Regelverstößen. Ihre direkten Sanktionsmöglichkeiten sind allerdings in der Regel geringer als die von Staaten oder internationalen Organisationen. Ihre Möglichkeiten sind zumeist auf weiche, soziale Sanktionen beschränkt wie öffentliche Anprangerung, Legitimitätsentzug und Reputationsverlust. Allenfalls können sie mit ihren Informationen und deren Veröffentlichung Staaten und internationale Organisationen dazu mobilisieren, Sanktionen gegen Regelverletzer zu verhängen.

e. Stärkung demokratischer Legitimität

- Der Transnationalismus sieht in den transnationalen Netzwerken schließlich auch das Potenzial, das demokratische Defizit der zwischenstaatlichen internationalen Kooperation abzubauen (vgl. Kap. 4.6). Zum einen sorgen sie für eine höhere Transparenz internationaler Verhandlungsprozesse; zum anderen erweitern sie den Kreis der ansonsten ausschließlich aus den staatlichen Exekutiven stammenden Verhandlungsteilnehmer um Vertreter gesellschaftlicher Gruppen, Bewegungen und Organisationen. Allerdings handelt es sich nicht um demokratisch gewählte Repräsentanten, sondern um selbsternannte Interessenvertretungen.

Fassen wir zusammen: Transnationale Netzwerke schaffen internationales Vertrauen und schwächen damit die existenzielle Unsicherheit der internationalen Anarchie ab – bis hin zur Etablierung von Sicherheitsgemeinschaften und stabilen Kooperationszusammenhängen. Sie fördern die internationale Wohlfahrt, indem sie diffuse Reziprozität fördern, die Ressourcen verschiedenartiger Akteure zum gegenseitigen Nutzen kombinieren und die durch die transnationale Interdependenz geschwundenen Fähigkeiten der Staaten ergänzen. Insbesondere tragen sie durch ihre Informationsleistungen zur effizienten Lösung internationaler Probleme bei.

5.3 Prozess und Interaktion: Ressourcentausch und Netzwerkkonfiguration

Bedingungen des Ressourcentauschs:

Im Kontext transnationaler Interdependenz bilden die transnationalen bzw. transnational agierenden öffentlichen, privaten und zivilgesellschaftlichen Akteure Netzwerke, um durch Ressourcentausch ihre Ziele (besser) erreichen zu können. Ressourcentausch ist also im Transnationalismus das zentrale Prozessmuster internationaler Politik. Allerdings lassen sich die Politikergebnisse im transnationalen Netzwerk nicht ausschließlich über das Angebot von und die Nachfrage nach Ressourcen erklären. Vielmehr weisen Netzwerke spezifische Konfigurationen auf, die sich auf den Fluss der Austauschprozesse, die Macht der Netzwerkmitglieder und die Kooperationsleistungen des Netzwerks auswirken können.

1. Präferenz- und ressourcenbasierte Verhandlungsmacht

In einem perfekten Markt kann jeder mit jedem zu den gleichen Bedingungen tauschen. Wenn es keine Tauschbarrieren gibt, hängt der Ressourcentausch allein von Angebot und Nachfrage nach den angebotenen Ressourcen ab. Wenn Akteur A über Ressourcen verfügt, die Akteur B fehlen, und umgekehrt, kommt es zu einem Ressourcentausch. Die Bedingungen des Tauschs hängen von der Verhandlungsmacht der beiden Akteure ab. Die Macht von A gegenüber B ist umso größer,

- je höher B die von A kontrollierte Ressource bewertet,
- je mehr andere Marktteilnehmer die von A kontrollierte Ressource ebenfalls hoch bewerten,
- je stärker die Kontrolle von A über die nachgefragte Ressource ist (je weniger B also von dieser Ressource aus anderen Quellen beziehen kann),
- je niedriger A die von B kontrollierte Ressource bewertet und
- je zahlreicher die alternativen Anbieter der von B kontrollierten Ressource sind.

Allgemein gesprochen: Macht resultiert aus einem geringen und konzentrierten Angebot und einer starken, diversifizierten Nachfrage.

Nehmen wir zur Illustration das bereits erwähnte privat-zivilgesellschaftliche Zertifizierungsregime für kinderarbeitsfreie Teppiche („Rugmark“). Die zwei Akteure, die wir betrachten wollen, sind die zivilgesellschaftliche Zertifizierungsorganisation und ein privater Teppichimporteur. Während die Zertifizierungsorganisation über moralische Autorität im Absatzmarkt verfügt, verfügt der Teppichimporteur über die Geschäftsbeziehungen zu den Teppichherstellern.

Über den Teppichimporteur kann die Zertifizierungsorganisation Einfluss auf die Teppichproduktion gewinnen, den sie sonst nicht hätte, und Gebühren für die Zertifizierung erheben. Der Teppichimporteur kann hingegen von der Zertifizierungsorganisation eine „weiße Weste" erhalten und im Gegenzug seine Preise erhöhen und seinen Absatz ankurbeln. Ein Ressourcentausch bietet sich also im Prinzip an. Nach der oben aufgeführten Liste kann die Zertifizierungsorganisation umso höhere Standards durchsetzen (und Gebühren verlangen),

- je wichtiger für den Importeur das Zertifikat ist (also z. B. je stärker das kritische Bewusstsein der Teppichkäufer im Absatzmarkt ist),
- je mehr andere Importeure ebenfalls ein starkes Interesse an dem Zertifikat haben,
- je stärker das Zertifizierungsmonopol der Organisation ist bzw. je größer ihre moralische Autorität gegenüber anderen Zertifizierungsanbietern im Absatzmarkt ist,
- je unwichtiger für die Zertifizierungsorganisation die Zusammenarbeit mit dem Importeur ist (also z. B. je geringer sein Anteil an den Gesamtimporten ist) und
- je zahlreicher andere Importeure sind, die Teppiche der gleichen Produktionsstätten importieren.

Sind die Zusammenhänge umgekehrt, kann die Zertifizierungsorganisation nur weichere Standards durchsetzen (bzw. geringere Gebühren für ihr Zertifikat verlangen).

2. Netzwerkkonfiguration

Welchen Einfluss hat nun die Netzwerkkonfiguration auf den Ressourcentausch? Im Gegensatz zum perfekten Markt schafft die Netzwerkkonfiguration (das Verkettungsmuster der Akteure) zunächst Tauschbarrieren: Nicht jeder kann mehr (direkt) mit jedem beliebigen anderen tauschen. Daraus folgt weiterhin, dass die Verhandlungsmacht der Akteure nicht nur von der Konstellation der Präferenzen und dem Ausmaß ihrer Ressourcenkontrolle abhängt, sondern auch von ihrer Position im Netzwerk. Bei einer ungünstigen Netzwerkkonfiguration und -position verringert sich ihre Macht; bei einer günstigen Konfiguration und Position erhöht sie sich. Da sich das Verkettungsmuster spontan und informell aus den Beziehungen unabhängiger Akteure ergibt, haben die Akteure in der Regel kein vollständiges Wissen (geschweige denn eine vollständige Kontrolle) über die Konfiguration des Netzwerks und ihre Position darin. Deren Auswirkungen auf die Verhandlungsmacht der Akteure und die Verhandlungsergebnisse sind daher als nicht-intendierte und „emergente" Wirkungen zu verstehen. Die Handlungskoordination in Ressourcentauschnetzwerken verläuft über die von der Netzwerkkonfiguration beeinflusste Verhandlungsmacht der Netzwerkteilnehmer.

Strukturelle Autonomie als Machtquelle

Die Netzwerkanalyse (vgl. Textbox 5.1) bietet das Instrumentarium, um Netzwerkkonfigurationen zu erheben, darzustellen und ihre Auswirkungen auf die Macht der Akteure zu analysieren. In Tauschnetzwerken resultiert „strukturelle Autonomie" als zusätzliche Machtquelle neben der präferenz- und ressourcenbasierten Verhandlungsmacht in erster Linie daraus, viele alternative Tauschpartner in strukturell gleichartigen Positionen zu besitzen, während man selbst sich entweder in einer nicht austauschbaren Position befindet oder aber mit den strukturell gleichartig positionierten Netzwerkakteuren ein dichtes Teilnetzwerk schafft. Vor allem Akteure, die eine exklusive Brückenfunktion über „strukturelle Löcher" zwischen Clustern enger Beziehungen wahrnehmen können, erzielen dadurch Machtgewinne (Jansen 2003: 163-187).

Textbox 5.1 Netzwerkanalyse

Mit Hilfe der Netzwerkanalyse lassen sich die Beziehungsmuster zwischen den Akteuren und die Position der Akteure im Netzwerk modellieren. Ein Netzwerkmodell besteht aus den Akteuren und den Beziehungen zwischen ihnen.
Diese Beziehungen können unterschiedlicher Natur (z.B. Güteraustausch, Kommunikation), unterschiedlich stark (oder ganz abwesend) und gerichtet oder ungerichtet sein. Wichtige Maße zur Beschreibung der Beziehungsmuster und der Akteurspositionen in einem Netzwerk sind:

- Dichte des Netzwerks (Verhältnis der tatsächlichen zu den maximal möglichen Beziehungen);
- Grad-Zentralität (Anzahl und Stärke der ein- und ausgehenden Beziehungen eines Akteurs);
- Closeness-Zentralität (Distanzen, d.h. Anzahl und Stärke der Beziehungen, die einen Akteur von den anderen trennen);
- Betweenness-Zentralität (Anzahl der (kürzesten) Pfade, die über einen Akteur führen).

Grad-Zentralität kann als Maß der Beziehungsdichte eines Akteurs interpretiert werden, Closeness-Zentralität als Indikator der Autonomie und Betweenness-Zentralität als Maß der Kontrolle über andere Akteure. Als Maße der Zentralisierung des gesamten Netzwerks ist Closeness auch ein Maß der Effizienz des Netzwerks, Betweennees ein Maß der Informations- und Ressourcenkontrolle.

Zur Illustration können wir drei Netzwerke mit vier oder fünf Akteuren vergleichen und als Graphen darstellen. Der Einfachheit halber nehmen wir ein Netzwerk mit ungerichteten und dichotomen Beziehungen an: es geht also nur um Vorhandensein oder Abwesenheit von Beziehungen zwischen jeweils zwei Akteuren.

```
      1   3
       \ /                 1– 2
(I)     2          (II)    I X I          (III)  1-2-3-4-5
       / \                 3– 4
      4   5
```

- Modell I („Stern") ist ein Netzwerk maximaler Zentralität und geringer Dichte, wobei Akteur 2 bei allen Zentralitätsmaßen klar vor den anderen Akteuren liegt. Als einziger Akteur hat er Verbindungen zu allen anderen Akteuren, während diese immer über 2 gehen müssen, um miteinander in Verbindung zu treten. Akteur 2 besitzt ein Maximum an Autonomie und Kontrolle.
- Netzwerk II ist ein Netzwerk maximaler Dichte und minimaler Zentralität. Alle Akteure unterhalten Beziehungen mit allen anderen Akteuren. Dadurch besitzen sie volle Autonomie und keine Kontrolle. Netzwerk II ist also nicht nur ein dichtes, sondern auch symmetrisches und machtfreies Netzwerk.
- Die „Kette" in Modell III ist genauso dicht wie der Stern in Modell I, aber weniger zentralisiert. Die Grad-Zentralität der Akteure 2, 3 und 4 ist hier gleich groß; Akteur 3 hat allerdings höchste Closeness- und Betweenness-Zentralität. Doch besitzt sie weniger Autonomie und Kontrolle als der zentrale Akteur im Stern.

Betrachten wir zur Illustration die zwei transnationalen Menschenrechtsnetzwerke in Abbildung 5.2. Es handelt sich um Informationsnetzwerke, in denen Informationen gegen politischen Einfluss getauscht werden. Die Regierung eines Staates (R) und zwei dort basierte nationale NGOs sowie zwei internationale NGOs (INGO) sind potenzielle Informationslieferanten für die Staaten (S) und internationale Organisationen (IO), die die Kompetenz besitzen, Sanktionen wegen Menschenrechtsverletzungen zu verhängen.

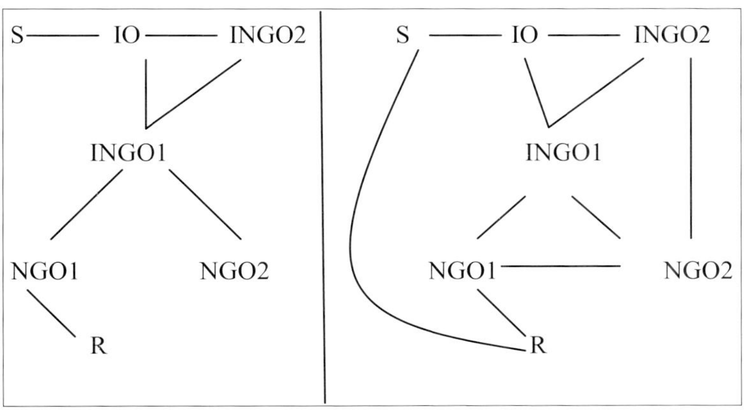

Abb. 5.2: Konfigurationen transnationaler Menschenrechtsnetzwerke

In der linken Netzwerkkonfiguration überbrückt INGO1 ein strukturelles Loch. Alle Verbindungen zwischen den nationalen Akteuren und den internationalen Akteuren laufen über INGO1. Durch die Beziehungen zu NGO1 und NGO2, die untereinander keine Informationsbeziehungen haben (weil sie z. B. zwei gegnerischen ideologischen Lagern angehören), besitzt INGO1 direkten Zugang zu zwei alternativen, also austauschbaren Informationsquellen. Da beide NGOs (z. B. wegen mangelnder finanzieller Mittel oder Sprachkenntnisse) keine eigenen Außenkontakte haben (und die Regierung vom Rest der Staatengemeinschaft gemieden wird), ist INGO1 in der Position des *gatekeeper* und kann die Informationen zugunsten der eigenen Ziele manipulieren. Der direkte Zugang zu INGO2 und den internationalen Organisationen erlaubt es INGO1, diese Information direkt und konkurrenzlos in die politischen Foren einzubringen und damit die internationalen Entscheidungen zu beeinflussen.

Anders in der rechten Konfiguration. Erstens existiert hier ein Kontakt zwischen den NGOs, so dass sie sich dagegen wehren können, von INGO1 ausgespielt zu werden. Vor allem haben die NGO2 wie auch die Regierung einen direkten Informationskanal zur internationalen Ebene, der nicht über INGO1 läuft. Sie können damit ihre Informationen direkt international zu Gehör bringen. INGO1 verliert damit die *gatekeeper*-Position. Durch die direkten Kontakte ist es für die Staaten wie für die internationalen Organisationen nicht mehr effizient, Informationen über INGO1 einzuholen. Man beachte schließlich: Obwohl die Verbindungen von IO gleich geblieben sind, hat sich die Macht der internationalen Organisation durch die Veränderung der übrigen Netzwerkkonfiguration grundlegend verbessert.

Halten wir fest: Auch in Abwesenheit formeller Kompetenzen und Regeln, die z. B. in internationalen Organisationen die Verhandlungsmacht der Akteure beeinflussen können, haben Netzwerke durch ihre Konfiguration einen unabhängigen Einfluss auf die Macht der Netzwerkmitglieder und auf die internationalen Politikergebnisse.

5.4 Dynamik: transnationale Vergesellschaftung

Der Transnationalismus teilt die optimistische Analyse der Entwicklung des internationalen Systems und der internationalen Politik mit dem Institutionalismus. Wie internationale Institutionen so bringen auch transnationale Netzwerke einen „Engelskreis" hervor, der den realistischen „Teufelskreis" ablöst.

Transnationalisierung fördert Interdependenz...

Zunächst ist die Transnationalisierung, das Wachstum grenzüberschreitender gesellschaftlicher Kommunikations- und Austauschbeziehungen, ebenso ein säkularer sozialer Trend wie das Wachstum internationaler Interdependenz – und in vielfältiger Weise mit ihm verbunden. Auf der einen Seite wird internationale Interdependenz nicht zuletzt durch Transnationalisierung vorangetrieben. Der schnelle und kostengünstige weltweite Austausch von Informationen ermöglicht ebenso wie die Beschleunigung und Kostensenkung grenzüberschreitender Transporte die zunehmende Vernetzung und Integration der Finanzmärkte und die Globalisierung der Produktion. Sie führt auch dazu, dass Kriege, Menschenrechtsverletzungen, Umweltkatastrophen, die in einem Teil der Welt stattfinden, in kürzester Zeit im Rest der Welt bekannt werden.

...und umgekehrt

Auf der anderen Seite schafft die wachsende internationale Interdependenz Anreize zum transnationalen Austausch von Informationen und zur Bildung transnationaler Netzwerke. Transnationale Unternehmen und NGOs haben in den vergangenen Jahrzehnten an Zahl und Bedeutung enorm zugenommen. Den Autoren von *Globalinc.* zufolge hat sich die Zahl der „Multis" von ca. 3000 im Jahr 1990 auf über 63.000 im Jahr 2003 gesteigert; sie beschäftigen 90 Millionen Menschen und produzieren ein Viertel des globalen Bruttosozialprodukts (Gabel/Bruner 2003). Margaret Keck und Kathryn Sikkink führen an, dass die Zahl von INGOs, die sich für sozialen Wandel (Menschenrechte, Frieden, Frauenrechte, Umwelt etc.) engagieren, von 110 im Jahr 1953 auf 631 im Jahr 1993 zugenommen hat (1998: 11). Das *Yearbook of International Organizations* führt für 1999/2000 über 17.000 INGOs auf – fast zehnmal soviele wie intergouvernementale Organisationen.

Netzwerkeffekte

Das soziale Kapital und Vertrauen, das in diesen transnationalen Akteuren und Netzwerken hervorgebracht wird, erleichtert wiederum das weitere Wachstum der Netzwerke und die fortschreitende Intensivierung transnationaler Beziehungen. Soziales Kapital verzehrt sich nicht, sondern wächst mit seinem Gebrauch. Zumindest in Kommunikationsnetzwerken (nicht unbedingt in Ressourcentauschnetzwerken) wächst der Nutzen des Netzwerks mit jedem neuen Mitglied für alle bestehenden Mitglieder an. Diese Netzwerkeffekte fördern die weitere „Vergesellschaftung" des internationalen Systems.

Transformation des Regierens

Aus transnationalistischer Sicht spiegelt die Transnationalisierung eine neue Phase in der Entwicklung des modernen Staates wider. Während die Entwicklung der Neuzeit über Jahrhunderte durch die politische, militärische, wirtschaftliche und kulturelle Konsolidierung von Staatlichkeit im internationalen System gekennzeichnet war, hat im späten 20. Jahrhundert ein umgekehrter Prozess eingesetzt. In den reichen, hochentwickelten Ländern zeigt er sich im Wesentlichen als ein friedlicher Prozess der Transformation des Regierens: in der Fragmentierung des Staatsapparats, des Wandels vom hierarchischen Regieren zum horizontalen Regieren in Netzwerken und in grenzüberschreitender wirtschaftlicher Integration und politischer Organisation (in Regierungs- wie Nichtregierungsorganisationen). In vielen armen Ländern des Südens jedoch stellt er sich als gewaltsamer Prozess des Zerfalls von Staatlichkeit und des Verlusts von Regieren und politischer Organisation und der ökonomischen Fragmentierung dar. Daran zeigt sich auch, dass die Transnationalisierung nicht überall und unter allen Umständen in die Bildung von Netzwerken mündet: Es gibt auch eine Transnationalisierung, die Zerfall statt Vernetzung als Konsequenz der Transformation politischer Ordnung im internationalen System signalisiert. Und neben friedens- und gemeinwohlförderlichen transnationalen Netzwerken existieren selbstverständlich auch transnationale Terrornetzwerke (wie Al-Qaida) und Mafia-Netzwerke.

5.5 Zusammenfassung

Dem Transnationalismus gemäß kann die transnationale Verflechtung einen Ausweg aus den Problemen der internationalen Anarchie weisen. Transnationale und transnational handelnde öffentliche, private

	Transnationalismus
Akteure	transnationale und transnational handelnde öffentliche, private und zivilgesellschaftliche Akteure
Dispositionen	Zweckrational
Strukturen	Anarchie plus transnationale Interdependenz und Netzwerke
Strukturwirkungen	Sicherheit, Kooperationsanreize
Prozesse	Ressourcentausch
Interaktionsmechanismen	Ressourcenmarkt, Netzwerkkonfigurationen
Überwindung der Dilemmata	Vertrauen, diffuse Reziprozität
Handlungskoordination	Netzwerk-Verhandlungsmacht
Bedingungen von Frieden und Kooperation	Dichte und Symmetrie transnationaler Verflechtung
Dynamik	Vergesellschaftung

Tab. 5.2: Stichworte zum Transnationalismus

und zivilgesellschaftliche Akteure bilden grenzüberschreitende, nicht der (alleinigen) Kontrolle von Regierungen unterstehende, möglichst dichte und symmetrische Netzwerke, in denen allgemeines Vertrauen und diffuse Reziprozität gefördert und immaterielle und materielle Ressourcen getauscht werden. Damit verringern transnationale Netzwerke die Unsicherheit und Ineffizienz im internationalen System, und sie erbringen diese Leistungen zu weit geringeren Kosten für die Demokratie als internationale Regime und Organisationen.

Die Kernhypothese des Transnationalismus lautet also: *Je dichter und symmetrischer die transnationale Verflechtung im internationalen System ist, desto höher ist die Wahrscheinlichkeit von Frieden und internationaler Kooperation.* Tabelle 5.2 fasst die zentralen Merkmale des Transnationalismus noch einmal in Stichworten zusammen.

Weiterlesen

Klassiker

Im Transnationalismus gibt es nicht in gleicher Weise klassische Texte, auf die sich die Literatur immer wieder bezieht, wie das im Realismus oder im Institutionalismus der Fall ist. Empfohlen seien Karl W. Deutschs *Political Community in the North Atlantic Area* (1957) als klassisches Statement der Theorie der Sicherheitsgemeinschaften und *Turbulence in World Politics* von James Rosenau (1990) als Text, der eine radikale Abkehr von einer staatszentrierten Analyse der internationalen Politik postuliert (vgl. in geraffter Form Kap. 1 über *Previewing Postinternational Politics*).

Überblicke

Einen Überblick über Entwicklung und Stand der Forschung über transnationale Akteure in der internationalen Politik bietet Thomas Risse im *Handbook of International Relations* (2002). Für die deutsche Forschung vgl. Nölke (2003).

Vertiefungen und Kontroversen

Bringing Transnational Actors Back In (hrsg. von Thomas Risse-Kappen, 1995b) befasst sich insbesondere mit den institutionellen Voraussetzungen des Einflusses transnationaler Akteure. Ein von Peter Haas herausgegebenes Sonderheft von *International Organization* (1992) untersucht *epistemic communities*, Margaret Keck und Kathryn Sikkink (*Activists Beyond Borders*, 1998) analysieren advokatorische Netzwerke, und Anne-Marie Slaughters *A New World Order* (2004) befasst sich mit transgouvernementalen Netzwerken.

6 Staat und Gesellschaft: der Liberalismus

Noch vor 20 oder 25 Jahren galt der Liberalismus im allgemeinen Verständnis als *die* theoretische Alternative zum Realismus. Institutionalismus und Transnationalismus, die in den vorangegangenen Kapiteln behandelt wurden, fielen unter die liberale Theorie der internationalen Politik. Inzwischen hat diese sich so weit ausdifferenziert, dass nur noch solche theoretische Aussagen zur internationalen Politik als „liberal" bezeichnet werden, die internationale Politik im Wesentlichen auf *innerstaatliche* Akteure, Strukturen und Prozesse zurückführen.

Wurzeln des Liberalismus

Als wichtigster Vordenker einer liberalen Theorie internationaler Politik gilt heute Immanuel Kant (1724-1804). In seiner kleinen Schrift *Zum ewigen Frieden. Ein philosophischer Entwurf* von 1795 reflektiert er über die Bedingungen eines dauerhaften Friedens zwischen den Staaten. Als erste Bedingung nennt Kant eine „republikanische Verfassung" und gilt damit als einer der Begründer der Theorie des „demokratischen Friedens". Die These, dass liberale Herrschafts- und Gesellschaftsordnungen die Qualität der Außenpolitik und internationalen Politik verändern, und zwar im Großen und Ganzen zugunsten von Frieden und internationaler Kooperation, ist für den Liberalismus zentral und erklärt auch ihren Namen. Die anderen von Kant genannten Bedingungen („Definitivartikel") des Friedens stehen Pate für die anderen Theorien, die sich aus dem Liberalismus herausgebildet haben: Völkerbund und Völkerrecht für den Institutionalismus und ein Weltbürgerrecht der „allgemeinen Hospitalität" für den Transnationalismus.

Zeitgenössische Vertreter

Wichtige zeitgenössische Vertreter des Liberalismus sind im deutschsprachigen Raum Ernst-Otto Czempiel (*1927) mit Büchern unter anderem über *Internationale Politik* (1981) und *Friedensstrategien* (1986) und in den USA Andrew Moravcsik, der 1993 unter dem Titel *Preferences and Power in the European Community* eine liberal-intergouvernementalistische Theorie der europäischen Integration entworfen hat. In seinem Aufsatz *Taking Preferences Seriously: a Liberal Theory of International Politics* (1997) versucht er, dem Liberalismus ein schärferes theoretisches Profil (vor allem gegenüber Realismus und Institutionalismus) zu geben. Daran orientiert sich dieses Kapitel im Wesentlichen.

Liberalismus als subsystemische Theorie

Bisher haben wir „systemische" Theorien behandelt, die internationalen Strukturen (Machtverteilung, Interdependenz, Institutionen

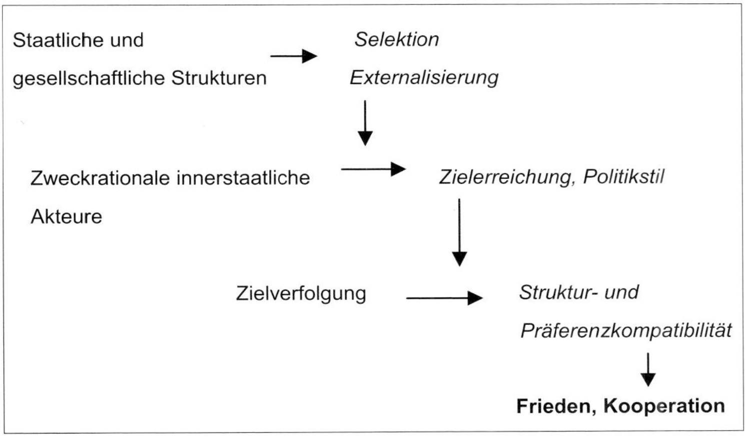

Abb. 6.1: Bausteine des Liberalismus

und Netzwerke) die wichtigste Bedeutung für die Erklärung von Prozessen und Ergebnissen der internationalen Politik beimessen. „Subsystemische", also innerstaatliche Strukturen werden aus der Theoriekonstruktion weitgehend ausgeblendet. Der Liberalismus bringt nun gerade diese Faktoren ins Spiel.

Unter den vielfältigen, teilweise konkurrierenden außenpolitischen Zielen staatlicher und gesellschaftlicher Akteure bestimmen die innerstaatlichen Machtstrukturen und Institutionen diejenigen, die sich als staatliche Ziele durchsetzen können. Außerdem haben Staaten die Tendenz, grundlegende innerstaatliche Verhaltensroutinen und Verfahrensweisen („Politikstile") zu externalisieren, also auch in der Außenpolitik zu befolgen. In der internationalen Politik versuchen die Staaten in erster Linie, ihre Ziele so weit wie möglich zu erreichen. Ob und wie ihnen das gelingt, hängt vor allem davon, mit welchen Staaten sie zu tun haben und wie sich ihre eigenen staatlich-gesellschaftlichen Strukturen und Präferenzen zu denen der anderen Staaten verhalten. Treffen Staaten mit kompatiblen friedens- und kooperationsförderlichen Strukturen und gemeinsamen Zielen aufeinander, so resultiert daraus ein hohes Maß an Sicherheit und Kooperation (vgl. Abb. 6.1).

6.1 Akteure und Dispositionen: zweckrationale innerstaatliche Akteure

Der Staat als außenpolitisches Handlungsorgan der Gesellschaft

Wie der Transnationalismus nimmt auch der Liberalismus Abschied von der Annahme, dass die Akteure der internationalen Politik einheitlich handelnde Staaten sind. Er gibt die Vorstellung auf, es gäbe so etwas wie das staatliche oder „nationale“ Interesse. Vielmehr ist das außenpolitische Handeln der Staaten in unterschiedlichen Handlungskontexten und Problembereichen von einer Vielzahl und Vielfalt innerstaatlicher und gesellschaftlicher Akteure mit unterschiedlichen Zielen und unterschiedlicher Durchsetzungsfähigkeit geprägt. Der Staat ist dabei nicht mehr als das außenpolitische Handlungsorgan der Gesellschaft. Er vertritt in der internationalen Politik das, was sich im innerstaatlichen politischen Prozess als Außenpolitik herauskristallisiert, und es ist durchaus nicht selbstverständlich, dass diese Außenpolitik einheitlich ist.

Vielfältige innerstaatliche zweckrationale Akteure

Wie der Transnationalismus unterscheidet auch der Liberalismus öffentliche, private und zivilgesellschaftliche Akteure sowie eigennützige und gemeinnützige Ziele. Ebenso nimmt er an, dass diese Akteure ihre unterschiedlichen Ziele zweckrational verfolgen. Im Unterschied zum Transnationalismus ist der Liberalismus aber auf nationale, innerstaatliche Akteure und innerstaatliche Politikprozesse fokussiert. Die gesellschaftlichen, wirtschaftlichen und zivilgesellschaftlichen Akteure versuchen in erster Linie, die Außenpolitik ihrer Herkunftsstaaten zu prägen und über diesen Weg die internationalen Politikergebnisse zu beeinflussen, anstatt direkt auf die internationalen Politikprozesse Einfluss zu nehmen. Nach liberaler Auffassung sind innerstaatliche Akteure und Prozesse erklärungsrelevanter als transnationale, und dem Staat wird nach wie vor die Fähigkeit unterstellt, die innerstaatlichen Interessen zu aggregieren und wirkungsvoll nach außen zu vertreten. Welche und wessen außenpolitischen Ziele sich durchsetzen und die staatliche Außenpolitik bestimmen – das ist auch im Liberalismus strukturell bedingt.

6.2 Strukturen und Strukturwirkungen: Staats- und Gesellschaftsordnung

Bedeutung subsystemischer Strukturen

Staat und Gesellschaft bilden auch die Strukturen, die der Liberalismus für besonders erklärungsrelevant hält. Die internationale Anarchie lässt er zwar keineswegs außer Acht; und dass sie Unsicherheit und Misstrauen fördert, bezweifelt er auch nicht. Der Liberalismus bestreitet jedoch ebenso wie Institutionalismus und Transnationalismus die realistische Annahme, dass die Anarchie die dominierende, für die internationale Praxis letztlich ausschlaggebende Struktur des internationalen Systems ist. Im Unterschied zu diesen beiden Theorien sind für den Liberalismus aber innerstaatliche, subsystemische Strukturen von primärer Bedeutung. Macht- und Interdependenzstrukturen sowie Institutionen und Netzwerke sind durchaus auch im Liberalismus zentral: allerdings vorrangig solche, die im Innern der Staaten angesiedelt sind. Zunächst bestimmen die subsystemischen Strukturen die Außenpolitik einzelner Staaten; anschließend prägt die Konstellation der subsystemischen Strukturen im internationalen System die internationale Interaktion.

6.2.1 Subsystemische Strukturen

Sozioökonomische Strukturen: moderne vs. traditionale Gesellschaften

Die für den Liberalismus relevanten Strukturen sind zunächst die allgemeinen Strukturen der Gesellschafts- und Herrschaftsordnung. Die grundlegendste Unterscheidung von sozioökonomischen Strukturen ist die zwischen modernen und traditionalen Gesellschaften. Zentrale Charakteristika der „Modernität" sind: eine ausgeprägte gesellschaftliche Arbeitsteilung und funktionale Differenzierung, das Vorherrschen industrieller Produktionsweisen, Breitenbildung und eine massenmedial geprägte Öffentlichkeit sowie eine horizontale und vertikale soziale Mobilität, die traditionale Kasten- und Ständeordnungen und die Bindung an lokale Herkunftsorte durchbricht. Beide Typen lassen sich natürlich noch weiter differenzieren.

Herrschaftsordnung: Demokratie vs. Nicht-Demokratie

Hinsichtlich der Herrschaftsordnung werden in erster Linie (liberal)demokratische Staaten von nicht-demokratischen (autokratischen oder autoritären) Staaten unterschieden. Da auch sozioökonomisch vergleichsweise moderne Industriegesellschaften autoritär regiert werden können – siehe das nationalsozialistische Deutschland, die sowjetkommunistischen Staaten Osteuropas oder aktuell China – sind sozioökonomische Struktur und Herrschaftsordnung nicht identisch.

Die Staaten (vor allem die liberaldemokratischen Staaten) können weiterhin nach dem Stärkeverhältnis von Staat und Gesellschaft und der Organisation der internen Entscheidungsprozesse und Interessenvermittlung unterschieden werden.

Stärke des Staates

Bei der Stärke des Staates geht es nicht – wie im Realismus – um die Macht des Staates gegenüber anderen Staaten, sondern um seine Stärke gegenüber der Gesellschaft (vgl. Katzenstein 1976; 1978). *Starke Staaten* sind durch die Geschlossenheit und Zentralisierung des Staatsapparates charakterisiert. Der Staatsapparat greift in hohem Maße regulierend in die gesellschaftlichen Beziehungen ein und ist in der Lage, seine (außen)politischen Interessen gegenüber den Interessen gesellschaftlicher Akteure durchzusetzen. Der starke, von der Gesellschaft zumindest in der Außenpolitik autonome Staat entspricht den Annahmen des Realismus und ist auch bei nicht-demokratischen Herrschaftsordnungen die Regel. *Schwache Staaten* sind demgegenüber intern fragmentiert, sei es durch eine Föderalisierung oder Dezentralisierung der Staatsfunktionen, sei es durch eine hohe

Autonomie bürokratischer Akteure (Ministerien und Behörden). Schwache Staaten sind nicht in der Lage, ihre Präferenzen gegenüber gesellschaftlichen Akteuren durchzusetzen, oder sogar unfähig, eigene stabile Präferenzen auszubilden. Die gesellschaftlichen Akteure in schwachen Staaten regulieren ihre Beziehungen untereinander weitgehend autonom; die durchsetzungsfähigen gesellschaftlichen Akteure nehmen dann entscheidenden Einfluss auf die Außenpolitik des Staates. Für Peter Katzenstein sind die USA in der Außenwirtschaftspolitik der typische schwache Staat, Japan hingegen der typische starke Staat (1978: 21).

Interessenvermittlung: 1. pluralistisch

Bei der Interessenvermittlung können pluralistische, korporatistische und monopolitische Strukturen unterschieden werden. In pluralistischen Gesellschaften konkurriert in einem marktähnlichen Geschehen eine Vielfalt gesellschaftlicher Gruppen und Organisationen um die politische Durchsetzung ihrer Ziele. Dabei kommt es auf die Organisations- und Konfliktfähigkeit der Interessen an. Beispielsweise sind Interessen, bei denen hohe Kosten und Gewinne auf wenige Akteure konzentriert sind, organisationsfähiger als Interessen, bei denen jeweils geringe Kosten und Gewinne auf eine Vielzahl von Akteuren verteilt sind. Aus diesem Grund sind Produzenten in der Regel organisationsfähiger als Konsumenten. Die Konfliktfähigkeit richtet sich nach den Machtmitteln, über die eine Gruppe verfügt, um ihre Interessen durchsetzen zu können. Entscheidend ist vor allem, ob sie in der Lage ist, der Wirtschaft oder Gesellschaft zentrale Güter oder Leistungen vorzuenthalten. Insofern ist eine gut organisierte Fluglotsengewerkschaft in der Hauptferienzeit konfliktfähiger als eine ebenso gut organisierte Schauspielergewerkschaft.

2. korporatistisch

In korporatistischen Gesellschaften setzen starke, hierarchische Organisationen wie Einheitsgewerkschaften und Arbeitgeberdachverbände, aber auch regionale oder religiöse Verbände, die über ein Bereichsmonopol und Sanktionsfähigkeit gegenüber ihren Mitgliedern verfügen, den Pluralismus außer Kraft. Die Entscheidungsfindung verläuft nicht über die Konkurrenz im politischen Markt, sondern über Verhandlungen zwischen Großverbänden, in die der Staat regelnd oder vermittelnd eingreift. Unter den westlichen Gesellschaften gelten die USA als Musterbeispiel einer pluralistischen Gesellschaft. Österreich war hingegen über lange Zeit der typische Repräsentant einer korporatistischen Gesellschaft.

3. monopolistisch

Dominiert ein einziger sozialer Block die Gesellschaft (monopolistische Interessenvermittlung), so ist er in der Lage, seine außenpolitischen Interessen verlässlich und dauerhaft durchzusetzen. Der Theorie des „militärisch-industriellen Komplexes" gemäß gibt es beispielsweise einen stabilen Block aus der Verteidigungsbürokratie, dem Militärapparat und der Schwer- und Rüstungsindustrie, der in seinem Interesse für eine aggressive Außenpolitik sorgt.

Demokratietypen

Eine wichtige Unterscheidung von Demokratietypen ist die zwischen *Mehrheits- und Konsensdemokratien* (Arend Lijphart 1999), die vor allem die interne Machtverteilung betrifft. In Mehrheitsdemokratien ist die politische Macht hochkonzentriert, in Konsensdemokratien auf mehrere Akteure und Institutionen aufgeteilt (oder wird von ihnen gemeinsam ausgeübt). Eine Variante ist die *Veto-Spieler-Theorie* von George Tsebelis (2002), die politische Systeme danach unterscheidet, wie groß die Anzahl und Heterogenität der institutionellen und politischen Akteure ist, die Vetomacht besitzen, also politische Entscheidungen verhindern können, die ihren Präferenzen widersprechen.

6.2.2 Selektion und Externalisierung

Die staatlich-gesellschaftlichen Strukturen wirken in zweifacher Weise auf die staatliche Außenpolitik.

> Einerseits selektieren die innerstaatlichen Strukturen die außenpolitischen Ziele des Staates aus der Vielfalt der gesellschaftlichen Werte und Interessen. Andererseits prägen sie die außenpolitischen Mittel oder Politikstile. Anders gesagt: innenpolitische Verfahren und Verhaltensweisen werden nach außen gekehrt oder externalisiert.

Selektion gesellschaftlicher Anforderungen

Eine grundlegende Wirkung der subsystemischen Strukturen besteht in der Auswahl der gesellschaftlichen Anforderungen, die an die staatliche Außenpolitik gerichtet werden. Die inneren Strukturen der Staaten, also die Machtverhältnisse zwischen den gesellschaftlichen und staatlichen Akteuren und die staatlichen und gesellschaftlichen Institutionen, nehmen Einfluss darauf, welche Akteure sich im innerstaatlichen Entscheidungsprozess durchsetzen. Sie bestimmen zudem, wie groß der autonome Spielraum staatlicher Akteure bei der Verfolgung eigener, nicht gesellschaftlich definierter Präferenzen ist.

In traditionalen Gesellschaften beispielsweise ist zu erwarten, dass die Interessen traditioneller Eliten (wie Aristokratie oder Landbesitzer) dominieren. In demokratischen Staaten ist der Kreis der gesellschaftlichen Gruppen, die Einfluss auf die Außenpolitik nehmen können, größer als in autoritär regierten Staaten. In starken Staaten bestimmen die Präferenzen der staatlichen Akteure mit hoher Wahrscheinlichkeit die Außenpolitik; in schwachen, pluralistischen Staaten sind es die Präferenzen der organisations- und konfliktfähigsten

Interessengruppen. In Konsensdemokratien und korporatistischen Systemen dürfte eine größere Bandbreite von gesellschaftlichen Zielen in der Außenpolitik widergespiegelt werden als in Mehrheitsdemokratien und monopolistischen Systemen der Interessenvermittlung, in denen sich die Präferenzen der Regierungsparteien oder der dominanten sozialen Blöcke durchsetzen sollten.

Externalisierung

Eine weitere zentrale Wirkung innerstaatlicher Strukturen ist die Externalisierung innerstaatlicher Verfahren und Verhaltensweisen. Subsystemische Strukturen prägen die Verhaltensroutinen oder Politikstile staatlicher Akteure. Die Staaten haben daher die Tendenz, sich in ihrer internationalen Umwelt und gegenüber anderen Staaten in der gleichen Weise zu verhalten, wie sie es innenpolitisch gewohnt sind, für gut und richtig halten oder als erfolgversprechend erachten.

Außenpolitik als Fortsetzung der Innenpolitik

Bei beiden Wirkungsweisen ist Außenpolitik eine Fortsetzung der Innenpolitik jenseits der staatlichen Grenzen. Die von den gesellschaftlichen Machtverhältnissen und institutionellen Regeln begünstigten innerstaatlichen Akteure können sich auch im außenpolitischen Entscheidungsprozess durchsetzen. Der Liberalismus nimmt zudem an, dass Staaten und Gesellschaften eine internationale Umwelt anstreben, die ihrer inneren Ordnung entspricht oder zumindest mit ihr vereinbar ist. Dass eine solche Umwelt es ihnen erleichtert, ihre dominanten gesellschaftlichen Interessen und Werte zu verfolgen, ist natürlich nicht von Schaden.

Außenverhalten abhängig von: 1. sozioökonomischer Struktur

Welche Auswirkungen hat die Externalisierung spezifischer subsystemischer Strukturen auf die außenpolitischen Mittel und Verhaltensweisen? Beispielsweise kann man vermuten, dass traditionale Gesellschaften, deren Wohlstandszuwachs auf Landgewinn beruht und in denen das Militär (bzw. ein sich durch seine militärischen Leistungen definierender Adel) eine hohe soziale Position einnimmt, zu gewaltsamem Außenverhalten tendieren, während Industriegesellschaften, deren Wohlstand auf Produktivitätsfortschritten beruht und in denen militärische Leistungen keine übergeordnete soziale Position mehr begründen, zu einem gewaltarmen und kooperationsbereiten Außenverhalten neigen.

2. Herrschaftsordnung

Die Politik in demokratischen Verfassungsstaaten beruht in dieser Perspektive auf friedlicher, regelgeleiteter Bearbeitung von Konflikten und der Aushandlung von Kompromissen. Politische Entscheidungen gründen auf der Ermächtigung und Zustimmung der Betroffenen; die Staatsgewalt ist an Recht und Gesetz gebunden. Entsprechend tendieren Demokratien auch nach außen zu friedlichem, regelgeleitetem und multilateral abgestimmtem Verhalten, während undemokratische Staaten eine Tendenz zu Gewaltanwendung, Unilateralismus und Regelverletzungen aufweisen.

3. Stärke des Staates, Interessenvermittlung und Demokratietyp

Schwache Staaten neigen zu einer inkohärenten, von ökonomischen Motiven bestimmten Außenwirtschaftspolitik, während starke Staaten zu einer kohärenten, von politischen Motiven dominierten Außenwirtschaftspolitik in der Lage sind (so Katzenstein 1976 über die US-amerikanische und die französische Außenwirtschaftspolitik). Für die Bundesrepublik Deutschland behauptete Katzenstein darüber hinaus eine Übereinstimmung zwischen interner Sozialpartnerschaft (als einer Form des Korporatismus) und dem außenpolitischen Ziel der Sicherheitspartnerschaft (Katzenstein 1991). Konsensdemokratien dürften schließlich auch in der internationalen Politik stärker zu Machtteilung und gemeinsamer Machtausübung bereit sein als Mehrheitsdemokratien.

Realismus und Liberalismus

Im Gegensatz zu den Annahmen des Realismus streben Staaten im Liberalismus also nicht primär nach Macht, sondern verfolgen in der internationalen Politik gesellschaftlich definierte Ziele. Dazu gehören neben wirtschaftlichen Interessen auch vom Realismus als irrelevant erachtete idealistische oder altruistische Ziele wie die Verbreitung von Demokratie und Menschenrechten, der Schutz von Walen oder die Bekämpfung von Hunger in anderen Erdteilen – sofern sich dafür eine durchsetzungsfähige innenpolitische Koalition findet. Macht ist allenfalls ein Mittel zur Durchsetzung dieser Ziele, nicht aber Selbstzweck; und auch, ob ein Staat eine revisionistische oder eine Status-quo-Macht ist, ergibt sich für den Liberalismus letztlich aus dem Verhältnis seiner vorherrschenden gesellschaftlichen Interessen zu den Inhalten der bestehenden internationalen Ordnung.

Liberalismus und Institutionalismus

Im Verhältnis zum Institutionalismus ist die liberale Analyse eher komplementär als kontrovers. Wie gezeigt (Kap. 4.1) nimmt der Institutionalismus an absoluten Gewinnen orientierte, eigennützige Akteure an, wobei zunächst offen bleibt, welche Ziele sie verfolgen. Der Liberalismus ergänzt diese Annahme in doppelter Hinsicht. Zum einen lässt er auch nicht-egoistische Ziele zu. Zum anderen erklärt der Liberalismus die Ziele der Staaten unter Rückgriff auf gesellschaftliche Werte und Interessen und deren innenpolitische Durchsetzungsfähigkeit. Damit „endogenisiert“ er die Präferenzen der Akteure, die für den Institutionalismus noch exogen sind. Der Liberalismus nimmt daher für sich in Anspruch, die grundlegendere der beiden Theorien zu sein, weil er die staatlichen Präferenzen erklärt, auf denen der Institutionalismus im Weiteren aufbaut.

Die subsystemischen Strukturen bringen jedoch nur außenpolitische Ziele und Verhaltensdispositionen hervor. Wie die Staaten sich tatsächlichen in der internationalen Politik verhalten und inwieweit sie ihre Ziele erreichen, hängt von der Konstellation der subsystemischen Strukturen, Ziele und Verhaltensweisen derjenigen Staaten ab, die miteinander interagieren.

6.3 Prozess und Interaktion: Struktur- und Präferenzkonstellationen

Interaktion von Regierungen

Wenn sich die außenpolitischen Präferenzen im innerstaatlichen Entscheidungsprozess herausgebildet haben, interagieren wieder vorwiegend die Regierungen miteinander. Sie handeln aber weiterhin als Organe der Gesellschaft oder zumindest im Rahmen der von den innerstaatlichen Institutionen und Machtverhältnissen vorgegebenen Bedingungen. Sie sind also keineswegs frei, in der internationalen Politik ihren eigenen Präferenzen ungehindert nachzugehen. Außerdem ist zu beachten, dass die Regierungen auch nicht unbedingt einheitlich handeln. Wenn der Staatsapparat fragmentiert und dezentralisiert ist, kann es durchaus einen Unterschied machen, ob die Außenministerin oder der Verteidigungsminister und ob Vertreter unterschiedlicher Regierungsparteien für die Regierung sprechen.

Wirkung der Struktur- und Präferenzkonstellation

In der internationalen Politik versuchen alle beteiligten Staaten, ihre aus dem innenpolitischen Prozess hervorgegangenen inhaltlichen und Verhaltenspräferenzen bestmöglich zu verwirklichen. Für die Prozesse und Ergebnisse der internationalen Politik ist nun aus liberaler Perspektive von zentraler Bedeutung, wie sich die subsystemischen Strukturen und die durch sie geprägten außenpolitischen Präferenzen verschiedener Staaten zueinander verhalten. Die Konstellation der Strukturen und Präferenzen wirkt sich in doppelter Hinsicht auf die Interaktion zwischen den Regierungen aus. Zum einen verschärfen oder entschärfen sie die Dilemmasituationen, in denen sich die Staaten in der internationalen Politik oft befinden. Zum anderen definieren sie den Grad der Gemeinsamkeit der Interessen zwischen den Staaten. Beides schafft mehr oder weniger große Spielräume für Frieden und Kooperation in der internationalen Politik.

6.3.1 Strukturelle Konstellationen und systemische Dilemmata

Förderung von Frieden und Kooperation durch interne Strukturen

Die Überwindung des Sicherheitsdilemmas und der Problematik der kollektiven Güter in der internationalen Politik setzt voraus, dass jeder Staat darauf vertrauen kann, nicht betrogen, übervorteilt oder gar angegriffen zu werden. Laut Realismus können nur Hegemone diese Aufgabe erfüllen; dem Institutionalismus zufolge bringen internationale Regime das notwendige Vertrauen hervor; der Transnationalismus schreibt transnationalen Netzwerken diese Funktion zu. Im Gegensatz dazu bedarf es für den Liberalismus weder der Hegemonie noch internationaler Institutionen noch transnationaler Netzwerke, um Frieden zu sichern und internationale Kooperation herzustellen – sofern nur entsprechende subsystemische Strukturen und Außenpolitiken aufeinandertreffen.

Wenn Staaten aufeinandertreffen, deren interne Strukturen verlässlich nicht-militärische außenpolitische Ziele und/oder einen gewaltfreien Politikstil hervorbringen, entsteht Frieden.

In diesen Fällen wird das Sicherheitsdilemma überwunden, denn die Staaten können sicher sein, dass die eigene defensive Politik nicht von Staaten mit offensiven Absichten ausgenutzt wird.

Internationale Kooperation wird dadurch erleichtert, dass Staaten interagieren, deren interne Strukturen verlässlich regelgeleitete, kooperative Politikstile erzeugen.

In diesen Fällen besteht jeweils eine innenpolitische Tendenz zu kooperativem Verhalten und zur Einhaltung von Regeln, ohne dass es internationaler Überwachung und Sanktionen bedürfte.

Schließlich werden Frieden und Kooperation gestärkt, wenn Staaten mit transparenten politischen Entscheidungsprozessen aufeinandertreffen.

Die Transparenz sorgt dafür, dass offensive Politik, Betrug und Täuschung entdeckt und öffentlich gemacht werden und dass andere Staaten sich sicher sein können, nicht zum Opfer heimlicher Angriffsvorbereitungen oder Übervorteilungsversuche zu werden. Die subsystemischen Strukturen nehmen dabei zum Teil ähnliche Funktionen wahr wie internationale Regime oder machen diese sogar überflüssig. Je mehr subsystemische Strukturen wie Öffentlichkeit, Gewaltenteilung und Rechtsstaatlichkeit für Transparenz sorgen, desto weniger bedarf es internationaler Institutionen, um die Vertragstreue der Staaten zu überwachen. Gleiches gilt für die Sanktionierung von Regelverletzungen oder außenpolitischer Gewaltanwendung durch nationale Gerichte, öffentliche Proteste oder Wahlen.

Diese vertrauensbildenden Strukturwirkungen entstehen jedoch nur, wenn alle beteiligten Staaten entsprechende interne Strukturen aufweisen. Wenn nur ein Staat friedens- und kooperationsförderliche interne Strukturen besitzt, der andere aber nicht, treten die Dilemmata ungehindert zutage. Ein Staat A, der friedens- und kooperationsförderliche interne Strukturen aufweist, wird einem Staat B kein Vertrauen schenken können, der diese Strukturen nicht besitzt, und Staat B wird eventuell besonders versucht sein, die friedens- und kooperationsförderliche Disposition von Staat A auszunutzen. Das bedeutet auch, dass nicht jede Form von struktureller Kompatibilität Frieden und Kooperation fördert. Treffen zwei Staaten aufeinander, die beide offensive Politikziele, gewaltsame Politikstile und intransparente Entscheidungsprozesse besitzen, so wird diese Gemeinsamkeit die negativen Wirkungen der internationalen Anarchie eher verstärken als dämpfen.

Modernisierungstheoretische Erwartungen

Die modernisierungstheoretische Variante der liberalen Theorie lässt entsprechend z. B. erwarten, dass die Interaktion von modernen Gesellschaften friedens- und kooperationsförderlicher ist als die Interaktion traditionaler Gesellschaften oder die zwischen modernen und traditionalen Gesellschaften. Da moderne Gesellschaften nicht auf Expansion und Zwang angelegt sind, sondern auf der Verflechtung hochgradig differenzierter Subsysteme sowie auf intensivem Wirtschaften, Tausch- und rechtsförmigen Beziehungen, verfolgen sie im Kern nicht-militärische Ziele und entwickeln gewaltarme, kooperative und regelgeleitete Politikstile. Die massenmedial geprägte Öffentlichkeit sorgt außerdem für Transparenz.

Demokratietheoretische Erwartungen

Die demokratietheoretische Variante der liberalen Theorie schreibt dem Aufeinandertreffen von Demokratien ähnliche Wirkungen zu. Gewaltenteilung, Pressefreiheit und demokratische Öffentlichkeit fördern die Transparenz. Die demokratischen Normen des friedlichen und regelgeleiteten Konfliktaustrags, der Partizipation, Überzeugung und (mehrheitlichen) Zustimmung der Betroffenen werden gegenüber anderen Demokratien externalisiert. Demokratien erwarten daher voneinander den Verzicht auf militärische Gewalt, die Suche nach Kompromissen und die Einhaltung von Regeln. Gegenüber Nicht-Demokratien hegen Demokratien hingegen Misstrauen, weil der Staat auch im Innern Andersdenkende gewaltsam unterdrückt, die öffentliche Meinung kontrolliert und Recht und Gesetz willkürlich definiert und beugt.

Strukturauswirkungen auf die Kooperation:

Auch wenn die liberale Theorie generell annimmt, dass zwischen demokratischen Staaten kein Sicherheitsdilemma besteht, so kann man vermuten, dass die unterschiedlichen Spielarten der liberalen Demokratie sich mehr oder weniger stark auf die Problematik der kollektiven Güter und die Stabilität internationaler Kooperation auswirken (vgl. Zürn 1993). Hierbei sind zwei Wirkungsweisen zu unterscheiden: Strategiewahl und Regeleinhaltung. Auf der einen Seite produzieren die innenpolitischen Strukturen eine unterschiedlich starke Disposition zu kooperativem Verhalten – spieltheoretisch gesprochen, eine unterschiedliche starke Neigung, kooperative gegenüber unkooperativen Strategien zu wählen, C oder D zu spielen. Auf der anderen Seite tritt neben das Problem bewusster Täuschung und gezielter Ausnutzung der Kooperationsbereitschaft anderer Staaten die „unfreiwillige Regelverletzung", die dadurch entsteht, dass Regierungen zu schwach sind, um die Einhaltung der Kooperationsregeln durch gesellschaftliche Akteure oder Teile des Staatsapparats zu garantieren.

1. Stärke des Staates

Es erscheint z. B. plausibel, dass die Stärke des Staates sich bei Strategiewahl und Regeleinhaltung unterschiedlich auswirkt. Starke Staaten können innenpolitisch ihre Interessen gegenüber gesellschaftlichen Akteuren durchsetzen und brauchen daher keine kooperativen Strategien zu entwickeln. Das sollte auch in der Außenpolitik zu einem unkooperativeren Politikstil führen als bei schwachen Staaten, die stets zu Aushandlungsprozessen und Koalitionsbildung mit gesellschaftlichen Akteuren gezwungen sind (vgl. aber das „Paradox der Schwäche", Textbox 6.1). Andererseits können schwache Staaten internationale Vereinbarungen weniger wirksam gegen den Widerstand einflussreicher gesellschaftlicher Gruppen oder von Teilen des Staatsapparats verteidigen, so dass sie zwar willige, aber vergleichsweise unzuverlässige Kooperationspartner sind, während starke Staaten die Kooperationen, die sie eingehen, auch innenpolitisch durchsetzen können. Kooperation zwischen starken Staaten wäre folglich besonders schwer zu erreichen, aber auch besonders stabil. Kooperation zwischen schwachen Staaten wäre hingegen leicht zu erreichen, aber auch von häufigen unfreiwilligen Regelverletzungen geplagt.

2. Interessenvermittlung

Für die Interessenvermittlungsstrukturen folgt aus diesen Überlegungen, dass korporatistische Strukturen gegenüber pluralistischen und monopolitischen für die internationale Kooperation Vorteile bringen. Da in korporatistischen Staaten Politik durch die Zusammenarbeit und durch Tauschgeschäfte zwischen Verbänden unter Beteiligung des Staates gemacht wird, neigen sie auch nach außen zu einer unter allen maßgeblichen Akteuren abgestimmten Politik des Interessenausgleichs. Die frühzeitige Einbindung der gesellschaftlichen Akteure sorgt auch dafür, dass keine größeren Probleme bei der Regeleinhaltung zu erwarten sind. Je mehr Staaten zum pluralistischen Pol hin tendieren, desto stärker spielen Konkurrenz sowie Organisations- und Konfliktfähigkeit eine Rolle. Das lässt nicht nur eine weniger kooperative Strategiewahl vermuten, sondern auch erwarten, dass die Regeleinhaltung ebenfalls zum Gegenstand der innergesellschaftlichen Konkurrenz wird. Je mehr Staaten zum monopolistischen Pol hin tendieren, desto eher dürfte zutreffen, was schon für starke Staaten galt: unkooperative Strategiewahl, aber hohe Regeleinhaltung. Demnach sollte das Aufeinandertreffen korporatistischer Interessenvermittlungsstrukturen für die internationale Kooperation besonders günstig sein.

3. Demokratietyp

Gleiches dürfte für das Aufeinandertreffen von Konsensdemokratien gelten, während Mehrheitsdemokratien sich nicht nur unkooperativ verhalten, sondern – bei einem Regierungswechsel – auch eine instabile Regeleinhaltung aufweisen sollten. In Konsensdemokratien sind hingegen selbst bei einem Wechsel in der Regierung keine großen Ausschläge zu erwarten. Tabelle 6.1 gibt einen Überblick über diese Zusammenhänge.

Strategiewahl Regeleinhaltung	Kooperativ	Unkooperativ
Stabil	Korporatistische Staaten, Konsensdemokratien	Starke, monopolistische Staaten
Instabil	Schwache, pluralistische Staaten	Mehrheitsdemokratien

Tab. 6.1: Innerstaatliche Strukturen und internationale Kooperation

Demokratie als Lösung der Anarchieprobleme

Fassen wir zusammen: Das Aufeinandertreffen von friedens- und kooperationsförderlichen innenpolitischen Strukturen leistet aus Sicht der liberalen Theorie das, was die institutionalistische Theorie den internationalen Institutionen und die transnationalistische Theorie den transnationalen Netzwerken zuschreibt: Sie schaffen hinreichend Vertrauen zwischen den Staaten, um die Dilemmata der internationalen Politik zu verringern oder gar zu überwinden. Für den Liberalismus setzt die Bekämpfung der fundamentalen Probleme der internationalen Anarchie daher im Inneren der Staaten an. Die liberale Demokratie ist der Generalschlüssel zur Überwindung der internationalen Unsicherheit und Ineffizienz – und zur Lösung der Freiheitsprobleme internationaler Politik sowieso. Innerhalb der liberaldemokratischen Staaten hängt es schließlich wiederum von der Konstellation innenpolitischer Strukturen ab, wie schwer oder leicht Kooperation zu erzielen und zu stabilisieren ist. Es ist also nicht die internationale Anarchie an sich, die die Probleme internationaler Politik hervorbringt, sondern es kommt darauf an, welche Staaten und Gesellschaften in diesem anarchischen System aufeinandertreffen. Dementsprechend liegt der Hebel zur Lösung der internationalen Probleme in der weltweiten Veränderung innerstaatlicher Strukturen.

6.3.2 Präferenzkonstellationen, Verhandlungsmacht und Politikergebnisse

Ergänzung der institutionalistischen Analyse:

Wenn durch eine günstige Konstellation subsystemischer Strukturen Vertrauen entsteht und die Dilemmata internationaler Politik zugunsten stabiler Kooperation überwunden werden können, dann hängen die Interaktion zwischen den Staaten und die Politikergebnisse in erster Linie davon ab, wie sich die außenpolitischen Wünsche und Ziele der Staaten zueinander verhalten. In diesem Punkt unterscheidet sich der Liberalismus zunächst nicht von der institutionalistischen Analyse (Kap. 4.5). Wie schon bei der Bestimmung der staatlichen Präferenzen (Kap. 6.1) ergänzt und erweitert die liberale Analyse jedoch die institutionalistische in mehreren Punkten.

Variable Präferenzkonstellationen...

Erstens sind für den Institutionalismus die typischen Konstellationen Situationen der Interdependenz, bei denen die Staaten miteinander kooperieren müssen, um ihre Ziele wirksam und effizient verwirklichen zu können. Für den Liberalismus ist diese Konstellation aber nur eine unter mehreren. Moravcsik unterscheidet drei grundlegende Präferenzkonstellationen, die hier als „Harmonie", „Konflikt" und „Interdependenz" bezeichnet werden. Von ihnen hängt ab, ob Kooperation möglich ist, welche Form sie annimmt und wie tief sie geht (1997: 520f):

- Bei Harmonie befinden sich die Ziele im Einklang oder sind zumindest miteinander vereinbar. Wenn Staat A seine Ziele verfolgt, ist das für Staat B entweder nützlich oder es beeinträchtigt ihn jedenfalls nicht nennenswert. Andererseits braucht Staat A Staat B nicht, um seine Ziele zu erreichen. (1. Harmonie)
- Bei Konflikten schließen die Ziele sich aus; sie sind unvereinbar. Wenn Staat A seine Ziele verfolgt, so geht das auf Kosten der dominanten gesellschaftlichen Interessen und Werte von Staat B. (2. Konflikt)
- Die Interdependenz zeichnet sich dadurch aus, dass die Ziele der Staaten teils im Einklang, teils konkurrierend sind. Um ihre Ziele bestmöglich zu erreichen, müssen die Staaten A und B miteinander kooperieren. Dies sind die für den Institutionalismus zentralen Konstellationen, zu denen auch die Dilemmasituationen gehören. (3. Interdependenz)

... die von innerstaatlichen Faktoren abhängen

Zweitens sind für den Liberalismus die innerstaatlichen Präferenzkonstellationen kausal vorgeordnet.

> Es hängt von den gesellschaftlichen Zielen sowie innerstaatlichen Selektions- und Externalisierungsprozessen ab, ob es zu zwischenstaatlicher Interdependenz oder einer anderen Präferenzkonstellation kommt.

Konflikt statt Interdependenz

Bei den Beispielen im Institutionalismus-Kapitel waren wir immer davon ausgegangen, dass Freihandel oder Ressourcenschutz zwar einerseits im gemeinsamen Interesse der Staaten liegen, andererseits aber Anreize zu einseitig unkooperativem Verhalten bestehen. Nehmen wir aber nun einmal an, ein Staat A hat bei einem Problem des grenzüberschreitenden Umweltschutzes (z. B. bei der Klimaveränderung) in der Tat die vom Gefangenendilemma angenommene Präferenzordnung (DC > CC > DD > CD), während es in einem Staat B entweder kein gesellschaftliches Problembewusstsein oder keine durchsetzungsfähigen Umweltschutzinteressen und daher keinen politisch relevanten Problemdruck gibt. Die Präferenzordnung von Staat B ist dementsprechend (DC > DD > CC > CD; vgl. Tab. 6.2 im Vergleich zu Tab. 4.2). Für Staat B hat die nachhaltige Nutzung von Ressourcen also durchgängig einen geringeren Nutzenwert als die maximale Ressourcenausbeutung – und zwar unabhängig davon, wie Staat A handelt. Es besteht auch insofern kein Dilemma, als das kooperative Ergebnis „Ressourcenschutz" keinen höheren kollektiven Nutzen abwirft als die nicht-kooperativen Ergebnisse. „Ressourcenvernichtung" ist auch hier das spieltheoretisch erwartete Ergebnis – allerdings nicht aus Mangel an Information oder Vertrauen, sondern aus Mangel an gemeinsamen Zielen. Gesellschaftliche Präferenzen und/oder innerstaatliche Selektion führen also zu einer klaren Konflikt- und nicht zu einer gemischten Konstellation.

Staat A Staat B	Nachhaltige Nutzung (C)	Maximale individuelle Nutzung (D)
Nachhaltige Nutzung (C)	Ressourcenschutz (3,2)	Zusatzgewinn A (4,1)
Maximale individuelle Nutzung (D)	Zusatzgewinn B (1,4)	*Ressourcenvernichtung (2,3)*

Tab. 6.2: Ressourcenschutz als Konfliktkonstellation

Harmonie statt Interdependenz

Bei entsprechenden gesellschaftlichen Präferenzen und innerstaatlichen Selektionsprozessen kann das gleiche Problem aber auch harmonisch bearbeitet werden. Angenommen in den Staaten A und B existieren ein breiter gesellschaftlicher Konsens und eine bedingungslose politische Verpflichtung zum Umweltschutz. Unter diesen

Bedingungen hat „nachhaltige Nutzung" durchgängig einen höheren Nutzen als die maximale Ressourcenausbeutung. Auch hier fallen individuelle und kollektive Rationalität nicht auseinander, weil das Ergebnis mit dem höchsten kollektiven Nutzen (der Ressourcenschutz) auch das Gleichgewichtsergebnis ist. Kooperation stellt sich spontan ein, ohne konditionale Strategien und internationale Institutionen (vgl. Tab. 6.3).

Staat A Staat B	Nachhaltige Nutzung (C)	Maximale individuelle Nutzung (D)
Nachhaltige Nutzung (C)	*Ressourcenschutz (4,4)*	Zusatzgewinn A (2,3)
Maximale individuelle Nutzung (D)	Zusatzgewinn B (3,2)	Ressourcenvernichtung (1,1)

Tab. 6.3: Ressourcenschutz als Harmoniekonstellation

Kooperationschancen abhängig von Präferenzübereinstimmung

Wegen seiner Fokussierung auf Interdependenz wird Kooperation im Institutionalismus drittens vorrangig als Mittel zur Bewältigung von Interdependenz gesehen.

Für den Liberalismus hängt das Ausmaß der Kooperation hingegen in erster Linie vom Grad der Gemeinsamkeit der außenpolitischen Präferenzen ab.

Die Kooperationschancen sind demnach in Harmoniekonstellationen besonders hoch, weil die inhaltliche Übereinstimmung zwischen den Präferenzen der Staaten besonders groß ist. In Situationen der Interdependenz sind sie geringer, weil die Gemeinsamkeit der Ziele nur partiell ist, partiell aber auch Zielkonkurrenz besteht und es damit Anreize zu unkooperativem Verhalten gibt. In Konfliktkonstellationen sind sie hingegen extrem gering, weil die Ziele der Staaten miteinander unvereinbar sind.

Charakteristika internationaler Regime

Viertens analysiert der Institutionalismus zwar die Bedingungen des Zustandekommens internationaler Regime und Organisationen, trifft aber keine Aussagen über deren inhaltliche Ziele und institutionelle Ausgestaltung. Aus der Perspektive des Liberalismus ergeben sich die inhaltlichen Ziele internationaler Regime (die über das allgemeine Ziel der Erleichterung von Kooperation hinausgehen), ihre Ordnungsprinzipien und institutionellen Formen aus den subsystemisch bestimmten Präferenzen der beteiligten (bzw. der im Regime dominanten) Staaten. Zum Beispiel hängt nicht nur die Tatsache, dass und ob sich internationale Regime dem Klimaschutz widmen von gesellschaftlichen Präferenzen und innerstaatlichen Selektionsprozessen ab, sondern auch, *wie* sie dies tun. Beispielsweise lassen sich Klimaschutzziele durch staatliche Verbote oder Begrenzungen spezifischer Treibhausgasemissionen erreichen oder aber (marktförmig) durch handelbare Emissionsrechte. Wofür sich die Staaten entscheiden, würde als liberaler Perspektive von den vorherrschenden innerstaatlichen Policy-Präferenzen abhängen. Außerdem können internationale Organisationen Klimaschutz-NGOs mehr oder weniger große Mitwirkungsrechte an den internationalen Verhandlungen einräumen. Aus liberaler Perspektive würde man erwarten, dass demokratische Staaten stärkere Mitwirkungsrechte befürworten als autoritäre Staaten.

Subsystemische Verhandlungsrestriktionen

Fünftens schließlich finden die internationalen Verhandlungen aus liberaler Sicht immer unter subsystemischen Restriktionen statt. Internationale Verhandlungen müssen daher prinzipiell als „Zwei-Ebenen-Spiele“ (Textbox 6.1) analysiert werden, bei denen Regierungen zum einen untereinander und zum anderen mit durchsetzungsfähigen innerstaatlichen Akteuren verhandeln. Die Relevanz der innerstaatlichen Verhandlungsebene hängt erstens von subsystemischen Strukturen ab. In nicht-demokratischen und starken Staaten ist sie z. B. von geringerer kausaler Bedeutung als in demokratischen und schwachen Staaten. Sie hängt zweitens von institutionellen Regeln ab: Je höher z. B. die innerstaatlichen Ratifikationshürden für internationale Verträge sind, desto höher ist die Wahrscheinlichkeit, dass das Winset schrumpft und internationale Kooperation scheitert. Schließlich spielt die Heterogenität der Präferenzen von Regierungen und innerstaatlichen Vetospielern eine Rolle. Je größer die Heterogenität der innenpolitischen Präferenzen ist, je weiter also die Idealpunkte der innenpolitisch entscheidungsrelevanten Akteure voneinander entfernt sind, desto kleiner werden die Möglichkeiten internationaler Kooperation.

Textbox 6.1 Zwei-Ebenen-Spiele

Die Grundannahme des Zwei-Ebenen-Spiels ist, dass Regierungen in internationalen Verhandlungen simultan mit anderen Regierungen (intergouvernementale Ebene) und mit innerstaatlichen Vetospielern wie Parlamenten oder starken gesellschaftlichen Interessengruppen (innerstaatliche Ebene) verhandeln, die dem zwischenstaatlichen Verhandlungsergebnis zustimmen (es „ratifizieren“) müssen. Gegenüber dem einfachen räumlichen Modell der Verhandlungsanalyse (Textbox 4.1) würde sich kein Unterschied ergeben, wenn die Präferenzen der Regierungen und der innerstaatlichen Vetospieler entweder deckungsgleich wären oder wenn es keine innerstaatlichen Vetospieler gäbe. Die Analyse von Zwei-Ebenen-Spiele geht daher davon aus, dass das Akzeptanz-Set der Regierungen und der innerstaatlichen Vetospieler nicht deckungsgleich ist. Dabei kann der Idealpunkt der innerstaatlichen Vetospieler oder Vetospielerkoalitionen entweder näher am Status quo sein als der Idealpunkt der Regierung oder aber weiter vom Status quo entfernt. Welche Auswirkungen dies auf die Verhandlungsmacht der Regierungen und die Kooperationschancen hat, zeigt das folgende Modell.

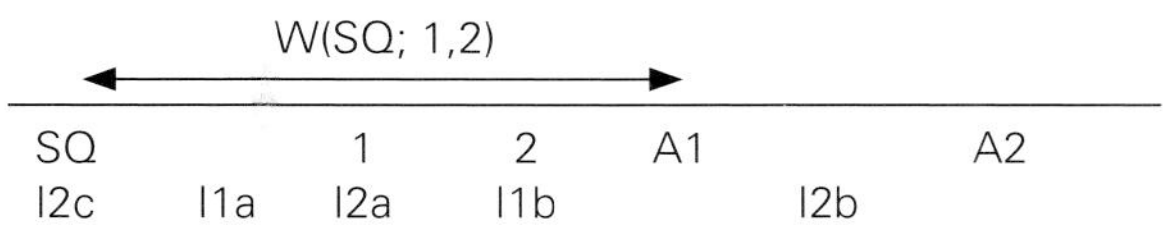

In der ersten Zeile unter der Verhandlungsachse sind die relevanten Punkte für die intergouvernementale Ebene abgetragen. W(SQ; 1,2) bezeichnet das Winset des Status quo für die Regierungen 1 und 2. In der zweiten Zeile finden sich die Idealpunkte für die innerstaatlichen Vetospieler (I) der Staaten 1 (I1) und 2 (I2).

- I1a ist näher am SQ als 1. Das Winset und damit die Chancen einer Übereinkunft werden dadurch verringert, die internationale Verhandlungsmacht von 1 aber gestärkt. Regierung 1 kann dadurch ihren Idealpunkt durchsetzen. Diese Konstellation erzeugt ein „Paradox der Schwäche" (Thomas Schelling): Indem Vetospieler I1a den Verhandlungsspielraum von Regierung 1 einschränkt, verleiht er ihr auf der intergouvernementalen Ebene größere Verhandlungsmacht: Regierung 2 muss auf Regierung 1 zugehen, damit eine Übereinkunft möglich wird.
- I1b hat den gleichen Idealpunkt wie 2. Würde Regierung 2 mit Vetospieler I1b koalieren, könnten beide ihren Idealpunkt gegen 1 durchsetzen. Hier zeigt sich der Einfluss transnationaler Präferenzkonstellationen und Koalition auf das Verhandlungsergebnis.
- I2a hat den gleichen Idealpunkt wie 1. Hier gilt umgekehrt, dass Regierung 1 in Koalition mit Vetospieler I2a ihren Idealpunkt durchsetzen kann.
- I2b hat ein größeres Akzeptanzset als 1 und 2 und damit keinen Einfluss auf das intergouvernementale Verhandlungsergebnis.
- I2c reduziert das Winset von SQ auf 0 und macht daher das intergouvernmentale Verhandlungsergebnis von 1 und 2 zunichte. Hier zeigt sich eine Blockade internationaler Kooperation durch innerstaatliche Opposition.

6.4 Dynamik: Demokratisierung

Fortschritt durch Demokratisierung

Der Liberalismus teilt den Optimismus und Fortschrittsglauben von Institutionalismus und Transnationalismus. Dafür sind wiederum globale und säkulare Prozesse der Gesellschaftsentwicklung entscheidend. Nehmen Institutionalismus und Transnationalismus an, dass diese Prozesse internationale und transnationale Interdependenz begünstigen, so setzt der Liberalismus auf die weltweite Demokratisierung. Waren Demokratien noch zu Beginn des 19. Jahrhunderts eine Rarität, so kam es in den vergangenen zwei Jahrhunderten zu drei Wellen der Demokratisierung (Huntington 1991), denen zwar regelmäßig auch Rückschläge folgten, an deren Ende aber dennoch die Zahl von Demokratien höher war als am Ende der vorangegangenen Welle. Die erste, langsame und lange Welle der Demokratisierung begann im frühen 19. Jahrhundert und endete nach dem Ersten Weltkrieg; die Zwischenkriegszeit war eine Zeit der Rückschläge, vor allem durch die Ausbreitung rechtsautoritärer und faschistischer Regime. Die zweite Welle begann am Ende des Zweiten Weltkriegs und dauerte bis in die frühen 1960er Jahre – danach kam es (vor allem in den entkolonialisierten Staaten der Dritten Welt) wiederum zu Rückschlägen. Mit der Demokratisierung in Südeuropa und Lateinamerika in den 1970er und 1980er Jahren setzte dann die dritte Welle ein, die sich seit Ende der 1980er Jahre in Osteuropa fortsetzte und teilweise auch auf Afrika und Asien übergriff. Entsprechend der Zählung von Freedom House (vgl. www.freedomhouse.org) waren 2007 121 von 193 Staaten (63%) immerhin „elektorale Demokratien", erfüllten also die Minimalanforderung der Besetzung der mächtigsten öffentlichen Ämter durch kompetitive Wahlen. 90 (47%) wurden sogar als „freie" oder liberale Demokratien eingestuft. Allerdings stagnieren diese Anteile seit der Jahrtausendwende – ein Anzeichen, dafür, dass die „dritte Welle" an Fahrt verloren hat.

Mit der Demokratisierung nimmt die Zahl der Staaten zu, deren subsystemische Strukturen eine Tendenz zu friedlichem, regelgeleitetem und multilateral abgestimmtem Verhalten hervorbringen. Es wächst zugleich die Chance, dass sich demokratische Staatenpaare, Regionen oder Interaktionsverbünde herausbilden, in denen internationales Vertrauen, stabiler Frieden und Kooperation herrschen.

Rückwirkung internationaler Politik auf Demokratisierung

Demokratisierung ist jedoch nicht nur ein der internationalen Politik äußerlicher, exogener Prozess, sondern wird auch durch positive Rückwirkungen der Ergebnisse internationaler Politik von und zwischen Demokratien begünstigt und verstärkt. Erstens waren die Hegemone im internationalen System seit der ersten Hälfte des 19. Jahrhunderts stets Demokratien; ihre nicht-demokratischen Herausforderer (Deutschland und die Sowjetunion) sind jeweils bei dem Versuch gescheitert, die Vorherrschaft im internationalen System zu erringen (vgl. Kap. 3.4). Dadurch genossen die Demokratien nicht nur hegemonialen Schutz, sondern die Hegemone konnten außerdem im Rahmen ihrer hegemonialen Ordnung auch die Demokratisierung fördern und unterstützen. Zweitens half das hohe Maß an Frieden und Kooperation zwischen Demokratien den demokratischen Staaten dabei, die für ihre Legitimität und Konsolidierung wichtigen Sicherheits- und Wohlfahrtsleistungen zu erbringen. Drittens steigerten diese Leistungen auch die internationale Attraktivität der Demokratie. Die Demokratisierungswellen wurden nicht zuletzt durch internationale Ereignisse und Einflüsse ausgelöst und verstärkt: durch Kriege, den Zusammenbruch von autokratischen Großmächten, durch Demonstrations- und Schneeballeffekte, bei denen die demokratischen Kräfte von Erfolgen in anderen Ländern lernen und ermuntert werden, und durch die Demokratieförderung mächtiger demokratischer Staaten (z. B. die USA) und Organisationen (z. B. die Europäische Union).

Mit der Ausbreitung der Demokratie wächst die Zone des Friedens und intensiver Kooperation im internationalen System, in der alle zentralen Probleme der internationalen Politik zwar nicht vollständig gelöst, aber doch erfolgreicher bearbeitet werden als außerhalb: Sicherheit, Wohlfahrt und Freiheit haben in der sogenannten „OECD-Welt" – der Gruppe der wohlhabenden liberalen Demokratien in Europa, Nordamerika und Ostasien/Australien, die Mitglieder der Organisation für wirtschaftliche Zusammenarbeit und Entwicklung sind – ein historisch beispielloses Niveau erreicht.

6.5 Zusammenfassung

Für den Liberalismus sind innerstaatliche Akteure, Ziele, Machtverhältnisse und Institutionen sowie die internationalen Struktur- und Präferenzkonstellationen, die sich aus ihnen ergeben, die zentralen Erklärungsfaktoren internationaler Politik. Treffen friedens- und kooperationsförderliche subsystemische Strukturen aufeinander, werden die Kernprobleme der Anarchie in der internationalen Politik wirksam bekämpft. Vor allem liberaldemokratischen Staaten schreibt der Liberalismus zu, untereinander Frieden und ein hohes Maß an Kooperation hervorzubringen. Ein hohes Maß an innerstaatlicher Freiheit garantieren diese Staaten ohnehin, und da wirksame internationale Kooperation nach Auffassung des Liberalismus auch ohne starke internationale Institutionen möglich ist, kann auch das demokratische Defizit internationalen Regierens umgangen werden. Die Kernhypothese des Liberalismus lautet daher: *Je weiter im internationalen System liberaldemokratische Staaten verbreitet sind, desto höher ist die Wahrscheinlichkeit von Frieden und internationaler Kooperation*. Tabelle 6.4 fasst die zentralen Merkmale des Liberalismus zusammen.

	Liberalismus
Akteure	Staatliche und gesellschaftliche Akteure
Dispositionen	Zweckrational
Strukturen	Anarchie plus staatliche und gesellschaftliche Strukturen
Strukturwirkungen	Selektion, Externalisierung
Prozesse	Zielverfolgung
Interaktionsmechanismen	Struktur- und Präferenzkonstellation
Überwindung der Dilemmata	Harmonie, Transparenz, kooperative Politikstile
Handlungskoordination	Zwei-Ebenen-Verhandlungsmacht
Bedingungen von Frieden und Kooperation	Demokratie
Dynamik	Demokratisierung

Tab. 6.4: Stichworte zum Liberalismus

Weiterlesen

Klassiker

Als klassischer Text der traditionellen liberalen Theorie internationaler Politik, der bis heute relevant geblieben ist, eignet sich Immanuel Kants kurze Schrift *Zum Ewigen Frieden* (z. B. Kant 1979). Ernst-Otto Czempiel (*Friedensstrategien*, 1986) bietet einen systematischen Überblick über die liberalen Friedenstheorien.

Überblicke

Andrew Moravcsiks *Taking Preferences Seriously* (1997) ist der zentrale Text für die aktuelle Variante des Liberalismus, die hier vorgestellt wurde. Er gibt auch einen Überblick über verschiedene Spielarten der liberalen Theorie. Das gleiche gilt für *Liberal International Theory* von Mark Zacher und Richard Matthew (1995).

Vertiefungen und Kontroversen

Robert Putnams *Diplomacy and Domestic Politics* (1988) hat die Analyse von Zwei-Ebenen-Spielen inspiriert. Ein Aufsatz von Harald Müller und Thomas Risse-Kappen (*Internationale Umwelt, gesellschaftliches Umfeld und außenpolitischer Prozeß in liberaldemokratischen Industrienationen*, 1990) eignet sich zur Einführung in die Wechselwirkungen von Innen- und Außenpolitik. Peter Katzenstein (*International Relations and Domestic Political Structures*, 1976) bietet eine liberale Analyse der Außenwirtschaftspolitik von Industrieländern.

7 Ideen und Gemeinschaft: der Konstruktivismus

Der Konstruktivismus ist die jüngste der hier behandelten Theorien der internationalen Politik. Er entwickelte sich in den 1990er Jahren aus einer Debatte vor allem mit dem Realismus und Institutionalismus, die vor dieser Zeit die Theoriediskussion in den Internationalen Beziehungen beherrschten. Ein Gutteil dieser Debatte war metatheoretisch: Sie drehte sich um das angemessene Wissenschafts- und Methodenverständnis für die Analyse internationaler Politik. Diese metatheoretische Debatte ist keineswegs beendet, hat sich aber jüngst stark abgeschwächt. Was bleibt, ist der substanzielle theoretische Beitrag des Konstruktivismus zur Erklärung internationaler Politik.

Zwei Gegenpositionen: 1. intersubjektive Strukturen

Hier nimmt der Konstruktivismus zwei wesentliche Gegenpositionen zu allen Theorien ein, die wir bisher behandelt haben und die er allesamt als „materialistische" und „rationalistische" Theorien kategorisiert und kritisiert. Die erste Gegenposition bezieht sich auf die Strukturen des internationalen Systems. Die bisher vorgestellten Theorien sind insofern „materialistisch", als ihre Erklärungen internationaler Politik vor allem auf der Verteilung materieller Ressourcen im internationalen System basieren. Das gilt für die Machtverteilung und Technologie im Realismus ebenso wie für die zwischenstaatliche und transnationale Interdependenz im Institutionalismus und Transnationalismus. Nicht-materielle Strukturen wie Institutionen und Netzwerke kommen erst in zweiter Linie, als Konsequenzen der Interdependenz, ins Spiel. Demgegenüber behauptet der Konstruktivismus, dass „intersubjektive" oder ideelle Strukturen von primärer Relevanz sind. Sie regulieren das Handeln der Akteure nicht nur, sondern prägen bereits deren Wünsche und Ziele. Das internationale System ist demnach weitaus stärker *sozial* – durch Kulturen, Normen, Rollen usw. – *strukturiert*, als dies die materialistischen Theorien annehmen. Das heißt auch, dass die internationale Politik im Wesentlichen *sozial konstruiert* ist – durch die Werte, Normen, Identitäten und andere ideelle Konstrukte der Akteure internationaler Politik. Dieser Grundannahme der sozialen, ideellen Konstruktion internationaler Ordnung verdankt der Konstruktivismus seinen Namen.

2. angemessenes Handeln

Damit hängt die zweite Gegenposition zusammen, die sich auf die Disposition der Akteure bezieht. Trotz aller Unterschiede im Detail gehen alle bisher vorgestellten Theorien von zweckrational handelnden Akteuren aus. Demgegenüber nimmt der Konstruktivismus an, dass die Akteure im Rahmen der kulturellen und institutionellen Strukturen des internationalen Systems „angemessen" handeln, sich also bei der Wahl ihrer Ziele und Handlungsoptionen an Werten, Normen, Rollen und ähnlichem orientieren.

Verschiedene Spielarten

Ausgehend von diesen Gegenpositionen hat der Konstruktivismus ebenso viele Spielarten entwickelt wie der „Rationalismus". Es gibt einen staatszentrierten Konstruktivismus, der wie der Realismus von Staaten als einheitlichen und einzig relevanten Akteuren ausgeht. Der konstruktivistische Institutionalismus untersucht ebenso wie er rationalistische Institutionalismus vorwiegend die Wirkungen internationaler Institutionen auf die internationale Politik. Der konstruktivistische Transnationalismus betont die ideellen Wirkungen transnationaler Akteure und Netzwerke, der konstruktivistische Liberalismus den Einfluss nationaler, staatlicher und gesellschaftlicher Kulturen und Normen. In jedem Fall werden Akteure, Strukturen und Prozesse ideell, kulturell und normativ interpretiert und fundiert. Dies kommt auch in den Titeln wichtiger Publikationen des Konstruktivismus zum Ausdruck, die realistische Themen aufgreifen, aber zugleich umdeuten. So handelt ein einflussreicher, von Peter Katzenstein herausgegebener Sammelband von *The* Culture *of National Security* (1996); Martha Finnemore untersucht *National Interests in* International Society (1996a); und in Anlehnung an und zugleich Abgrenzung von Waltz' *Theory of International Politics* entwirft Alexander Wendt eine Social *Theory of International Politics* (1999; meine Hervorhebungen).

Das Erklärungsschema des Konstruktivismus für die Ergebnisse internationaler Politik (Abb. 7.1) basiert auf dieser Dualität von intersubjektiven Strukturen und angemessen handelnden Akteuren. In internationalen Gemeinschaften besteht eine gemeinsame Kultur, die einen Werte- und Normenkonsens sowie ein freundschaftliches Verhältnis unter den Gemeinschaftsmitgliedern hervorbringt. Die Akteure orientieren sich an den gemeinsamen Werten, befolgen die gemeinsamen Normen und verhalten sich freundschaftlich und solidarisch zueinander. In diesem Kontext finden Sozialisationsprozesse statt, in denen die Gemeinschaftsmitglieder ihre Kultur vertiefen, verbreiten und Konflikte auf der Basis ihrer gemeinsamen Werte und Normen argumentativ lösen. In internationalen Gemeinschaften lassen sich daher auf der Basis von ideellem Konsens und angemessenem Verhalten die Probleme der Anarchie prinzipiell überwinden. Über die konkreten Politikergebnisse entscheidet die Argumentationsmacht der Akteure. Außerhalb von und zwischen gegnerischen internationalen Gemeinschaften hingegen regieren Wertekonflikte und Feindschaften, durch die die Probleme der internationalen Anarchie noch weiter verschärft werden. Sozialisations- und Argumentationsprozesse scheitern und führen zu wechselseitiger Abgrenzung und Verhärtung der Positionen. Das internationale System entwickelt sich daher über Prozesse der inklusiven und exklusiven Gemeinschaftsbildung.

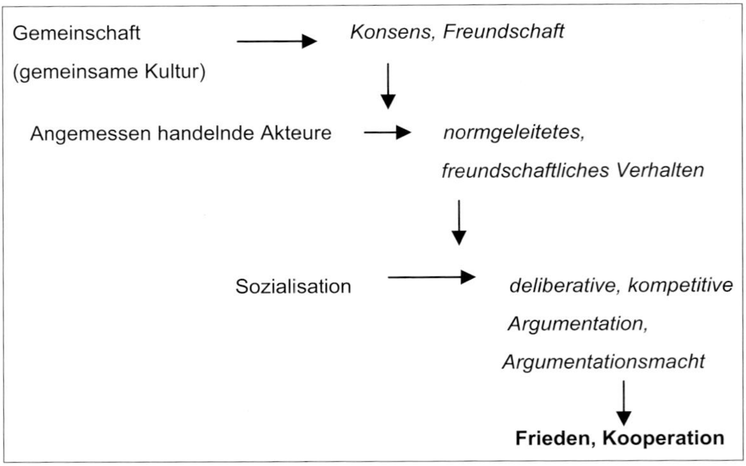

Abb. 7.1: Bausteine des Konstruktivismus

7.1 Akteure und Dispositionen: angemessen handelnde Akteure

Der Konstruktivismus zeichnet sich nicht durch eine spezielle Auswahl relevanter Akteure aus. Die Bandbreite reicht von einheitlich handelnden Staaten im staatszentrierten Konstruktivismus von Alexander Wendt (1999) bis hin zum Fokus auf transnationale zivilgesellschaftlich-öffentliche Netzwerke z. B. bei Thomas Risse und Kathryn Sikkink (1999). Was den Konstruktivismus von anderen Theorien unterscheidet, ist nicht seine Akteurs*auswahl*, sondern es sind seine Annahmen über die Disposition der Akteure.

Logik der Angemessenheit:

Internationale Akteure handeln nach konstruktivistischer Auffassung entsprechend einer „Logik der Angemessenheit“, die James March und Johan Olsen (1989: 160f) der „Logik der Konsequenzen“ gegenüberstellen.

Wenn Akteure der Logik der Angemessenheit folgen, wählen sie diejenige Handlungsweise, die in der gegebenen Situation ihrer sozialen Rolle, den geltenden sozialen Normen, den institutionellen Regeln oder den kulturellen Werten ihrer Gemeinschaft angemessen ist.

Anders als zweckrational handelnde Akteure fragen sie nicht danach, was sie unter den gegebenen Umständen tun können, um ihren Nutzen zu maximieren (sei dieser nun egoistisch oder gemeinnützig definiert), sondern danach, was sie tun müssen, um ihren normativen Verpflichtungen nachzukommen, moralischen Prinzipien Genüge zu tun oder gesellschaftlichen Regeln und Erwartungen zu entsprechen. Sie bewerten Handlungsoptionen nicht nach ihren Konsequenzen, sondern nach ihrer sozialen Konformität.

Angemessenes Handeln kann mehr oder weniger zielgerichtet und absichtsvoll sein:

- Gemäß der Annahme habituellen oder routinierten Handelns treffen die Akteure keine bewusste Wahl zwischen verschiedenen Handlungsoptionen, sondern imitieren z. B. das Verhalten anderer und folgen standardisierten Verhaltensabläufen. Staaten orientieren sich in der internationalen Politik an dem, was andere Staaten tun, folgen in internationalen Verhandlungen eingespielten diplomatischen Praktiken und halten sich weitgehend unreflektiert an die bestehenden zwischenstaatlichen Regeln. *1. Habituelles Handeln*
- Beim normativen oder wertrationalen Handeln hingegen könnten die Akteure sich durchaus anders entscheiden, wählen aber bewusst aus Überzeugung oder Verpflichtung die angemessene Verhaltensweise. Staaten verinnerlichen die Werte und Normen ihrer internationalen Gemeinschaft, vertreten diese in internationalen Verhandlungen und verhalten sich ihnen entsprechend – selbst dann, wenn dies Kosten verursacht und andere Verhaltensweisen dem materiellen Eigeninteresse dienlicher wären. *2. Normatives Handeln*
- Auch wenn Regeln, Normen oder Prinzipien zweideutig oder umstritten sind, und somit nicht klar ist, was in der gegebenen Situation das richtige Verhalten wäre, fallen angemessen handelnde Akteure nicht einfach in zweckrationales Handeln zurück und versuchen, ihre eigenen Interessen durchzusetzen. Sie bemühen sich vielmehr herauszufinden, welche Norm in der gegebenen Situation gilt, wie eine Regel richtig auszulegen und zu ergänzen ist oder welches von zwei oder mehreren Prinzipien höhere Geltung beanspruchen kann. Mit anderen Worten: Sie treten in einen Diskurs ein, in dem sie auf der Basis von Argumenten nach dem angemessenen Verhalten suchen. Dieses kommunikative oder argumentative Handeln ist der dritte Handlungsmodus, der unter die Disposition der Angemessenheit fällt (vgl. Kap. 7.3 unten). *3. Kommunikatives Handeln*

Angemessenes Handeln setzt voraus, dass es soziale Standards der Angemessenheit gibt. Diese sind in den intersubjektiven Strukturen einer Gemeinschaft verankert.

7.2 Strukturen und Strukturwirkungen: Ideen und Gemeinschaft

7.2.1 Ideelle Strukturen und das internationale System

Ideelle systemische Strukturen

Der Konstruktivismus ist wie Realismus, Institutionalismus und Transnationalismus eine systemische Theorie. Anders als im (subsystemischen) Liberalismus sind es also die Strukturen des internationalen Systems, die für das Handeln und die Interaktion internationaler Akteure ausschlaggebend sind. Im Realismus, Institutionalismus und Transnationalismus sind die relevanten systemischen Strukturen in erster Linie materielle Strukturen vom Typ der Ressourcen: Machtverteilung, Technologie und Interdependenz. Nicht-materielle Strukturen wie Regime oder Netzwerke sind sekundär, weil sie sich erst auf der Basis von Interdependenzen herausbilden, um Kooperation und Ressourcentausch zu ermöglichen und zu erleichtern. Der Konstruktivismus unterscheidet sich von dieser Strukturanalyse dadurch, dass er nicht-materiellen, ideellen oder „intersubjektiven" Strukturen primäre Relevanz zuschreibt. Zu den intersubjektiven Strukturen zählen Regeln und Schemata (vgl. Kap. 2.3.2). Sie sind *inter*subjektiv, weil sie nicht nur das Wahrnehmen, Denken und Handeln einzelner Personen betreffen – in diesem Fall würde man von subjektiven Dispositionen sprechen – sondern die Kognitionen von Gruppen strukturieren.

Kausale und prinzipielle Ideen: Wissen, Werte und Normen

Bei den ideellen oder intersubjektiven Strukturen wird allgemein zwischen kausalen oder instrumentellen Ideen auf der einen Seite und prinzipiellen Ideen auf der anderen Seite unterschieden. Kausale oder instrumentelle Ideen werden hier unter dem Begriff des „Wissens" zusammengefasst; prinzipielle Ideen lassen sich in Werte und Normen unterteilen.

- *Wissen* umfasst gemeinsame Überzeugungen hinsichtlich von Ursache-Wirkungs-Zusammenhängen und Problemlösungen – etwa über die Ursachen des Ozonlochs, Entwicklungsstrategien zur Beseitigung von Armut oder Wege zur Rüstungskontrolle. Gemeinschaften, die auf gemeinsamem Wissen oder gemeinsamen Wissensstandards beruhen, sind z. B. die bereits erwähnten *epistemic communities* (epistemische oder Wissensgemeinschaften; vgl. Kap. 5.2.2).

- Politische *Werte* beschreiben die erwünschten Merkmale und Zwecke politischer Ordnung – z. B. Demokratie, Freiheit, Gleichheit, Wohlstand und Sicherheit. Staaten, die grundlegende politische Werte teilen, bilden somit eine „Wertegemeinschaft". In diesem Sinne verstehen sich die Mitglieder der NATO als „transatlantische Gemeinschaft" von liberalen Demokratien.
- *Normen* sind kollektive Standards angemessenen Verhaltens. Während sich Werte auf wünschbare politische Zustände und Zwecke politischer Ordnung beziehen, geht es bei Normen um das erwünschte Verhalten der Akteure und die angemessenen Mittel zur Erreichung politischer Ziele. Gruppen, die grundlegende politische Normen teilen und propagieren, kann man entsprechend als normative Gemeinschaften bezeichnen. Beispiele dafür sind die Bewegung zur Abschaffung der Sklaverei oder die internationale Kampagne für das Verbot von Landminen.

Identität

Eine weitere zentrale intersubjektive Struktur ist die Identität. Sie gibt Antworten auf die Fragen „Wer sind wir? Was eint uns? Wer gehört zu uns?" Typischerweise enthält die Identität auch die Abgrenzung und Unterscheidung der eigenen oder *in-group* von anderen (*out-group*). Die Identität einer Gruppe kann auf den oben aufgeführten gemeinsamen Ideen beruhen – dann definiert die Gruppe sich durch gemeinsame Werte, Normen und kausale oder instrumentelle Überzeugungen und grenzt sich von Gruppen ab, die andere Werte und Normen oder anderes Wissen vertreten. Solche Identitäten sind prinzipiell universalisierbar: jedes Individuum, jede Gruppe kann durch Übernahme der entsprechenden Ideen eine neue Identität annehmen. Die Identität kann aber, wie im Fall der nationalen oder ethnischen Identität, auch auf Abstammung, Heimat, Rasse oder Sprache beruhen – also auf Merkmalen, die man als Individuum oder Gruppe nicht oder nur schwer beeinflussen oder ändern kann.

Kultur und Gemeinschaft

Kultur kann dann als die Gesamtheit der kollektiven Ideen einer Gruppe verstanden werden. Insofern eine Gruppe sich durch eine gemeinsame Kultur definiert oder auszeichnet, handelt es sich um eine Gemeinschaft. Die Mitglieder einer Gemeinschaft haben eine positive gemeinsame Identität, die auf gemeinsamen Werten, Normen, Wissensbeständen oder anderen gemeinsamen Merkmalen beruht.

Konstitutiver Charakter von Ideen

Ideen sind für die Struktur des internationalen Systems von grundlegenderer Bedeutung, und sie strukturieren das Handeln und die

Interaktion der internationalen Akteure in stärkerem Maße als materielle Strukturen. Ideen sind nach konstruktivistischer Auffassung außerdem von primärer, konstitutiver Bedeutung. Realismus und Institutionalismus behaupten, dass intersubjektive Strukturen (hegemoniale Ordnungen oder internationale Regime) sich unter bestimmten Bedingungen in einem grundlegend durch Machtverhältnisse, Technologien und Interdependenzen strukturierten internationalen System herausbilden. Der Konstruktivismus hingegen geht davon aus, dass das internationale System von Grund auf kulturell und institutionell konstituiert ist. Es repräsentiert nicht etwa einen kultur- und regellosen „Naturzustand", sondern eine spezifische Kultur und institutionelle Ordnung.

Englische Schule: Anarchie als Form sozialer Ordnung

Die internationale Anarchie, die der Konstruktivismus ebenso wenig wie die anderen Theorien der internationalen Politik bestreitet, stellt demnach nicht etwa die *Abwesenheit*, sondern eine besondere *Form* von normativer oder institutioneller sozialer Ordnung dar. In diesem Sinne spricht Hedley Bull, ein herausragender Vertreter der sogenannten „Englischen Schule" der Internationalen Beziehungen, vom Staatensystem als einer „anarchischen *Gesellschaft*" (Bull 1977, meine Hervorhebung). Die Souveränität der Staaten ergibt sich nicht einfach aus ihrer Autonomie oder ihrer faktischen Macht über ein Territorium, sondern ist eine Grundnorm dieser anarchischen Gesellschaft. Das sehen wir unter anderem daran, dass diese Souveränität von der anarchischen Gesellschaft auch schwachen, intern zerrissenen Staaten zugestanden wird, die geringe Autonomie und nur eine prekäre Kontrolle über ihr staatliches Territorium besitzen und deren Regierungen illegitim an die Macht gelangt sind. Solche „Quasi-Staaten" (Jackson 1990) sind international anerkannt, haben Sitz und Stimme in internationalen Organisationen und erhalten internationale Hilfe. Auch der Krieg ist in dieser Perspektive nicht die Verneinung oder der Zusammenbruch von Recht und Ordnung, sondern eine bestimmten Regeln und Beschränkungen unterworfene Institution der anarchischen internationalen Gesellschaft. So verstanden unterscheidet sich der Krieg von anderen Formen der Gewalt und ist ein legitimes Mittel der internationalen Politik.

Stanford-Schule: Weltkultur und globales politisches System

Für die Vertreterinnen und Vertreter der sogenannten „Stanford-Schule", einer anderen Richtung der konstruktivistischen Theorie, ist das internationale System ein globales politisches System. Seine Ordnung ist Ausdruck einer spezifischen „westlichen" Weltkultur. Organisationsformen wie der moderne Territorialstaat und der Markt sind demnach nicht nur im „Westen" entstanden und entwickelt worden: Sie repräsentieren auch westliche Ideen rationaler sozialer

Organisation. Auch andere universal gültige Normen und Werte der internationalen Politik und internationaler Organisationen wie das Gleichheitsprinzip oder das Streben nach Wohlstand sind europäischen, westlichen Ursprungs (vgl. im Überblick Finnemore 1996b). Ein angemessenes Verständnis der internationalen Politik setzt aus konstruktivistischer Sicht also voraus, dass man das internationale System als eine Form (anstatt als Abwesenheit) von politischer Ordnung begreift und deren kulturelle Grundlagen erkennt.

Intersubjektive Strukturen bestimmen Wirkung materieller Strukturen

Intersubjektive Strukturen sind auch insofern von übergeordneter Bedeutung, als sie die soziale Wirkung materieller Strukturen bestimmen. Internationale materielle Strukturen wie Ressourcen und Technologie und die Macht- und Interdependenzverhältnisse, die sich aus ihnen ergeben, prägen das Handeln und die Interaktion der internationalen Akteure nicht unmittelbar. Sie entfalten ihre Wirkungen erst dadurch, dass die Akteure ihnen eine vom kulturellen Handlungskontext bestimmte Bedeutung beimessen. In Umkehrung des materialistischen Grundsatzes – „Das Sein bestimmt das Bewusstsein!" – folgt der Konstruktivismus dem idealistischen Grundsatz, demzufolge das Bewusstsein das Sein bestimmt. Oder weniger radikal: Das kulturell geprägte Bewusstsein beeinflusst, wie wir unsere materielle Umwelt wahrnehmen, interpretieren und mit ihr umgehen. Aus konstruktivistischer Perspektive lässt sich aus der Tatsache, dass ein Staat über Atomwaffen, militärische Übermacht oder überlegene wirtschaftliche Verhandlungsmacht verfügt, weder sein Verhalten gegenüber anderen Staaten noch das Verhalten dieser anderen Staaten ableiten. Es kommt zum einen darauf an, wie das Verhältnis zwischen den Staaten ist. Gehören sie zur eigenen Gemeinschaft oder zu „den Anderen"? Haben sie die gleichen Werte und Normen oder nicht? Atomwaffen im Besitz eines freundschaftlich verbundenen Staates verlieren ihren Schrecken. Militärische Überlegenheit ist für die Mitglieder der eigenen Gemeinschaft ein Schutz, für feindliche Gemeinschaften eine Bedrohung. Materiell überlegene Verhandlungsmacht wird in der eigenen Gruppe durch gemeinsame Normen der Fairness und Solidarität abgeschwächt, gegenüber Mitgliedern der *out-group* hingegen ungehindert ausgespielt.

7.2.2 Kulturen, Konflikt und Kooperation

Intersubjektive Strukturen konstituieren das anarchische internationale System nicht nur, sie beeinflussen auch die Wirkungen der Anarchie. Mit Institutionalismus, Transnationalismus und Liberalismus stimmt der Konstruktivismus darin überein, dass die anarchische Ordnung des internationalen Systems das Verhalten und die Interaktion der Staaten nicht determiniert. Unsicherheit, Machtstreben und Machtkonkurrenz sind keine notwendige Konsequenz der Anarchie. *Anarchy is what states makes of it* lautet der Titel eines bekannten Artikels von Alexander Wendt (1992): Es kommt darauf an, was die Staaten aus der Anarchie machen.

Für Konstruktivistinnen sind es vor allem die von Staaten und anderen internationalen Akteuren „konstruierten" intersubjektiven ideellen Strukturen, die über Prozessmuster und Ergebnisse der internationalen Politik entscheiden. Dabei können wir zwei grundlegende Ausprägungen intersubjektiver Strukturen unterscheiden.

Einerseits kann internationale Politik in einem Gemeinschaftskontext, also auf der Basis einer gemeinsamen Kultur, stattfinden. Gemeinschaft entschärft die problematischen Wirkungen der Anarchie. Wenn andererseits gegensätzliche Kulturen aufeinandertreffen, verschärfen sich die Anarchieprobleme.

Vergegenwärtigen wir uns noch einmal, wie die systemischen Theorien, die wir bisher kennengelernt haben, die Wirkungen der internationalen Anarchie analysiert haben. Realismus, Institutionalismus und Transnationalismus gehen von einer zweckrationalen Akteursdisposition aus und nehmen typischerweise an, dass die Akteure eine Mischung aus gemeinsamen und gegensätzlichen Interessen besitzen. Das heißt, die Akteure sehen einander vornehmlich als Unterstützung oder Hindernisse bei der Verfolgung ihrer Eigeninteressen. Einerseits brauchen die Akteure einander, um ihre Ziele zu erreichen, also Frieden zu bewahren, Interdependenzen zu bearbeiten oder Ressourcen zu tauschen (gemeinsame Interessen). Andererseits profitieren sie davon, den anderen zu täuschen und zu übervorteilen (gegensätzliche Interessen). Daraus entstehen die Kooperationsdilemmata, die unter den Bedingungen der internationalen Anarchie (mangelnde Kontrolle und Sanktionierung unkooperativen Verhaltens) zu allgemeinem Misstrauen und unkooperativem Verhalten führen. Nur durch Hegemonie, Regime oder Netzwerke lässt sich hinreichendes Vertrauen in wechselseitig kooperatives Verhalten aufbauen. Internationale Strukturen sorgen also im günstigen Fall dafür, dass den Akteuren die Angst vor Täuschung und Übervorteilung genommen wird und sie daher bereit sind, zur Verwirklichung gemeinsamer Interessen zu kooperieren. Die Interessen der Akteure und ihr strategisches Verhältnis zu den anderen Akteuren bleiben dabei unverändert.

Verschiebung der Anarchieproblematik:

Entsprechend der Annahmen des Konstruktivismus jedoch prägen intersubjektive Strukturen wie Wissen, Werte, Normen und Identitäten die Interessen der Akteure und erzeugen ein diesen intersubjektiven Strukturen angemessenes, also weder strategisches noch opportunistisches Verhalten. Dadurch verschiebt sich die Anarchieproblematik in doppelter Hinsicht.

1. Balance gemeinsamer und gegensätzlicher Interessen

Erstens verschiebt sich die Balance von gemeinsamen und gegensätzlichen Interessen. Die gemeinsamen Ideen internationaler Gemeinschaften stärken gemeinsame gegenüber gegensätzlichen Zielen in der internationalen Politik. Wenn alle Staaten einer internationalen Gemeinschaft konsequent, weil ideell motiviert, Atomwaffen ablehnen, Armut bekämpfen wollen, die Menschenrechte respektieren und eine intakte Umwelt schätzen, und wenn sie darüber hinaus auch ein gemeinsames Wissen über die Ursachen und Lösungsmöglichkeiten dieser Probleme besitzen, sind günstige Voraussetzungen für eine Zusammenarbeit zur Erreichung dieser Ziele gegeben. Angemessen handelnde Akteure betrachten diese werte- und normbasierten Ziele nicht als austausch- und verhandelbar; sie sind ihnen fest verpflichtet.

Wo hingegen gegensätzliche Kulturen aufeinandertreffen, also Wissen, Werte und Normen nicht übereinstimmen, sinken die Chancen der Zusammenarbeit. Es mangelt nicht nur an gemeinsamen Zielen, die sich über Kooperation realisieren ließen, oder gemeinsamen Problemlösungsstrategien; vielmehr gelten Konflikte über Wissen, Werte und Normen als besonders kooperationsfeindlich. Sie erzeugen Gegensätze zwischen „wahr/richtig" und „falsch" sowie „gut" und „böse" – und nicht nur zwischen „mehr" und „weniger". Sie lassen sich nicht durch ein partielles Geben und Nehmen lösen wie Interessen- und Verteilungskonflikte, sondern tendieren zu – je nach Standpunkt – Prinzipienreiterei oder Prinzipienfestigkeit. Angemessenes Handeln führt in diesem Fall zu besonderer Unnachgiebigkeit und Unduldsamkeit der Konfliktparteien, während zweckrationale Akteure materielle Gewinnchancen ideellen Gegensätzen nicht opfern würden.

2. Freundschaft...

Zweitens entstehen Freundschaft oder Feindschaft. Für zweckrationale Akteure gibt es weder Freunde noch Feinde – nur Partner und Konkurrenten, und das oft in ein und derselben Person. Aus der Perspektive der Logik der Angemessenheit jedoch sind Akteure, die gemeinsame Überzeugungen, Werte und Normen verbinden, einander grundsätzlich sympathisch und wohl gesinnt. Sie nehmen einander als Bestätigung und Unterstützung ihrer Ideen wahr. Über gemeinsame Ideen können sich außerdem kollektive Identitäten entwickeln: Akteure identifizieren sich positiv mit anderen, die ähnliche Grundwerte und Grundnormen vertreten, und sehen sich als Teil einer größeren Gemeinschaft. Eine solche Gemeinschaft stärkt altruistische und wertrationale Dispositionen. Gemeinschaftsmitglieder nehmen einander nicht vorrangig als Mittel zum Zweck der Erhöhung des eigenen Nutzens wahr, sondern als ein Teil des „Eigenen", dessen Nutzen gefördert werden soll. Darüber hinaus interpretieren sie ihren Nutzen im Licht der gemeinsamen Überzeugungen und Werte der Gemeinschaft. Auf der Basis gemeinsamer Ideen und Identitäten entsteht somit eine „Kultur der Freundschaft" (Wendt 1999), in der die Probleme der internationalen Anarchie verschwinden: Freunde bedrohen, betrügen und übervorteilen einander nicht. In einem freundschaftlichen Verhältnis besteht daher ein prinzipielles Vertrauen. Schon bei Karl Deutsch waren gemeinsame Werte (neben transnationaler Responsivität) eine notwendige Bedingung für pluralistische Sicherheitsgemeinschaften, in denen stabiler Frieden herrscht. Unter Freunden bedarf es auch keiner Kontrolle und Sanktionierung durch Dritte, um stabile Kooperation zu gewährleisten.

... und Feindschaft

Die entgegengesetzte Wirkung können wir in Feindschaften erwarten. Akteure, die gegensätzliche Ideen, Werte und Normen vertreten, entwickeln Antipathien, sehen einander als Infragestellung ihrer grundsätzlichen Überzeugungen, als Bedrohung ihrer Identität. Sie entwickeln eine negative kollektive Identität, definieren den Anderen als Gegensatz des Selbst und sich selbst aus dem Gegensatz zum Anderen. So entsteht eine „Kultur der Feindschaft". Feinde sind sich ebenso wenig gleichgültig wie Freunde, doch nun definieren sie ihren Nutzen darin, einander zu schaden und zu vernichten. Bedrohung, Betrug und Übervorteilung des Anderen werden zum Selbstzweck. Ebenso wie unter zweckrationalen Akteuren existiert Misstrauen – es ist aber nicht das Ergebnis von übertriebener Furcht, „Worst-Case"-Denken oder wechselseitigen Fehlwahrnehmungen, sondern angesichts der tatsächlichen Absichten der Akteure völlig angemessen. Um hier Sicherheit und Vertrauen zu schaffen, reicht die Kontrolle und Sanktionierung durch internationale Regime nicht aus – es bedarf der Zwangsgewalt, die die Feinde in Schach hält.

Fassen wir zusammen: Übereinstimmendes Wissen, gemeinsame Werte und Normen und positive kollektive Identitäten schaffen in Gemeinschaften eine Kultur der Freundschaft, die nicht nur gemeinsame Ziele hervorbringt, sondern auch ein starkes Vertrauen in die Friedfertigkeit und Kooperationsbereitschaft aller Gemeinschaftsmitglieder erzeugt. Dadurch verringern sich die Anarchieprobleme der Unsicherheit und Ineffizienz stark. Kontroverse Ideen, unvereinbare Werte, umstrittene Normen und negative kollektive Identitäten tendieren hingegen zu einer Kultur der Feindschaft, in der die gegensätzlichen Ziele und das Misstrauen gegenüber der Friedlichkeit und Kooperationsbereitschaft der anderen Akteure akzentuiert werden.

So steigern sich die Anarchieprobleme von der Unsicherheit zur Feindschaft und von der Ineffizienz zur reinen Konkurrenz.

In der konstruktivistischen Analyse sind die unterschiedlichen Annahmen der anderen IB-Theorien über die Akteursdispositionen, Strukturen und Prozesse der internationalen Politik letztlich eine Konsequenz unterschiedlicher, aber in diesen anderen Theorien nicht geklärter und explizierter Annahmen über die vorherrschende internationale Kultur. Offensives Machtstreben und Machtkonkurrenz, wie vom Realismus angenommen, sind demnach Wirkungen einer Kultur der Feindschaft – und nicht der Anarchie an sich. Ebenso ist die Wohlfahrtskonkurrenz eigennütziger Staaten, wie sie der Institutionalismus analysiert, nicht so sehr eine Auswirkung der Interdependenz, sondern einer Kultur der Rivalität. Die sich aus gemeinsamen Strukturen und Zielen speisende friedens- und kooperationsförderliche Kompatibilität von Staaten, wie sie der Liberalismus behauptet, entspricht schließlich der Kultur der Freundschaft.

7.3. Prozess und Interaktion: Sozialisation und Argumentation

Kulturen prägen auch die relevanten Prozesse und Interaktionen in der internationalen Politik. Je nachdem, ob diese Prozesse sich innerhalb von oder zwischen konkurrierenden Gemeinschaften abspielen, ob sie in einem Kontext der Freundschaft oder der Feindschaft stattfinden, unterscheidet sich die Interaktion gravierend. Zunächst sollen die Auswirkungen von Freundschaft und Feindschaft auf die Dilemmata internationaler Politik diskutiert werden (7.3.1). Es folgt ein Abschnitt über Sozialisationsprozesse und argumentative Interaktionen innerhalb und außerhalb von Gemeinschaftskontexten (7.3.2).

7.3.1 Freundschaft, Feindschaft und die Dilemmata der internationalen Politik

In den Kulturen der Freundschaft und Feindschaft verschwindet das Dilemma aus dem Gefangenendilemma. Stellen wir uns zunächst die Gefangenensituation unter Freunden vor (vgl. Tab. 7.1). Miteinander befreundete und angemessen handelnde Bankräuber suchen keinen persönlichen Vorteil auf Kosten des anderen und können sich sicher sein, dass der andere auch sie nicht verrät. Es besteht eine starke informelle Kooperationsnorm, die sie dazu bringt, sich ohne Rücksicht auf die Konsequenzen kooperativ zu verhalten, also C zu spielen. Analog gilt dies für befreundete Staaten.

Staat A / Staat B	Kooperation (C)	Vorteilssuche (D)
Kooperation (C)	*Kooperation (4,4)*	Vorteil A (2,3)
Vorteilssuche (D)	Vorteil B (3,2)	Keine Kooperation (1,1)

Tab. 7.1: „Gefangenendilemma" unter Freunden

In dieser Konstellation fallen Optimum und Gleichgewicht zusammen: die befreundeten Staaten erzielen auch ohne Iteration (Interdependenz), ohne Kontrolle (Regime) und ohne Transparenz (Demokratie) das kollektiv optimale Ergebnis.

Auch beim „Gefangenendilemma" unter Feinden verschwindet das Dilemma – allerdings in der entgegengesetzten Richtung. Auch die verfeindeten Bankräuber stellen ihren persönlichen Vorteil zurück; jedoch nur, um einander ohne Rücksicht auf eigene Verluste den größtmöglichen Schaden zuzufügen. Außerdem verweigern sie sich der Kooperation mit dem Feind kategorisch, obwohl die Kooperationsverweigerung ein höheres Strafmaß nach sich zieht (vgl. Tab. 7.2). Die blinde Konfrontation, bei der beide Seiten unstrategisch D spielen und bewusst auf den eigenen Vorteil verzichten, hat zwar das gleiche Ergebnis wie das gewöhnliche Gefangenendilemma, doch ist die Nicht-Kooperation (DD) nun das kollektive optimale, von beiden Seiten erwünschte Ergebnis – und nicht das unerwünschte Ergebnis eines strategischen Dilemmas.

Staat A / Staat B	Kooperation (C)	B schaden (D)
Kooperation (C)	Kooperation (1,1)	Vorteil A (3,2)
A schaden (D)	Vorteil B (2,3)	*Keine Kooperation (4,4)*

Tab. 7.2: „Gefangenendilemma" unter Feinden

In beiden Fällen weichen die Konsequenzen der Anarchie von den bisher angenommenen Dilemmata zweckrationaler Akteure ab. Es zeigen sich darüber hinaus Ähnlichkeiten zu den im Kapitel über den Liberalismus diskutierten Konstellationen der Harmonie und des Konflikts. Die Freundschaftskonstellation deckt sich vollständig mit der Harmoniekonstellation (Tab. 6.3). Die Harmoniekonstellation geht jedoch auf die zweckrationale Zielorientierung der Akteure und die vollständige Vereinbarkeit ihrer Ziele zurück, während die Freundschaftskonstellation sich aus dem angemessenen Handeln der Akteure in einem durch positive Identifikation geprägten Verhältnis ergibt.

Die Unterschiede werden deutlich, wenn wir die Konfliktkonstellation (Tab 6.2) mit der Feindschaftskonstellation vergleichen. Die Konfliktkonstellation resultiert aus der unterschiedlichen Wertschätzung eines außenpolitischen Ziels durch zweckrationale Akteure und weist daher eine asymmetrische Präferenzordnung der Akteure auf (das heißt, die Rangordnung der Interaktionsergebnisse ist bei beiden Akteuren unterschiedlich). In der Feindschaftskonstellation, die sich aus einem durch negative Identifikation geprägten Verhältnis ergibt, ist die Präferenzordnung hingegen symmetrisch: Beide Seiten haben die gleichen Präferenzen – allerdings sind sie nicht darauf gerichtet, ein bestimmtes Gut zu erlangen, sondern darauf, dem anderen zu schaden und Zusammenarbeit zu vermeiden. Die Gemeinsamkeit von Liberalismus und Konstruktivismus (und ihr gemeinsamer Gegensatz zu Realismus und Institutionalismus) liegt also darin, dass die Interaktion nicht oder nur sekundär von strategischen Dilemmata bedingt sind, sondern vom Grad der Übereinstimmung zwischen den Akteuren (die der strategischen Interaktion vorausgeht). Geht es aus liberaler Sicht aber allein um die Übereinstimmung substanzieller innenpolitisch generierter Ziele, so spielen für den Konstruktivismus die Übereinstimmung systemischer Ideen und die Art des Verhältnisses zwischen den Akteuren die zentrale Rolle.

7.3.2 Argumentationskonstellationen und Sozialisationsbedingungen

Internationale Sozialisation…

> Internationale Sozialisation ist der Prozess, durch den internationale Akteure (die Sozialisanden) dazu gebracht werden sollen, die Ideen und die Identität einer internationalen Gemeinschaft zu übernehmen und zu reproduzieren.

Anders gesagt, durch Sozialisation werden die Akteure zu Mitgliedern einer internationalen Gemeinschaft. Im Ergebnis einer erfolgreichen Sozialisation verinnerlichen sie die Wissensbestände, die Werte und die Normen der Gemeinschaft so weit, dass sie sie als ihre eigenen wahrnehmen, als Teil ihrer Identität empfinden, und ihnen entsprechend angemessen handeln – ohne dass es dafür externer Anreize oder Sanktionen bedürfte. Internationale Sozialisation ist aus konstruktivistischer Perspektive der zentrale Prozess internationaler Politik: Internationale Gemeinschaften sind permanent dabei, ihre Identität und ihre Ideen nach innen und nach außen zu festigen. Sie müssen sich gegen Herausforderungen im Inneren wie durch konkurrierende internationale Gemeinschaften mit anderen Identitäten verteidigen, und sie versuchen, für ihre eigenen kausalen Überzeugungen, Werte und Normen neue Anhänger zu finden.

...durch Argumentation und Überzeugung

Im Wesentlichen geschieht dies durch Argumentation und Überzeugung. In internationalen Argumentationsprozessen (z. B. im Rahmen zwischenstaatlicher Konferenzen oder NGO-Kampagnen) versuchen die Akteure mit Hilfe von Argumenten ihre Werte, Normen oder ihr Wissen gegenüber anderen Akteuren zu rechtfertigen und diese davon zu überzeugen, ihre Ideen zu übernehmen und sich ihren Ideen entsprechend angemessen zu verhalten (vgl. Textbox 7.1). Epistemische Gemeinschaften führen beispielsweise wissenschaftliche Studien an, um Regierungen und Unternehmen davon zu überzeugen, dass es das Ozonloch und den Treibhauseffekt gibt, dass diese Gefährdungen durch bestimmte Technologien und Produktionsweisen hervorgerufen werden, und was geändert werden müsste, um die Ausbreitung des Ozonlochs und den Klimawandel aufzuhalten. Menschenrechtsnetzwerke, die aus konstruktivistischer Perspektive als normative Gemeinschaften zu sehen sind, verweisen beispielsweise auf journalistische Berichte oder Aussagen von Betroffenen, um zu belegen, dass in einem Land Menschenrechtsverletzungen begangen werden. Sie fordern die menschenrechtsverletzende Regierung auf, sich an die Normen der Staatengemeinschaft zu halten, und sie versuchen, internationale Organisationen davon zu überzeugen, dass sie ihr Menschenrechtsregime erweitern und verschärfen müssen, um ihren Verpflichtungen zum Schutz der Menschenrechte wirksam nachkommen zu können.

Weitere Beispiele: Religiöse Gemeinschaften missionieren oder versuchen, ihre Werte zu verteidigen – z. B. wenn die katholische Kirche gegen Familienplanung und Verhütungskampagnen im Rahmen des Bevölkerungsprogramms der Vereinten Nationen zu Felde zieht. Internationale Organisationen der demokratischen Staatengemeinschaft wie der Europarat versuchen, ihre Mitglieds- und Nachbarstaaten von demokratischen Prinzipien zu überzeugen; Globalisierungskritiker argumentieren, dass die Liberalisierung des Welthandels Ungerechtigkeiten schafft; Friedensbewegungen bemühen sich, die Öffentlichkeit von der Verwerflichkeit bestimmter Waffen wie Landminen oder des Krieges an sich zu überzeugen.

Rahmenbedingungen erfolgreicher Sozialisation

Unter welchen Bedingungen gelingt internationale Sozialisation? Konstruktivistische Analysen verweisen zur Erklärung zunächst auf die Rahmenbedingungen der Überzeugungsprozesse (vgl. Checkel 2001; Johnston 2001; Risse 2000).

- Überzeugung wird dadurch begünstigt, dass sich der Sozialisand in einer für ihn neuartigen und unsicheren Umgebung und Situation befindet. In dieser Situation wachsen die Überzeugungschancen mit der *Dauer und Intensität des Kontakts* zwischen Sozialisationsinstanz und Sozialisand und mit der *Konsistenz* der Standpunkte und Argumente, die dem Sozialisanden aus seiner internationalen Umwelt übermittelt werden. Neue Staaten oder Staaten, die gerade einen Regimewechsel durchlaufen haben, sollten daher besonders empfänglich für die Ideen der internationalen Gemeinschaft sein, vor allem, wenn sie ständig auf die gleichen Werte, Normen und Wissensbestände treffen.

1. Neuartige und unsichere Situation

- Überzeugung wird weiterhin erleichtert, wenn Wissen, Werte und Normen hohe internationale Legitimität besitzen und von Akteuren mit anerkannter Autorität vertreten werden, die für eine internationale Gemeinschaft sprechen, mit der sich die Sozialisandin identifiziert und der sie angehören will (*Identifikation* und *Aspiration*). Legitimität gewinnen Ideen vor allem dadurch, dass sie durch anerkannte Verfahren Geltung erlangt haben und in hochrangigen, verbindlichen Dokumenten klar verankert sind. Normen, die aufgrund eines einstimmigen Beschlusses in völkerrechtlichen Verträgen kodifiziert sind und von kompetenten Organen internationaler Organisationen vertreten werden, sollten daher besonders hohe Überzeugungswirkung entfalten – und dies um so mehr, wenn diese internationalen Organisationen eine Gemeinschaft repräsentieren, von der die Sozialisandin anerkannt und als Mitglied aufgenommen werden will.

2. Legitimität und Autorität

- Überzeugung wird gefördert, wenn der Überzeugungsprozess deliberativ ist, also einer „idealen Sprechsituation" besonders nahekommt, die Akteure also aufrichtig und unparteiisch argumentieren und keinem äußeren Druck oder Zwang ausgesetzt sind.

3. Deliberation

- Schließlich wird Überzeugung begünstigt, wenn die innenpolitische und gesellschaftliche Anschlussfähigkeit der Ideen der internationalen Gemeinschaft hoch ist (Resonanz) oder zumindest im Innern verankerte Werte, Normen, Wissensbestände und Identitäten den internationalen nicht widersprechen. Demnach wären z. B. Gesellschaften mit schwach ausgeprägtem Nationalismus und bundesstaatlicher Tradition eher zu internationaler Integration bereit als solche mit starkem Nationalismus und einheitsstaatlichen, zentralistischen Traditionen.

4. Resonanz

Textbox 7.1 Argumentationsanalyse

In der Grundsituation einer Argumentation stehen sich ein Proponent P, der die Geltung eines Standpunkts s beansprucht, und eine Opponentin O gegenüber, die diese Geltung bestreitet. Will P O von seinem Standpunkt überzeugen, muss er einen Grund g anführen, der den Geltungsanspruch von s stützt. Außerdem bedarf ein Argument einer Berechtigung b, derzufolge g ein geeigneter und relevanter Grund für die Geltung von s ist. Mit anderen Worten: g erlaubt es, aufgrund von b auf s zu schließen. Daraus ergibt sich die Grundformel eines Arguments: P: „s, weil g gemäß b!" Die Auswahl und Verknüpfung von Gründen und Berechtigungen stellt zugleich die Argumentationsstrategie von P dar.

Nehmen wir an, P und O streiten über die Zulässigkeit von Folter. P behauptet: „Folter ist unter keinen Umständen zulässig (s), weil sie gegen die Menschenwürde (b) verstößt (g)!" Die Menschenwürde ist die Berechtigung, der Verstoß gegen die Menschenwürde der Grund für das ausnahmslose Folterverbot. Wenn die Opponentin dieses Argument akzeptiert, ist die Argumentation beendet. Darüber hinaus besitzt sie drei grundsätzliche Optionen für Gegenargumente:

- Argumente gegen g: O akzeptiert zwar die Menschenwürde als Berechtigung des Arguments, bestreitet aber, dass Folter in jedem Fall einen Verstoß gegen die Menschenwürde darstellt. Sie könnte beispielsweise behaupten, dass leichte Formen von Folter wie Schlafentzug die Menschenwürde nicht in Frage stellen oder dass in bestimmten Kulturen einzelne Formen von Folter nicht als Beeinträchtigung der Menschenwürde angesehen werden.
- Argumente gegen b: O akzeptiert zwar eventuell, dass Folter einen Verstoß gegen die Menschenwürde darstellt, bestreitet aber, dass die Menschenwürde der alleinige oder geeignete Maßstab für die Zulässigkeit von Folter ist. Sie könnte beispielsweise behaupten, die Abwehr von Terrorgefahr für eine große Zahl von Menschen rechtfertige die Verletzung der Menschenwürde Einzelner.
- Argumente gegen P: O bestreitet die Glaubwürdigkeit von P, indem sie z.B. darauf hinweist, dass P sich bei anderer Gelegenheit für Folter ausgesprochen hat oder selbst Folter angewendet hat. Indem O die Glaubwürdigkeit von P in Frage stellt, braucht sie sich nicht mit der Substanz seines Arguments auseinanderzusetzen.

Wenn O die Berechtigung des Arguments von P anerkennt, so handelt es sich um eine kompetitive Argumentation, bei der es nur darum geht, wer die besseren Gründe anführen kann. Stellt O hingegen die Berechtigung in Frage, so handelt es sich um eine kontroverse Argumentation, bei der bereits umstritten ist, welche Gründe als besser zu gelten haben. Nur in kompetitiven Argumentationen besteht die Möglichkeit zur wechselseitigen Überzeugung. Kontroverse Argumentationen müssen zunächst in kompetitive transformiert werden, damit die Chance auf einen Konsens besteht. Das geschieht durch eine Argumentation zweiter Ordnung, bei der die Berechtigung aus der Argumentation erster Ordnung zum Standpunkt wird. In unserem Beispiel ginge es also um die Frage, ob die individuelle Menschenwürde der höchste und unantastbare politische Wert sei.

Die Argumentationstheorie benennt ähnliche Bedingungen für ein erfolgreiches, also überzeugendes Argument. Generell gilt, dass ein Proponent, der argumentativ Erfolg haben will, an bestehende Ideen und Überzeugungen der Opponentin appellieren muss. Wirksame Argumentation besteht darin, die Opponentin auf der Basis von Ideen, die sie bereits akzeptiert, zu Schlussfolgerungen zu führen, die sie bisher nicht akzeptiert hat. Idealerweise muss der Proponent dabei voraussetzen können, dass die Opponentin sowohl die Berechtigungsgrundlage seines Arguments teilt, als auch die von ihm angeführten Gründe anerkennt (vgl. Textbox 7.1). Daraus folgt, dass nur *kompetitive Argumentationen* die Chance zur Überzeugung bieten, kontroverse Argumentationen hingegen zum Scheitern verurteilt sind. Das deckt sich mit den oben angeführten Bedingungen der Identifikation und Resonanz, die eine gemeinsame Basis von Proponent und Opponentin für Überzeugungsprozesse schaffen.

Bedingungen erfolgreicher Argumentation

- Wenn der Proponent exklusive Ideen und Identitäten vertritt, die die Opponentin gar nicht akzeptieren kann, ohne sich selbst zu verleugnen, ist argumentative Überzeugung nahezu unmöglich. Politische Geltungsansprüche, die mit rassistischen oder ethnischen Ideologien gerechtfertigt werden, sind für Angehörige anderer Rassen oder Ethnien prinzipiell inakzeptabel. Solche Ansprüche lassen sich in der Regel nur durch Zwang durchsetzen und aufrechterhalten.

1. Problem exklusive Ideen

- Auch wenn die vom Proponenten angeführte Berechtigung prinzipiell universalisierbar wäre, sind die Chancen für argumentative Überzeugung ebenfalls gering, wenn die Opponentin die Berechtigung weder anerkennt noch ihr anderweitig verpflichtet ist. Die Katholische Kirche kann bei einer Weltbevölkerungskonferenz nicht-christliche Staaten nicht unter Berufung auf die Bibel oder die (prinzipiell mit universalem Anspruch auftretende) katholische Lehre von ihren Auffassungen zur Familienplanung überzeugen; ebenso wenig werden sich ethno-nationalistische Regierungen durch einen Verweis auf den (prinzipiell universalisierbaren) Wert der Multikulturalität dazu bringen lassen, in ihrem Land Minderheiten politische Rechte zu gewähren.

2. Problem umstrittene Berechtigung

- Besser stehen die Chancen, wenn die Opponentin sich öffentlich auf die Anerkennung der Berechtigung verpflichtet hat, auch wenn dies nur taktisch erfolgt ist und nicht seiner tatsächlichen Überzeugung entsprach. Dies wäre z. B. der Fall, wenn eine ethno-nationalistische Regierung sich öffentlich zum Minderheitenschutz bekannt hätte, um die Anerkennung der Staatengemeinschaft zu erlangen. Eine solche Situation hat das Potenzial zur argumentativen Selbstverstrickung. Unter diesen

3. Öffentliche Anerkennung der Berechtigung

Umständen kann der Proponent die Opponentin nämlich auf die eingegangene Verpflichtung hinweisen, die Diskrepanz zwischen dieser Verpflichtung und dem tatsächlichen Verhalten anprangern und somit die Aufrichtigkeit und Glaubwürdigkeit der Opponentin in Frage stellen. Dadurch entsteht ein moralischer und sozialer Druck auf die Opponentin, der sie entweder nachgeben muss oder sich nur unter Kosten entziehen kann.

4. Tatsächliche Anerkennung der Berechtigung

- Die besten Aussichten für ein erfolgreiches Argument bestehen, wenn die Opponentin von der angeführten Berechtigung überzeugt ist. Dann ist sie intrinsisch motiviert, dem Argument des Proponenten zuzustimmen, sofern die Gründe stichhaltig sind. Eine Regierung, deren Mitglieder vom Wert des Minderheitenschutzes überzeugt sind, die aber internationale Normen aus Unkenntnis oder unter innenpolitischem Druck verletzt hat, akzeptiert für gewöhnlich den Vorwurf der Normverletzung, führt allenfalls die problematischen Umstände zur Entschuldigung an und gelobt, das eigene Verhalten zu korrigieren.

5. Glaubwürdigkeit des Proponenten

- Außerdem sind Argumente nur dann von Erfolg gekrönt, wenn der Proponent selbst glaubwürdig ist. Kann die Opponentin argumentieren, dass der Proponent sein „Fähnchen nach dem Wind hängt", also seinen Standpunkt opportunistisch vertritt, manipulativ oder eigennützig argumentiert oder die von ihm propagierte Norm selbst verletzt, kann sein Argument keine Zugkraft entfalten. Das entspricht den Bedingungen der Konsistenz, Legitimität und Deliberation.

Zusammenfassend können wir festhalten, dass argumentative internationale Sozialisation mit hoher Wahrscheinlichkeit nur erfolgreich ist, wenn auf der einen Seite die internationale Gemeinschaft (die Sozialisationsinstanz) legitime Ideen konsistent und deliberativ vertritt und auf der anderen Seite die Akteure (die Sozialisanden) sich entweder mit der Gemeinschaft identifizieren oder ihre Ideen grundsätzlich teilen oder wenn sie sich in einer Situation der Unsicherheit und des Umbruchs befinden, in der sie keine festgefügten Überzeugungen besitzen. Argumentiert die internationale Gemeinschaft inkonsistent und manipulativ, ist ihre Überzeugungskraft geschwächt. Trifft sie hingegen auf Akteure oder andere Gemeinschaften mit festgefügten und konträren prinzipiellen Überzeugungen, kommt es zu einer kontroversen Argumentation ohne Lösungspotenzial. Im Gegenteil: Kontroverse Argumentationen auf der Basis unterschiedlicher Werte, Normen und Identitäten führen leicht zu einer Verhärtung der Positionen, einer wechselseitigen Abgrenzung und Verunglimpfung und, wenn überhaupt Kommunikation stattfindet, dazu, dass die Kontrahenten aneinander vorbeireden.

Argumentative internationale Sozialisation ist also mit hoher Wahrscheinlichkeit nur innerhalb von internationalen Gemeinschaften wirksam, um die grundlegenden Ideen der Gemeinschaft gegenüber den Mitgliedern zu bekräftigen. Gemeinschaftsmitglieder, die sich abweichend verhalten, auf den „Pfad der Tugend" zurückzuführen; und um Neulinge, die der Gemeinschaft angehören wollen, in die Gemeinschaftskultur und das ihr angemessene Verhalten einzuführen. Nur in Krisen von Gemeinschaften, in denen die Gemeinschaftswerte und -normen nachhaltig erschüttert werden und ihre Legitimität verlieren, können andere internationale Gemeinschaften die Unsicherheit, Orientierungslosigkeit und Offenheit nutzen, um ihre Kultur zu verbreiten und ihre Gemeinschaft zu vergrößern.

Argumentationsmacht

Argumente werden von den Gemeinschaftsmitgliedern natürlich – unter den gleichen Erfolgsbedingungen – auch in normalen internationalen Verhandlungen verwendet, bei denen es nicht um Sozialisation, sondern um gewöhnliche politische Entscheidungen geht. In solchen Verhandlungen setzen sich diejenigen Akteure durch, die über eine überlegene Argumentationsmacht verfügen. Überlegene Argumentationsmacht resultiert zum einen daraus, dass ein Akteur eine höhere argumentative Glaubwürdigkeit besitzt als ein anderer. Wer den Ruf besitzt, unparteiisch und konsistent zu argumentieren und sich auch mit Taten an die propagierten Werte und Normen zu halten, besitzt eine größere Argumentationsmacht als ein Akteur, von dem bekannt ist, dass er manipuliert, opportunistisch argumentiert und anders handelt, als er spricht. Zum anderen resultiert überlegene Argumentationsmacht daraus, dass die politischen Ziele einer Akteurin stärker mit den Ideen oder Identität der Gemeinschaft in Einklang stehen als die anderer. Diese Akteurin kann die anerkannten Wissens-, Werte- und Normenfundamente der Gemeinschaft wirkungsvoll nutzen, um ihrer eigenen Position höhere Legitimität zu verleihen.

Erklärung von Interaktionsergebnissen

In einer anarchischen internationalen Gemeinschaft findet die Handlungskoordination also generell über Argumentationsmacht statt, die sowohl durch Konformität mit der Gemeinschaftskultur als auch durch argumentative Glaubwürdigkeit gespeist wird. Weder überlegene Zwangsmittel noch überlegene Verhandlungsmacht geben in internationalen Gemeinschaften den Ausschlag für das Politikergebnis. Zur Erklärung von Interaktionsergebnissen greift der Konstruktivismus auf asymmetrische Glaubwürdigkeit und Legitimität und nicht auf die asymmetrische Kontrolle über Ressourcen, die unterschiedliche Nähe zum Status quo oder die unterschiedliche Größe des Winsets der Akteure zurück.

7.4. Dynamik: Gemeinschaftsbildung und Systemkonflikt

Transformationsmöglichkeiten des internationalen Systems

Der Konstruktivismus ist diejenige Theorie, die für fundamentale Veränderungen der internationalen Politik prinzipiell am offensten ist. Anders als bei den rationalistischen Theorien verändern sich im Prozess der internationalen Politik nicht nur die Rahmenbedingungen zweckrationalen Handelns und damit die Wahl der Strategien und Handlungsoptionen. Vielmehr können sich durch internationale Gemeinschaftsbildungs- und Sozialisationsprozesse auch die Identitäten, Werte und Normen der Akteure und damit ihre fundamentalen Handlungspräferenzen verändern. Da nach Auffassung des Konstruktivismus das internationale System, seine Akteure und seine Struktur ideell und sozial konstruiert sind, können sie grundsätzlich auch rekonstruiert werden. Vertreter des Konstruktivismus halten es für möglich, dass sich die anarchische internationale Ordnung durch die Entstehung einer zwischenstaatlichen kollektiven Identität, einer globalen Kultur und neuer Formen politischer Autorität jenseits des Staates strukturell transformiert – Alexander Wendt schreibt sogar von der „Unvermeidlichkeit des Weltstaats" (Wendt 2003).

Inklusive Gemeinschaftsbildung: möglich ...

In der Tat lässt sich analog zum institutionalistischen Engelskreis auch eine konstruktivistische Dynamik sich selbst verstärkender inklusiver Gemeinschaftsbildung annehmen. Durch gemeinsame kausale und normative Ideen internationaler Akteure entsteht eine internationale Gemeinschaft, deren Mitglieder sich positiv miteinander identifizieren und eine Kultur der Freundschaft ausbilden, in der die Anarchieprobleme der Unsicherheit und Ineffizienz überwunden sind. Internationale Sozialisation und die Logik der Angemessenheit sorgen für eine Stabilisierung der Gemeinschaft. Gemeinschaftsinterne Argumentationsprozesse auf der Basis allseits anerkannter Berechtigungsprinzipien bieten eine hohe Wahrscheinlichkeit gemeinschaftskonformer Konfliktlösung und Politikergebnisse. Stabile und friedliche internationale Gemeinschaften besitzen außerdem eine hohe Attraktivität nach außen. Externe Staaten und Gesellschaften identifizieren sich mit der Gemeinschaft und streben nach Zugehörigkeit. Diese Identifikation bietet gute Voraussetzungen für die internationale Sozialisation neuer Mitglieder, durch die die Gemeinschaft sich immer weiter ausdehnt.

Wendt (1992; 1994) argumentiert darüber hinaus, dass auch aus „Rivalen" mit egoistischen Identitäten „Freunde" mit positiven kollektiven Identitäten werden können. Die Kooperationserfahrungen, die Rivalen in einer von Interdependenz und Institutionen geprägten „institutionalistischen" Welt machen, verändern das Verhältnis zwischen ihnen. Der andere wird als Teil der eigenen Gemeinschaft gesehen; seine Interessen werden in die eigene Interessendefinition eingebaut; kooperative Verhaltensweisen werden internalisiert oder habitualisiert. Es bleibt damit nicht bei der vom Institutionalismus erwarteten Zivilisierung der Anarchie, sondern es kommt zur Bildung internationaler Gemeinschaft.

...aber nicht unbedingt wahrscheinlich

Dass eine solche strukturelle Transformation der anarchischen internationalen Politik durch Gemeinschaftsbildung und Sozialisation in der konstruktivistischen Theorie als Möglichkeit angelegt ist, bedeutet aber nicht, dass Konstruktivistinnen diese Entwicklung überwiegend als wahrscheinlich ansähen. Gegen diese Fortschrittsperspektive liefert die konstruktivistische Theorie selbst einige Argumente. Zunächst ist der Konstruktivismus als idealistische Theorie skeptisch gegenüber der Erwartung, dass die unbestreitbaren materiellen und politischen Veränderungen im internationalen System notwendigerweise entsprechende Veränderungen in der Kultur und Gemeinschaftsbildung nach sich ziehen werden. Die von den Fortschrittstheorien der internationalen Politik diagnostizierten Trends der Zunahme von internationaler Interdependenz, Institutionalisierung, Transnationalisierung und Demokratisierung sind aus konstruktivistischer Sicht nicht unbedingt falsch. Doch führt die Globalisierung nicht unbedingt auch zu einer globalen Identität, die Transnationalisierung nicht zu einer kulturell integrierten Weltgesellschaft, die Institutionalisierung nicht zu einer supranationalen politischen Gemeinschaft und die Demokratisierung nicht zu einer demokratischen Weltgemeinschaft. Wie Benjamin Barber in seinem Buch *Jihad vs. McWorld* (deutsch: *Coca Cola und Heiliger Krieg*, 2001) argumentiert, geht die Globalisierung durchaus mit fragmentierten Identitäten und kulturellen Konflikten einher.

1. Trägheit von Ideen

Zum einen sorgen die Institutionen und Prozesse der Sozialisation, die kulturelle und psychische Verankerung von Identitäten, Werten und Normen und die Internalisierung und Habitualisierung angemessener Verhaltensweisen dafür, dass Ideen oft fest verwurzelt sind und sich langsamer verändern als Technologien und Märkte. Das führt zumindest zu einer gewissen Trägheit der kulturellen Anpassung an materielle Veränderungen. Zweckrational handelnde Akteure sind viel eher bereit, ihr Verhalten externen Chancen und Restriktionen strategisch anzupassen, als normativ oder habituell handelnde Akteure.

2. Kulturelle Fragmentierung und Gegenbewegungen

Zum anderen ist prinzipiell offen, in welcher Weise Kulturen und Gemeinschaften auf die materiellen und politischen Veränderungen reagieren. Die Herausbildung großräumiger Identitäten, einheitlicher politischer Werte oder universaler Normen stellt nur eine Möglichkeit dar. Die andere sind Gegenreaktionen wie das Erstarken subnationaler, regionaler Identitäten oder antiwestlicher Werte und Bewegungen. An die Stelle kultureller Integration und expansiver Gemeinschaftsbildung als Folge der ökonomischen und politischen Integration können also auch kulturelle Fragmentierung und neue Werte- und Normenkonflikte treten, die von solchen Gruppen vorangetrieben werden, die sich als die Verlierer der Globalisierung betrachten und/oder um den Verlust ihrer Kultur und Identität fürchten.

3. „Othering"

Schließlich gehen für den Konstruktivismus Inklusion und Exklusion, Identitätsbildung und Abgrenzung, kulturelle Integration und Ausgrenzung oft Hand in Hand. Der positive Bezug auf die eigenen Werte geht zusammen mit der Herabsetzung Andersdenkender, und das Selbstwertgefühl der eigenen Gruppe steigt durch den verächtlichen Blick auf andere. Internationale Gemeinschaftsbildungsprozesse sind daher zugleich inklusiv und exklusiv.

Zyklische Dynamik: Systemkonflikte

Die Dynamik des internationalen Systems nimmt aus konstruktivistischer Sicht – ebenso wie aus realistischer – eher einen zyklischen Verlauf an. Allerdings sind nicht Hegemonialkonflikte, bei denen es um Vor- und Gegenmacht im internationalen System geht, die treibende Kraft der Dynamik, sondern Systemkonflikte. Aus dieser Perspektive war die Geschichte des modernen internationalen Systems eine Folge von ideologischen Auseinandersetzungen, bei denen Gemeinschaften mit kontroversen politischen Werten und Normen aufeinanderprallten: die katholischen und die protestantischen Staaten im internationalen Konfessionskonflikt des 16. und 17. Jahrhunderts, absolutistische, konstitutionalistische und demokratische Staaten in der Zeit zwischen der Französischen Revolution und dem Ersten Weltkrieg, und liberale Demokratie, Kommunismus und Faschismus im 20. Jahrhundert (vgl. Tab. 7.3).

Jahrhundert	Konflikt	Konfliktparteien	Konfliktlösung
16./17.	Internationaler Konfessionskonflikt	Katholische, lutherische, reformierte Staaten	Entpolitisierung der Konfession
19.	Absolutistisch-demokratischer Konflikt	Absolutismus, Konstitutionalismus, Demokratie	Demokratie
20.	Ost-West-Systemkonflikt	Demokratie, Kommunismus, Faschismus	Demokratie

Tab. 7.3: Systemkonflikte der Neuzeit

Diese Systemkonflikte weisen einige Gemeinsamkeiten auf (Schimmelfennig 1995). Internationale Systemkonflikte entstanden durch Systemveränderungen in mindestens einem Staat (Reformation, Französische Revolution, Russische Oktoberrevolution) und eskalierten innerhalb kurzer Zeit in einen gewaltsamen, kriegerischen Konfliktaustrag. Diese Eskalation ist auf die universalistische Entweder-Oder-Logik von Wertekonflikten zurückzuführen. Erstens erheben die Konfliktparteien den Anspruch, dass ihre politischen Werte im gesamten System exklusiv zu gelten hätten. Zweitens lässt der fundamentale ideologische Gegensatz keinen Raum für Kompromisse. Drittens betrachten sich ideologische Gegner als illegitim und sind nicht bereit, einander als gleichberechtigte souveräne Staaten im internationalen System anzuerkennen. Diese Logik erklärt auch, warum ideologische Kriege besonders exzessiv geführt werden und die Systemkonflikte regelmäßig in einen „totalen", systemweiten Krieg münden (Dreißigjähriger Krieg, Napoleonische Kriege, Zweiter Weltkrieg).

Im Verlauf der Gewaltphase relativierte sich jedoch der ideologische Eifer und Gegensatz regelmäßig. Die staatliche Selbstbehauptung und Herrschaftssicherung trat gegenüber der ideologischen Mission in den Vordergrund, die exorbitanten Kosten der systemweiten ideologischen Kreuzzüge führten zur Erschöpfung der Konfliktparteien, und die Konfliktparteien machten die Erfahrung, dass ihre Lehre keineswegs grenzenlos auf gesellschaftliche Unterstützung stieß. So setzte sich die Auffassung durch, dass der ideologische Gegensatz eingehegt werden müsse, keinen Umsturz der auf Souveränität gründenden internationalen Ordnung rechtfertige und die gewaltsame Eskalation zu verhindern sei. Auch wenn die Systemgegensätze zwischen Monarchie und Demokratie im 19. Jahrhundert und zwischen Kommunismus und Demokratie im Kalten Krieg fortdauerten und es immer wieder zu Umsturzversuchen und Revolutionen kam, so stand die Eindämmung des Konflikts im Vordergrund. Es bildeten sich relativ stabile ideologische Blöcke, die in ihrem Inneren zwar auch gewaltsam für ideologische Homogenität sorgten, aber nicht in der Einflusssphäre des jeweils anderen Blocks intervenierten (vgl. die gewaltsame Unterdrückung der Revolutionen von 1848 in Mitteleuropa oder des Prager Frühlings von 1968, ohne dass der demokratische Westen eingegriffen hätte).

Der internationale Konfessionskonflikt löste sich erst nach einer langen Phase der ideologischen Koexistenz durch die Säkularisierung auf: Im Zuge der Aufklärung endete die religiöse Legitimation von Herrschaft; Religion wurde weitgehend zur Privatsache. In den beiden anderen Konflikten konnte sich zwar die Demokratie gegenüber (der absolutistischen) Monarchie und Faschismus sowie Kommunismus durchsetzen – doch ein „Ende der Geschichte" (Fukuyama 1989) war damit nicht erreicht. Nach dem Ende des Ost-West-Konflikts entwickelten sich nicht nur nationalistisch-autoritäre Gegenbewegungen gegen die Ausbreitung der Demokratie. Bereits zuvor war durch die islamische Revolution im Iran und mit dem islamistisch-säkularistischen Systemkonflikt eine neue grenzüberschreitende ideologische Front entstanden, die zunächst auf den Vorderen Orient begrenzt blieb, aber spätestens mit dem Terrorangriff des 11. September 2001 auch den demokratischen Westen einbezog.

7.5. Zusammenfassung

Der Konstruktivismus nimmt an, dass die Kernprobleme der internationalen Politik nicht so sehr eine Wirkung der anarchischen Ordnung des internationalen Systems an sich sind, sondern von der „Kultur der Anarchie" abhängen. In internationalen Gemeinschaften, die auf gemeinsamen Ideen und einer positiven Identifikation der

	Konstruktivismus
Akteure	Staatliche und gesellschaftliche Akteure
Dispositionen	Angemessen
Strukturen	Anarchie plus Kultur
Strukturwirkungen	Konsens/Dissens, Identität
Prozesse	Sozialisation
Interaktionsmechanismen	Kollektive Identität, Argumentationskonstellationen
Überwindung der Dilemmata	Freundschaft
Handlungskoordination	Argumentationsmacht
Bedingungen von Frieden und Kooperation	Gemeinschaft
Dynamik	Gemeinschaftsbildung, Systemkonfliktzyklen

Tab. 7.4: Stichworte zum Konstruktivismus

Mitglieder miteinander gründen, herrscht eine „Kultur der Freundschaft“, die Misstrauen und Betrug ausschließt und damit für Sicherheit und Wohlfahrt sorgt. Wenn es sich um eine liberaldemokratische internationale Gemeinschaft handelt, ist darüber hinaus auch für ein hohes Maß an Freiheit gesorgt.

Die Kernhypothese des Konstruktivismus lautet: *Je größer die Übereinstimmung der Ideen von internationalen Akteuren und je stärker damit Gemeinschaft zwischen ihnen ist, desto höher ist die Wahrscheinlichkeit von Frieden und internationaler Kooperation.* Tabelle 7.4 führt die zentralen Stichworte zur Charakterisierung des Konstruktivismus in den Internationalen Beziehungen auf.

Weiterlesen

Klassiker

Alexander Wendts *Social Theory of International Politics* (1999) ist über weite Teile ein metatheoretischer Text. Kapitel 6 (*Three Cultures of Anarchy*) enthält die wesentlichen theoretischen Aussagen. Zum Einstieg eignen sich alternativ seine Aufsätze *Anarchy is What States Make of It* (1992) und *Collective Identity Formation and the International State* (1994) besser.

Überblicke

Überblicke über Grundlagen, zentrale Annahmen, Konzepte und Varianten des Konstruktivismus bieten der Handbuchartikel von Emanuel Adler (*Constructivism and International Relations*, 2002) und *The Promise of Constructivism in International Relations Theory* von Ted Hopf (1998).

Vertiefungen und Kontroversen

Die von Jürgen Habermas‘ Theorie des kommunikativen Handelns inspirierte argumentationstheoretische Variante des Konstruktivismus wurde von Harald Müller (*Internationale Beziehungen als kommunikatives Handeln*, 1994) und Thomas Risse (*Let's Argue*, 2000) eingeführt. Unterschiedliche Positionen und Analysen zur internationalen Sozialisation find en sich in *International Institutions and Socialization in Europe* (hrsg. von Jeffrey Checkel 2007).

Zum Abschluss von Teil II des Buches sollen die Theorien in Stichworten noch einmal zusammenfassend gegenüberstellt werden (Tab. 7.5). Zunächst fällt auf, dass sich die Theorien bei ihren Annahmen über die Akteure und ihre Dispositionen nicht besonders unterscheiden. Nur der Transnationalismus ist durch eine spezifische Auswahl der Akteure und ihrer Beziehungen gekennzeichnet, die

	Realismus	**Institutionalismus**	**Transnationalismus**	**Liberalismus**	**Konstruktivismus**
Akteure	Staaten		Transnationale Akteure	Staatliche und gesellschaftliche Akteure	
Dispositionen	Egoistisch, zweckrational		Zweckrational		Angemessen
Strukturen Anarchie plus …	Machtverteilung, Technologie	Internationale Interdependenz und Regime	Transnationale Interdependenz und Netzwerke	Staatliche und gesellschaftliche Strukturen	Kultur
Strukturwirkungen	Existenzgefährdung, Machtstreben	Sicherheit, Kooperationsanreize		Selektion, Externalisierung	Konsens/Dissens, Identität
Prozesse	Machtkonkurrenz	Wohlfahrtskonkurrenz	Ressourcentausch	Zielverfolgung	Sozialisation
Interaktionsmechanismen	Sicherheitsdilemma, Machtgleichgewicht	Dilemmata kollektiver Güter, Winsets	Ressourcenmarkt, Netzwerkkonfiguration	Struktur- und Präferenzkonstellation	Kollektive Identität, Argumentationskonstellation
Überwindung von Dilemmata der Anarchie	Übermacht, Zwang	Iteration, Kontrolle	Vertrauen, diffuse Reziprozität	Harmonie, Transparenz, kooperative Politikstile	Freundschaft
Handlungskoordination	Zwangsmacht	Verhandlungsmacht	Netzwerk-Verhandlungsmacht	Zwei-Ebenen-Verhandlungsmacht	Argumentationsmacht
Bedingungen von Frieden und Kooperation	Machtkonzentration, Defensivtechnologie	Interdependenz, Institutionen	Transnationale Verflechtung	Demokratie	Gemeinschaft
Dynamik	Hegemoniezyklen	Zivilisierung	Vergesellschaftung	Demokratisierung	Gemeinschaftsbildung Systemkonfliktzyklen

Tab. 7.5: Theoriestichworte im Vergleich

sich bereits im Namen der Theorie dokumentiert; und nur der Konstruktivismus trifft völlig eigenständige Annahmen über die Disposition der Akteure. Die zentralen Unterschiede zwischen den Theorien liegen vielmehr bei den Strukturen, die sie – neben der Anarchie – für kausal relevant halten.

Die Strukturen bestimmen zunächst weitgehend, welche Ziele die Akteure verfolgen und welche Verhaltensweisen sie wählen (können). Sind zweckrationale Akteure laut Realismus in einem anarchischen System zum Machtstreben gezwungen, so erlaubt es ihnen die Interdependenz nach institutionalistischer Auffassung, sich auf ihre (absoluten) Gewinne zu konzentrieren. Der Liberalismus nimmt hingegen an, dass staatliche Ziele und Verhaltensweisen aus einem innerstaatlichen Wettstreit hervorgehen.

Von den Strukturen hängt darüber hinaus ab, ob und wie sich die anarchiebedingten Dilemmata der internationalen Politik überwinden lassen: im Realismus von der Machtverteilung, im Institutionalismus von Interdependenz und Institutionen, im Liberalismus von innerstaatlichen Verhältnissen und im Konstruktivismus von Ideen und Identitäten. Die Strukturen können zum einen äquivalent wirken: Ein ähnliches Ausmaß an Kooperation kann durch Hegemonie oder internationale Regime, durch dichte Netzwerke, in demokratischen oder befreundeten Staatenpaaren entstehen. Zum anderen können sie einander verstärken, wenn sie gemeinsam auftreten. Das sicherste und effizienteste internationale System wäre demnach ein hochgradig institutionalisiertes und dicht vernetztes System, das ausschließlich aus in Freundschaft verbundenen Demokratien besteht, von denen eine ein Hegemon ist. Oft liegen in den Friedens- und Wohlstandszonen der Welt mehrere, die Anarchie eindämmende Faktoren gleichzeitig vor, während die Kriegs- und Armutszonen durch schwache Institutionen, Netzwerke, Demokratien und Gemeinschaften mehrfach beeinträchtigt sind.

Diese Strukturen sind schließlich auch als unabhängige Variablen in den Kernhypothesen der Theorien zu finden. Ihre Ausprägungen sind die wichtigsten Bedingungen für allgemeine Beziehungsmuster der internationalen Politik wie Frieden, Kooperation und Integration. Sie bieten ein Repertoire, auf das zurückgreifen kann, wer versucht, Phänomene, Muster oder Ereignisse der internationalen Politik zu erklären. Gleichzeitig dienen sie als Kontrollliste: Wer glaubt, eine Erklärung für ein Phänomen der internationalen Politik gefunden zu haben, sollte überprüfen, ob nicht andere Faktoren eine mindestens ebenso gute, wenn nicht bessere Erklärung liefern. Deshalb werden diese Faktoren hier abschließend noch einmal in einer „Erklärungs-Checkliste" aufgeführt (Tab. 7.6). Diese wird auch für die Erklärung von Mustern und Ergebnissen internationaler Politik in Teil III herangezogen.

1.	*Macht*: Ressourcenverteilung, Polarität und Hegemonie
2.	*Technologie*
3.	*Interdependenz*: Art, Stärke und Symmetrie
4.	*Internationale Institutionen (Regime und Organisationen)*: Existenz, Stärke
5.	*Netzwerke*: Beteiligte, Dichte und Zentralität
6.	*Subsystemische Strukturen*: Machtverteilung, Institutionen, internationale Kompatibilität
7.	*Kultur*: Ideen und Identitäten

Tab. 7.6: Erklärungs-Checkliste

Teil III

Beziehungsmuster und Problemfelder

In Teil III werden die Theorien zur Erklärung zentraler Beziehungsmuster und Problemfelder der internationalen Politik verwendet. Die ausgewählten Erklärungsgegenstände repräsentieren vier Beziehungsmuster internationaler Politik: Krieg und Frieden, Kooperation und Integration. Sie stammen aus allen großen Sachbereichen der Politik: Sicherheit, Wohlfahrt und Herrschaft. Sie variieren zwischen globalen und regionalen Problemen. Und sie greifen möglichst relevante Phänomene und aktuelle Entwicklungen der internationalen Politik auf.

Kapitelübersicht

- Kapitel 8 analysiert die Entwicklung des Krieges seit dem Zweiten Weltkrieg. Im Mittelpunkt stehen das Auf und Ab der Kriegshäufigkeit, die unterschiedliche geographische Verteilung von Kriegen sowie die Ursachen für den Rückgang zwischenstaatlicher Kriege und den Bedeutungszuwachs innerstaatlicher Kriege.
- Kapitel 9 behandelt die zwei wesentlichen Muster stabiler Friedensbeziehungen im internationalen System: den sogenannten „langen Frieden" zwischen Großmächten und den „demokratischen Frieden".
- Die Kapitel 10 bis 12 drehen sich um Kooperation in unterschiedlichen Sachbereichen. Kapitel 10 ist dem Thema „Bündnisse" gewidmet, einer besonders wichtigen Form der Kooperation im Bereich Sicherheit. Es behandelt die institutionelle Entwicklung und die militärischen Aktivitäten der NATO nach dem Ende des Ost-West-Konflikts.
- In Kapitel 11 geht es um die Welthandelsordnung als Beispiel für Kooperation im Bereich Wohlfahrt, vor allem um die Entstehung der Welthandelsorganisation (WTO) und um die aktuelle „Doha-Runde" der Handelsliberalisierung.
- In Kapitel 12 wird versucht, die institutionelle Entwicklung und die regionalen Unterschiede der internationalen Menschenrechtspolitik zu erklären. Sie steht für Kooperation im Bereich Freiheit.
- Kapitel 13 behandelt das Beziehungsmuster „Integration" am Beispiel der Europäischen Union, des am weitesten fortgeschrittenen Projekts supranationaler Integration im internationalen System. Es stellt die Integrationstheorien vor, die auf den Theorien der internationalen Politik basieren, und analysiert die beiden bedeutendsten Integrationsschritte der jüngeren Vergangenheit: die Währungsunion und die Osterweiterung.

Teil III verfolgt mehrere Ziele. Erstens geht es darum, relevante aktuelle Entwicklungen und Probleme internationaler Politik zu beschreiben und zu erklären und damit einen – allerdings exemplarischen – Überblick über die internationale Politik der Gegenwart zu gewinnen. Das zweite Ziel besteht darin, die in Teil II vorgestellten Theorien auf eine Vielzahl unterschiedlicher Gegenstände internationaler Politik anzuwenden, ihre gegenstandsspezifischen Erklärungsangebote kennenzulernen und die Theorien durch wiederholte Anwendung besser zu verstehen. Schließlich soll gezeigt werden, dass es nicht *die* eine Theorie internationaler Politik gibt, die exklusiv alles am besten erklärt, sondern dass für jeden Erklärungsgegenstand unterschiedliche theoretische Erklärungsgebote nutzbringend herangezogen werden können, die ihre spezifischen Stärken und Schwächen aufweisen und auch miteinander kombiniert werden können.

Die Kapitel folgen einem ähnlichen Schema. Zum einen führen sie in die Thematik ein und beschreiben Entwicklungen, Muster und Ergebnisse internationaler Politik. Zum anderen stellen sie die gegenstandsspezifischen Erklärungsangebote der Theorien vor, also z. B. die realistischen, institutionalistischen, transnationalistischen, liberalen und konstruktivistischen Allianz- oder Integrationstheorien. Schließlich wird die Erklärungskraft dieser Angebote diskutiert. Das einfache Verfahren, das dabei in der Regel zur Anwendung kommt, ist als „Kongruenzmethode“ bekannt (George/Bennett 2005). Dabei leitet die Wissenschaftlerin zunächst aus den allgemeinen Annahmen und Hypothesen einer Theorie eine spezifische Erwartung ab. Eine solche theoretische Erwartung beantwortet die Frage: Welches Politikergebnis oder Politikmuster sollten wir unter den vorliegenden Bedingungen theoriegemäß beobachten? Oder, von der Beobachtung her kommend: Welche Bedingungen müssten vorliegen, damit die Theorie unsere Beobachtung erklären kann? Diese theoretische Erwartung wird dann mit den tatsächlich zu beobachtenden Politikergebnissen oder den tatsächlich vorliegenden Bedingungen verglichen. Stimmen Erwartung und Beobachtung überein (Kongruenz), so haben wir eine plausible Erklärung.

8 Neue Kriege

Der Krieg ist in mehrfacher Hinsicht ein zentraler Gegenstand der Internationalen Beziehungen. Kriege sind die problematischste Auswirkung der internationalen Anarchie. Kein Phänomen der internationalen Politik genießt größere öffentliche Aufmerksamkeit, und keines hat den Internationalen Beziehungen als Disziplin stärkere Impulse gegeben. Vor allem der Wandel des Krieges, z. B. der opferreiche Stellungskrieg im Ersten Weltkrieg oder der erste Einsatz von Nuklearwaffen im Zweiten Weltkrieg, war immer wieder Anlass, die Bemühungen um eine Theorie der Kriegsursachen (und der Bedingungen der Kriegsverhinderung) zu verstärken.

Auch gegenwärtig steht die Kriegsforschung überwiegend im Zeichen des Wandels. Bereits seit 1945, vor allem aber nach dem Ende des Ost-West-Konflikts, wird der Bedeutungsverlust des „alten", zwischenstaatlichen Krieges um Territorien, Macht und Einfluss konstatiert. An seine Stelle treten Bürgerkriege, Staatszerfallskriege, „kleine Kriege", Terrorismus und ähnliche andere Formen der Gewalt in den Vordergrund, die oft unter den Sammelbegriff der „neuen Kriege" gefasst werden. Diese neuen Kriege stehen auch im Mittelpunkt dieses Kapitels.

8.1 Kriege seit 1945

8.1.1 Zahl und Art bewaffneter Konflikte

Wie hat sich die Zahl und Art der Kriege seit 1945 entwickelt? Zu dieser Frage liefert unter anderem das Friedensforschungsinstitut in Oslo (PRIO) aktuelle Daten. Registriert werden hier bewaffnete Konflikte ab einer Zahl von 25 Toten pro Jahr. Als „Kriege" werden bewaffnete Konflikte mit über 1000 Kriegstoten pro Jahr gezählt. Dabei werden vier Arten von bewaffneten Konflikten unterschieden (vgl. Abb. 8.1):

- innerstaatliche Konflikte („Bürgerkriege" zwischen der Regierung und mindestens einer nichtstaatlichen Gruppe im Staatsgebiet; mittelgrau in Abb. 8.1),
- internationalisierte Konflikte („Bürgerkriege" mit Beteiligung von ausländischen Konfliktparteien; weiß in Abb. 8.1),
- zwischenstaatliche Konflikte (Konflikte zwischen Regierungen, die in mehr als einem Staatsgebiet ausgetragen werden; schwarz in Abb. 8.1) und

- extrasystemische Konflikte (zwischen der Regierung eines unabhängigen Staates und einem abhängigen Territorium außerhalb des eigenen Staatsgebiets; hellgrau in Abb. 8.1).

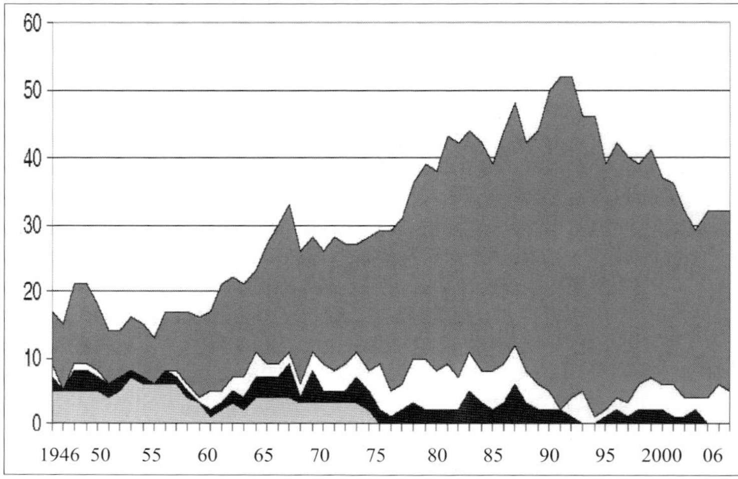

Abb. 8.1: Zahl der bewaffneten Konflikte nach Typen 1946-2006
(Quelle: Harbom/Wallensteen 2007: 625)

Welche Entwicklungen zeigen sich bei den bewaffneten Konflikten nach dem Zweiten Weltkrieg? Wie ist der aktuelle Zustand des Kriegsgeschehens?

Zahl der Konflikte...

Die Zahl der bewaffneten Konflikte hat seit 1960 (16) bis zum Höchststand 1991/92 (51) zugenommen und seitdem wieder abgenommen. Seit 2004 bestehen 32 Konflikte an 23 Orten. Das ist die geringste Zahl an Konfliktschauplätzen seit dem Ende des Ost-West-Konflikts (1989). Allerdings ist das Bild dadurch verzerrt, dass die Zahl der Staaten nicht über den gesamten Zeitraum gleich war. Misst man stattdessen die Wahrscheinlichkeit, dass ein Staat in einem bestimmten Jahr in einen bewaffneten Konflikt verwickelt wird, so zeigt sich, dass diese Wahrscheinlichkeit ebenfalls seit 1960 anstieg, aber bereits 1985 ihren Höhepunkt erreichte und seitdem gesunken ist – und zwar seit 1995 tiefer als je zuvor seit dem Zweiten Weltkrieg (Gleditsch et al. 2002: 622). Wenn man die Zahl der Staaten berücksichtigt, zeigt sich also, dass das Ende des Ost-West-Konflikts, anders als von Abbildung 8.1 nahegelegt, keineswegs zu einer gewaltsameren Welt führte, sondern im Gegenteil die Trendumkehr einleitete.

...und Kriege

27 der 32 aktuell andauernden Konflikte sind kleinere bewaffnete Konflikte; nur fünf sind Kriege mit mehr als 1000 Kriegstoten pro Jahr: in der Reihenfolge der meisten Kriegstoten: Irak, Afghanistan, Sri Lanka, Tschad, Sudan. Das ist die geringste Zahl an Kriegen seit Ende des Ost-West-Konflikts; sie wird nur von einigen Jahren in den 1950er Jahren unterschritten (wobei wiederum zu berücksichtigen ist, dass die Anzahl der Staaten damals weitaus kleiner war). Der Höchststand war – ähnlich wie den bewaffneten Konflikten allgemein – im Jahr 1991 mit 18 Kriegen erreicht.

Art der Konflikte: Innerstaatliche Konflikte dominieren...

Innerstaatliche Konflikte sind seit 1946 die bedeutendste Kategorie von bewaffneten Konflikten. Die Zunahme von Konflikten seit etwa 1960 geht fast ausschließlich auf ihr Konto. 27 von 32 aktuellen Konflikten sind innerstaatlich. Die anderen fünf sind internationalisierte innerstaatliche Konflikte – dazu zählen aktuell auch die Konflikte in Afghanistan und im Irak. Innerstaatliche Konflikte sind nicht nur weitaus häufiger als zwischenstaatliche Konflikte, sie dauern auch länger. Außerdem fordern sie weitaus mehr Opfer. Zwischen 1946 und 1999 kamen etwa fünfmal so viele Menschen in Bürgerkriegen ums Leben als in zwischenstaatlichen Kriegen: mehr als 16 Millionen im Vergleich zu 3,3 Millionen (Fearon/Laitin 2003: 75). Demgegenüber sind extrasystemische Konflikte seit 1975 nicht mehr aufgetreten. Diese Konflikte waren im wesentlichen Kolonialkonflikte. Mit dem Abschluss der Entkolonialisierung in der Mitte der 1970er Jahre verschwand auch dieser Konflikttyp.

... über zwischenstaatliche Konflikte

Neueren Datums ist die Abwesenheit von zwischenstaatlichen bewaffneten Konflikten seit 2004. Um das Ende des Staatenkrieges auszurufen, der unserem traditionellen Bild vom Krieg am ehesten entspricht, ist es zwar noch zu früh, doch dass trotz einer wachsenden Zahl von Staaten der Krieg zwischen ihnen seit den frühen 1990er Jahren ein rares Ereignis geworden ist, verlangt nach einer Erklärung.

Regionale Verteilung der Konflikte

Schließlich konzentrieren sich bewaffnete Konflikte auf bestimmte Regionen der Welt. Ein langer „Krisenbogen" erstreckt sich von Osteuropa (Balkan/Kaukasus) über den Nahen Osten und den indischen Subkontinent bis hin nach Indonesien. Afrika ist ein zweiter Konfliktschwerpunkt. Außerdem häufen sich bewaffnete Konflikte in Zentralamerika und der Karibik und reichen nach Südamerika hinein (Gleditsch et al. 2002: 624).

Aus den Daten zu den bewaffneten Konflikten seit 1946 ergibt sich klar, dass der typische Konflikt der Gegenwart ein innerstaatlicher Konflikt oder Bürgerkrieg ist. Der zwischenstaatliche Krieg, der für die Entwicklung der Disziplin der Internationalen Beziehungen und ihrer Theorien von so entscheidender Bedeutung war, hat demgegenüber an Bedeutung stark verloren. Der durchschnittliche Bewohner der Erde hat weitaus mehr Grund, sich vor innerstaatlichen bewaffneten Konflikten zu fürchten als vor einem militärischen Angriff von außen. Nicht die internationale Anarchie verursacht die größte Unsicherheit, sondern der Zusammenbruch und das Versagen staatlicher Ordnung. Nicht die massiven, zentralisierten militärischen Ressourcen des Gewaltmonopolisten „Staat" sind das kardinale Sicherheitsproblem der Gegenwart, sondern die Schwäche des staatlichen Gewaltmonopols und die Dezentralisierung oder Privatisierung militärischer Ressourcen. Hier zeigt sich exemplarisch die Verschiebung der Anarchieproblematik von der ungezügelten zur entwerteten Souveränität (vgl. Kap. 1.2.4).

8.1.2 Staatenkrieg, Bürgerkrieg, neuer Krieg

Aktuelle Analysen des Krieges konstatieren nicht nur die Verschiebung des Kriegsgeschehens vom Staatenkrieg zum Bürgerkrieg, sondern auch eine neue Qualität des Bürgerkriegs. Dies ist der Ausgangspunkt für die populäre These von den „neuen Kriegen" (vgl. Kaldor 2007; Münkler 2002). Tabelle 8.1 stellt zentrale Unterschiede zwischen den „alten" und den „neuen Kriegen" schlagwortartig und idealtypisch gegenüber.

	(alte) Staatenkriege	(alte) Bürgerkriege	Neue Kriege
Akteure	Staaten	Staaten gegen politische Opponenten	Kriegsbanden
Beziehungsfeld	Zwischenstaatlich	Innerstaatlich	Transnational
Ziele	Territorial	Ideologisch, national	Ethnisch, religiös, kommerziell
Opfer	Kombattanten	Kombattanten und Zivilbevölkerung	Zivilbevölkerung
Kriegführung	Symmetrisch	Symmetrisch oder asymmetrisch	Asymmetrisch
Regulierung	Ja (diplomatisch und völkerrechtlich)	Nein	Nein (brutalisiert, kriminell)
Zeitstruktur	Trennung von (kurzen) Kriegszeiten und (längeren) Friedenszeiten		Verstetigung des Krieges

Tab. 8.1: Alte und neue Kriege

Staatenkrieg

Der Staatenkrieg, wie er für das moderne Europa bis 1945 charakteristisch war, zeichnete sich dadurch aus, dass die beteiligten Akteure allesamt Staaten waren oder genauer: von der Regierung zentral organisierte, ausgerüstete und befehligte Streitkräfte. Das sorgte für eine grundlegende Symmetrie der Kriegführung, bei der die Streitkräfte der beteiligten Staaten in zumeist offenen Schlachten direkt aufeinandertrafen. Entsprechend waren die Opfer des Krieges in erster Linie Soldaten (Kombattanten). Die unmittelbaren Ziele der Kriegführung waren überwiegend territorial. Auch wenn das politische Ziel der Kriegführung nicht immer die Vergrößerung oder Verteidigung des staatlichen Territoriums war, entschieden Geländegewinne und die Besetzung des gegnerischen Staatsgebiets über Sieg und Niederlage. Der Staatenkrieg war außerdem eine regulierte Form der gewaltsamen Auseinandersetzung. Er hatte einen formellen Beginn (die Kriegserklärung) und ein formelles Ende (den – zumeist vertraglichen – Friedensschluss), und es bestanden zunächst informelle, später auch zunehmend formalisierte Regeln für das Verhalten im Krieg – zum Beispiel über den Umgang mit Kriegsgefangenen oder mit der Zivilbevölkerung in besetzten Gebieten und das Verbot bestimmter Waffen. Krieg war ein zeitlich begrenzter und vom Frieden klar unterschiedener Ausnahmezustand.

„Alter“ Bürgerkrieg

Beim klassischen („alten“) Bürgerkrieg stehen sich innerhalb eines staatlichen Territoriums die Verteidiger und die Herausforderer der bestehenden Staatsgewalt gegenüber. Die Herausforderer haben typischerweise zwei Arten von Zielen. Beim „revolutionären Befreiungskrieg“ sind die Ziele ideologisch: Die Herausforderer wollen die alte Herrschaftsordnung durch eine neue (z. B. demokratische oder sozialistische) ersetzen. Beim „nationalen Befreiungskrieg“ geht es hingegen um die Beseitigung von (z. B. kolonialer) Fremdherrschaft. In jedem Fall ist die Motivation eindeutig politisch und darauf gerichtet, gewaltsam an die Macht zu gelangen, also die staatlichen Herrschaftspositionen zu besetzen. Bürgerkriege sind unreguliert – es sind keine Konflikte innerhalb einer bestehenden Ordnung, sondern setzen genau diese außer Kraft. Bürgerkriege können durchaus symmetrisch sein – etwa wenn eine nach dem Vorbild staatlicher Streitkräfte aufgestellte „Befreiungsarmee“ den Regierungstruppen gegenübertritt. Weil die Herausforderer der Staatsgewalt aber oft über schwächere militärische Ressourcen verfügen als deren Verteidiger, wählen sie Guerilla- oder Partisanentaktiken, um den materiellen Vorteil der Gegenseite wettzumachen. Daraus ergibt sich eine asymmetrische Kriegführung. Weil bei dieser Kriegführung der Status von Kombattanten und Zivilisten verschwimmt und die Kombattanten unter der Zivilbevölkerung Schutz und Unterstützung suchen, wird die Zivilbevölkerung zwangsläufig stärker in Mitleidenschaft gezogen. Aber sie ist weder für die Herausforderer noch für die Verteidiger der Staatsgewalt ein unmittelbares Ziel der Gewalt. Was die klassischen Staaten- und Bürgerkriege miteinander verbindet, ist das Verständnis des Krieges als Mittel für politische Zwecke und als Ausnahmezustand, an dessen Ende die friedliche staatliche Herrschaftsausübung steht.

„Neuer" Krieg

In dieser Hinsicht unterscheidet sich der Typus des neuen Krieges sowohl von den Staatenkriegen als auch von den Bürgerkriegen. Den Akteuren des neuen Krieges geht es nicht in erster Linie darum, die zentrale Staatsgewalt für politische Zwecke zu erringen und auszuüben. Sie wenden sich gegen jegliche Staatsgewalt und richten sich in einem Zustand der Abwesenheit staatlicher Ordnung ein. Es handelt sich um Kriegsbanden, die vom und für den Krieg leben. Ihre Motive mögen unterschiedlicher Art sein: ethnische Milizen, Gotteskrieger oder schlicht Kriegsunternehmen mit kommerziellen Interessen. In jedem Fall wird der Krieg für sie zur Hauptbeschäftigung, zum Lebensin- und unterhalt. Damit gibt es im neuen Krieg auch keine klare Trennung von Kriegs- und Friedenszeiten: Krieg ist nicht Ausnahme-, sondern Dauerzustand. Da der neue Krieg nicht staatlich finanziert wird, muss er sich selbst finanzieren, sei es durch Plünderungen bei der Bevölkerung, durch eigene schattenwirtschaftliche Tätigkeiten der Kriegsbanden oder durch ausländische Unterstützung. Zivilisten sind direktes Ziel und Hauptleidtragende in den neuen Kriegen – durch Zwangsabgaben an die Kriegsbanden, durch die Zwangsrekrutierung (auch von Kindersoldaten) oder als Opfer (z. B. von „ethnischen Säuberungen"). Der neue Krieg ist nicht nur regellos, sondern zeichnet sich durch besondere Brutalität aus, wie sie sich in der Brandschatzung ganzer Dörfer, Massentötungen und systematischen Vergewaltigungen zeigt. Partisanenkrieg und Terrorismus sowie Gewaltformen wie Geiselnahmen und Raub, die von kriminellen Handlungen kaum noch zu unterscheiden sind, treten an die Stelle direkter militärischer Konfrontation. Die Abwesenheit staatlicher Ordnung zeigt sich im neuen Krieg auch daran, dass er auf staatliche Grenzen keine Rücksicht nimmt. Vielmehr zeichnet er sich durch grenzüberschreitende Kampfhandlungen und Verflechtungen der Kriegsbanden aus.

Entstaatlichung, Asymmetrie, Verselbstständigung

In der Realität findet man den Typus des neuen Krieges selten in reiner Form vor, sondern in Mischformen mit klassischen Bürgerkriegen oder auch Staatenkriegen. Jedoch zeigen sich durchgängig Tendenzen, die Herfried Münkler als Entstaatlichung (Entpolitisierung und Privatisierung), Asymmetrisierung und Verselbstständigung (oder Autonomisierung) des Krieges bezeichnet (2002: 10 f.).

Aus diesen Beschreibungen ergeben sich folgende Fragen für die theoriegeleitete Analyse:

1. Wie lässt sich die Entwicklung der Häufigkeit von Kriegen über die Zeit erklären? Wie kam es dazu, dass bewaffnete Konflikte während des Ost-West-Konflikts zugenommen und danach abgenommen haben? Und warum befinden wir uns gegenwärtig in einer Periode vergleichsweise weniger Kriege?
2. Was erklärt die geographische Verteilung des Kriegsgeschehens?
3. Wie lässt sich die Verschiebung der Typen bewaffneter Konflikte erklären: das besonders starke Wachstum (teilweise internationalisierter) innerstaatlicher Konflikte gegenüber zwischenstaatlichen Konflikten?
4. Warum entstehen innerstaatliche Konflikte (und „neue Kriege")?

In Kapitel 8.2 wird es zunächst um die Erklärung der zeitlichen und räumlichen Verteilung der Häufigkeit von bewaffneten Konflikten gehen. Kapitel 8.3 befasst sich mit dem relativen „Verschwinden" des zwischenstaatlichen Krieges, und Kapitel 8.4. mit der Entstehung und Bedeutungszunahme innerstaatlicher bewaffneter Konflikte.

8.2 Zeitliche und räumliche Verteilung von Kriegen

Warum treten Kriege zu verschieden Zeiten und in verschiedenen Regionen der Welt unterschiedlich häufig auf? Tabelle 8.2 zeigt die Erklärungsangebote der Theorien der internationalen Politik zu dieser Frage.

	Zeitliche Verteilung von Kriegen	Räumliche Verteilung von Kriegen
Realismus	Hegemoniezyklus	Regionale Machtstruktur
Institutionalismus	internationale Institutionalisierung	
Transnationalismus	Transnationalisierung	
Liberalismus	Demokratisierungswellen	Herrschaftssysteme
Konstruktivismus	Systemkonfliktzyklus	Kulturelle und ethnische Konfliktlinien

Tab. 8.2: Erklärungen der Kriegshäufigkeit

Zeitliche Verteilung von Kriegen:

Die Entwicklung der Häufigkeit von Kriegen über die Zeit (Abb. 8.1) legt einen zyklischen Verlauf nahe. Nach einem Anstieg der Kriegshäufigkeit bis 1992 (bzw. 1985, wenn man die wachsende Zahl der Staaten berücksichtigt), hat sich die Zahl der Kriege in den vergangenen 15-20 Jahren wieder verringert. Diese Beobachtung lässt vermuten, dass Theorien, die eine zyklische Dynamik der internationalen Politik behaupten, zur Erklärung der Kriegsentwicklung besonders gut geeignet sind. Das sind Realismus, Konstruktivismus und Liberalismus.

1. Realistische Erklärung: Machtkonzentration und -diffusion...

Krieg ist für den Realismus prinzipiell eine Konsequenz von Anarchie. Je höher die Machtkonzentration im internationalen System ist, desto geringer ist die Kriegswahrscheinlichkeit. Hegemone verringern die Unsicherheit im System und können den Ausbruch von Gewalt verhindern oder schnell beenden. Mit der Machtdiffusion wachsen hingegen Unsicherheit und Gewaltneigung: Die Bereitschaft von Akteuren, zur Erreichung ihrer Ziele militärische Mittel einzusetzen, und die Notwendigkeit, zur Verteidigung der eigenen Positionen zu militärischer Selbsthilfe zu greifen, nehmen zu.

... in Hegemoniezyklen

Allgemein erklärt der Realismus die zeitliche Varianz des Kriegsgeschehens daher durch die Phasen der Machtkonzentration und -diffusion in Hegemoniezyklen. In Phasen der Machtkonsolidierung und stabilen Hegemonie besteht eine relativ geringe Wahrscheinlichkeit von zwischenstaatlichen und innerstaatlichen Kriegen. In Phasen der Machtdiffusion und des machtpolitischen Umbruchs sind bewaffnete Konflikte demgegenüber besonders wahrscheinlich.

Empirische Belege

Wenn wir die Gesamtentwicklung bewaffneter Konflikte in den vergangenen 60 Jahren betrachten, so deckt sich der Verlauf grob mit den Erwartungen der Hegemoniezyklentheorie. Nach dem Ende des Zweiten Weltkriegs, als die USA sich auf dem Höhepunkt ihrer Macht befanden und die US-Hegemonie sich konsolidierte, war die Häufigkeit bewaffneter Konflikte niedrig. Mit dem Machtzuwachs der Sowjetunion in den 1960er Jahren und der damit einhergehenden Machtdiffusion stieg die Zahl der bewaffneten Konflikte an, um in der Entscheidungs- und Umbruchsphase des Hegemonialkonflikts in der Mitte der 1980er Jahre ihren Höhepunkt zu erreichen. Mit dem Scheitern der sowjetischen Herausforderung und der Konsolidierung der neuen amerikanischen Vormachtstellung verringerte sich die Zahl der bewaffneten Konflikte seit Beginn der 1990er Jahre wieder. Diese Dynamik gilt für die zwischenstaatlichen ebenso wie für die innerstaatlichen Konflikte. In beiden Kategorien war die Häufigkeit von bewaffneten Konflikten in der Zeit zwischen etwa 1965 und 1985 höher als davor oder danach (vor allem, wenn man für den späteren Zeitraum berücksichtigt, dass die Zahl der Staaten gewachsen ist).

2. Konstruktivistische Erklärung: Systemkonfliktzyklen

Das allgemeine Kriegsgeschehen lässt sich hingegen vergleichsweise weniger gut mit dem (konstruktivistischen) Systemkonfliktzyklus (Kap. 7.4) in Verbindung bringen. Die Zeit zwischen 1946 und 1989 entspricht der Deeskalationsphase des Konflikts – das deckt sich zwar mit dem Befund, dass die USA und die UdSSR eine direkte militärische Konfrontation vermieden, nicht aber mit der generellen Zunahme von Kriegen in dieser Zeit. Das Ende des Systemkonflikts ließ zwar erwarten, dass nach 1990 ideologische Kriege zwischen „links" und „rechts" abebben, zugleich aber hätte der neue islamistisch-westliche Systemkonflikt (oder bei Huntington der Kulturkonflikt des Westens „gegen den Rest") vermehrt Kriege hervorbringen sollen. Ob dies zutrifft, ist allein an der Zahl der bewaffneten Konflikte schwer abzulesen. Dazu müssen wir uns die Ursachen und Motivationen der Akteure in den Bürgerkriegen nach Ende des Ost-West-Konflikts näher anschauen (Kap. 8.4)

3. Liberale Erklärung: Demokratisierung

Aus liberaler Sicht korrespondiert das Kriegsgeschehen mit den Wellen der Demokratisierung im internationalen System. Der Zuwachs von Demokratien mündet in einen Rückgang von Kriegen – allerdings mit zeitlicher Verzögerung, weil Demokratisierungsprozesse häufig von Gewalt begleitet werden (Mansfield/Snyder 1995). Am Ende der Demokratisierungswelle sollte die Zahl der Kriege wieder ansteigen – allerdings dank der gewachsenen Zahl der Demokratien auf ein geringeres Niveau als vor Beginn der Demokratisierungswelle. In der Tat deckt sich die frühe Phase geringer Kriegshäufigkeit mit der zweiten Demokratisierungswelle. Mit deren Ende in den 1960er Jahren stieg auch die Kriegshäufigkeit an. Der Anstieg wurde durch den Beginn der dritten Welle in der Mitte der 1970er Jahre zunächst nicht gebremst. Berücksichtigt man die Zunahme der Zahl der Staaten, so lässt der Anstieg der Kriegshäufigkeit bis Mitte der 1980er Jahre sich allerdings noch mit Kriegsgefahr in frühen Phasen der Demokratisierung erklären. Seitdem beobachten wir einen Rückgang der bewaffneten Konflikte, der mit dem Erfolg der dritten Demokratisierungswelle korrespondiert.

4. Erklärungsprobleme des Institutionalismus und Transnationalismus

Institutionalismus und Transnationalismus haben Probleme mit der Entwicklung der Kriegshäufigkeit, weil sie für die Zeit nach dem Zweiten Weltkrieg ein durchgängiges Wachstum kriegsverhindernder Faktoren analysieren und daher einen linearen Rückgang des Krieges erwarten lassen. Internationale Interdependenz und Institutionen sowie der transnationale Austausch haben im Untersuchungszeitraum systemweit stark zugenommen. Dass gleichzeitig, jedenfalls bis Anfang der 1990er Jahre auch die Zahl der Kriege gestiegen ist, ist mit den Kernhypothesen dieser Theorien offensichtlich nicht vereinbar. Dieser Befund mag jedoch damit zusammenhängen, dass die

Analyse bisher nicht nach Regionen und Konflikttypen differenziert hat.

Halten wir aber zunächst fest, dass sowohl Realismus als auch Liberalismus eine auf den ersten Blick plausible Erklärung für die Entwicklung der Kriegshäufigkeit im internationalen System seit 1945 bieten können.

Räumliche Verteilung von Kriegen: 1. Realistische Erklärung

Für die regionalen Konfliktschwerpunkte ist die machtstrukturelle Erklärung des Realismus im Großen und Ganzen ebenfalls plausibel. Die Hegemonialsphären der Supermächte – die amerikanische Hegemonialsphäre in Westeuropa und Amerika und die sowjetische in Osteuropa – waren weniger von Kriegen betroffen als der „orientalische Krisenbogen" und Afrika, also Regionen mit geringerer Machtkonzentration. Dass Teile Osteuropas und der früheren Sowjetunion nach dem Zerfall der sowjetischen Hegemonie und dem Ende der UdSSR Teil dieses Krisenbogens wurden, stimmt auch mit dem realistischen Argument überein.

2. Institutionalistische, transnationalistische und liberale Erklärungen

Für die regionale Verteilung der Kriege liefern Institutionalismus, Transnationalismus und Liberalismus ebenfalls plausible Erklärungen: die an bewaffneten Konflikten reichen Regionen sind nicht nur schwächer institutionalisiert als die friedlicheren Regionen, sie weisen auch schwächere transnationale Netzwerke und weniger Demokratien auf (vgl. unten Abb. 12.1). Entsprechend geringer sind die vertrauensbildenden Mechanismen ausgeprägt.

3. Konstruktivistische Erklärung

Der Konstruktivismus lässt schließlich erwarten, dass Kriege vor allem dort konzentriert auftreten, wo Kulturen und gegensätzliche Identitäten aufeinander prallen. Kulturell homogene Weltregionen sollten daher friedlicher sein als kulturell heterogene Regionen. Innerhalb der Kulturkreise sollte es friedlicher zugehen als zwischen den Kulturkreisen. Und die „gefährlichsten Konflikte" sollten „an den Bruchlinien zwischen den Kulturen" (Huntington 1996: 24) zu finden sein.

Sicherlich gibt es viele Beispiele für solche Bruchlinienkonflikte und -kriege (wie Bosnien-Herzegowina, Sudan oder Libanon), aber als allgemeine Erklärung für die regionale Verteilung der Kriegshäufigkeit taugt Samuel Huntingtons These vom „Kampf der Kulturen" nicht. Bruce Russett, John Oneal und Michaelene Cox (2000) zeigen, dass Staaten, die unterschiedlichen Kulturkreisen angehören, nicht häufiger Kriege gegeneinander führen als solche, die aus dem gleichen Kulturkreis stammen. Nach dem Ende des Ost-West-Konflikts wurden Kriege zwischen Staaten aus unterschiedlichen Kulturkreisen entgegen der Behauptung Huntingtons außerdem seltener, nicht häufiger. Erik Gartzke und Kristian Gleditsch (2006) finden sogar, dass Gewalt zwischen Staaten mit ähnlichen Kulturen wahrscheinlicher ist als zwischen kulturell verschiedenen Staaten.

Sowohl der Realismus als auch der Liberalismus bieten also plausible Erklärungen für die Verteilung von Kriegen in Raum und Zeit. Die konstruktivistische Erklärung von Kriegen als Ausdruck ideologischer oder kultureller Konflikte deckt sich hingegen weder mit dem zeitlichen Verlauf noch der geographischen Verteilung des Kriegsgeschehens nach dem Zweiten Weltkrieg. Die institutionalistischen und transnationalistischen Erwartungen scheinen auf den ersten Blick immerhin mit der regionalen Verteilung von Kriegen übereinzustimmen.

8.3 Das „Verschwinden" des Staatenkrieges

Warum gibt es so wenige zwischenstaatliche Kriege – sowohl in absoluten Zahlen als auch im Vergleich zu innerstaatlichen bewaffneten Konflikten? Hängt die Zunahme innerstaatlicher Konflikte eventuell sogar mit dem „Verschwinden" des Staatenkrieges zusammen? Tabelle 8.3 zeigt die wichtigsten theoriegeleiteten Antworten zu diesen Fragen.

	Rückgang zwischenstaatlicher Kriege	Relative Zunahme innerstaatlicher Konflikte
Realismus	Bipolarität und nukleare Abschreckung	Verlagerung internationaler Rivalität
Institutionalismus	Dysfunktionalität des Krieges, Zivilisierung der internationalen Politik	„Funktionalität" des Bürgerkrieges
Transnationalismus	Transnationalisierung	---
Liberalismus	Demokratisierung	---
Konstruktivismus	Internationale Ächtung des Krieges	Internationale Legitimierung der Intervention

Tab. 8.3: Erklärungen des Verschwindens zwischenstaatlicher Konflikte

Realistische Erklärung: Bipolarität und nukleare Abschreckung

Für den Rückgang und Bedeutungsverlust zwischenstaatlicher Kriege kann der Realismus zwei Faktoren ins Feld führen. Zum einen ließ die bipolare Struktur des internationalen Systems seit 1945 erwarten, dass weniger Kriege geführt werden als unter den multipolaren Systemen, die zuvor existierten. Zum anderen wirkte sich die nukleare Abschreckung stabilisierend aus (vgl. Kap. 9.1. zum Großmachtfrieden). Die relative Zunahme innerstaatlicher Konflikte könnte damit eine unmittelbare Folge der Einhegung des zwischenstaatlichen Krieges sein. Da eine direkte, zwischenstaatliche Konfrontation der Supermächte zu risikoreich war, verlagerte sich die Machtkonkurrenz auf die Unterstützung rivalisierender Bürgerkriegsakteure. Beispiele dafür sind Afghanistan, Angola oder Vietnam, wo die USA und die Sowjetunion jeweils unterschiedliche Parteien mit Geld und Waffen versorgten und teilweise auch direkt mit eigenen Streitkräften unterstützten. In diesem Fall haben wir es mit internationalisierten innerstaatlichen Konflikten zu tun.

Institutionalistische Erklärung: Dysfunktionalität des Krieges und Institutionalisierung

Für die Fortschrittstheorien der internationalen Politik belegt der Rückgang und Bedeutungsverlust des zwischenstaatlichen Krieges die Richtigkeit ihrer optimistischen Erwartungen. Für Institutionalistinnen unterstützt der Befund die These von der Zivilisierung internationaler Politik. Zum einen resultiert er aus der Entwertung militärischer Macht und der Dysfunktionalität des Krieges als Mittel zur Erreichung internationaler politischer Ziele. Untersuchungen zeigen, dass in der Zeit seit dem Zweiten Weltkrieg die „Siegesrate“, also der Anteil der zwischenstaatlichen Kriege, die von einer Seite gewonnen werden, im Vergleich zu unentschiedenen Konflikten deutlich zurückgegangen ist. Kathy Powers und Gary Goertz (2007) berichten, dass vor dem Zweiten Weltkrieg 95% aller Kriege mit dem Sieg einer Seite endeten, in der Zeit nach 1989 hingegen nur noch 30%. Zum anderen korrespondiert der Befund mit der wachsenden Institutionalisierung im internationalen System. Die relative Zunahme von Bürgerkriegen unter den bewaffneten Konflikten erklärt sich aus dieser Perspektive dadurch, dass diese in der Zeit zumindest bis zu den 1990er Jahren mit einer Siegesrate von etwa 80% weitaus „funktionaler“ waren als zwischenstaatliche Kriege (Powers/Goertz 2007). In den 1990er Jahren ist diese Rate jedoch ebenfalls deutlich gesunken – was eine Erklärung für den Rückgang von Bürgerkriegen und damit des gesamten Kriegsaufkommens liefert.

Transnationalistische und liberale Erklärungen

Für den Transnationalismus und den Liberalismus reflektiert der Rückgang zwischenstaatlicher Kriege entsprechend die gestiegene transnationale Interdependenz und Vernetzung sowie die gewachsene Zahl demokratischer Staaten im internationalen System. Daraus lässt sich aber nicht ableiten, warum die Zahl der Bürgerkriege zugenommen hat.

Konstruktivistische Erklärung: Internationale Ächtung des zwischenstaatlichen Krieges,...

Aus konstruktivistischer Perspektive schließlich lässt sich das Verschwinden des zwischenstaatlichen Krieges auf dessen zunehmende internationale Ächtung zurückführen. Die internationale Normentwicklung zeigt, dass der zwischenstaatliche Krieg als Mittel internationaler Politik zunächst völkerrechtlich beschränkt wurde, dann mit der Charta der Vereinten Nationen (abgesehen von Kriegen zur Selbstverteidigung und zur Aufrechterhaltung der kollektiven Sicherheit) seine Legitimität vollständig verlor. Dass zwischenstaatliche Kriege zu einem seltenen Ereignis geworden sind und dass keine staatliche Kriegspartei es sich mehr leisten kann, Kriege als Mittel zur Mehrung staatlicher Macht oder nationalen Ruhms zu rechtfertigen, zeigt die Wirkung dieser Normen.

Die Aufständischen in Bürgerkriegen sind hingegen an diese Normen nicht gebunden. Gleichzeitig wurde das vormals strikte völkerrechtliche Interventionsverbot seit Beginn der 1990er Jahre immer weiter aufgeweicht – vor allem für humanitäre Interventionen. Bürgerkriege werden somit nicht wirksam durch internationale Normen beschränkt (und internationalisierte Bürgerkriege sogar teilweise erlaubt oder begünstigt).

...nicht aber des Bürgerkrieges

Für den Rückgang des Staatenkrieges lassen sich also zahlreiche Faktoren anführen, die sich durchaus ergänzen und wechselseitig verstärken: das Ende der Multipolarität, die nukleare Abschreckung, die abnehmende Funktionalität des Krieges, das Wachstum internationaler Institutionen und transnationaler Vernetzung, die Demokratisierung und die normative, völkerrechtliche Ächtung des Krieges. Gegen den Bürgerkrieg wirken diese Faktoren nicht – eventuell verlagert oder beschränkt sich die Gewalt sogar auf den innerstaatlichen Bereich, weil zwischenstaatliche Kriege zu kostspielig, zu wenig aussichtsreich und zu schwer zu legitimieren geworden sind.

8.4 Die Ursachen des Bürgerkriegs

In jüngerer Zeit hat sich die Forschung zunehmend dem Bürgerkrieg zugewandt – nicht zuletzt, weil er gegenwärtig weit häufiger vorkommt und mehr Opfer fordert als der zwischenstaatliche Krieg. Die Erklärungsansätze zu den Ursachen des Bürgerkrieges speisen sich zwar in der Regel nicht direkt aus den Theorien der internationalen Politik, können ihnen jedoch zugeordnet werden, wie Tabelle 8.4 zeigt.

	Entstehung von Bürgerkriegen
Realismus	Schwäche des Staates
Institutionalismus	
Transnationalismus	Transnationale Vernetzung
Liberalismus	*Greed and grievances*
Konstruktivismus	Ethnische und religiöse Identitätskonflikte

Tab. 8.4: Erklärungen der Entstehung von Bürgerkriegen

Realistische Erklärung: Schwäche des Staates nach innen...

Bei innerstaatlichen bewaffneten Konflikten argumentiert der Realismus analog zu internationalen Konflikten: Er führt ihre Wahrscheinlichkeit auf die Anarchie und die Machtkonzentration innerhalb des Staates zurück. Starke, durchsetzungsfähige Staaten können eine funktionierende Herrschaftsordnung sicherstellen; schwache, machtlose Staaten schaffen hingegen Freiräume und Anreize für innerstaatliche Gruppen, ihre Ziele gewaltsam zu verfolgen. Mit der Schwäche des Staates wächst daher die Wahrscheinlichkeit innerstaatlicher Gewalt.

...auch als Folge einer geschwächten internationalen Machtposition

Für den Realismus als systemische Theorie hat das allerdings nicht zuletzt mit dem internationalen Kontext und der internationalen Machtposition des Staates zu tun. Mächtige Staaten und Staaten mit einer stabilen internationalen Machtposition sind demnach für innerstaatliche bewaffnete Konflikte weniger anfällig als Staaten, die einen internationalen Machtverlust erleiden, unter massivem internationalem Druck stehen oder wichtige internationale Bündnispartner und Unterstützer verlieren. Dadurch büßen sie Ressourcen ein, die sie für die Aufrechterhaltung der innerstaatlichen Ordnung brauchen. Vor allem gehen innerstaatliche Konflikte auf den Zerfall von Staaten und Kolonialreichen infolge internationaler Machtverschiebungen zurück. Der Anstieg innerstaatlicher Kriege seit den 1960er Jahren hängt aus dieser Perspektive eng mit der Entkolonialisierung zusammen. Sie hinterließ vielfach schwache und umkämpfte Staatsgebilde. In ähnlicher Weise wirkte die Auflösung der Sowjetunion in den ehemaligen Sowjetrepubliken. Der Zerfall Jugoslawiens schließlich wurde dadurch ausgelöst, dass mit dem Ost-West-Konflikt auch der äußere Druck wegfiel, der dieses Land zwischen den Blöcken zusammengehalten hatte.

James Fearon und David Laitin (2003) haben diese Erklärung von Bürgerkriegen weiterentwickelt. Sie sehen die Hauptursache für alte und neue Bürgerkriege in Bedingungen, die bewaffnete Aufstände durch kleine, leichtbewaffnete Gruppen begünstigen, welche von einer ländlichen Basis aus mit Guerillataktiken vorgehen. Die Ziele dieser Gruppen sind vielfältig. Sie können politischer, religiöser, ökonomischer Natur sein – entscheidend für den Ausbruch von Bürgerkriegen ist jedoch, dass erst die Schwäche des Staates – seine Unfähigkeit, wirksam gegen die Aufständischen vorzugehen – den bewaffneten Kampf aussichtsreich erscheinen lässt. Diese Schwäche des Staates kann aus hausgemachten Problemen (politische Instabilität, Armut, Korruption) rühren, aber auch durch den Verlust internationaler Unterstützung hervorgebracht werden. Neben der Schwäche des Staates werden bewaffnete Aufstände durch geographische (unzugängliches Terrain) und demographische Faktoren (große Bevölkerung) begünstigt (Fearon/Laitin 2003: 75f). Legt man den Schwerpunkt auf die Schwäche staatlicher Institutionen und ihre „bad governance", so ist diese Analyse auch institutionalistisch deutbar.

Liberale Erklärungen:

Andere Erklärungen heben hingegen den innergesellschaftlichen Kontext und die Motive der Aufständischen hervor. Mit einem Schlagwort lässt sich die Debatte als *Greed versus Grievance* (Gier oder Beschwerden; Collier/Hoeffler 2004) zusammenfassen: Brechen Bürgerkriege aus, wenn sich profitorientierten Gruppen die Gelegenheit bietet, ihre Habgier gewaltsam zu befriedigen? Oder sind sie eine politische Reaktion auf soziale, ökonomische und politische Missstände im Land? Beide Ansätze lassen sich unter die liberale Theorie fassen.

1. Grievance

Das *Grievance*-Modell repräsentiert die traditionelle Analyse der Ursachen von „alten" Bürgerkriegen. Demnach sind Bürgerkriege eine politisch motivierte Reaktion auf Ungerechtigkeiten aller Art, für die auf friedliche Weise keine Abhilfe zu schaffen ist: auf Not, Armut, Ungleichheit, Ausbeutung und Unterdrückung. Rebellen versuchen die Macht im Staat zu übernehmen oder eine separate Staatsmacht zu etablieren, um Ungleichheit und Unterdrückung zu überwinden. Je demokratischer ein Land ist, desto geringer sollte hingegen die Wahrscheinlichkeit von Bürgerkriegen sein, weil in Demokratien einerseits weniger Unterdrückung herrscht und andererseits gewaltfreie Wege offenstehen, um politische Konflikte zu bearbeiten.

2. Greed

Das *Greed*-Modell entspricht demgegenüber dem Typus der „neuen Kriege", die durch Entpolitisierung und Kommerzialisierung gekennzeichnet sind. David Collier und Anke Hoeffler (2004) betonen die ökonomischen Voraussetzungen für profitable und erfolgreiche Rebellionen. Demnach ist der Ausbruch von Bürgerkriegen besonders wahrscheinlich, wenn ein Land reich an Bodenschätzen ist, deren Kontrolle und Ausbeutung für die Rebellen attraktiv ist; die Rebellen finanzielle Unterstützung aus dem Ausland erhalten (sei es durch eine Diaspora, also Angehörige der gleichen Gruppe, die im Ausland leben, oder durch ausländische Regierungen); und die Kosten der Rebellion gering sind (weil militärisches Gerät billig ist und die Aufständischen keine lukrativen alternativen Möglichkeiten haben, ihren Lebensunterhalt zu verdienen).

Konstruktivistische Erklärung: Ethnische Differenzen

Darüber hinaus hat entsprechend konstruktivistischer Annahmen die ethnische Fragmentierung als Bürgerkriegsursache nach dem Ende des Ost-West-Konflikts besondere Aufmerksamkeit erlangt. Die ethnische Erklärung von Bürgerkriegen hat mehrere Varianten. Unter anderem unterscheiden sich Theorien des ethnischen Konflikts danach, ob sie ethnische Gruppen und Differenzen als quasi-naturgegeben und daher festgefügt oder aber als sozial konstruiert und damit auch sozial veränderbar ansehen. Darüber hinaus nehmen manche Theorien an, dass bei ethnischen Differenzen aus sozialpsychologischen Gründen ein hohes Gewaltrisiko in der „Natur der Sache" liegt.

Andere behaupten hingegen, dass ethnische Differenzen von politischen Akteuren instrumentalisiert werden, um leichter Unterstützung für politische oder ökonomische Ziele zu mobilisieren. In Jugoslawien und anderen früher kommunistischen Staaten schürten die kommunistischen Eliten z. B. ethnische Konflikte, um sich eine neue Legitimationsbasis zu schaffen und an der Macht zu bleiben. Auch regierungsfeindliche Rebellen finden besseren Unterschlupf und Rückhalt bei Angehörigen ihrer eigenen ethnischen Gruppe. Die Instrumentalisierungs-Theorie ist damit sowohl mit dem *Grievance-* als auch mit dem *Greed*-Modell vereinbar.

Transnationale Faktoren

Transnationale Faktoren spielen in allen diesen Erklärungen eine ergänzende Rolle. Finanzielle Unterstützung und Waffenlieferungen durch die Diaspora stärken die Position der Rebellen gegenüber der Regierungsmacht; durch Flüchtlingsbewegungen und grenzüberschreitende ethnische Verbindungen können Bürgerkriege in einem Land aber auch Gewalt in benachbarte Länder hineintragen (vgl. Gleditsch 2007).

Die Debatte über die beste Erklärung der Entstehung von Bürgerkriegen ist in vollem Gange. Die Analysen von Fearon und Laitin sowie Collier und Hoeffler sind dabei die tonangebenden Beiträge, an denen sich neuere Untersuchungen abarbeiten. Beide Autorenteams betonen übereinstimmend die Anreize und Gelegenheitsstrukturen, die sich Aufständischen in schwachen Staaten bzw. bei lukrativen Rohstoffvorkommen bieten. Beide weisen auch das *Grievance*-Modell und die Erklärungen durch ethnische Differenzen zurück. Sie finden keinen systematischen Zusammenhang zwischen Ungleichheit, Demokratie, politischen Rechten und individuellen Freiheiten auf der einen Seite und dem Ausbruch von Bürgerkriegen auf der anderen Seite. Gleiches gilt für die religiöse und ethnische Diskriminierung oder Fragmentierung in einer Gesellschaft. Es spricht daher einiges dafür, ethnische Fragmentierung, politische und soziale Missstände sowie transnationale Einflüsse wie Kriege in Nachbarstaaten oder finanzielle Unterstützung durch ausländische gesellschaftliche Gruppen nicht als direkte Ursachen von Bürgerkriegen zu sehen, sondern als erleichternde und verstärkende Faktoren für eigennützig motivierte Rebellionen.

Weiterlesen

Daten und Fakten

Das *Journal of Peace Research* veröffentlich jedes Jahr die neuesten Daten zur Entwicklung bewaffneter Konflikte – zuletzt in Harbom/Wallensteen (*Armed Conflict, 1946-2006* im Jahr 2007). Eine allgemeine Beschreibung des Datensatzes findet sich in Gleditsch et al. (2002).

Überblicke

Frieden und Krieg von Bernhard Zangl und Michael Zürn (2003) bietet einen Überblick über aktuelle Entwicklungen im Problemfeld Sicherheit. *Krieg und politische Gewalt* von Christopher Daase (2003) beschreibt und problematisiert den Forschungsstand zum Krieg.

Analysen

Leicht lesbare Analysen der neuen Kriege bieten Mary Kaldor (*Neue und alte Kriege*, 2007) und Herfried Münkler (*Die neuen Kriege* 2002). Für die Debatte über die Ursachen der Bürgerkriege sind die Aufsätze von James Fearon und David Laitin (*Ethnicity, Insurgency, and Civil War*, 2003) sowie Paul Collier und Anke Hoeffler (*Greed and Grievance in Civil War*, 2004) maßgeblich.

9 Der lange und der demokratische Frieden

Die Erforschung des Friedens ist das Gegenstück zur Kriegsforschung. Dabei geht es nicht um Waffenstillstände und Kampfpausen zwischen Kriegen oder um instabile Zustände, die ständig vom Ausbruch neuer Gewalt bedroht sind, sondern um Phänomene und Bedingungen des stabilen Friedens. Stabil ist ein Frieden, wenn Bedingungen herrschen, unter denen kein Akteur einen Anreiz hat, seine Interessen gewaltsam durchzusetzen. Idealerweise verschwindet sogar die Option des Krieges vollständig aus dem Handlungsrepertoire der Akteure: Sie erwägen also nicht einmal mehr die Möglichkeit, Konflikte gewaltsam auszutragen.

Lange Zeit galt der stabile Frieden zwischen Staaten als Utopie. Die dauerhafte Bedrohung durch Kriege erschien als Normalität, wenn nicht gar als Wesensbestandteil internationaler Politik. Inzwischen glaubt die Forschung aber zumindest zwei Inseln des stabilen Friedens identifiziert zu haben.

Mit dem „langen Frieden" oder Großmachtfrieden meint man die Beobachtung, dass es seit 1945 keine direkte militärische Auseinandersetzung zwischen Großmächten mehr gegeben hat – eine in historischer Perspektive ungewöhnlich lange Zeitspanne. Der „demokratische Frieden" thematisiert den Befund, dass demokratische Staaten untereinander keine Kriege führen.

Die Analyse dieser Friedensphänomene steht in enger Beziehung zu jeweils einer Theorie der internationalen Politik. Während der lange Frieden in erster Linie aus realistischer Perspektive untersucht und erklärt wird, ist der demokratische Frieden ein zentraler Befund und Gegenstand der liberalen Theorie. Die realistischen und liberalen Erklärungen dieser Befunde stehen daher im Mittelpunkt dieses Kapitels. Andere Theorien werden herangezogen, um diese Erklärungen zu hinterfragen, zu ergänzen und eventuell zu relativieren. Kapitel 9.1 befasst sich mit dem langen Frieden, Kapitel 9.2 mit dem demokratischen.

9.1 Der lange Frieden

9.1.1 Der Befund des langen Friedens

Das Jahr 2008 ist das 63. Jahr, in dem es keine direkte militärische Konfrontation zwischen Großmächten gegeben hat. Nach dem Ende des Zweiten Weltkrieges 1945 blieb es zwischen den Supermächten USA und UdSSR beim „Kalten Krieg". Auch das Ende des amerikanisch-sowjetischen Konflikts in der zweiten Hälfte der 1980er Jahre und zu Beginn der 1990er Jahre verlief friedlich. Und seitdem gab es auch zwischen den USA und den anderen Großmächten und Großmachtaspiranten (wie China, Japan, Russland oder der Europäischen Union) keine Kriege.

Qualitative Veränderung der Großmachtbeziehungen?

An diesem langen Großmachtfrieden ist zunächst die Dauer bemerkenswert: der bisherige „Rekord" lag mit 43 Jahren bei der Zeit zwischen 1871 (dem Ende des deutsch-französischen Krieges) und 1914 (dem Ausbruch des Ersten Weltkriegs). Es ist aber schwer zu sagen, ob eine 20 Jahre längere Abwesenheit von Großmachtkriegen bereits eine signifikante und qualitative Veränderung darstellt oder nur eine historische Zufälligkeit. Könnte der lange Frieden jederzeit zu Ende gehen oder hat sich in den Beziehungen zwischen den Großmächten tatsächlich etwas gegenüber früheren Zeiten verändert? Skeptisch mag man auch einwenden, dass im gleichen Zeitraum eine massive Aufrüstung der Großmächte mit Massenvernichtungswaffen stattgefunden hat. Gefährliche internationale Krisen wie die Berlin-Krise oder die Kuba-Krise fallen ebenso in diese Zeit wie „Stellvertreterkriege", bei denen sich Großmächte zwar nicht direkt militärisch bekämpfen, aber unterschiedliche Kriegsparteien militärisch unterstützen, wie das während des Ost-West-Konflikts z. B. in Korea, im Nahen Osten oder im postkolonialen Afrika regelmäßig der Fall war.

Drei Beobachtungen sprechen aber für eine signifikante Veränderung in den Großmachtbeziehungen und für die Hoffnung, dass es sich tatsächlich um einen nicht nur vorübergehenden Frieden handelt.

- Das friedliche Ende des amerikanisch-sowjetischen Konflikts ist historisch ungewöhnlich. Wie wir gesehen haben (vgl. Kap. 3.4), wurden die Machtkonflikte und Hegemoniezyklen im modernen internationalen System in der Regel durch große, systemweite Kriege abgeschlossen – wie z. B. den Ersten Weltkrieg, der die bisher längste Periode des Großmachtfriedens beendete, oder den Zweiten Weltkrieg.
- Außerdem ist auffällig, dass Großmachtkrisen – also militärische Konfrontationen, bei denen eine Entscheidung über Krieg oder Frieden unmittelbar bevorsteht und Krieg von den Großmächten als wahrscheinlich erachtet wird – im Verlauf des langen Friedens offensichtlich zurückgegangen sind. Eine ähnliche Konfrontation wie die Kuba-Krise von 1962 hat es seitdem zwischen Großmächten nicht mehr gegeben.

- Auch die sogenannten „Stellvertreterkriege“ haben nach dem Ende des Ost-West-Konflikts deutlich abgenommen.

Im Vergleich mit den häufigen Krisen und indirekten Konfrontationen in der Zeit des Imperialismus vor dem Ersten Weltkrieg erscheint der gegenwärtige lange Frieden also weitaus stabiler und von anderer Qualität zu sein.

Dieser Befund wirft einige Fragen an die Theorien der internationalen Politik auf:

1. Wie lässt sich der lange Frieden seit 1945 erklären?
2. Was hat sich seit 1945 in den Großmachtbeziehungen verändert, das die Ursache für die lange Abwesenheit von Großmachtkriegen sein könnte?
3. Wie wurde das friedliche Ende des amerikanisch-sowjetischen Konflikts ermöglicht?

Tabelle 9.1. gibt einen Überblick über die alternativen Erklärungen des Großmachtfriedens.

	Großmachtfrieden	Friedliches Ende des Ost-West-Konflikts
Realismus	Bipolarität Nukleare Abschreckung	Machtverlust des Herausforderers Nukleare Abschreckung
Institutionalismus	Dysfunktionalität des Großmachtkrieges plus Institutionalisierung der Großmachtbeziehungen	Sicherheitspolitische Regime
Transnationalismus	Transnationale Vernetzung	Transnationale epistemische Gemeinschaft
Liberalismus	Gemeinsame Demokratie	Liberalisierung
Konstruktivismus	Gemeinsame Identität	Neues Denken

Tab. 9.1: Erklärungen des „langen Friedens“

9.1.2 Bipolarität oder Nukleartechnologie: die realistische Erklärung

Schon durch den Fokus auf die Großmächte zeigt die Analyse des langen Friedens ihre Nähe zum Realismus. Vor allem aber bewegen sich die vorherrschenden Erklärungen dieses Phänomens im realistischen Rahmen. Der Realismus führt Unterschiede und Veränderungen in der internationalen Politik vorrangig auf zwei variable Strukturen zurück: die Machtstruktur und die Technologie. Beide bieten einen Ansatzpunkt zur Erklärung des langen Friedens, weil das Jahr 1945 sowohl für die Polarität des internationalen Systems als auch für die militärische Technologie eine Zäsur bedeutete.

Bipolare Machtstruktur...

In der internationalen Machtstruktur markiert 1945 den Übergang von einem multipolaren zu einem bipolaren internationalen System, das aus realistischer Perspektive weniger kriegsanfällig ist als ein System mit mehreren Großmächten (Kap. 3.2.2). Die Beobachtung, dass die längste Friedensperiode in der Geschichte des modernen Staatensystems mit der bisher einzigen bipolaren Phase zusammenfällt, stimmt daher mit der realistischen Theorie überein. Wenn man das internationale System nach dem Ende des Ost-West-Konflikts als ein unipolares System klassifiziert, kann man auch die gegenüber der Zeit vor 1990 nochmals verbesserte Stabilität des Großmachtfriedens (Abwesenheit von Krisen und Abnahme von indirekten Kriegen) machtstrukturell erklären. Allerdings lässt diese Erklärung erwarten, dass der Großmachtfrieden in Gefahr gerät, sobald das System erneut multipolar werden sollte – was aus realistischer Sicht früher oder später zu erwarten ist.

...endet mit geschwächtem Herausforderer

Der friedliche Übergang am Ende des Ost-West-Konflikts schließlich lässt sich machttheoretisch durch den relativen Niedergang der Sowjetunion erklären. Zwar war es der Sowjetunion gelungen, in den 1970er Jahren ein militärisches Gleichgewicht mit den USA zu erzielen. Mit den amerikanischen Fortschritten in der Informations- und Kommunikationstechnologie, die nicht nur die Wirtschaftsprozesse, sondern auch die Militärtechnologie revolutionierten, konnte die Sowjetunion jedoch ebenso wenig mithalten wie mit dem massiven Aufrüstungsprogramm unter Präsident Reagan. Während das liberale Wirtschaftssystem im Westen eine neue Dynamik entfaltete, geriet die Planwirtschaft in eine Krise. Kamen die großen hegemonialen Ausscheidungskämpfe in der Vergangenheit dadurch zustande, dass eine aufstrebende Macht auf einen geschwächten Hegemon traf, so zeichnete sich die Situation am Ende des Ost-West-Konflikts dadurch aus, dass der Herausforderer (die Sowjetunion) selbst geschwächt war.

Erklärungslücken

Die auf den ersten Blick plausible machtstrukturelle Erklärung des langen Friedens ist allerdings nicht vollständig determiniert – das heißt, sie lässt durchaus Raum für andere Politikergebnisse. Zum einen sagt die Erklärung uns lediglich, dass in einem bipolaren System *weniger* Großmachtkriege stattfinden sollten als in einem multipolaren System; sie lässt jedoch nicht unbedingt erwarten, dass *überhaupt keine* Großmachtkriege stattfinden. Zum anderen wäre es auch möglich gewesen, dass die Sowjetunion angesichts ihrer Schwäche (und in der Erwartung, in Zukunft gegenüber den USA noch schwächer zu werden) aggressiv reagiert und eine militärische Entscheidung gesucht hätte – so wie das im Niedergang befindliche Österreich-Ungarn sich im Vorfeld des Ersten Weltkriegs verhielt. Zumindest war die Sowjetunion keineswegs gezwungen, ihre Hegemonialsphäre in Osteuropa friedlich aufzugeben. Ihre Macht hätte zweifelsohne gereicht, um antikommunistische und antisowjetische Rebellionen zu unterdrücken – wie sie dies bereits in den fünfziger Jahren in mehreren Ostblockstaaten und 1968 in der Tschechoslowakei getan hatte.

Nukleare Abschreckung...

In der Militärtechnologie bedeutete 1945 ebenfalls eine Zäsur, die mit der Zündung von Atombomben über Hiroshima und Nagasaki eingeläutet wurde. In der Folge bildete sich ein internationales System heraus, in dem die Großmächte zugleich Nuklearmächte waren und sich wechselseitig mit Massenvernichtungswaffen bedrohten und abschreckten. Ein solches Abschreckungssystem war historisch neu und sorgte dafür, dass die Großmächte aus Angst vor einem vernichtenden Zweitschlag Kriege gegeneinander zu vermeiden suchten. Der lange Frieden ist aus dieser Sicht ein nuklearer Frieden.

...führt zu nuklearem Frieden...

Der nukleare Frieden war jedoch in der Anfangszeit noch instabil, bis sich das „Gleichgewicht des Schreckens“ herausgebildet hatte und bis beide Seiten ihre Machtbereiche und Verteidigungslinien klar abgesteckt hatten. So kam es bis in die 1960er Jahre noch zu zahlreichen Krisen, bei denen die Kontrahenten allerdings vor der letzten Konsequenz einer direkten militärischen Auseinandersetzung zurückschreckten. Aus der Kuba-Krise 1962, die die Welt näher als je zuvor an den Rand eines Atomkrieges brachte, zogen die USA und die Sowjetunion jedoch die Konsequenz, dass wegen der unvertretbaren Risiken und Kosten auch ernste Großmachtkrisen in Zukunft vermieden werden müssten.

...und friedlichem Ende des Ost-West-Konflikts

Die nukleare Abschreckung sorgte weiterhin dafür, dass das Ende des Ost-West-Konflikts friedlich verlief. Weder war es für die Sowjetunion aussichtsreich, durch eine direkte militärische Auseinandersetzung den eigenen Machtverfall aufzuhalten, noch für die USA angesichts der intakten sowjetischen nuklearen Abschreckung vertretbar, den Niedergang der Sowjetunion militärisch auszunutzen oder zu beschleunigen. Für die Zeit nach dem Ende des Ost-West-Konflikts bedeutet der nukleare Frieden, dass die Machtkonkurrenz, die Eindämmung der amerikanischen Hegemonie und der eventuelle Aufstieg neuer Mächte ohne Großmachtkriege erfolgen werden. Im Gegensatz zur machtstrukturellen Erklärung lässt die technologische

Erklärung also erwarten, dass der lange Frieden auch fortbestehen wird, wenn ein multipolares System entstehen sollte.

Erklärungspotenzial und -lücken

Die technologische Erklärung ist außerdem klarer bestimmt als die machtstrukturelle. Sie erklärt, warum es nach 1945 nicht nur zu weniger Großmachtkriegen kam als zuvor, sondern zu überhaupt keinen, und warum für die Sowjetunion der Ausweg einer „Flucht nach vorn" in den Krieg nicht in Frage kam. Andererseits hätte gerade das Abschreckungssystem, das ja die Defensive stärkt, es der Sowjetunion erlaubt, auch bei einem militärischen Vorsprung der USA die bestehenden geopolitischen Positionen zu behaupten. Der friedliche Rückzug der Sowjetunion aus Osteuropa ist also auch für die technologische Erklärung keineswegs zwingend.

Insgesamt bietet der Realismus zwei plausible Erklärungen für den langen Frieden: die Bipolarität und die nukleare Abschreckung, wobei die letztgenannte besser erklären kann, warum wir tatsächlich einen Großmachtfrieden und nicht nur einen Rückgang der Großmachtkriege und -krisen beobachten können. Allerdings hat sich die Sowjetunion am Ende des Ost-West-Konflikts aus Sicht beider realistischer Erklärungsansätze zu friedlich und kooperativ verhalten. Können andere Theorien die doppelte realistische Erklärung untergraben? Oder bieten sie Erklärungen, die mindestens ebenso plausibel sind?

9.1.3 Dysfunktionalität des Krieges und stabilisierende Institutionen: die institutionalistische Erklärung

Dysfunktionalität des Krieges

Für den Institutionalismus ist der Großmachtfrieden eine Bestätigung der Thesen der „komplexen Interdependenz", vor allem der Dysfunktionalität des Krieges und der stabilisierenden Wirkung internationaler Institutionen. Dass die Großmächte keine Kriege gegeneinander führen, rührt aus dieser Sicht daher, dass der Krieg gegen andere Großmächte kein zweckrationales Mittel mehr ist, um politische Ziele zu erreichen, internationale Probleme zu lösen und den Großmachtstatus zu erlangen oder zu behaupten (vgl. Kap. 4.2). Zwar mag der Besitz eines konkurrenzfähigen Militärpotenzials nach wie vor notwendig sein, um als Großmacht anerkannt zu werden. Der Einsatz dieses Militärpotenzials gegen eine andere Großmacht wäre in einem System, in dem alle Großmächte eine nukleare Zweitschlagsfähigkeit besitzen, jedoch selbstzerstörerisch und daher irrational. Dieses Argument deckt sich allerdings mit dem realistischen Argument des nuklearen Friedens und folgt aus ihm: Die Dysfunktionalität des Großmachtkrieges ist eine direkte Konsequenz der Atomwaffenrüstung der Großmächte. So gesehen beruht die institutionalistische Erklärung auf der realistischen und besitzt keinen zusätzlichen Erklärungswert.

Stabilisierung des nuklearen Friedens durch internationale Institutionen...

Allerdings würden Institutionalisten argumentieren, dass die Zweitschlagsfähigkeit der Großmächte allein noch keinen stabilen Frieden garantiert. Wie die Kuba-Krise gezeigt hat, kann es dennoch zu Krisen kommen, bei denen Entscheidungen unter Zeitdruck und mit unvollständigen und unsicheren Informationen getroffen werden müssen und daher die Gefahr besteht, dass ein Nuklearkrieg ausbricht, den keine Seite gewollt hat. Für die Stabilisierung des nuklearen Friedens sind daher internationale Institutionen notwendig, die den Konfliktparteien eine direkte Kommunikation und akkurate Informationen ermöglichen, um die Gefahr von Fehlwahrnehmungen und Fehlentscheidungen zu verringern.

...zur Kommunikation und Rüstungskontrolle

Dies war in der Tat eine Konsequenz, die die USA und die UdSSR aus der Kuba-Krise gezogen haben. Bereits im Juni 1963 unterzeichneten die Regierungen beider Staaten das sogenannte *Hot Line Agreement*, um im Krisenfall direkt, schnell und verlässlich miteinander kommunizieren zu können. Es war das erste bilaterale Abkommen zwischen den beiden Supermächten. Später schlossen sie den ABM-Vertrag (*Anti-Ballistic Missile Treaty*), der die Errichtung einer landesweiten Verteidigung gegen Interkontinentalraketen verbot, und führten Gespräche über Obergrenzen für die Zahl der Atomraketen (*Strategic Arms Limitation Talks, SALT*). Beides hatte den Zweck, das Abschreckungssystem dadurch zu stabilisieren, dass die Supermächte verlässlich darauf verzichteten, eine Erstschlagsfähigkeit zu erlangen – also die Fähigkeit, einen Nuklearkrieg entweder dadurch zu gewinnen, dass sie ihr eigenes Territorium wirksam gegen den Zweitschlag der anderen Seite verteidigten, oder dadurch, einen derart massiven Erstschlag auszuführen, dass die andere Seite nicht mehr würde zurückschlagen können.

Institutionalisierung fördert friedliches Ende des Ost-West-Konflikts

Dank dieser und anderer Verträge, die zusammen das amerikanisch-sowjetische Rüstungskontrollregime bildeten, wiederholte sich eine Krise vom Ausmaß der Kuba-Krise nicht mehr. Außerdem stabilisierte die sicherheitspolitische Institutionalisierung der Großmachtbeziehungen das friedliche Ende des Ost-West-Konflikts. Zum einen wurde so viel Vertrauen zwischen den USA und der Sowjetunion aufgebaut, dass die Sowjetunion nicht fürchtete, die USA würde die Schwäche der Sowjetunion militärisch ausnutzen. Zum anderen wurden bestehende Kommunikationskanäle, Verhandlungsforen und Sicherheitsregime dazu genutzt, um Verträge zur Abrüstung von konventionellen und Massenvernichtungswaffen zu verhandeln und abzuschließen (wie den START-Vertrag 1991 über strategische Abrüstung und den KSE-Vertrag über die Begrenzung konventioneller Streitkräfte in Europa). Aus dieser Perspektive ist es bezeichnend, dass das friedliche Ende des Ost-West-Konflikts nicht in der Hochphase der Reaganschen Aufrüstungspolitik eingeläutet wurde, sondern erst, nachdem die amerikanische Regierung in der Mitte der 1980er Jahre auf einen Kurs der Entspannung und Abrüstung zurückgekehrt war.

9.1.4 Alternative Erklärungen

Keine plausible Erklärung des „langen Friedens"...

Als eigenständige Erklärungen des „langen Friedens" sind die übrigen Theorien offensichtlich nicht geeignet: Weder war die Sowjetunion ein demokratischer Staat, noch bestanden zwischen der Sowjetunion und den USA intensive zwischengesellschaftliche Beziehungen oder eine gemeinsame Kultur. Im Gegenteil: Die Beziehungen waren durch eine exklusive Identität, gesellschaftliche Abschottung und eine gegensätzliche Gesellschaftsordnung gekennzeichnet. Auch nach dem Ende des Ost-West-Konflikts dauert der Frieden unter Großmächten und Großmachtaspiranten trotz unterschiedlicher Herrschaftsordnungen und Kulturen fort. Das schließt eine plausible konstruktivistische, transnationalistische oder liberale Erklärung des Großmachtfriedens aus.

...aber des friedlichen Endes des Ost-West-Konflikts: 1. Liberalismus

Allerdings können diese Theorien einen Beitrag zur Erklärung des friedlichen Endes des Ost-West-Konflikts leisten, das vom Realismus nicht vollständig erklärt werden kann. Aus liberaler Perspektive wurde das friedliche Ende des Ost-West-Konflikts dadurch begünstigt, dass die sowjetische Führung unter Michail Gorbatschow eine politische und wirtschaftliche Liberalisierung einleitete. Dadurch wurde zum einen das sowjetische System transparenter als zuvor (Stichwort *glasnost*), zum anderen näherten sich die politisch-gesellschaftlichen Normen von Ost und West dadurch an. Beides sollte nach der Theorie des demokratischen Friedens die Wahrscheinlichkeit eines Krieges zwischen USA und UdSSR verringern. Die Liberalisierung der Sowjetunion erhöhte auch die Toleranz für Reformbewegungen im sowjetischen Machtbereich und erklärt so, warum die sowjetische Führung 1989 nicht gewaltsam gegen die Demokratiebewegungen in Osteuropa vorging.

2. Konstruktivismus

Aus konstruktivistischer Perspektive bietet sich eine ideelle Erklärung des „Neuen Denkens" in der sowjetischen Außenpolitik an. Das Neue Denken bestand in einer Abkehr von der marxistisch-leninistischen Klassenanalyse internationaler Politik, nach der die gegensätzlichen Gesellschaftsordnungen des Kapitalismus und des Sozialismus notwendigerweise in ein antagonistisches Verhältnis zwischen den USA und der UdSSR und in einen internationalen Klassenkampf mündeten. An ihre Stelle trat im Neuen Denken eine dem Institutionalismus ähnliche Analyse: die Betonung internationaler Interdependenz und gemeinsamer globaler Probleme über die Systemgrenzen hinweg sowie die Einsicht in die Dysfunktionalität des Krieges und die Notwendigkeit internationaler institutionalisierter Kooperation. Das Neue Denken führte damit auch zu einer veränderten Identität der Sowjetunion. Der Westen wurde nicht mehr einfach nur als Feind gesehen, sondern zunehmend auch als Partner bei der Bearbeitung und Lösung gemeinsamer globaler Probleme.

3. Transnationalismus

In transnationalistischer Perspektive war der ideelle Wandel in der sowjetischen Außenpolitik nicht zuletzt ein Ergebnis des Austausches zwischen sowjetischen und westlichen Wissenschaftlern und der Netzwerke, die sich im Laufe der Zeit zwischen ihnen gebildet hatten. In diesen transnationalen Netzwerken, in denen westliche Rüstungskontrollexperten, Friedensforschungsinstitute und sozialdemokratische Parteien mit sowjetischen Wissenschaftlern (vor allem aus verschiedenen Instituten der sowjetischen Akademie der Wissenschaften) vereint waren, wurden die Ideen der „gemeinsamen Sicherheit", „Sicherheitspartnerschaft" und „Angriffsunfähigkeit" entwickelt, diskutiert und verbreitet (vgl. Risse-Kappen 1994b). Es entwickelte sich eine sicherheitspolitische epistemische Gemeinschaft. In der Mitte der 1980er Jahre kam eine neue Führungsgruppe unter Michail Gorbatschow und Eduard Schewardnadse an die Macht, die für diese Ideen offen war und sie zur neuen außenpolitischen Doktrin der Sowjetunion machte.

Halten wir fest: Der lange Frieden lässt sich generell am besten durch die wechselseitige nukleare Abschreckung der Großmächte erklären. Stabilität hat dieser nukleare Frieden aber erst durch die Errichtung von Sicherheitsregimen erlangt, die das nukleare Gleichgewicht festigten und das Risiko eines unbeabsichtigten Kriegsausbruchs verringerten. Das spricht dafür, dass Technologie und Institutionen gemeinsam notwendig und hinreichend sind, um für einen stabilen Großmachtfrieden zu sorgen.

Das friedliche und kooperative Ende des Ost-West-Konflikts wurde darüber hinaus durch innenpolitische, transnationale und ideelle Faktoren begünstigt: die Liberalisierung und das durch transnationale Netzwerke vorangetriebene Neue Denken in der Sowjetunion. Ohne diese institutionelle und ideelle Einbettung hätte der Machtverlust der Sowjetunion sich durchaus auch in der gewaltsamen Verteidigung der sowjetischen Hegemonie äußern können.

9.2. Der demokratische Frieden

9.2.1 Der Befund des demokratischen Friedens

Die Hypothese des demokratischen Friedens ist die wohl am besten bekannte und bestätigte Hypothese der Internationalen Beziehungen.

Wenn es in den IB ein empirisches Gesetz gibt, dann lautet es: „Demokratien führen keinen Krieg gegeneinander."

Hinter diesem Gesetz steckt jedoch ein doppelter Befund. Es gilt inzwischen als unumstritten, dass Demokratien untereinander friedlich sind – oder jedenfalls extrem selten gegeneinander Krieg führen. Einzelne Zweifelsfälle haben in der Regel damit zu tun,

- ob zwei kriegführende Akteure als „Staaten" definiert werden oder nicht (War z. B. der Amerikanische Bürgerkrieg ein Krieg zwischen zwei unabhängigen Staaten?);
- ob zwei Staaten als „Demokratien" kategorisiert werden oder nicht (War z. B. das Deutsche Reich vor dem Ersten Weltkrieg eine Demokratie? Wann gelten Staaten, die sich in einem Demokratisierungsprozess befinden, als Demokratien?);
- und ob ein bewaffneter Konflikt zwischen zwei Demokratien als „Krieg" definiert wird oder nicht. Es kommt nämlich durchaus vor, dass Demokratien untereinander mit Gewalt drohen oder in militärische Auseinandersetzungen verwickelt sind – allerdings unterhalb der Schwelle eines Krieges.

Für massive organisierte Kampfhandlungen zwischen zwei klar unabhängigen und konsolidierten Demokratien steht der Befund jedoch außer Zweifel.

Das bedeutet allerdings nicht, dass Demokratien an sich friedlicher wären als andere Staaten. Der generelle Befund der empirischen Forschung lautet, dass Demokratien genauso wahrscheinlich in Kriege verwickelt sind wie Nicht-Demokratien – und zwar keineswegs lediglich als die angegriffenen Staaten. Kriege zwischen demokratischen und nicht-demokratischen Staaten sind wahrscheinlicher als solche zwischen nicht-demokratischen Staaten, und in diesen Kriegen sind Demokratien eher die Angreifer als die Opfer eines Angriffs. Selbst die Studien, die zu dem Schluss kommen, dass Demokratien friedlicher sind als andere Staaten, finden keine besonders starken Unterschiede (vgl. Levy 2002: 359).

Jede Erklärung des demokratischen Friedens muss also mit einem doppelten empirischen Befund zurechtkommen. Sie muss zeigen können, warum demokratische Staaten untereinander keine Kriege führen, obwohl sie nicht generell friedlicher sind als andere Staaten.

9.2.2 Innerstaatliche Institutionen und Normen: die liberale Erklärung des demokratischen Friedens

Zwei liberale Erklärungen:

Anfänglich konzentrierte sich die theoretische Debatte über den demokratischen Frieden auf zwei Erklärungen, die der liberalen Theorie internationaler Politik zugerechnet werden können: die kulturell-normative und die strukturell-institutionelle Erklärung (Russett et al. 1995; vgl. Kap. 2.2 und 6.2).

1. Kulturell-normative Theorie

Die kulturell-normative Theorie führt den demokratischen Frieden auf die politische Kultur und die konstitutiven politischen Normen von Demokratien zurück. In Demokratien werden Konflikte gewaltlos und auf der Basis konstitutioneller Regeln bearbeitet. Dieser Politikstil prägt auch das Verhalten von Demokratien nach außen – allerdings nur gegenüber anderen Demokratien, die ebenfalls durch die Norm gewaltloser und regelgeleiteter Konfliktbearbeitung geprägt sind und von denen sie deshalb auch kein aggressives Verhalten erwarten.

2. Strukturell-institutionelle Theorie

Die strukturell-institutionelle Theorie führt den demokratischen Frieden hingegen auf das institutionelle Gefüge demokratischer Staaten und die Beschränkungen zurück, die demokratische Institutionen und Verfahren den politischen Entscheidungsträgern auferlegen. Die Gewaltenteilung, die öffentliche Kontrolle durch die Medien, die Herausforderung durch eine Opposition und die Notwendigkeit, eine breite gesellschaftliche Zustimmung für ihre Politik zu gewinnen, um wiedergewählt zu werden, schränken demokratische Regierungen in zweifacher Weise in ihrem Entscheidungsspielraum ein.

Zum einen erreichen Demokratien nur dann eine breite gesellschaftliche und politische Zustimmung zum Krieg, wenn sie angegriffen werden. Da alle Demokratien diesen institutionellen Schranken unterliegen, sie also keine Angriffe vorbereiten, kommt es zwischen ihnen auch nicht zu Krieg.

Zum anderen sorgen Öffentlichkeit und politischer Wettbewerb dafür, dass die Entscheidungsfindung in Demokratien transparent verläuft. Angriffspläne lassen sich unter diesen Umständen ebenso wenig geheim halten wie ein Bluff – also die Demonstration von Stärke und Entschlossenheit in einer Krise, während man eigentlich gar nicht gewillt ist, Krieg zu führen. Die so geschaffene Transparenz sorgt nicht nur dafür, dass Demokratien von vornherein geringere militärische Risiken eingehen, sondern auch dafür, dass es zwischen Demokratien nicht zu unbeabsichtigten Kriegen auf der Basis von Fehleinschätzungen der Absichten der anderen Seite kommt, wie sie für das Sicherheitsdilemma typisch sind (vgl. Schultz 1998).

Da Nicht-Demokratien jedoch bei ihren Entscheidungen zur Kriegführung sowohl freier als auch intransparenter sind, können sich Demokratien nicht sicher sein, welche Absichten sie hegen und müssen damit rechnen, von ihnen angegriffen zu werden. Entsprechend leichter ist es für Demokratien, die Zustimmung der Bevölkerung für einen Krieg gegen Nicht-Demokratien zu erhalten.

Kritik an Erklärungskraft der Modelle...

Diese Erklärungsmodelle wurden vielfach dafür kritisiert, dass sie den Doppelbefund des demokratischen Friedens nur unzureichend erklären können. Beide Theorien legen nahe, dass Demokratien sich generell friedlicher verhalten als Staaten, in denen die Normen gewaltloser Konfliktbearbeitung schwächer und die institutionellen Schranken auf dem Weg zum Krieg niedriger sind. Allenfalls sollten sie in Kriege verwickelt werden, wenn sie angegriffen werden oder angegriffen zu werden drohen. Das ist jedoch nicht der Fall. Demokratien führen auch dann Kriege gegen nicht-demokratische Staaten, wenn diese sie nicht bedrohen.

...und liberale Antwort:

Die liberale Antwort auf diese Kritik lautet, dass die subsystemischen Bedingungen des Friedens in den bestehenden Demokratien nicht stark genug ausgeprägt seien. Anders gesagt: Die Demokratien sind einfach nicht demokratisch genug, um generell friedlich zu sein! Dafür werden drei Argumente angeführt.

1. Dominanz der Exekutive

Zum einen besteht gerade in der Außen- und Sicherheitspolitik demokratischer Staaten nach wie vor eine starke Dominanz der Exekutive. Die parlamentarische (geschweige denn gerichtliche) Kontrolle und Ermächtigung des Regierungshandelns ist in Fragen der Außen- und Sicherheitspolitik in der Regel schwächer als bei innenpolitischen Entscheidungen. Bei der Regierung laufen die außenpolitischen, teilweise geheimdienstlichen Informationen zusammen, und die Regierung kann bei Gefahr in der Regel militärische Aktionen anordnen, ohne dafür die Zustimmung des Parlaments einzuholen. Daher kann die Gewaltenteilung ihre volle Wirkung nicht entfalten.

2. Manipulierbarkeit der Gesellschaft

Darüber hinaus ist die Gesellschaft in Fragen der Außen- und Sicherheitspolitik leicht durch die Regierung manipulierbar, weil sie über weniger unabhängige Informationen und über ein geringeres Wissen verfügt als in Fragen der Innenpolitik. Vor allem wenn die Kosten eines Krieges für die Gesellschaft gering sind, ist sie bereit, den Bedrohungsszenarien und Kriegsgründen der Regierung zu folgen. Daher kann die demokratische Öffentlichkeit ihre gewalthemmenden Wirkungen ebenfalls nicht voll entfalten.

3. Instrumentalisierung der Außenpolitik

Schließlich sind auch demokratische Wahlen keine verlässliche Hürde gegen den Krieg. Vielmehr besteht für umstrittene Regierungen, die um ihre Wiederwahl bangen, geradezu ein Anreiz durch die Führung von Kriegen oder das Heraufbeschwören externer Bedrohungen gesellschaftlichen Rückhalt zu mobilisieren. In Kriegszeiten – jedenfalls, solange der Krieg nicht klar gewonnen oder verloren ist – haben die Wählerinnen und Wähler die Tendenz, die Regierung im Amt zu bestätigen.

Fortbestehende Erklärungsprobleme

Allerdings werfen diese Erklärungen wiederum die Frage auf, warum die friedenspolitischen Defizite der bestehenden Demokratien in den Beziehungen gegenüber anderen Demokratien nicht durchschlagen. Warum sollten die Exekutivdominanz, die Manipulation der Öffentlichkeit und die Ablenkung von innenpolitischen Problemen nur bei nicht-demokratischen Staaten funktionieren? Um den Doppelbefund des demokratischen Friedens besser zu erklären, scheint es daher notwendig zu sein, systemische Faktoren einzubeziehen – und damit den Boden der liberalen Theorie zu verlassen.

9.2.3 Systemische Ergänzungen der liberalen Erklärungen

Die systemischen Ergänzungen der liberalen Theorien versuchen die Frage zu beantworten, warum demokratische Staaten, die nicht generell friedlicher sind als andere Staaten, gerade mit anderen demokratischen Staaten keine Kriege führen. Die konstruktivistische Ergänzung führt den Faktor Identität ein; die transnationalistische Ergänzung zwischengesellschaftliche Interdependenz und Kommunikation; und die institutionalistische die Faktoren Interdependenz und Institutionen.

Konstruktivistische Ergänzung: Identität

Aus konstruktivistischer Sicht spielt die Identität des potenziellen Kriegsgegners eine Rolle bei der Entscheidung zum Krieg und bei der Mobilisierung gesellschaftlicher Unterstützung (Risse-Kappen 1995a). Demokratien konstruieren andere Demokratien als Teil der eigenen Wertegemeinschaft und Freunde, Nicht-Demokratien hingegen als „Andere“ oder gar „Feinde“. Gegenüber Nicht-Demokratien fühlen sich Demokratien daher nicht an die eigenen Normen des gewaltlosen Konfliktaustrags gebunden – sie gelten nur für die eigene Gemeinschaft. Mehr noch: Weil Nicht-Demokratien die eigenen politischen Normen so eklatant verletzen, verhalten sich Demokratien ihnen gegenüber sogar besonders aggressiv. „Humanitäre“ Interventionen gegenüber menschenrechtsverletzenden Staaten gelten in Demokratien als legitimer Kriegsgrund. Insoweit ergänzt das konstruktivistische Argument die kulturell-normative Erklärung des demokratischen Friedens.

Es kann aber auch die strukturell-institutionelle Erklärung vervollständigen: Weil die Öffentlichkeit gerade bei Konflikten mit nichtdemokratischen Staaten für Bedrohungsszenarien und Feindbildkonstruktionen der Regierung besonders empfänglich ist, lässt sie sich leichter manipulieren und mobilisieren als bei Aggressionen gegenüber demokratischen Staaten.

Transnationalistische Ergänzung: Austausch und Kommunikation

Auch der Transnationalismus kann die liberalen Erklärungen prinzipiell systemisch ergänzen. Wenn man annimmt, dass zwischen demokratischen Staaten besonders intensive Austausch- und Kommunikationsprozesse bestehen, so können diese zum einen dafür sorgen, dass Kriege mit anderen Demokratien für die Gesellschaft kostspieliger sind (weil z. B. profitable Handelsbeziehungen unterbrochen werden), und zum anderen, dass die Gesellschaft von der Regierung unabhängige Informationen über die Absichten anderer Demokratien besitzt. Außerdem können intensive transnationale Beziehungen das Vertrauen in und die Identität mit anderen demokratischen Gesellschaften fördern. Dies alles erschwert es der Regierung, die Gesellschaft zugunsten von Kriegen gegen demokratische Staaten zu manipulieren und zu mobilisieren.

Institutionalistische Ergänzung: 1. Demokratische Interdependenz

Eine weitere, relativ komplizierte Ergänzung der strukturell-institutionellen Erklärung haben Bruce Bueno de Mesquita et al. (1999) vorgeschlagen. Für sie ist das entscheidende institutionelle Merkmal von Demokratien, dass demokratisch gewählte Regierungen die Unterstützung größerer Gruppen oder Koalitionen benötigen als nicht-demokratische Regime. Während nicht-demokratische Regime also die Kosten von Kriegen auf die breite Bevölkerung abwälzen können (weil sie deren Unterstützung ja nicht benötigen), können sich demokratische Regierungen das nicht leisten. Und während demokratische Regierungen fürchten müssen, im Fall der Niederlage abgewählt zu werden, haben nicht-demokratische Regierungen weniger Angst vor Machtverlust.

Daher führen demokratische Regierungen nur dann Krieg, wenn sie erwarten zu gewinnen; und wenn sie Krieg führen, dann mit vollem Mitteleinsatz, um auch wirklich zu gewinnen. Aus diesen Gründen wären Kriege zwischen Demokratien extrem kostspielig (und das Risiko für den Verlierer extrem hoch), so dass demokratische Regierungen vor ihnen zurückschrecken. Sofern sich Kriege lohnen – vor allem gegen schwächere Staaten – sind Demokratien aber nicht prinzipiell abgeneigt. Dass es zwischen starken und schwachen Demokratien nicht zu Kriegen kommt, liegt allein daran, dass schwache Demokratien aus Sorge, den Krieg zu verlieren, in einem frühen Stadium des Konflikts – also bevor die Schwelle zum Krieg überschritten ist – klein beigeben. Autoritäre Staaten riskieren hingegen eher den Krieg, weil ihre Regierungen auch bei einer Niederlage politisch besser überleben können als demokratische.

Letztlich beruht der demokratische Frieden also auf der höheren wechselseitigen Verwundbarkeit von Demokratien (genauer: demokratischen Regierungen) durch Kriege und damit der mangelnden Funktionalität des Krieges in demokratischen Staatenpaaren. Wegen dieser spezifisch demokratischen Interdependenz handelt es sich also um eine Ergänzung der liberalen Erklärung, die sich der institutionalistischen Theorie zuordnen lässt (auch wenn internationale Institutionen hier keine Rolle spielen).

2. Internationale Institutionen

Die Rolle von internationalen Institutionen für den demokratischen Frieden heben hingegen Andreas Hasenclever und Brigitte Weiffen (2006) hervor. Entsprechend der allgemeinen institutionalistischen Analyse helfen internationale Institutionen dabei, das Sicherheitsdilemma zwischen Staaten zu überwinden und internationale Kooperation zu stabilisieren. Da internationale Institutionen zwischen demokratischen Staaten besonders dicht und stark sind, sind sie hier auch weitaus wirksamer als zwischen Demokratien und Nicht-Demokratien.

9.2.4 Alternative Erklärungen des demokratischen Friedens: die realistische Kritik

Allerdings haben andere Theorien nicht nur Ergänzungen, sondern auch Alternativen zur liberalen Erklärung des demokratischen Friedens entwickelt. Demnach handelt es sich nur scheinbar um einen *demokratischen* Frieden – die eigentliche Ursache dafür, dass demokratische Staaten keine Kriege gegeneinander führen, liegt jedoch bei anderen Faktoren als der Herrschaftsordnung.

Rolle machtstruktureller Faktoren

Die stärkste Kritik kommt aus dem realistischen Lager. Der Realismus legt nahe, dass internationale, machtstrukturelle und nicht innerstaatliche, normative oder institutionelle Faktoren für Frieden verantwortlich sind. Realisten haben daher argumentiert, dass der demokratische Frieden im Wesentlichen ein Phänomen der machtstrukturellen Bedingungen der Zeit nach 1945 ist – vorher gab es einfach zu wenige Demokratien, um starke Schlüsse über den demokratischen Frieden ziehen zu können. Nach 1945 aber ist der demokratische Frieden vor allem darauf zurückzuführen, dass ein demokratischer Hegemon (die USA) für Frieden unter den demokratischen Staaten gesorgt hat und dass Demokratien durch ihre Bündnisse (wie NATO) sich in Kriegen regelmäßig auf der gleichen Seite befunden haben.

Keine empirischen Belege

Das realistische Argument konnte in statistischen Analysen des demokratischen Friedens jedoch nicht untermauert werden. Sie haben vielmehr gezeigt, dass Demokratie ein erklärungskräftiger Faktor bleibt, auch wenn man Bündnisse und Machtverhältnisse in die Untersuchung einbezieht. Auch lassen sich Fälle von Kriegen anführen, die der realistischen Erklärung widersprechen. So wurden auch innerhalb des Einflussbereichs der USA Kriege geführt, wenn es sich nicht um demokratische Staatenpaare handelte (vgl. die türkische Besetzung Nordzyperns oder den Falkland-Krieg zwischen Argentinien und Großbritannien).

Halten wir fest: Die rein subsystemischen, liberalen Theorien des demokratischen Friedens erklären den Doppelbefund des demokratischen Friedens nicht hinreichend. Dass Demokratien sich zwar untereinander, aber nicht gegenüber Nicht-Demokratien friedlich verhalten, lässt sich nicht allein auf innerstaatliche Bedingungen zurückführen. Konstruktivistische, institutionalistische und transnationalistische Ergänzungen der liberalen Erklärungen verweisen daher auf die unterschiedliche Qualität der Beziehungen und Interaktionen von Demokratien (im Vergleich zu solchen zwischen Demokratien und Nicht-Demokratien): Identität, Verwundbarkeit und Intensität des zwischengesellschaftlichen Austauschs sowie der Institutionalisierung sind mögliche Erklärungsfaktoren. Demgegenüber gibt es keine empirischen Anhaltspunkte für die realistische Kritik, dass der demokratische Frieden sich allein auf internationale Machtverhältnisse zurückführen lassen könnte. Tabelle 9.2 gibt noch einmal einen Überblick über die Erklärungen des demokratischen Friedens.

<table>
<tr><th></th><th>Demokratischer Frieden</th><th>Unfriedlichkeit gegenüber Nicht-Demokratien</th></tr>
<tr><td>Liberalismus</td><td>Demokratische Normen und Institutionen</td><td>---</td></tr>
<tr><td>Institutionalismus</td><td colspan="2">Stärke der Interdependenz
Stärke der Institutionen</td></tr>
<tr><td>Transnationalismus</td><td colspan="2">Stärke des zwischengesellschaftlichen Austauschs</td></tr>
<tr><td>Konstruktivismus</td><td colspan="2">Inklusive und exklusive Identität</td></tr>
<tr><td>Realismus</td><td colspan="2">Demokratische Hegemonie und Allianzen</td></tr>
</table>

Tab. 9.2: Erklärungen des demokratischen Friedens

Weiterlesen

Daten und Fakten

Grundlegende statistische Analysen zum demokratischen Frieden finden sich in Bruce Russetts *Grasping the Democratic Peace* (1995). James Lee Rays

Democracy and International Conflict (1995) enthält darüber hinaus auch ein Kapitel über die Zweifelsfälle des demokratischen Friedens.

Überblicke

Als neuere und kurze Überblicke eignen sich *War and Peace* von Jack Levy (2002) sowie *Begriff, Theorien und Praxis des Friedens* von Harald Müller (2003).

Analysen

Für die theoriegeleitete Diskussion über den langen Frieden und das Ende des Ost-West-Konflikts vgl. die Sammelbände von Charles Kegley (*The Long Postwar Peace,* 1991) und von Pierre Allan und Kjell Goldmann (*The End of the Cold War,* 1992). Der von Michael Brown und anderen herausgegebene Band *Debating the Democratic Peace* (1996) gibt einen Überblick über die frühe empirische und theoretische Debatte über den demokratischen Frieden. Für eine jüngere realistische Kritik der Erklärungen des demokratischen Friedens vgl. Sebastian Rosato (*The Flawed Logic of Democratic Peace Theory,* 2003).

10. Sicherheitskooperation im Bündnis: die NATO

Militärische Bündnisse sind eine althergebrachte Form der Kooperation im Staatensystem. Mit der Entstehung, dem Wechsel und dem Niedergang von Allianzen sowie mit den Problemen der Kooperation in Bündnissen hat sich die Literatur zur internationalen Politik daher schon früh beschäftigt. Für den Realismus waren Bündnisse sogar lange Zeit die einzig relevante Form von internationaler Kooperation überhaupt.

Die Nordatlantische Vertragsorganisation (*North Atlantic Treaty Organization*, NATO) gilt als eines der erfolgreichsten und dauerhaftesten Militärbündnisse in der Geschichte des modernen Staatensystems. Sie existiert seit 1949 und ist zweifelsohne die mächtigste Allianz der Gegenwart. Dabei ist die NATO nicht nur ein Bündnis im traditionellen Sinne – also eine sicherheitspolitische Kooperation mehrerer Staaten, die gegen eine gemeinsame internationale Bedrohung gerichtet ist. Zum einen ist die NATO institutionalisiert: Sie ist ein sicherheitspolitisches Regime mit vertraglich vereinbarten Verhaltensregeln und eine internationale Organisation mit Entscheidungs- und Verwaltungsstrukturen. Zum anderen bestand ihr Zweck von Anfang an nicht nur in der kollektiven Verteidigung gegen den gemeinsamen Gegner Sowjetunion, sondern auch in der Stabilisierung von Frieden und Kooperation unter den Mitgliedern, von denen einige noch wenige Jahr zuvor im Zweiten Weltkrieg gegeneinander gekämpft hatten. In den oft zitierten Worten ihres ersten Generalsekretärs Lord Ismay bestand die Aufgabe der NATO darin, „die Amerikaner drinnen, die Russen draußen und die Deutschen unten zu halten."

Seit dem Ende des Ost-West-Konflikts haben sich die sicherheitspolitischen Bedingungen grundlegend gewandelt. Die NATO hat diesen Wandel zwar überdauert, aber ihre Form und ihre sicherheitspolitischen Aktivitäten deutlich verändert. Daher geht es zunächst darum, den Fortbestand der NATO und die Veränderungen im institutionellen Design der alten und der neuen NATO zu beschreiben (Kap 10.1) und theoriegeleitet zu erklären (Kap. 10.2). Anschließend werden die militärischen Operationen der NATO nach 1990 miteinander verglichen (Kap. 10.3). Wichtige Daten zur Geschichte der NATO, vor allem seit 1990, finden sich in Textbox 10.1.

Textbox 10.1 Zeittafel NATO

1948	Vertrag von Brüssel zwischen Belgien, Frankreich, Großbritannien, Luxemburg, Niederlande
1949	Nordatlantischer Vertrag (Vertragsstaaten des Brüsseler Vertrags plus USA und Kanada sowie Dänemark, Norwegen, Portugal, Island, Italien)
1952	Beitritt Griechenlands und der Türkei Vereinbarung über Einrichtung eines internationalen Hauptquartiers
1954	Scheitern der Europäischen Verteidigungsgemeinschaft
1955	Beitritt der Bundesrepublik Deutschland zur NATO Gründung des Warschauer Pakts
1966	Austritt Frankreichs aus der Militärintegration
1979	NATO-Doppelbeschluss zur Stationierung von Mittelstreckenraketen
1982	Beitritt Spaniens
1991	Auflösung des Warschauer Pakts Gründung des NATO-Kooperationsrats (NACC)
1994	Partnerschaft für den Frieden Combined Joint Task Forces
1995	Erster militärischer Einsatz der NATO in Bosnien-Herzegowina Kommando der internationalen Schutztruppe IFOR (später SFOR)
1996	Europäische Sicherheits- und Verteidigungsidentität
1997	Euro-Atlantischer Partnerschaftsrat (EAPC) löst NACC ab.
1999	Erste Osterweiterung der NATO (Polen, Tschechische Republik, Ungarn) Kosovo-Krieg, Kosovo-Schutztruppe (KFOR)
2001	Terrorangriff auf die USA, Erklärung des Bündnisfalls nach Art. 5 Operation Active Endeavour (Überwachung der Seewege)
2002	Gipfel von Prag: Beschlüsse zur Modernisierung der Streitkräfte und Neuordnung der Kommandostrukturen
2003	Krise der NATO wegen des Krieges gegen den Irak Übernahme des Kommandos der Internationalen Schutztruppe ISAF in Afghanistan Neue NATO-Kommandostruktur: Allied Command Operations und Allied Command Transformation Berlin-Plus-Abkommen über Unterstützung von militärischen Einsätzen der Europäischen Union
2004	Zweite Osterweiterung der NATO (Bulgarien, Estland, Lettland, Litauen, Rumänien, Slowakei, Slowenien)
2005	Logistische Unterstützung für die Afrikanische Union im Sudan (Darfur)
2006	NATO Response Force einsatzbereit

10. 1 Institutionelles Design: alte NATO, neue NATO und NATO-Partnerschaft

Merkmale des institutionellen Designs

Internationale Institutionen und Organisationen unterscheiden sich in der Form. Einige sind global, andere regional; die meisten entscheiden einstimmig, wenige mit Mehrheit; einige haben gerichtsförmige Streitbeilegungsmechanismen, andere nicht. Alle diese Merkmale lassen sich als Unterschiede im „institutionellen Design" verstehen. Einige wichtige Merkmale des institutionellen Designs sind (vgl. Koremenos et al. 2001; Acharya/Johnston 2007):

- *Mitgliedschaft*: Steht die Mitgliedschaft nur Staaten offen oder auch anderen Akteuren? Danach können wir intergouvernementale und transnationale Organisationen unterscheiden. Steht die Mitgliedschaft prinzipiell allen Staaten offen und wird angestrebt, dass alle Staaten oder – bei Regionalorganisationen – alle Staaten einer Region beteiligt sind? Dann handelt es sich um ein inklusives Design. Ist hingegen die Mitgliedschaft beschränkt und an Kriterien geknüpft, die nicht alle Staaten erfüllen, so handelt es sich um eine exklusive Institution.
- *Bandbreite*: Je nachdem, ob die inhaltlichen Aufgaben der Institution eng oder weit definiert sind, handelt es sich um Institutionen mit großer und kleiner thematischer Bandbreite.
- *Entscheidungsregeln*: In der Regel entscheiden internationale Organisationen oder Konferenzen einstimmig oder konsensual; Mehrheitsentscheidungen sind die Ausnahme.
- *Flexibilität*: Hier geht es darum, ob alle Entscheidungen und Regeln der Institutionen für alle Mitglieder bindend sind. Wenn ja, ist die Flexibilität gering. Wenn jedoch die Mitglieder von Fall zu Fall entscheiden können, ob sie sich an den gemeinsamen Aktivitäten beteiligen oder sich gemeinsamen Regeln unterwerfen, ist die Flexibilität hoch.
- *Zentralisierung*: In welchem Umfang werden Aufgaben von den Staaten an Organe der internationalen Organisation wie z.B. das Sekretariat oder ein internationales Gericht delegiert? Nehmen die Mitgliedstaaten alle Aufgaben eigenständig gemeinsam wahr, so handelt es sich um ein dezentralisiertes Design; delegieren sie umfangreiche Aufgaben, so ist das institutionelle Design zentralisiert.
- *Mandat*: Einige Institutionen dienen in erster Linie der Setzung von Regeln; andere der Verteilung von finanziellen Mitteln; wieder andere vorrangig dem Meinungsaustausch und der Wissensgewinnung. Dementsprechend lässt sich das Mandat als regulativ, distributiv oder deliberativ kennzeichnen.

Drei institutionelle Designs der NATO

Im Fall der NATO können wir drei institutionelle Designs unterscheiden: zunächst das Design der „alten NATO" von ihrer Gründungsphase bis zum Ende des Ost-West-Konflikts; zweitens das Design der „neuen NATO", wie es sich seit dem Ende des Ost-West-

Konflikts herausgebildet hat; und schließlich die NATO-Partnerschaft. Nach dem Ende des Ost-West-Konflikts hat die NATO sich nicht nur intern gewandelt, sondern auch den früheren Gegnern – den Nachfolgestaaten der Sowjetunion und den Mitgliedern des ehemaligen Warschauer Pakts – eine sicherheitspolitische Zusammenarbeit angeboten, die sich von der Mitgliedschaft im Bündnis unterscheidet. Zeitgleich mit dem Zerfall der Sowjetunion 1991 wurde der Nordatlantische Kooperationsrat (NACC) eingerichtet; 1994 bot die NATO allen europäischen und post-sowjetischen Nicht-Mitgliedern eine „Partnerschaft für den Frieden" (PfP) an. Tabelle 10.1 gibt einen Überblick über das Design dieser drei Sicherheitsarrangements.

<table>
<tr><th></th><th>alte NATO</th><th>neue NATO</th><th>NATO-Partnerschaft</th></tr>
<tr><td>Mitgliedschaft</td><td colspan="2">Exklusiv, intergouvernemental</td><td>Inklusiv, intergouvernemental</td></tr>
<tr><td>Bandbreite</td><td colspan="2">Gering (militärische Sicherheit; Verteidigung/Abschreckung → Intervention)</td><td>Groß (umfassende Sicherheit)</td></tr>
<tr><td>Mandat</td><td colspan="2">Regulativ, distributiv</td><td>deliberativ</td></tr>
<tr><td>Entscheidung</td><td colspan="3">Konsensual</td></tr>
<tr><td>Flexibilität</td><td>Gering (militärische Integration)</td><td colspan="2">Hoch (aufgabenspezifische Koalitionen)</td></tr>
<tr><td>Zentralisierung</td><td colspan="3">Gering</td></tr>
</table>

Tabelle 10.1 Institutionelles Design der NATO

Mitgliedschaft

Die NATO ist eine intergouvernementale Regionalorganisation und steht prinzipiell allen Staaten des „nordatlantischen" Gebiets offen, d.h. allen europäischen Staaten, den USA und Kanada sowie den Nachfolgestaaten der Sowjetunion. Während aber für die Teilnahme an der Partnerschaft die geographische Zugehörigkeit hinreichend ist, ist die Vollmitgliedschaft im Bündnis an weitere Bedingungen geknüpft. Die NATO-Partnerschaft hat 49 Mitglieder: die 26 NATO-Staaten und 23 Partnerstaaten. Außer Zypern sind alle (größeren) Staaten des nordatlantischen Gebiets dabei. Für die Vollmitgliedschaft sind in erster Linie politische Kriterien zu erfüllen; erfolgreiche Kandidaten müssen friedliche, liberaldemokratische Staaten sein. Die NATO versteht sich also als ein exklusiv liberaldemokratisches Bündnis – gegenwärtig mehr noch als zu Beginn des Kalten Kriegs, als die NATO auch nicht-demokratische Staaten wie Portugal aufnahm.

Bandbreite

Alle institutionellen Arrangements der NATO sind Sicherheitsarrangements. Während es aber in der alten wie in der neuen NATO um militärische Kooperation im engeren Sinne geht, ist das Aufgabenspektrum der NATO-Partnerschaft wesentlich breiter. Unter anderem befasst sie sich auch mit Rüstungskonversion, Umweltfolgen von militärischen Einrichtungen, zivilen Katastrophen und humanitärem Völkerrecht. Innerhalb des engen, militärischen Sicherheitsbereichs haben sich allerdings auch von der neuen zur alten NATO die Gewichte verlagert: War die alte NATO vor allem auf die kollektive Verteidigung und Abschreckung gegen einen Angriff auf das Territorium der NATO ausgerichtet, so ist die neue NATO in erster Linie mit militärischen Operationen zur Durchsetzung und Sicherung des Friedens außerhalb des Territoriums der Mitgliedstaaten befasst.

Mandat

Das Mandat der NATO-Sicherheitsarrangements variiert zwischen einem vorrangig prozessorientierten, deliberativen Mandat der NATO-Partnerschaft und einem vorrangig produktorientierten, regulativen und distributiven Mandat der alten und neuen NATO. Hier geht es vor allem um die Verteilung von militärischen Lasten und Nutzen und um Regeln für den Einsatz von Streitkräften. In der alten NATO standen wirksame Verfahren und Fähigkeiten für die kollektive Abschreckung und Verteidigung im Vordergrund – einschließlich der Standardisierung und Interoperabilität von militärischem Gerät und gemeinsamen militärischen Infrastrukturprojekten. Außerdem war die NATO darum bemüht, die militärischen Investitionen der Mitgliedstaaten zu erhöhen und zu einer fairen Verteilung der militärischen Lasten unter ihnen beizutragen. Die neue NATO ist vorrangig damit beschäftigt, Kommandostrukturen und militärische Kapazitäten für militärische Friedenserzwingungs- und Friedenssicherungseinsätze jenseits der kollektiven Verteidigung und Abschreckung aufzubauen. Dazu gehört unter anderem die schnelle Eingreiftruppe (*NATO Response Force*). Im Unterschied dazu sehen die Aktivitäten der NATO-Partnerschaft in erster Linie die Herstellung von Kontakten, gemeinsame Beratungen und Informationsaustausch vor. Dem dienen Austauschprogramme für militärisches Personal und eine Vielzahl von Seminaren und Workshops. Bereits die Partnerschaft für den Frieden fügte dem allerdings auch gemeinsame militärische Übungen und die Verbesserung der Zusammenarbeit bei Friedenssicherungseinsätzen hinzu.

Entscheidung

Die zentrale Entscheidungsregel der NATO ist der Konsens. Die Vertreter der Mitgliedstaaten kommen in unterschiedlicher Zusammensetzung (auf Botschafterebene bis hin zu den Staats- und Regierungschefs) im Nordatlantikrat zusammen, wo sie ihre Standpunkte austauschen, um zu einem Konsens zu gelangen. Formale Abstimmungen für oder gegen einen Entscheidungsvorschlag finden nicht statt. Um die Konsensbildung zu erleichtern, verwendet die NATO das „Schweigeverfahren“ (*silence procedure*). Demnach formuliert der NATO-Generalsekretär oder der Vorsitzende des Militärausschusses zum Abschluss der Beratungen eine gemeinsame Position, die als angenommen gilt, wenn nicht innerhalb einer festgesetzten Frist einer der Mitgliedstaaten das „Schweigen bricht“, also ausdrücklich widerspricht.

Flexibilität

Im wichtigsten Artikel des Nordatlantikvertrags (Artikel 5) vereinbarten die Vertragsparteien, „dass ein bewaffneter Angriff gegen eine oder mehrere von ihnen ... als ein Angriff gegen sie *alle* angesehen wird; sie vereinbaren daher, dass im Falle eines solchen bewaffneten Angriffs *jede von ihnen* ... der Partei oder den Parteien, die angegriffen werden, Beistand leistet ...“ (meine Auslassungen und Hervorhebungen). Diese Inflexibilität der vertraglichen Beistandsverpflichtung wurde in der Praxis weiter durch die integrierte Kommandostruktur der NATO, die den Spielraum für nationale Alleingänge verringerte, und die „Vorwärtsstationierung“ von Truppen und Waffen (vor allem nahe der innerdeutschen Grenze) verstärkt, die im Fall eines Angriffs die Streitkräfte der wichtigsten NATO-Staaten unmittelbar in das Kriegsgeschehen involviert hätte. Zwar gab es auch in der alten NATO Sonderregeln für einzelne Mitgliedstaaten (z.B. bezüglich der Stationierung von Waffen auf ihrem Territorium) und einen Sonderstatus für Frankreich, das 1966 aus der Militärintegration ausgestiegen war, doch im Wesentlichen war die NATO darauf ausgerichtet, alle Mitgliedstaaten in die Verteidigung des NATO-Gebiets einzubinden und ihren autonomen Spielraum für den Einsatz ihrer Streitkräfte zu reduzieren. Diese Zielrichtung hat sich nach dem Ende des Ost-West-Konflikts umgekehrt. In der NATO-Partnerschaft gilt das Prinzip der Differenzierung, demzufolge die Partnerstaaten individuell mit der NATO aushandeln, wie intensiv sie sich an NATO-Aktivitäten beteiligen. Vor allem ist Flexibilisierung auch ein Merkmal der neuen NATO. Schon 1994 wurde das Konzept der „Combined Joint Task Forces“ verabschiedet, die sich je nach den Umständen und den anstehenden Aufgaben aus unterschiedlichen Teilen der Streitkräfte verschiedener Staaten zusammensetzen sollten. Im Zeichen der „Europäischen Sicherheits- und Verteidigungsidentität“ wurden seit Mitte der 1990er Jahre außerdem die Voraussetzungen dafür geschaffen, dass die EU für ihre militärischen Aktivitäten auf Ressourcen der NATO zurückgreifen kann, die ihr selbst fehlen. In beiden Fällen bedienen sich Ad-hoc-Koalitionen der „Willigen“, die nicht nur Vollmitglieder, sondern auch Partner einschließen können, der NATO für ihre je spezifischen militärischen Zwecke – ohne dass die Gesamtheit der Mitglieder sich beteiligen muss.

Zentralisierung

Insgesamt zeichnet sich die NATO durch ein geringes Maß an organisatorischer Zentralisierung aus. Sie entspricht darin den Sekretariats- und Koordinationsaufgaben traditioneller internationaler Organisationen weitaus mehr als ihre Brüsseler Nachbarin, die EU. Der (zivile) Internationale Stab der NATO und der Internationale Militärstab besitzen keine vertraglich garantierten eigenen Kompetenzen. Der Militärstab und ein Großteil des zivilen Stabs werden direkt von den Mitgliedstaaten befristet entsandt. Sie sind allerdings für die Dauer ihrer Entsendung der Allianz gegenüber zur Loyalität verpflichtet und unterstehen dem NATO-Generalsekretär und dem Vorsitzenden des Militärstabs – und nicht ihren nationalen Delegationen.

Das institutionelle Design der drei NATO-Sicherheitsarrangements zeichnet sich also einerseits durch gemeinsame und konstante, anderseits durch variierende Merkmale aus. Zu den Konstanten gehören die konsensualen Entscheidungsregeln und der geringe Zentralisierungsgrad. Beides zusammen charakterisiert die NATO als eine intergouvernementale Organisation. Die Entwicklung von der alten zur neuen NATO besteht im Wesentlichen in einem Prozess der Flexibilisierung; der Unterschied von alter NATO und NATO-Partnerschaft in dem offeneren Design der Partnerschaft, das sich in inklusiver Mitgliedschaft, großer thematischer Bandbreite, einem prozessorientierten, deliberativen Mandat und hoher Flexibilität zeigt.

10.2 Form folgt Funktion: Fortbestand und Wandel der NATO

10.2.1 Theorieangebote

Wie lässt sich erklären, dass die NATO das Ende des Ost-West-Konflikts, dem sie ihre Gründung verdankt, zwar überdauert, ihr institutionelles Design aber verändert hat? Die Theorien der internationalen Politik erklären Entstehung und Wandel militärischer Bündnisse und ihr Design mit unterschiedlichen Faktoren, die generell ihren Annahmen über die strukturellen Ursachen und Bedingungen internationaler Kooperation entsprechen. Dabei gilt für die rationalistischen Theorien, dass sie Bündnisse wie alle internationalen Institutionen als Instrumente der Staaten betrachten, die diese so gestalten, dass sie ihnen den größtmöglichen Nutzen bringen; der Konstruktivismus hingegen versteht Allianzen als Ausdruck gemeinschaftlicher Ideen und Identitäten (vgl. Tab. 10.2)

	Bündnisse sind …	Gründung bei …	Form folgt …
Realismus	Instrumente der Gleichgewichtspolitik und mächtiger Staaten	Übermacht eines dritten Staates, wenn internes balancing erfolglos	Macht
Institutionalismus	Instrumente der sicherheitspolitischen Problemlösung und Effizienzsteigerung	gemeinsamen, interdependenten sicherheitspolitischen Interessen	Problem/ Funktion
Transnationalismus	sicherheitspolitische Netzwerke		Netzwerkstruktur
Liberalismus	Instrumente gesellschaftlicher Interessen	(bedrohten) übereinstimmenden gesellschaftlichen Zielen und Politikstilen	Innenpolitik
Konstruktivismus	sicherheitspolitische Gemeinschaftsorganisationen	(bedrohten) gemeinschaftlichen Ideen und Identitäten	Identität

Tab. 10.2: Bündnisse in den Theorien der internationalen Politik

Realismus

Für den Realismus sind Bündnisse in erster Linie Instrumente der Gleichgewichtspolitik: Wenn ein Staat die überlegenen Machtressourcen eines anderen Staates nicht aus eigener Kraft ausgleichen kann, dann sucht er sich einen Bündnispartner, dessen Machtressourcen die Lücke schließen. Im Fall einer hegemonialen Machtstruktur können Bündnisse auch hegemoniale Sicherheitsorganisationen sein, die es der Vormacht erlauben, ihre Ordnungsfunktion effizienter wahrzunehmen. In jedem Fall spiegelt das institutionelle Design des Bündnisses die bündnisinterne Machtstruktur wider.

Institutionalismus

Für den Institutionalismus sind Bündnisse wie alle internationalen Institutionen Instrumente zur wirksameren und effizienteren Bewältigung von internationaler Interdependenz – in diesem Fall sicherheitspolitischer Interdependenz. Sie werden vornehmlich gegründet, um bei gemeinsamer Unsicherheit effizienzfördernde Kooperation zu stabilisieren. Die institutionelle Form hängt dabei von der Art und

Schwere des Kooperationsproblems und der Funktion ab, die das Bündnis bei der Problembearbeitung übernimmt. *„Form follows function“* ist der Grundsatz des Funktionalismus, einer Vorgängertheorie des Institutionalismus: Die Form der Institution folgt der Funktion, die sie zu erfüllen hat. Verändern sich die Probleme, verändert sich auch die Institution.

Transnationalismus

Der Transnationalismus stimmt mit dieser Analyse im Wesentlichen überein. Allerdings nimmt er zusätzlich an, dass Bündnisse transnationale oder transgouvernementale sicherheitspolitische Netzwerke sind und dass die Netzwerkstruktur sich auch im institutionellen Design des Bündnisses zeigt.

Liberalismus

In der liberalen Analyse repräsentieren Bündnisse übereinstimmende staatlich-gesellschaftliche Interessen und Strukturen, die einer gemeinsamen internationalen Bedrohung unterliegen. Bündnisse richten sich daher nicht gegen überlegene Machtressourcen per se, sondern in erster Linie gegen Staaten, die andere, gegensätzliche staatlich-gesellschaftliche Interessen und Strukturen vertreten. Entsprechend dem Externalisierungsmechanismus spiegelt das institutionelle Design des Bündnisses die internen Interessen und Ordnungsprinzipien der Staaten wider, die in ihm zusammenarbeiten.

Konstruktivismus

Im Konstruktivismus artikulieren Bündnisse internationale Gemeinschaften. Sie sind Ausdruck gemeinsamer Ideen und positiver kollektiver Identitäten und richten sich gegen andere internationale Gemeinschaften, die mit diesen Ideen unvereinbare Werte und Normen vertreten und von denen sich das Bündnis abgrenzt. Auch das institutionelle Design der Bündnisse folgt den Ideen der internationalen Gemeinschaft.

10.2.2 Ein Rätsel für den Realismus: Bündnis ohne Bedrohung

Anomalien

Die realistische Allianztheorie ist zwar die klassische Theorie sicherheitspolitischer Kooperation, ihre Anwendung auf die NATO wirft jedoch mehr Rätsel auf, als sie zur Erklärung beiträgt. Die Probleme des Realismus beginnen damit, dass die von Kenneth Waltz formulierte Theorie des Machtgleichgewichts bereits bei der Gründung der NATO auf eine Anomalie stößt. Entgegen der theoretischen Erwartung suchten die vom Zweiten Weltkrieg geschwächten westeuropäischen Staaten, die sich bereits 1948 im Brüsseler Vertrag verbündet hatten, nämlich eine Allianz mit dem mächtigsten Staat im internationalen System, anstatt dessen Überlegenheit durch ein Bündnis mit dem zweitmächtigsten Staat auszugleichen. Ginge es in der Bündnispolitik tatsächlich um ein Gleichgewicht der Machtressourcen, hätten sich die westeuropäischen Staaten also mit der Sowjetunion und nicht mit den USA verbünden sollen, denn die USA waren 1949 unzweifelhaft mächtiger als die Sowjetunion.

Theorie des Bedrohungsgleichgewichts

Um mit dieser und anderen Anomalien der Theorie des Machtgleichgewichts zurechtzukommen, formulierte Stephen Walt (1987) die Theorie des Bedrohungsgleichgewichts. Demnach verbünden sich Staaten nicht per se gegen den mächtigsten Staat im System, sondern gegen den Staat, von dem für sie die größte Bedrohung ausgeht. Diese Bedrohung hängt nicht nur von den materiellen Kapazitäten, sondern in erster Linie von feindlichen Absichten ab. Demnach erklärt sich die Gründung der NATO dadurch, dass die westeuropäischen Staaten die im Vergleich zu den USA schwächere Sowjetunion als die stärkere Bedrohung wahrnahmen, da sie ihr die Absicht unterstellten, den gesamten Kontinent zu kontrollieren und durch kommunistische Parteien beherrschen zu lassen.

Erklärungsprobleme: 1. Fortbestand der NATO

Diese für sich genommen plausible Erklärung der Gründung der NATO gerät jedoch in Schwierigkeiten, wenn es um ihren Fortbestand und Wandel nach dem Ende des Ost-West-Konflikts geht. Nach realistischer Auffassung sind Bündnisse aus der Not geboren. Staaten gehen sie nur ein, wenn und solange sie der internationalen Bedrohung ihrer Sicherheit nicht mit eigenen Mitteln begegnen können. Fällt die Bedrohung fort oder verringert sich wesentlich, so verliert auch das Bündnis seine Existenzberechtigung und zerfällt. Mit dem Ende des Kommunismus, der Sowjetunion und des Warschauer Pakts verschwand die massive militärische Bedrohung Westeuropas, doch bestand die NATO fort.

2. Institutionelles Design

Auch bei der Erklärung des institutionellen Designs der NATO stößt der Realismus an seine Grenzen. Die NATO weist eine hegemoniale Machtstruktur auf; die USA sind den übrigen Allianzmitgliedern militärisch klar überlegen. Das institutionelle Design des Bündnisses spiegelt diese hegemoniale Struktur allerdings nicht wider: Die konsensuale Entscheidungsfindung räumt jedem Mitgliedstaat das gleiche *de facto*-Vetorecht ein wie den USA, und die Beistandsregel in Art. 5 des Nordatlantikvertrags gilt für alle Mitgliedstaaten gleichermaßen. Außerdem ist die militärische US-Hegemonie in der NATO über das Ende des Ost-West-Konflikts hinweg konstant geblieben. Sie kann also weder den Wandel von der alten zur neuen NATO noch die Varianz zwischen NATO und NATO-Partnerschaft erklären.

10.2.3 Institutionalismus: funktionale Erklärung des Wandels

Fortdauernde sicherheitspolitische Interdependenz

Anders der Institutionalismus, der Fortbestand und Wandel der NATO durch fortdauernde sicherheitspolitische Interdependenzen bei veränderten sicherheitspolitischen Problemen erklärt. Zunächst nimmt der Institutionalismus nicht an, dass das Autonomiestreben der Staaten so stark ist, dass Allianzen nur angesichts massiver Machtungleichgewichte oder Bedrohungen zustande kommen und zerbrechen, sobald die Bedrohung verschwunden ist. Vielmehr können sie sich auch zur effizienten Bearbeitung anderer sicherheitspolitischer Probleme und Interdependenzen als nützlich erweisen. Außerdem haben die Mitglieder der NATO in kollektive Güter wie internationale militärische Entscheidungs- und Planungsstrukturen und die Interoperabilität der Streitkräfte investiert, die sie nicht einfach aufgeben werden, solange ihnen keine anderen Interessen entgegenstehen. Allerdings wird sich die Form der NATO den veränderten sicherheitspolitischen Problemen und Erfordernissen anpassen.

Die alte NATO: Kooperationsinteressen...

In der alten NATO gab es eine klar identifizierbare, massive und gemeinsame militärische Bedrohung: die Sowjetunion. Während alle Mitglieder ein gemeinsames Interesse daran hatten, die „Russen draußen zu halten", unterschieden sich ihre militärischen Fähigkeiten und Verwundbarkeit. Auf der einen Seite waren die westeuropäischen Staaten von der konventionellen militärischen Übermacht des Warschauer Pakts direkt bedroht, die sie aus eigener Kraft nicht ausgleichen konnten. Außerdem besaßen die westeuropäischen Staaten zum Zeitpunkt der Gründung der NATO keine Nuklearwaffen zur Abschreckung eines konventionellen Angriffs. Auch später, als Frankreich und Großbritannien zu Atommächten wurden, war zweifelhaft, ob ihre begrenzten Arsenale zur Abschreckung der Sowjetunion ausreichen würden. Aus diesen Gründen hatten die westeuropäischen Staaten ein Interesse an einem Bündnis mit den USA – vor allem an einem Platz unter dem amerikanischen nuklearen Schutzschirm. Auf der anderen Seite waren die USA dank ihrer geographischen Lage von den konventionellen Streitkräften des Warschauer Pakts nicht direkt bedroht. Sie besaßen außerdem in der Regel einen technologischen Vorsprung gegenüber der Sowjetunion und überlegene Fähigkeiten zur globalen Machtprojektion. In der Anfangszeit der NATO waren die USA die klar überlegene Atommacht; später bewahrten sie sich eine glaubwürdige Zweitschlagskapazität. Während das eigene Staatsgebiet also ein hohes Maß an Sicherheit genoss, waren die USA hinsichtlich der Kontrolle Westeuropas gegenüber der Sowjetunion in einer unvorteilhaften Position. In der machtpolitischen Auseinandersetzung mit der Sowjetunion war es für die USA von höchster strategischer Bedeutung, diese hochindustrialisierte Region nicht an den Gegner zu verlieren. Zu diesem Zweck waren sie an einer starken militärischen Präsenz in Westeuropa und an möglichst großer Unterstützung bei der Verteidigung der Region interessiert.

...und Kooperationsprobleme: Dilemma der erweiterten Abschreckung

Vor dem Hintergrund der gemeinsamen Bedrohung schufen die unterschiedlichen Ressourcen und Verwundbarkeit hinreichende sicherheitspolitische Interdependenz für die Gründung der NATO, aber auch gravierende Kooperationsprobleme, die durch ein geeignetes institutionelles Design gelöst werden mussten. Das Dilemma der erweiterten Abschreckung kann als das Kernproblem der NATO gelten. Einerseits hatten die westeuropäischen Staaten unter dem nuklearen Schutzschirm der USA den Anreiz, ihre eigenen Verteidigungsanstrengungen zu minimieren. Wenn die Macht und die Sicherheitsgarantie der USA ausreichten, um die Sowjetunion abzuschrecken, warum sollte man dann noch in teure konventionelle Streitkräfte investieren, die ohnehin nicht zum Einsatz kommen würden? Mit anderen Worten: Die Europäer hatten einen Anreiz zum militärischen Trittbrettfahren. Andererseits war die Glaubwürdigkeit der erweiterten Abschreckung fragwürdig. Würden die USA tatsächlich ihre Nuklearwaffen als Antwort auf einen konventionellen Angriff auf die Bundesrepublik Deutschland einsetzen und damit einen Vergeltungsschlag auf amerikanische Großstädte riskieren? Anders formuliert: Die USA hatten einen Anreiz, ihre Beistandsverpflichtung zu ignorieren.

Institutionelle Vorkehrungen

In dieser Situation hatten die europäischen Staaten und die USA ein Interesse daran, institutionelle Vorkehrungen zu treffen, um die Einhaltung der Bündnisverpflichtungen durch die jeweils andere Seite so weit wie möglich sicherzustellen. Die USA versuchten, die europäischen Staaten zu hohen eigenen konventionellen Verteidigungsanstrengungen zu bringen, damit sich die Frage der Glaubwürdigkeit der eigenen nuklearen Garantie gar nicht erst stellen würde. Die Europäer versuchten wiederum, den politischen Entscheidungsspielraum der USA für den Einsatz der Nuklearwaffen zur Verteidigung Europas zu verringern und damit die Glaubwürdigkeit der erweiterten Abschreckung zu erhöhen.

Die neue NATO: Heterogenität und Entscheidungsblockaden

Mit dem Ende der sowjetischen Bedrohung verschwand das Dilemma der erweiterten Abschreckung weitgehend. Westeuropa war weniger abhängig von der Glaubwürdigkeit der amerikanischen Sicherheitsgarantie, und die USA standen weniger in Gefahr, für ein militärisch schwaches Europa die Sicherheit des eigenen Territoriums riskieren zu müssen. Zugleich fiel allerdings auch die klar identifizierbare und massive Bedrohung weg, auf der das gemeinsame Interesse aller NATO-Mitglieder basiert hatte. Dadurch kamen die unterschiedlichen sicherheitspolitischen Interessen, Bedrohungswahrnehmungen und Strategiepräferenzen der Bündnisstaaten zum Vorschein, die durchaus auch vorher schon existiert hatten, aber von der gemeinsamen sowjetischen Bedrohung überdeckt worden waren. Zum einen traf der auf Europa beschränkte strategische Horizont vieler europäischer Mitgliedstaaten auf die globalen Sicherheitsinteressen der USA. Zum anderen schuf der islamistische Terrorismus nach dem 11. September 2001 in den USA ein bisher ungekanntes Gefühl der Unsicherheit und eine Präferenz für die offensive militärische Bekämpfung dieser Bedrohung – in Europa ist beides deutlich geringer. Was bedeutete das für die NATO? In einer mit konsensualen Entscheidungen operierenden Organisation drohen Entscheidungsblockaden, wenn das gemeinsame Interesse schwindet und stattdessen heterogene sicherheitspolitische Präferenzen dominieren. Staaten, die aufgrund ihrer sicherheitspolitischen Wahrnehmungen und Präferenzen auf die Ressourcen der NATO zurückgreifen wollen, riskieren, von Staaten mit anderen Bedrohungswahrnehmungen und Präferenzen keine Unterstützung zu erhalten.

NATO-Partnerschaft: Informations- und Vertrauensmangel

In den Beziehungen zu den früheren Feinden im Osten Europas bestand das neue Hauptproblem für die NATO in der Unkenntnis der sicherheitspolitischen Präferenzen der neuen Staaten und Regierungen und der sicherheitspolitischen Gefahren, die nach dem Ende der sowjetischen Hegemonie in der Region lauerten. Würden die neuen Regime sich zu Demokratien oder autoritären Staaten entwickeln? Würden sie freundschaftliche Beziehungen zum Westen suchen und untereinander Frieden halten, oder würde die Region in einem Sumpf aus ethnonationalistischen Konflikten und posthegemonialen Ausscheidungskämpfen versinken? Was würde mit dem nun auf viele Staaten verteilten sowjetischen Militärarsenal (einschließlich der sowjetischen Atomwaffen) und aus dem militärtechnologischen Wissen der Sowjetunion werden? Mit anderen Worten, die Sicherheitsprobleme für die NATO resultierten aus einem Mangel an Informationen über ihr neues sicherheitspolitisches Umfeld und einem Mangel an Vertrauen in ihre neuen Nachbarn.

Funktionaler Designwandel

Der Wandel im institutionellen Design der NATO-Sicherheitsarrangements reflektiert den Wandel der Sicherheitsprobleme. Die Flexibilisierung der neuen NATO gegenüber der alten ist eine funktionale, effizienzfördernde Antwort auf den Wandel vom Dilemma der erweiterten Abschreckung zum Problem der Heterogenität sicherheitspolitischer Präferenzen. Das offene, prozessorientierte Design der NATO-Partnerschaft entspricht den Erfordernissen der Informationsgewinnung und Vertrauensbildung. In Dilemmasituationen müssen internationale Institutionen inflexibel gestaltet sein, um den autonomen Spielraum für unkooperatives Verhalten einzuschränken. Dies hat die NATO durch eine gemeinsame Streitkräfteplanung, ein integriertes Oberkommando und die Vorwärtsstationierung von Truppen zu erreichen versucht. Nehmen die gemeinsamen Interessen ab, so schafft Flexibilität hingegen den notwendigen Spielraum, um Entscheidungsblockaden zu umgehen und die Ressourcen der NATO dennoch gewinnbringend nutzen zu können. Gruppen von Staaten mit gemeinsamen Interessen wie die „Koalitionen der Willigen“ oder die Mitglieder der EU können im Rahmen der *Combined Joint Task Forces* oder der Europäischen Sicherheits- und Verteidigungsidentität fallweise zusammenarbeiten, ohne dass Mitglieder mit anders gelagerten Interessen sich daran beteiligen müssen.

In Situationen der Unkenntnis und Ungewissheit ist ein offenes institutionelles Design mit inklusiver Mitgliedschaft, großer thematischer Bandbreite und einem deliberativen, prozessorientierten Mandat zweckmäßig, um möglichst viel über die neue sicherheitspolitische Situation und die Ansichten und Präferenzen neuer Akteure zu erfahren, Risiken und Kooperationsbedürfnisse und -chancen auszuloten und zu gemeinsamen Situationsdefinitionen zu gelangen. Die hohe Flexibilität der Partnerschaft erlaubt es der NATO außerdem, auf der Basis des erlangten Wissens zwischen den Partnern zu differenzieren und eine intensivierte Kooperation bis hin zur Mitgliedschaft mit denjenigen Partnern anzustreben, mit denen gemeinsame Interessen bestehen und die sich als vertrauenswürdig erwiesen haben.

10.2.4 Die liberal-konstruktivistische Alternative: gemeinsame Werte und Sozialisation

Wertegemeinschaft

Liberalismus und Konstruktivismus kommen im Fall des Fortbestands und des Wandels der NATO zu einem fast deckungsgleichen Erklärungsangebot, weil die Kultur der internationalen Gemeinschaft (der konstruktivistische Erklärungsfaktor) sich aus übereinstimmenden staatlich-gesellschaftlichen Strukturen (dem liberalen Erklärungsfaktor) ergibt. Die NATO ist in dieser kombinierten theoretischen Perspektive die Sicherheitsorganisation der transatlantischen Gemeinschaft des „Westens“, deren kollektive Identität sich aus den gemeinsamen Werten und Normen der liberalen Demokratie speist. Die Wertegemeinschaft kommt in der Präambel des Nordatlantikvertrags zum Ausdruck, in der die Vertragsparteien sich „entschlossen“ zeigen, „die Freiheit, das gemeinsame Erbe und die Zivilisation ihrer Völker, die auf den Grundsätzen der Demokratie, der Freiheit der Person und der Herrschaft des Rechts beruhen, zu gewährleisten“. Aus liberal-konstruktivistischer Sicht war die Gründung der NATO dadurch motiviert, die gemeinsamen Werte und Normen gegen diejenigen der sozialistischen Staatengemeinschaft zu verteidigen. Die Bedrohung durch die Sowjetunion resultierte demnach nicht so sehr aus ihren militärischen Ressourcen als aus der sowjetischen Ideologie, für deren Durchsetzung sie eingesetzt wurden.

Nach dem Ende des Ost-West-Konflikts trat die liberaldemokratische Sozialisation derjenigen Staaten und Regierungen in den Vordergrund, die aus der „Konkursmasse" der sozialistischen Staatengemeinschaft im Osten Europas hervorgegangen waren. Zu diesem Zweck entwickelte die NATO die Partnerschaft. Ihre inklusive Mitgliedschaft und ihr prozessorientiertes, deliberatives Mandat waren darauf angelegt, Überzeugungs- und Lernprozesse zu fördern und die Werte und Normen der westlichen Staatengemeinschaft in den Partnerstaaten zu verankern. Verläuft die internationale Sozialisation erfolgreich und übernehmen die Staaten die liberaldemokratischen Grundwerte und -normen, so werden sie von den Staaten des Westens als Teil ihrer internationalen Gemeinschaft anerkannt und können Mitglieder der NATO werden. Zehn ehemals kommunistische Staaten sind der NATO 1999 und 2004 beigetreten. Die NATO-Partnerschaft ist aus konstruktivistischer Perspektive also ein Sozialisationsarrangement und weist die für diesen Zweck geeigneten Designmerkmale auf.

Institutionelles Design: Multilateralismus

Liberalismus und Konstruktivismus bieten auch eine Erklärung dafür an, warum die hegemoniale Machtstruktur der NATO sich nicht im institutionellen Design der Organisation zeigt. Das institutionelle Design der NATO folgt den Prinzipien des Multilateralismus. Diese bestehen darin, dass mehrere Staaten für alle gleichermaßen verbindliche Regeln gleichberechtigt und freiwillig vereinbaren, und entsprechen darin den Prinzipien der politischen Gleichheit und der Gleichheit vor dem Gesetz, also zentralen liberalen Grundsätzen prozeduraler Gerechtigkeit, wie sie in den liberaldemokratischen Staaten allgemein verankert sind. Diese Grundsätze werden externalisiert, gelten demnach auch für die Organisationen der liberaldemokratischen Staatengemeinschaft und finden sich in der konsensualen Entscheidungsfindung und der generalisierten Beistandsverpflichtung des NATO-Vertrags wieder (Reus-Smit 1997; Ruggie 1993).

Erklärungsproblem: Flexibilisierung

Die konstruktivistische Erklärung hat jedoch Schwierigkeiten mit der Flexibilisierung, die den Wandel von der alten zur neuen NATO kennzeichnet. Dieser institutionelle Wandel müsste einen Wandel der Gemeinschaftsideen oder -identität widerspiegeln, für den es jedoch keine Indizien gibt. Die subsystemische Erklärungsstrategie des Liberalismus wird jedoch dadurch gestärkt, dass die systemische Bedrohung nach dem Ende des Ost-West-Konflikt ihre prägende Kraft einbüßt und an ihrer Stelle heterogene sicherheitspolitische Präferenzen treten, die sich aus unterschiedlichen nationalen Wahrnehmungen und Interessenkonstellationen speisen. Eine liberale Außenpolitikanalyse kann also potenziell die Heterogenität erklären, die die Flexibilisierung der NATO erst notwendig gemacht hat.

Fassen wir zusammen: Während der Realismus weder für den Fortbestand noch für den institutionellen Wandel der NATO eine plausible Erklärung hat, können sowohl Institutionalismus als auch Liberalismus und Konstruktivismus den Fortbestand des Bündnisses erklären – sei es durch den Fortbestand sicherheitspolitischer Interdependenz und nützlicher kollektiver sicherheitspolitischer Güter, sei es durch den Fortbestand der liberaldemokratischen Wertegemeinschaft des Westens. Auch für die NATO-Partnerschaft haben diese Theorien eine plausible Erklärung – wobei der Institutionalismus stärker die Informationsgewinnung und Vertrauensbildung, der Konstruktivismus hingegen die internationale Sozialisation in die transatlantische Wertegemeinschaft betont. Die Flexibilisierung der NATO kann aber durch eine Kombination von innerstaatlichen und funktionalen Faktoren (bei Heterogenität drohende Entscheidungsblockaden) plausibler erklärt werden als durch den Konstruktivismus.

10.3 Militärische Operationen

Der Wandel der NATO erstreckt sich nicht nur auf ihr institutionelles Design, sondern auch auf ihre Aktivitäten. Interessanterweise führte die NATO in den Jahren der stärksten militärischen Konfrontation während des Ost-West-Konflikts keinen einzigen Krieg – dies unterstreicht, dass in dieser Zeit die Abschreckung ihre Kernfunktion war. Erst nach dem Ende des Ost-West-Konflikts kam es zu Kampfeinsätzen der NATO, und zum ersten Mal in ihrer Geschichte rief sie – nach dem Terrorangriff vom 11. September 2001 auf die USA – den Bündnisfall nach Art. 5 aus. In einer flexiblen Institution wie der neuen NATO kann die Beteiligung aller Mitgliedstaaten an militärischen Operationen allerdings nicht als Normalfall angenommen werden. Die Flexiblisierung wirft vielmehr die Frage auf, unter welchen Bedingungen es zu mehr oder weniger Kooperation kommt. Diese Frage soll an den militärischen Operationen der NATO in Bosnien-Herzegowina, im Kosovo, in Afghanistan, im Irak und im Sudan (Darfur) untersucht werden.

10.3.1 Beteiligung und Mitteleinsatz

Anhand von zwei Indikatoren – Beteiligung und Mitteleinsatz – können Fälle hoher und geringer Kooperation unterschieden werden. Hinsichtlich der Beteiligung zeichnet sich hohe Kooperation durch eine breite Zustimmung zu einer militärischen Operation der NATO und Beteiligung der Mitgliedstaaten daran aus; außerdem lässt sich ein hoher Kooperationsgrad an einem nennenswerten finanziellen und militärischen Einsatz der beteiligten Staaten ablesen. Tabelle 10.3 klassifiziert die militärischen Operationen der NATO entsprechend.

<table>
<tr><th>Operation</th><th>Beteiligung</th><th>Mitteleinsatz</th><th>Kooperation</th></tr>
<tr><td>Bosnien-Herzegowina 1995-2004</td><td rowspan="2">Hoch: Konsensuale Entscheidung, NATO-Operation, breite Beteiligung an Friedenssicherung</td><td rowspan="2">Hoch: Kampfeinsatz und Friedenssicherungseinsatz</td><td rowspan="2">Hoch</td></tr>
<tr><td>Kosovo 1999-</td></tr>
<tr><td>Afghanistan 2001-</td><td>Mittel: US-geführte Koalition außerhalb der NATO, breite Beteiligung an ISAF</td><td>Mittel: Friedenssicherungseinsatz mit geringen Ressourcen</td><td>Mittel</td></tr>
<tr><td>Sudan (Darfur) 2005-</td><td>Hoch: Konsensuale Entscheidung</td><td>Gering: Logistische Unterstützung der Afrikanischen Union</td><td>Mittel</td></tr>
<tr><td>Irak 2003-</td><td>Gering: Entscheidungsblockade, partielle Kriegsbeteiligung</td><td>Gering: Ausbildung und Ausrüstung irakischer Sicherheitskräfte</td><td>Gering</td></tr>
</table>

Tab. 10.3: Kooperation bei NATO-Militäroperationen

Bosnien-Herzegowina und Kosovo

Die militärische Operation in Bosnien-Herzegowina bestand zunächst in massiven, von der NATO kollektiv autorisierten Luftangriffen gegen die bosnisch-serbischen Streitkräfte, bis diese in einen Waffenstillstand einwilligten. Nach dem Frieden von Dayton stationierte die NATO bis 2004 eine 60.000 Mann starke Friedenssicherungstruppe (IFOR, später SFOR), an der sich fast alle Mitgliedstaaten und 22 Partnerstaaten beteiligten. Es waren dies der erste Kampfeinsatz und der erste größere *Peacekeeping*-Einsatz der NATO. Die Kooperation war also hoch. Das gleiche gilt für den Kosovo-Krieg gegen Jugoslawien, der ebenfalls auf einer konsensualen Entscheidung der NATO beruhte und von der NATO durchgeführt wurde, und für die Kosovo-Schutztruppe (KFOR) mit bis zu 50.000 Soldaten.

Afghanistan und Darfur

Afghanistan und Darfur sind ambivalente Fälle. Auf den Terrorangriff auf die USA am 11. September 2001 folgte im Bündnis eine

Welle der Solidarität, in der erstmals der Bündnisfall nach Art. 5 ausgerufen wurde. Der Krieg in Afghanistan wurde jedoch nicht von der NATO, sondern von einer Koalition unter dem Kommando der USA geführt. Für die NATO blieb nur die Überwachung der Seewege weit entfernt vom Kriegsschauplatz (*Operation Endeavour*). Auch die nach dem Sturz des Taliban-Regimes entsandte *International Security Assistance Force* (ISAF) wurde anfänglich nicht von der NATO befehligt, sondern trotz breiter Beteiligung der NATO-Mitglieder und Partnerstaaten von einzelnen Mitgliedstaaten. Erst 2003 übernahm die NATO das Kommando, und erst 2006 wurden die US-geführten Kampftruppen integriert. Auch war der Mitteleinsatz für die ISAF vergleichsweise niedrig: Es handelte sich nicht um einen Kampfeinsatz und die Truppenstärke war gering. Auch wenn sie bis 2007 auf 30.000 Soldaten anstieg, so ist das bezogen auf die Flächenverhältnisse nur ein Zehntel der Truppenstärke von KFOR im Kosovo. Im Fall der Massentötungen und -vertreibungen in der sudanesischen Provinz Darfur entschied die NATO zwar konsensual, die Friedenstruppen der Afrikanische Union logistisch zu unterstützen, schloss aber die Entsendung eigener Truppen kategorisch aus.

Irak

Im Fall des Irak-Krieges waren sowohl Beteiligung als auch Mitteleinsatz gering. Vielmehr führte der Konflikt 2003 zu einer der schwersten Krisen in der Geschichte des Bündnisses. Zunächst lehnte die NATO ein formelles Unterstützungsgesuch der USA für die Kriegskoalition ab. Dann blockierten Belgien, Deutschland und Frankreich wochenlang Vorbereitungen für den Schutz der Türkei im Fall eines irakischen Angriffs. Auch nach der formellen Beendigung des Krieges blieb die Rolle der NATO auf die Ausbildung und Ausrüstung irakischer Sicherheitskräfte beschränkt.

Keine der militärischen Operationen der NATO war unumstritten. Auch der weitreichenden Kooperation in der Bosnien- und Kosovo-Frage gingen Meinungsverschiedenheiten zwischen wichtigen Mitgliedstaaten über das richtige Vorgehen voraus. Die Frage ist also: Warum wurden in einigen Fällen Konsens und Kooperation erreicht, in anderen jedoch weniger oder gar nicht?

10.3.2 Erklärungen

Realismus

Wie wir gesehen haben, kann die realistische Theorie das institutionelle Design der NATO und seinen Wandel nicht erklären. Aus realistischer Sicht ist aber das institutionelle Design ohnehin unerheblich; entscheidend sind die tatsächlichen Machtverhältnisse, die sich ungeachtet der formellen Entscheidungsregeln in der Politik der Organisation niederschlagen werden. Demnach wäre zu erwarten, dass der Realismus die Unterschiede in der Kooperation bei den militärischen Operationen der NATO durch die Unterschiede in der Bedrohung für die Mitgliedstaaten und/oder den hegemonialen Interessen erklärt: *Je höher die Bedrohung, die für die Mitgliedstaaten von einem Konflikt ausgeht, und/oder je stärker ein militärischer Einsatz im Interesse der USA ist, desto höher werden Beteiligung und Mitteleinsatz bei militärischen Operationen der NATO sein.*

In der Tat waren in allen Fällen weitreichender Kooperation die USA die treibende Kraft – das gilt für die Intervention in Bosnien-Herzegowina ebenso wie für den Kosovo-Einsatz. Das trifft aber auch für den Irak-Krieg zu, in dem die USA ebenfalls die Unterstützung der NATO suchten. Hegemoniale Führung ist also keine hinreichende Bedingung für hohe Beteiligung und hohen Mitteleinsatz. Noch weniger hängen Kooperation und Bedrohung zusammen. Von den ethnonationalistischen Bürgerkriegen im ehemaligen Jugoslawien ging keine direkte Bedrohung für die Mitgliedstaaten aus, und doch waren Beteiligung und Mitteleinsatz hoch. Hingegen hatte der 11. September die Bedrohung des Westens durch den islamischen Fundamentalismus deutlich gemacht; dennoch blieben Beteiligung und Mitteleinsatz geringer als auf dem Balkan.

Institutionalismus

Der Institutionalismus würde nicht allein das Ausmaß der Bedrohung, sondern die Höhe des Eigennutzens als Erklärung für die Unterschiede in der Zusammenarbeit anführen: *Je höher der zu erwartende Nutzen der sicherheitspolitischen Kooperation ist, desto eher sind die Staaten bereit, sich an einer militärischen Operation zu beteiligen und den Mitteleinsatz zu erhöhen.* Dadurch werden die Erklärungsprobleme aber nicht geringer, denn weder Bosnien-Herzegowina noch das Kosovo waren für den Westen von strategischem, militärischem oder wirtschaftlichem Nutzen. Der potenzielle Nutzen der Kontrolle über den Irak und Afghanistan wäre aufgrund der geostrategischen Lage und der irakischen Erdölvorkommen ungleich höher, und doch kam es hier nur zu geringer bzw. mittelstarker Kooperation.

Konstruktivismus

Der Konstruktivismus erklärt die unterschiedliche Beteiligung und den unterschiedlichen Mitteleinsatz hingegen mit der unterschiedlichen Bedrohung der Grundwerte und -normen der westlichen Wertegemeinschaft und mit der unterschiedlichen Legitimität der militärischen Operationen. *Je stärker durch einen Konflikt die liberaldemokratische und transatlantische Identität der NATO herausgefordert wird, desto eher sind die Mitgliedstaaten zu intensiver Kooperation bei militärischen Operationen bereit.* Die Kooperation ist demnach hoch, wenn es um die Bedrohung grundlegender Gemeinschaftswerte im Gebiet der Gemeinschaft geht, und niedrig, wenn es nicht um die Aufrechterhaltung der Gemeinschaftswerte geht.

Eine mittlere Kooperationsintensität ist dann zu erwarten, wenn zwar Gemeinschaftswerte bedroht sind, aber das Problem außerhalb des Gemeinschaftsgebiets liegt.

Die „ethnischen Säuberungen", also massenhaften Vertreibungen, Tötungen und Vergewaltigungen, im früheren Jugoslawien waren massive Verletzungen grundlegender Menschenrechte und stellten daher eine fundamentale Verletzung der Gemeinschaftswerte dar – und zwar nicht irgendwo auf der Welt, sondern in der euro-atlantischen Region, für die die NATO sich zuständig fühlt, und in unmittelbarer Nähe der Mitgliedstaaten. Es bestand also eine starke Verpflichtung zur Intervention, zur Beendigung der Menschenrechtsverletzungen und zur friedlichen Stabilisierung dieser Gebiete – verbunden mit der Perspektive einer zukünftigen Integration in die Gemeinschaftsorganisationen.

Die anderen militärischen Operationen lagen außerhalb des euroatlantischen Raums, auf den sich die Identität der NATO bezieht. Der Krieg in Afghanistan konnte immerhin noch als ein legitimer Akt der Selbstverteidigung gegen den Angriff einer Terrororganisation gerechtfertigt werden, die von Afghanistan aus operierte. Das erklärt die starke anfängliche Solidarität der NATO-Mitglieder mit den USA. Dass daraus keine gemeinsame NATO-Operation resultierte, lag vor allem an der Entscheidung der US-Regierung, diesen Krieg ungehindert vom Abstimmungszwang im Bündnis zu führen. Dem Irak-Krieg fehlten hingegen alle Insignien eines legitimen NATO-Militäreinsatzes: Er fand außerhalb des NATO-Gebiets statt und wurde weder zur Verteidigung eines Mitglieds noch zur Verteidigung bedrohter gemeinsamer Werte geführt (auch wenn die USA den Sturz der Diktatur von Saddam Hussein und die Demokratisierung des Nahen Ostens als zusätzliche Kriegsgründe anführten). In Darfur schließlich geht es um massive Menschenrechtsverletzungen in ähnlichem Ausmaß wie auf dem Balkan – das erklärt den hohen Konsens unter den Mitgliedstaaten. Allerdings finden diese weit jenseits des Gemeinschaftsgebiets statt – darauf lässt sich wiederum der sehr geringe Mitteleinsatz zurückführen.

Fassen wir zusammen: In Abwesenheit einer gemeinsamen und massiven militärischen Bedrohung treten heterogene sicherheitspolitische Interessen der NATO-Mitgliedstaaten in den Vordergrund. Um die NATO angesichts dieser Heterogenität handlungsfähig zu halten, haben die Bündnispartner die Organisation flexibilisiert. Wenn es dennoch zu gemeinsamen militärischen Operationen mit hohem militärischem und finanziellem Mitteleinsatz kommt, dann nur, wenn fundamentale Gemeinschaftswerte im euro-atlantischen Gebiet der Gemeinschaft bedroht und verletzt werden.

Weiterlesen

Daten und Fakten

Grundlegende Informationen und aktuelle Daten und Fakten finden sich auf der Website der NATO unter www.nato.int. Das *NATO Handbook* (http://www.nato.int/docu/handbook/2001/index.htm) ist allerdings bisher nur bis 2003 aktualisiert worden.

Überblicke

Den Wandel der NATO behandeln Henning Riecke (*Die Transformation der NATO*, 2006) sowie Johannes Varwick und Wichard Woyke (*Die Zukunft der NATO*, 2000).

Analysen

Das Kapitel beruht auf *Functional Form, Identity-Driven Cooperation* (Schimmelfennig 2007). Weitere, auf den IB-Theorien basierende Analysen des Wandels der NATO sind *Neorealism, Neoliberal Institutionalism, and the Future of NATO* (Hellmann/Wolf 1993) und *NATO Enlargement* (Schimmelfennig 1999).

11. Globale Wirtschaftskooperation: die Welthandelsordnung

Der Handel ist die traditionelle Form grenzüberschreitenden wirtschaftlichen Austauschs und damit ein altehrwürdiges Thema der Internationalen Beziehungen. Für die Klassiker des Institutionalismus, Transnationalismus und Liberalismus waren die internationalen Handelsbeziehungen ein zentraler Gegenstand, an dem sie ihre Theorien und Entwürfe internationaler Ordnung entwickelten.

Am 1. Januar 1948 unterzeichneten 23 Staaten das *General Agreement on Tariffs and Trade* (GATT), das Allgemeine Zoll- und Handelsabkommen, das die vertragliche Grundlage für die aktuelle Welthandelsordnung bildete. Inzwischen ist das GATT zusammen mit anderen Handelsverträgen unter das Dach der Welthandelsorganisation (WTO für *World Trade Organization*) gelangt und hat 152 Mitglieder. Die Entwicklung der Welthandelsordnung ist der Gegenstand dieses Kapitels. Wie im Kapitel über die NATO geht es dabei zum einen um Veränderungen im Design der Welthandelsordnung, zum anderen um aktuelle Kooperationsprobleme.

11.1 Die Entwicklung der Welthandelsordnung

11.1.1 Die Entstehung und Entwicklung des GATT

Welthandelsordnung als Teil des Bretton-Woods-Systems

Bereits 1944 verständigten sich die USA und Großbritannien bei der Konferenz von Bretton Woods über die Grundzüge einer Weltwirtschaftsordnung für die Nachkriegszeit, die die wirtschaftliche Entwicklung nach dem Krieg voranbringen und eine Wiederholung der Weltwirtschaftskrise der 1930er Jahre verhindern sollte, die für den Zweiten Weltkrieg mit verantwortlich gemacht wurde. Der Plan sah drei Pfeiler der Weltwirtschaftsordnung mit dazugehörigen internationalen Organisationen vor: die Weltfinanzordnung mit dem Internationalen Währungsfonds (IWF), die Weltentwicklungsordnung mit der Weltbank und die Welthandelsordnung mit einer Internationalen Handelsorganisation (*International Trade Organization*, ITO).

Scheitern der ITO

Die 1948 ausgehandelte Charta von Havanna hätte der ITO eine große thematische Bandbreite und weitreichende Kompetenzen verschafft. Allerdings hatten sich die innenpolitischen Bedingungen für die Ratifikation in den USA inzwischen so verschlechtert, dass Präsident Truman entschied, den Vertrag dem Kongress erst gar nicht vorzulegen. Dies bedeutete das Aus für die ITO, da sie ohne die bei weitem bedeutendste Handelsmacht USA sinnlos war.

Textbox 11.1 Zeittafel Welthandelsordnung

1944	Bretton-Woods-Konferenz
1948	Havanna-Charta über die Gründung einer Internationalen Handelsorganisation (ITO) Allgemeines Zoll- und Handelsabkommen (GATT)
1960-61	Dillon-Runde
1964-67	Kennedy-Runde
1973-79	Tokio-Runde
1986-94	Uruguay-Runde
1994	Abkommen von Marrakesch (mit Allgemeinem Abkommen über Dienstleistungshandel GATS und Abkommen über geistige Eigentumsrechte TRIPS)
1995	Gründung der Welthandelsorganisation WTO
1999	Scheitern der Ministerkonferenz von Seattle; Massenproteste gegen die Konferenz
2001	Start der Doha-Runde Beitritt Chinas
2003	Scheitern der Ministerkonferenz von Cancun
2006	Suspendierung der Doha-Runde (Wiederaufnahme Januar 2007)

Das GATT

Was schließlich blieb, war das Allgemeine Zoll- und Handelsabkommen (*General Agreement on Tariffs and Trade*, GATT), das parallel zur Havanna-Charta ausgehandelt und im Januar 1948 von 23 Staaten unterzeichnet worden war – und eigentlich nur als Übergangsvereinbarung bis zur Gründung der ITO gedacht war. Im Gegensatz zur Havanna-Charta hatte das GATT eine schmale Bandbreite: Es ging fast ausschließlich um staatliche Zölle für Industriegüter. Probleme der Wettbewerbs-, Beschäftigungs-, Arbeits- und Entwicklungspolitik, die die ITO behandelt und reguliert hätte, blieben unberücksichtigt. Außerdem hatte das GATT im Gegensatz zur ITO nur eine schwache Organisation. Im Grunde bestand es nur aus einem Regelwerk und einem Forum für wiederkehrende Verhandlungen.

1. Multilateralismus

Das GATT ist – ähnlich der NATO – ein multilaterales Regime. Anders als bei bilateralen Handelsabkommen, bei denen die Vertragspartner spezifische Regeln vereinbaren, die nur für ihre Handelsbeziehungen untereinander gelten, beruht das GATT auf allgemeinen Regeln, die für alle Vertragsstaaten gleichermaßen bindend sind.

2. Nichtdiskriminierung…

Das Grundprinzip des GATT ist die Nichtdiskriminierung. Es verpflichtet alle Vertragsstaaten zum einen zur Inländerbehandlung:

Waren aus dem Ausland dürfen auf den heimischen Märkten nicht gegenüber inländischen Erzeugnissen diskriminiert werden. Zum anderen müssen die Vertragsstaaten einander den Meistbegünstigungsstatus einräumen. Das heißt wiederum, dass Waren aus einem Land nicht gegenüber Waren aus einem anderen Land bevorzugt behandelt werden dürfen. Schließlich gilt das Kontingentverbot – es dürfen also z.B. keine Obergrenzen für Importwaren (Importquoten) festgesetzt werden.

...mit Ausnahmen

Allerdings lässt das GATT gewichtige Ausnahmen von diesen Prinzipien zu.

- Eine Ausnahme von der Inländerbehandlung sind vorübergehende Schutzmaßnahmen, um den heimischen Markt zu stabilisieren.
- Entgegen der Meistbegünstigungsnorm dürfen Entwicklungsländern Handelspräferenzen eingeräumt werden, die nicht automatisch auf Industrieländer übertragen werden müssen.
- Generell gelten Ausnahmeregelungen für regionale Zollunionen und Freihandelszonen (wie etwa die EU).
- Weiterhin wurden die GATT-Prinzipien im Wesentlichen auf Industriegüter angewendet. Landwirtschaftliche Produkte und Textilien blieben faktisch aus dem Handelsregime ausgeklammert.

3. Reziproke Liberalisierung

Schließlich verpflichtete das GATT seine Vertragsstaaten dazu, den Handel durch Abbau von Zöllen und anderen Handelshemmnissen wechselseitig weiter zu liberalisieren. Dazu dienen die regelmäßigen Verhandlungsrunden im Rahmen des GATT.

- Anfänglich richtete sich das Augenmerk fast ausschließlich auf die Zölle. Nachdem sie jedoch in der Kennedy-, Tokio- und Uruguay-Runde jeweils durchschnittlich um etwa 35-40% gesenkt wurden, spielen Zölle im internationalen Handel (zumindest zwischen den Industrieländern) praktisch keine Rolle mehr.
- Damit rückten seit der Tokio-Runde die sogenannten „nicht-tarifären Handelshemmnisse" stärker ins Visier. Dazu zählen Produkt- und Produktionsstandards (wie Hygiene- oder Produktsicherheitsnormen), die dazu benutzt werden können, ausländische Produkte vom eigenen Markt fernzuhalten, aber auch die uneinheitliche und willkürliche Verwendung von Anti-Dumping-Maßnahmen und Strafzöllen sowie „freiwillige" Exportbeschränkungen, die im Gegensatz zu Importquoten nicht ausdrücklich verboten waren.

Mit der Ausweitung der Bandbreite der GATT-Regeln ging allerdings deren Flexibilisierung einher. Die Mitgliedstaaten konnten selbst entscheiden, welchen Vereinbarungen sie sich unterwarfen und welchen nicht. Aus dem Multilateralismus wurde ein „Plurilateralimus".

Schwache Organisation

Die organisatorische Schwäche des GATT zeigte sich vor allem in den geringen autonomen Kompetenzen des Sekretariats (mit Sitz in Genf) und in dem zahnlosen „Panelverfahren" der Streitbeilegung, bei dem zwar ein Expertenpanel einen unabhängigen Bericht über Vertragsverletzungen der Mitgliedstaaten erstellen konnte, doch sowohl die Einsetzung des Panels als auch sein Bericht mussten im Konsens von den Mitgliedstaaten akzeptiert werden. Beides konnte daher vom regelverletzenden Staat blockiert werden.

Erfolge: Liberalisierung und Ausweitung der Mitgliedschaft

Dennoch kann die Geschichte des GATT als eine Erfolgsgeschichte gewertet werden. Zum einen haben sich immer mehr Staaten dem Handelsregime angeschlossen. Es gelang, die meisten Entwicklungsländer und ehemals kommunistischen Staaten in die Welthandelsordnung zu integrieren. Zum anderen konnten Zölle und andere Handelshemmnisse nach und nach abgebaut werden. Unter der Ägide des GATT entwickelte sich der Welthandel dynamisch: Er wuchs dreimal so schnell wie das Weltsozialprodukt. Entsprechend ist der Anteil des Handels an der wirtschaftlichen Tätigkeit der GATT-Mitgliedstaaten gestiegen und liegt nun bei etwa 20% (Barton et al. 2006: 6-7).

11.1.2 Das neue GATT und die WTO

Wandel der Welthandelsordnung

Die Uruguay-Runde, die 1986 begann und 1994 endete, führte nicht nur zu einer umfassenden Revision des GATT-Vertrags, sondern fast 50 Jahre nach dem Scheitern der Havanna-Charta auch zu einer internationalen Handelsorganisation, der WTO. Während sich an den Grundprinzipien der Welthandelsordnung nichts änderte, brachten das neue GATT und die WTO erstens eine Ausweitung der Bandbreite, zweitens eine verringerte Flexibilität und drittens eine stärkere Zentralisierung des Handelsregimes mit sich.

1. Erweiterte Bandbreite

Unter das Dach der WTO kamen neben dem Handel mit Industriegütern nun auch der Handel mit Dienstleistungen (*General Agreement on Trade in Services*, GATS) und der Schutz geistiger Eigentumsrechte (*Trade-Related Aspects of Intellectual Property Rights*, TRIPS). Insbesondere das TRIPS-Abkommen war eine bedeutende Neuerung, weil das GATT damit über die Beseitigung nichttarifärer Handelshemmnisse hinaus in die innerstaatliche Domäne der Regulierung von Eigentumsrechten eingriff. Darüber hinaus kamen die Mitgliedstaaten überein, den Handel mit Agrarprodukten und Textilien in das GATT zu integrieren und prinzipiell nach den gleichen Regeln zu behandeln wie den Handel mit Industriegütern.

2. Geringere Flexibilität

Anders als im alten GATT können die Mitgliedstaaten sich nicht mehr auf älteres innerstaatliches Recht (sog. „Großvaterrechte" aus der Zeit vor 1948) berufen, um Verpflichtungen aus dem GATT zu umgehen, oder nur die Abkommen und Regeln aus dem GATT herauspicken, die ihnen gefallen. Das neue GATT versteht die Handelsregeln als ein einheitliches Paket (*single undertaking*), das die Mitgliedstaaten als Ganzes akzeptieren und umsetzen müssen.

3. Stärkere Zentralisierung

Vor allem wurde der Überwachungs- und Streitbeilegungsmechanismus deutlich gestärkt. Berichteten früher allein die Mitgliedstaaten über ihre Umsetzung der GATT-Regeln, so erstellt nun das Sekretariat der WTO einen eigenen, unabhängigen Bericht. Und mussten zuvor alle Staaten zustimmen, um ein unabhängiges Expertenpanel einzusetzen und seinen Bericht zu akzeptieren, so gilt nun umgekehrt, dass alle Mitgliedstaaten zustimmen müssten, um das Streitschlichtungspanel und seinen Bericht zu *verhindern*. Der verurteilte Staat hat nun außerdem die Möglichkeit, ein Berufungsverfahren bei einer unabhängigen Berufungsinstanz anzustrengen, deren Entscheidung aber ebenfalls nur im Konsens abgelehnt werden kann. Gleiches gilt für die Sanktionen durch den geschädigten Staat, wenn der verurteilte Staat den Bericht nicht innerhalb einer bestimmten Frist umsetzt. Schließlich hat die Berufungsinstanz die Möglichkeit, in ihren Berichten Interpretations- und Regelungslücken zu schließen und damit das Recht der WTO eigenständig fortzuentwickeln. Die geringere Flexibilität der Regeln und die stärkere Zentralisierung der Streitschlichtung weisen zusammen auf eine Verrechtlichung der Welthandelsordnung hin.

Institutionelles Design

Wir können nun in gleicher Weise wie bei der NATO (vgl. Tab. 10.1) das institutionelle Design der Welthandelsordnung im Wandel klassifizieren (siehe Tab. 11.1). Zu ergänzen ist noch, dass die Mitgliedschaft im GATT und in der WTO ebenso wie bei der NATO auf Staaten beschränkt und exklusiv ist. Staaten, die Mitglieder werden möchten, müssen ein zum Teil viele Jahre dauerndes Beitrittsverfahren durchlaufen und zahlreiche Bedingungen erfüllen – das Beitrittsverfahren des neuesten Mitglieds Ukraine dauerte von 1993 bis 2008. Das Mandat von GATT und WTO ist regulativ. Obwohl die GATT-Regeln verteilungspolitische Konsequenzen haben, nimmt das GATT selbst keine Verteilung oder Umverteilung vor. Die Entscheidungen schließlich werden (ebenfalls wie in der NATO) im Wesentlichen konsensual getroffen, obwohl die Regeln in einzelnen Bereichen durchaus Mehrheitsabstimmungen vorsehen.

	Altes GATT	Neues GATT/WTO
Mitgliedschaft	Exklusiv, intergouvernemental	
Bandbreite	Gering (Industriegüter; Zölle, Quoten und nicht-tarifäre Handelshemmnisse)	Erweitert (um Dienstleistungen, Investitionen, Eigentumsrechte)
Mandat	Regulativ	
Entscheidung	Konsensual	
Flexibilität	Hoch (Großvaterrechte, Plurilateralismus)	Gering *(single undertaking)*
Zentralisierung	Gering (schwache Überwachungs- und Sanktionsbefugnisse)	Hoch (starke Überwachungs- und Sanktionskompetenzen)

Tab. 11.1: Institutionelles Design der Welthandelsordnung

Doha-Runde

Seit der Gründung der WTO 1995 war die Entwicklung der Welthandelsordnung zwar weiterhin durch ein Wachstum der Mitgliedschaft gekennzeichnet (unter anderen trat China 2001 bei), die Verhandlungen zur weiteren Liberalisierung des Welthandels litten jedoch unter massiven Spannungen und Blockaden. Die Ministerkonferenz von Seattle 1999 sollte eigentlich eine neue Verhandlungsrunde einleiten. Sie scheiterte jedoch wegen unüberbrückbarer Gegensätze zwischen entwickelten und Entwicklungsländern – begleitet von massiven Straßendemonstrationen gegen die Handelsorganisation. Zwei Jahre später gelang zwar in Doha der Start einer neuen Verhandlungsrunde, doch wurde bis zum angepeilten Termin 2006 keine Übereinkunft erzielt. Die Ministerkonferenz von Cancun 2003, die den Durchbruch bringen sollte, verlief ergebnislos, und im Sommer 2006 wurden die Verhandlungen sogar formell suspendiert. Im darauffolgenden Jahr wurde die Doha-Runde zwar wieder aufgenommen, konnte aber bis Mitte 2008 nicht abgeschlossen werden. Stattdessen vermehrten sich regionale und bilaterale Handelsabkommen, die zwar als Ausnahmen zugelassen sind, aber dem multilateralen Charakter des GATT widersprechen. Während das GATT zwischen 1948 und 1994 von 124 solcher Abkommen in Kenntnis gesetzt wurde, erhielt die WTO im Zeitraum von 1995-2007 Mitteilungen über mehr als 240 neue Abkommen – also etwa doppelt so viele in einem etwa viermal kürzeren Zeitraum.

Drei Fragen sollen im weiteren Verlauf des Kapitels aus theoretischer Perspektive erörtert werden:

1. Wie lassen sich die Liberalisierungserfolge des GATT erklären?
2. Warum kam es zur Gründung der WTO mit größerer thematischer Bandbreite und stärkerer Verrechtlichung?
3. Worauf lassen sich die Verhandlungsprobleme in der Doha-Runde zurückführen?

11.2 Erklärungen der Welthandelsordnung

Das Grundproblem einer liberalen Welthandelsordnung ist die Frage, wie Staaten dauerhaft darauf verpflichtet werden können, freien Handel über ihre Grenzen zuzulassen und auf Maßnahmen zum Schutz ihrer Wirtschaft zu verzichten. Wie wir gesehen haben, ist eine liberale Welthandelsordnung ein öffentliches Gut, das vom Trittbrettfahrer-Problem bedroht ist. Staaten haben grundsätzlich einen Anreiz, offene Handelsgrenzen zwar zum Nutzen ihrer exportstarken Wirtschaftszweige in Anspruch zu nehmen, aber zum Schutz wettbewerbsschwacher Produktionssparten zu unterlaufen. Wenn alle Staaten sich so verhalten, kommt es zu einem Protektionswettlauf, die liberale Handelsordnung bricht zusammen, der Welthandel schrumpft, und Wohlfahrtschancen werden vergeben.

In den Theoriekapiteln wurden unterschiedliche Wege zur Überwindung dieses Dilemmas diskutiert: Hegemonie vom Realismus, Institutionen vom Institutionalismus, transnationale Netzwerke vom Transnationalismus, eine günstige gesellschaftliche Interessenkonstellation vom Liberalismus und konsensuale Ideen und Normen vom Konstruktivismus. Dies sind die zentralen Faktoren, die für eine Analyse der Entwicklung der Welthandelsordnung herangezogen werden können.

11.2.1 Ein Rätsel für den Realismus: Regimestärkung ohne Hegemonie

Theorie der hegemonialen Stabilität

Aus realistischer Perspektive erfordert die Bereitstellung und Aufrechterhaltung globaler öffentlicher Güter einen Hegemon, der die Macht hat, Regeln zu setzen und Trittbrettfahren zu unterbinden. Die wirtschaftliche Dominanz des Hegemons sorgt zum einen dafür, dass er ein Interesse an einer offenen und funktionierenden Weltwirtschaft hat, denn dank seiner Wettbewerbsfähigkeit profitiert er stark vom Freihandel. Zum anderen erlaubt sie es ihm, andere Staaten zur Liberalisierung zu zwingen, denn dank seiner Marktmacht (und eventuell auch seiner militärischen Macht) kann der Hegemon glaubwürdig Sanktionen androhen. Die realistische „Theorie der hegemonialen Stabilität" wurde von Charles Kindleberger (1981) genau am Beispiel der internationalen Wirtschaftspolitik entwickelt: Eine stabile Weltwirtschaftsordnung setzt Hegemonie voraus – zunächst die „Pax Britannica" des 19. Jahrhunderts, dann die „Pax Americana" nach dem Zweiten Weltkrieg.

Hegemoniale Regimeentstehung

Die Anfänge der Weltwirtschaftsordnung nach dem Zweiten Weltkrieg lassen sich mit der Theorie der hegemonialen Stabilität plausibel erklären. Die dominante Wirtschaftsmacht USA entwarf das Bretton-Woods-System. Die ITO war nicht zu halten, als sie innenpolitischen Rückhalt in den USA verlor. Im GATT repräsentierten die USA anfänglich über 60% der Wirtschaftsleistung.

Liberalisierung und organisatorische Stärkung ohne Hegemonie

Die weitere Entwicklung des GATT ist jedoch mit der Theorie der hegemonialen Stabilität nicht in Einklang zu bringen. In den 1960er Jahren verloren die USA ihre weltwirtschaftliche Hegemonie. Dies hätte eine Schwächung des GATT zur Folge haben sollen oder zumindest ein Erlahmen der weiteren Liberalisierung. Das Gegenteil war der Fall: Die größten Zollsenkungen, der Abbau nicht-tarifärer Handelshemmnisse und die starke Erweiterung der Mitgliedschaft erfolgten nach dem Ende der US-Hegemonie. Die WTO entstand, als die EU in Wirtschaftsleistung und Marktgröße mit den USA fast gleichgezogen war. Die aktuellen Verhandlungsprobleme in der WTO schließlich entwickelten sich, als das weltwirtschaftliche Gewicht der USA in der zweiten Hälfte der 1990er Jahre sogar wieder etwas zugenommen hatte.

11.2.2 Institutionelle Stabilität, Spillover und Marktmacht: die institutionalistische Erklärung

Der Institutionalismus bietet zunächst eine Erklärung dafür, warum es trotz des Endes der US-Hegemonie nicht zu einer Schwächung des Welthandelsregimes kam. Er erklärt zudem, wie infolge „funktionalen Spillovers" die handelspolitische Interdependenz zunahm und das GATT expandierte und gestärkt wurde. Die substanziellen Verhandlungsergebnisse im GATT schließlich lassen sich auf die problemspezifische Verhandlungsmacht der beteiligten Staaten – ihre „Marktmacht" – zurückführen.

Institutionelle Stabilität

Aus institutionalistischer Perspektive stellt es zunächst kein Rätsel dar, dass das GATT durch den langsamen Niedergang der US-Hegemonie keineswegs geschwächt wurde. In den 1960er Jahren hatten sich die Prinzipien des GATT eingespielt und bewährt, und mehrere Liberalisierungsrunden waren erfolgreich abgeschlossen worden. Auch wenn das GATT als autonome Organisation schwach war, so bot es doch ein permanentes Verhandlungsforum, in dem Informationen ausgetauscht, die Möglichkeiten zu weiteren handelspolitischen Effizienzsteigerungen ausgelotet und Beschwerden über regelwidriges Verhalten anderer Staaten diskutiert werden konnten. Gerade weil der Nutzen des GATT nicht so sehr auf der Überwachung und Sanktionierung eines rigiden Regelwerks beruhte, sondern auf der Bereitstellung eines Verhandlungsforums und auf flexiblen intergouvernementalen Vereinbarungen, war hegemoniale Macht zur Aufrechterhaltung des Regimes von untergeordneter Bedeutung.

Institutionalistischer Engelskreis

Die Herausforderung des Institutionalismus besteht vielmehr darin zu erklären, wie es zur Ausweitung und Verrechtlichung des Handelsregimes kam. Hier ist der „institutionalistische Engelskreis" (vgl. Kap. 4.6) einschlägig: Anfängliche Interdependenz führt zur Etablierung internationaler Institutionen, die weitere Interdependenz schaffen oder ermöglichen, die wiederum durch eine Stärkung der Institutionen bearbeitet werden muss, um Effizienzverluste zu vermeiden. Insbesondere wirkt hierbei ein Mechanismus, der in der institutionalistischen Literatur bereits früh als *Spillover* (wörtlich: „Überschuss" oder „Überschwappen") beschrieben worden ist.

Spillover

Spillover resultiert aus dem Sachzusammenhang von Politikbereichen. Werden Interdependenzen in einem Politikbereich A erfolgreich reguliert, so führt dies zu einer Nachfrage nach weiterer Institutionalisierung, sofern

- die Effizienzgewinne aus der Regulierung von A suboptimal bleiben, wenn nicht auch der Bereich B reguliert wird oder
- die Regulierung von A negative Auswirkungen auf B hat und B daher auch kollektiv reguliert werden muss.

Um Wohlfahrtsverluste zu vermeiden oder weitere Wohlfahrtsgewinne zu realisieren, vereinbaren Regierungen daher weitere institutionalisierte Kooperation. Wie wirkte sich der funktionale Spillover nun im GATT aus?

1. Erweiterung um nicht-tarifäre Handelshemmnisse

Zunächst konzentrierten sich die Liberalisierungsrunden fast vollständig auf den Abbau von Zöllen für Industriegüter. In dem Maße, wie die Zölle sanken, erwiesen sich andere Schutzmaßnahmen wie nicht-tarifäre Handelshemmnisse oder Quotenregelungen als die bedeutenderen Hindernisse für freien Handel. Zum Teil verlagerten Staaten den Protektionismus sogar bewusst auf solche Maßnahmen, weil ihnen Zölle nicht mehr zur Verfügung standen. Dadurch entstand eine verstärkte Nachfrage nach einer Regulierung und Liberalisierung nicht-tarifärer Schutzmaßnahmen, wie sie in der Tokio- und der Uruguay-Runde zu beobachten war.

2. Ausdehnung der Mitgliedschaft

Wird in einem großen Teil der Welt der Handel liberalisiert, so entstehen für exportorientierte Unternehmen günstige Bedingungen. Sie investieren also bevorzugt dort, wo die Handelsschranken niedrig sind. Weil Handels- und Investitionsströme daher an Ländern mit hohen Handelsschranken zunehmend vorbeilaufen, sehen diese sich gezwungen, ihren Handel ebenfalls zu liberalisieren, um keine Wohlfahrtsverluste zu erleiden. So erklärt sich der enorme und anhaltende Mitgliederzuwachs des GATT.

3. Erweiterung der Bandbreite

Durch die Liberalisierung verändern sich weiterhin die Interessen der Staaten. Die Handelsliberalisierung stärkt die exportorientierten und wettbewerbsfähigen Bereiche der Wirtschaft und führt dazu, dass die nicht wettbewerbsfähigen Bereiche unter dem Druck billiger Importe schrumpfen. In der Folge erhöht sich das Interesse der Staaten an weiterer Liberalisierung, um den exportstarken Wirtschaftssektoren noch bessere Bedingungen zu schaffen, und verringert sich der Widerstand gegenüber einer Liberalisierung nicht-wettbewerbsfähiger Sektoren. So erklärt sich, warum sich die Bandbreite der Regulierung im GATT ausgedehnt hat – zum einen auf „neue" Sektoren wie Dienstleistungen und zum anderen auf „alte" Sektoren wie Landwirtschaft und Textilien, bei denen zunächst die protektionistischen Interessen stärker waren als die Liberalisierungsinteressen.

4. Verrechtlichung

Die Verrechtlichung des GATT lässt sich in dieser Perspektive schließlich auf wachsende Komplexität und Risiken zurückführen. Erstens wurde das Handelsregime durch die zunehmende Zahl von Abkommen unter seinem Dach immer komplexer. Zweitens wuchs mit der Zahl der Mitglieder nicht nur die Heterogenität der Interessen, sondern es wurde für die Mitglieder auch immer unübersichtlicher, wer sich an die Regeln hielt und wer nicht. Da drittens der Anteil des Handels an der wirtschaftlichen Aktivität der Staaten und an ihrer Wertschöpfung immer weiter zunahm, stand für die Mitglieder des GATT immer mehr auf dem Spiel. Je wichtiger der Handel für die Wohlfahrt eines Staates ist, desto größer ist sein Interesse, dass die Regeln auch tatsächlich von allen Handelspartnern eingehalten werden. Die Verringerung der Flexibilität der GATT-Regeln und ihre stärker zentralisierte Überwachung und Sanktionierung waren in dieser Situation funktional.

Verteilung und Verhandlungsmacht

Die bisherige Analyse deckt jedoch nur einen Aspekt internationaler Kooperation und Institutionen ab: die Realisierung von Effizienzgewinnen. Internationale Vereinbarungen haben darüber hinaus eine Verteilungsdimension. Welche konkreten Regeln vereinbart werden und wie sich der erzielte Nutzen auf die Staaten verteilt, hängt von der Verhandlungsmacht der Staaten ab (vgl. Kap. 4.5).

Marktmacht

In der internationalen Handelspolitik hängt die Verhandlungsmacht eines Staates von der Größe seines Marktes ab. Je größer der heimische Markt ist, desto größer sind einerseits die Gewinne, die ausländische

Unternehmen dort erzielen können, und desto empfindlicher sind ihre Verluste, wenn sie von diesem Markt ausgeschlossen werden. Andererseits sind inländische Unternehmen wegen der Größe ihres Heimatmarktes weniger auf Exporte angewiesen als Unternehmen mit kleinen Heimatmärkten. Staaten mit großen Märkten können daher glaubwürdiger mit dem Abbruch von Verhandlungen drohen als Staaten mit kleinen Märkten, wenn die Vereinbarung nicht ihren spezifischen Interessen entspricht. Sie können auch wirkungsvoller mit Sanktionen drohen, wenn andere Staaten die Regeln nicht einhalten.

Dominanz der großen Industrieländer

In der Geschichte des GATT waren die USA immer der Staat mit der größten Marktmacht. Im Laufe der Zeit schloss die EU jedoch auf. Zwar ist sie kein Staat, da aber die Mitgliedstaaten ihre Außenhandelskompetenz an die Gemeinschaft delegiert haben, kann sie in den GATT-Verhandlungen mit einer Stimme sprechen und die geballte Macht des europäischen Binnenmarkts zur Geltung bringen. Das macht die USA und die EU in der WTO zu den mächtigsten Akteuren. Zusammen mit Japan und Kanada dominieren sie (als sog. „Quad") seit den 1970er Jahren die Welthandelsrunden. Zu GATT-Vereinbarungen wurden die Kompromisse, auf die sie sich einigen konnten – unbeschadet des formell geltenden Konsensprinzips. Sie dominieren außerdem die Streitschlichtungsmechanismen der WTO: Kleinere Staaten würden zwar eventuell ebenfalls von den Expertenpanels der Organisation Recht bekommen, könnten aber keine wirksamen Sanktionen gegen einen der Großen verhängen.

Vereinbarungen spiegeln Interessen und Stärken der Industrieländer wider

Folgerichtig spiegeln die Agenda der Verhandlungsrunden und die Vereinbarungen des GATT die besonderen Interessen der verhandlungsmächtigsten Akteure wider:

- Der anfängliche Fokus des GATT auf die Liberalisierung des Handels mit Industriegütern erklärt sich dadurch, dass die Industrieländer bei diesen Gütern besonders wettbewerbsfähig waren oder durch eine globalisierte Produktion bedeutende Skaleneffekte erzielen konnten.
- Auch die neuen Bereiche unter dem Dach des GATT – Dienstleistungen, Investitionen und Schutz geistigen Eigentums – reflektieren die Interessen und Stärken der Industrieländer.
- Die Produktionsbereiche, in denen die großen Industrieländer hingegen weniger wettbewerbsfähig sind, wie Landwirtschaft und Textilien, wurden aus den Liberalisierungsverhandlungen zunächst ausgeklammert und in das neue GATT auch nur mit vielen Ausnahmen und langen Übergangsfristen integriert.
- Die Verrechtlichung der WTO wurde ebenfalls von den großen Industrieländern verlangt. Sie sahen darin die Chance, die für sie vorteilhaften Regeln zu stabilisieren.

Aktuelle Konfliktlinien

Die aktuellen Konflikte in der WTO verlaufen ebenfalls entlang der Nord-Süd-Linie. Angeführt von den USA und der EU treten die Industrieländer dafür ein, die Verhandlungen um Vereinbarungen über Investitionen, Wettbewerbspolitik und die Transparenz bei der Vergabe staatlicher Aufträge (die nach der Ministerialkonferenz von 1996 so benannten „Singapur-Themen") zu erweitern. Außerdem sollen der Umweltschutz und Arbeitsnormen (z.B. bezüglich Kinderarbeit und gewerkschaftlicher Betätigung) berücksichtigt werden. Diese neuen Themen wurden von den Entwicklungsländern – angeführt von Brasilien und Indien – zurückgewiesen. Sie fordern die entwickelten Länder stattdessen auf, zunächst ihre unerfüllten Versprechungen aus der Uruguay-Runde einzulösen (vor allem bezüglich der Liberalisierung des Agrarhandels und des Handels mit Textilien) und sie für die Kosten zu entschädigen, die sie mit dem neuen GATT bei der Liberalisierung des Handels auf sich genommen haben. Außerdem verlangen sie eine asymmetrische Liberalisierung, also Handelspräferenzen und stärkere Ausnahmebestimmungen und Schutzmechanismen für die Entwicklungsländer.

Erklärungsproblem: Verhandlungsblockade trotz überlegener Verhandlungsmacht

Was die relative Marktmacht und damit die Verhandlungsmacht der WTO-Mitglieder angeht, so hat sich jedoch seit der Gründung der WTO nichts Wesentliches verändert. Wenn aber die wirtschaftlichen Machtverhältnisse nach wie vor zugunsten der großen Industrieländer wirken, warum kam es dann zu den Verhandlungsproblemen und -blockaden rund um die Doha-Runde? Hier kommen Faktoren ins Spiel, die die problemspezifischen materiellen Machtverhältnisse in ihrer Bedeutung einschränken.

Halten wir fest: Der Institutionalismus bietet eine insgesamt plausible Erklärung der Entwicklung des Welthandelsregimes. Auf der Basis von Spillover und Marktmacht kann er kann die Stabilität, Erweiterung und Stärkung des Regimes ebenso plausibel erklären wie die wesentlichen substanziellen Verhandlungsergebnisse, die bisher erzielt wurden.

Andere Theorien führen Faktoren an, die die institutionalistische Erklärung ergänzen oder verfeinern. Der Liberalismus verweist auf die gesellschaftlichen Gruppen, deren Präferenzen und Machtverhältnisse die handelspolitischen Interessen der Staaten prägen. Transnationalismus und Konstruktivismus hingegen heben die Ideen sowie transnationalen Akteure und Netzwerke hervor, die die Verhandlungsergebnisse in einer Weise beeinflussen, die von den materiellen Machtverhältnissen abweicht.

11.2.3 Gesellschaftliche Gruppen und handelspolitische Präferenzen: die liberale Ergänzung

Erklärung handelspolitischer Präferenzen

Liberale Analysen der Handelspolitik versuchen die handelspolitischen Präferenzen von Staaten zu erklären. Welche Staaten sind freihändlerisch, welche protektionistisch eingestellt? In welchen Wirtschaftsbereichen befürworten sie offene Handelsgrenzen, in welchen den Schutz heimischer Produzenten? Sie ergänzen damit die institutionalistische Analyse insofern, als sie erklären, welche Handelspolitik die verhandlungsmächtigen Staaten verfolgen und durchsetzen und warum sich ihre politischen Ziele im Verlauf der Zeit verändert haben.

1. durch Charakteristika der Wirtschaftszweige

Im Allgemeinen gilt, dass kapitalintensive, hochqualifizierte, exportorientierte und multinational operierende Wirtschaftszweige eine Präferenz für Freihandel haben. Entsprechend suchen arbeitsintensive Industrien mit geringem Qualifikationsniveau, die sich unter Importdruck befinden, den Schutz des Staates. Je nachdem, welche Industrien in einem Staat dominieren – und das liegt nicht nur an ihrem Anteil an der volkswirtschaftlichen Wertschöpfung, sondern auch an ihrem institutionellen Zugang zur Regierung und an deren ideologischer Ausrichtung – wird die Regierung in internationalen Handelsrunden für oder gegen weitere Liberalisierung eintreten. Idealerweise wird die Regierung allerdings versuchen, eine selektive Liberalisierung zu erreichen – also die Handelsschranken für die exportstarken Sektoren zu senken und die wettbewerbsschwachen, unter Importdruck stehenden Sektoren vor weiterer Liberalisierung zu schützen. Der Erfolg des GATT beruhte demnach darauf, dass die mächtigen Industrieländer Verhandlungspakete schnürten, die eine gesellschaftliche Mehrheit für Liberalisierung schufen oder Zölle und Handelsbarrieren nur für ihre wettbewerbsfähigen Industriesektoren senkten, dafür aber nicht wettbewerbsfähige Sektoren wie die Textilindustrie und die Landwirtschaft verschonten.

2. durch wirtschaftliche Veränderungen und neue gesellschaftliche Interessen

Wirtschaftliche Veränderungen wie der Bedeutungszuwachs des Dienstleistungssektors oder von wissenschaftsintensiven Industrien führen demnach zu neuen handelspolitischen Zielen – wie der Senkung von Handelsschranken für Dienstleistungen im GATS und dem Schutz des geistigen Eigentums (vor allem von Patenten) bei den TRIPS. Schließlich zeigen sich neue gesellschaftliche Bewegungen und Ziele auch in der handelspolitischen Agenda der Regierungen. Ohne die Umweltschutzbewegungen und das gewachsene Umweltbewusstsein in den westlichen Industrieländern ist nicht zu erklären, warum diese dafür eintreten, den Schutz der Umwelt auch in der WTO zu verankern.

Entsprechend der liberalen Analyse könnten die Verhandlungsprobleme und -blockaden seit der Gründung der WTO also darauf zurückzuführen sein, dass zum einen die gesellschaftlichen Interessen der beteiligten Staaten heterogener geworden und schlechter miteinander vereinbar sind als früher und zum anderen neue Interessen ins Spiel gekommen sind, die das Schnüren von akzeptablen Verhandlungspaketen erschweren. In der Tat ist die WTO ins Visier von Umweltschutzorganisationen und Antiglobalisierungsbewegungen geraten, die erst seit der Gründung der WTO verstärkt auf den Plan getreten sind. Vor allem aber haben die neuen Themen, die durch gesellschaftliche und wirtschaftliche Veränderungen in den Industrieländern aufgekommen sind, die Differenzen zwischen Nord und Süd verstärkt und verhärtet. Umwelt-, Arbeits-, Patent- oder Investitionsschutz haben in den Entwicklungsländern keinen starken gesellschaftlichen Rückhalt, sondern werden als Bedrohung der eigenen Wohlfahrts- und Entwicklungschancen wahrgenommen.

Verhandlungsblockaden durch Interesseninkompatibilität

11.2.4. Netzwerke und Ideen: transnationalistische und konstruktivistische Ergänzungen

Institutionalistische und liberale Analysen erklären die Ergebnisse von Verhandlungen über Handelsregeln auf der Basis von gesellschaftlichen, vorwiegend ökonomischen Interessen. In einem ersten Schritt bestimmen die mächtigsten ökonomischen Akteure (aufgrund ihrer vorrangigen Bedeutung für die Volkswirtschaft oder ihres privilegierten Zugangs zur Regierung) die handelspolitischen Positionen der Regierung. In einem zweiten Schritt setzen die Regierungen mit der größten Marktmacht ihre Präferenzen in internationalen Verhandlungen durch. Wandel entsteht demnach zum einen durch die Veränderung der gesellschaftlichen Interessenkonfiguration in den marktmächtigsten Staaten, zum anderen durch Verschiebungen in der Marktmacht der Staaten.

Liberal-institutionalistische versus…

Demgegenüber zeigen transnationalistische und konstruktivistische Studien zum einen, dass die handelspolitischen Positionen der Regierungen nicht (nur) materiell bestimmt, sondern durch wirtschaftspolitische Ideen informiert sind, und zum anderen, dass transnationale Koalitionen Verhandlungsergebnisse hervorbringen können, die von dem abweichen, was aufgrund der Verhältnisse der Marktmacht zu erwarten gewesen wäre. Transnationale und konstruktivistische Faktoren können insofern zusammengenommen werden, als die handelspolitischen Ideen in der Regel von transnationalen Netzwerken propagiert werden und die transnationalen Koalitionen ihre mangelnde Verhandlungsmacht durch argumentative Macht wettzumachen versuchen.

…transnationalistisch-konstruktivistische Analyse von internationaler Handelspolitik

Wirtschaftspolitische Ideen: 1. Keynesianismus und Embedded Liberalism

Generell lässt sich aus konstruktivistischer Sicht zeigen, dass wirtschaftspolitische Ideen die Weltwirtschaftsordnung von Anfang prägten. Internationale Wirtschaftsregime reflektieren daher die jeweils anerkannten wirtschaftswissenschaftlichen und entwicklungstheoretischen Lehrmeinungen – und wandeln sich mit Veränderungen im dominanten theoretischen Diskurs. Das Bretton-Woods-System war demnach von der damals vorherrschenden keynesianischen Wirtschaftstheorie und ihren Vertretern beeinflusst, die als Berater mitgewirkt haben. Diese Theorie behauptet, dass der Staat zur Herstellung eines wirtschaftlichen Gleichgewichts mit konjunkturstützenden Maßnahmen (wie staatlichen Infrastrukturprojekten) in den Wirtschaftskreislauf intervenieren müsse. Entsprechend war auch die Weltwirtschaftsordnung der Nachkriegszeit keine radikalliberale Ordnung (wie die Weltwirtschaftsordnung des ausgehenden 19. und beginnenden 20. Jahrhunderts), sondern eine Ordnung des „eingebetteten Liberalismus“ (*embedded liberalism*): Sie sah Steuerungsleistungen von internationalen Organisationen vor (wie etwa kurzfristige Liquiditätsspritzen durch den IWF oder Entwicklungskredite durch die Weltbank) und erachtete nationale Schutzmaßnahmen bei wirtschaftlichen Ungleichgewichten als zulässig.

2. Neoliberalismus und Washington Consensus

Der bedeutende Liberalisierungsschub in der Weltwirtschaftsordnung, der auch das Handelsregime während der Uruguay-Runde erfasste, war demnach durch den wirtschaftstheoretischen Paradigmenwechsel vom Keynesianismus zum „Neoliberalismus“ geprägt, demzufolge der Staat nicht aktiv in den Wirtschaftskreislauf eingreifen dürfe, sondern nur für stabile und günstige makroökonomische Rahmenbedingungen zu sorgen habe. Im Bretton-Woods-System waren dies die Jahre des sog. *Washington Consensus*, eines neuen wirtschafts- und entwicklungspolitischen Paradigmas, mit dem die internationalen Wirtschaftsorganisationen (der IWF und die Weltbank sind in Washington beheimatet) die Konsequenzen aus der lateinamerikanischen Schuldenkrise der 1980er Jahre und dem Aufstieg der exportorientierten asiatischen Schwellenländer zogen, und das aus Politikempfehlungen wie Haushaltsdisziplin, Deregulierung und Privatisierung bestand. Zu diesen Empfehlungen gehörten auch Handelsliberalisierung, Investitionsförderung und die Sicherung von Eigentumsrechten – also zentrale Bausteine des neuen GATT.

3. Legitimitätskrise des Neoliberalismus

Am Ende der 1990er Jahre – unter anderem als Reaktion auf die Wirtschaftskrisen in Asien und Argentinien – ist der *Washington Consensus* selbst in die Kritik geraten und von den internationalen Wirtschaftsorganisationen modifiziert worden. Zahlreiche Regierungen in Lateinamerika wenden sich ebenso vehement dagegen wie die transnationale Antiglobalisierungsbewegung. Die aktuellen

Verhandlungsblockaden in der WTO wären demnach auch auf eine Legitimitätskrise der wirtschaftspolitischen Ideen zurückzuführen, die das neue GATT und die WTO geprägt haben.

GATS-Netzwerk

In einer Fallstudie zeigen William Drake und Kalypso Nicolaidis (1992), dass das GATS durch die Überzeugungsarbeit einer transnationalen epistemischen Gemeinschaft auf die Tagesordnung der Uruguay-Runde kam. Dieses Netzwerk, das im Kern aus Vertreterinnen von Regierungsbürokratien, internationalen Organisationen (wie der OECD) und Wirtschaftsunternehmen bestand, darüber hinaus aber auch Wissenschaftler, Anwälte und andere Fachleute umfasste, entwickelte die Vorstellung, dass der Handel mit Dienstleistungen nicht nur an volkswirtschaftlicher Bedeutung zunahm, sondern auch ähnliche Eigenschaften besaß wie der Güterhandel und ähnlichen nicht-tarifären Handelshemmnissen unterlag – und daher im Interesse der Wohlfahrt unter das Dach des GATT gebracht werden sollte und könnte. Dieses Netzwerk wurde zu einer Zeit aktiv, als die Regierungen sich noch unsicher waren, ob und in welcher Weise der Handel mit Dienstleistungen liberalisiert werden sollte und konnte überzeugen, weil es nicht nur aus Lobbyisten interessierter Unternehmen, sondern auch aus unabhängigen Fachleuten bestand.

Aids-Netzwerk

Drake und Nicolaidis behaupten allerdings, dass der Einfluss des GATS-Netzwerks vor allem in Phase des Agenda-Setting groß war, die intergouvernementalen Verhandlungen jedoch von der Verhandlungsmacht der Regierungen geprägt war. Demgegenüber zeigen John Odell und Susan Sell (2006) in einer Fallstudie, dass transnationale Netzwerke auch bei den Verhandlungen selbst argumentativen Einfluss haben können. Angesichts der in Asien und Afrika grassierenden AIDS-Epidemie standen sich in der WTO in der zweiten Hälfte der 1990er Jahre zwei Netzwerke gegenüber: auf der einen Seite eine Gruppe armer, von AIDS stark betroffener Staaten, die vor allem in der *African Group* organisiert waren, zusammen mit Schwellenländern (wie Ägypten, Brasilien und Indien), die eine aufstrebende Pharmaindustrie besaßen, sowie NGOs aus den entwickelten Ländern (wie *Oxfam* oder *Médecins sans Frontières*). Sie traten aus unterschiedlichen, gemeinwohl- und profitorienterten Motiven dafür ein, den im TRIPS vereinbarten Patentschutz möglichst locker auszulegen und die Produktion von billigen Aids-Generika (Nachahmepräparaten) zuzulassen. Auf der anderen Seite befanden sich die multinationalen pharmazeutischen Unternehmen mit den Regierungen ihrer Heimatländer (vor allem USA und Schweiz), die für einen möglichst weitgehenden Patentschutz für Medikamente eintraten. Wäre es allein nach der Marktmacht gegangen, hätte sich die

Koalition aus Multis und großen Industrieländern durchsetzen müssen. Stattdessen kam die 2001 in Doha verabschiedete Erklärung zum TRIPS-Abkommen und der öffentlichen Gesundheit den Forderungen des „Aids-Netzwerks" weit entgegen. Odell und Sell erklären dies durch ein öffentlichkeitswirksames *Framing* des Netzwerks. Gegen die von den Multis und den sie unterstützenden Regierungen vorgebrachte Berechtigung des Eigentumsschutzes konstruierte das Netzwerk das Problem als eines der öffentlichen Gesundheit, die den Profitinteressen der Pharma-Industrie vorgehe. Den NGOs aus den Industrieländern gelang es, dieses Argument in der Öffentlichkeit der Industrieländer angesichts schockierender Daten und Bilder über die Ausbreitung von Aids wirksam zu thematisieren und damit die Pharma-Industrie und die Regierungen in die Defensive zu bringen. Die Argumentationsmacht des Aids-Netzwerks schränkte also die überlegene Verhandlungsmacht der Pro-TRIPS-Koalition ein. Allerdings waren die Zugeständnisse der Industrieländer auch ein Mittel, um die Ablehnungsfront der Entwicklungsländer gegen die Doha-Runde zu sprengen – mit Erfolg.

Verhandlungsblockaden durch Stärkung der Entwicklungsländer-Netzwerke

Analysen der GATT-Verhandlungen zeigen, dass es den großen Industrieländern früher regelmäßig gelang, die zahlenmäßig große, aber heterogene Gruppe der Entwicklungsländer durch bilaterale Zugeständnisse zu spalten oder dank ihrer überlegenen wirtschaftlichen und rechtlichen Expertise zu übervorteilen. So konnten sie ihre überlegene Marktmacht trotz des formal geltenden Konsensprinzips ausspielen. Das ist offenbar in jüngerer Zeit schwieriger geworden. Zum einen erhalten die Entwicklungsländer Beratung und Unterstützung von internationalen NGOs. Zum anderen hat sich die Kooperation unter den Entwicklungsländern verstetigt und institutionalisiert. Bei der Konferenz von Cancun 2003 ließen sich die Koalitionen der Entwicklungsländer nicht auseinanderdividieren, sondern zogen es vor, die Konferenz ohne Ergebnis enden zu lassen.

Halten wir fest: Die aktuellen Verhandlungsprobleme auf dem Weg zur und während der Doha-Runde, die sich durch den Faktor Marktmacht nicht hinreichend erklären lassen, können auf verschärfte inhaltliche Konflikte zwischen Nord und Süd (liberale Erklärung), die Legitimationskrise des Neoliberalismus (konstruktivistische Erklärung) und eine bessere Vernetzung der Entwicklungsländer zurückführen (transnationalistische Erklärung). Einen Überblick über die alternativen Erklärungen der internationalen Handelspolitik gibt Tabelle 11.2.

	Liberalisierung	**Neues GATT/ WTO**	**Doha-Runde**
Realismus	Hegemoniale Stabilität (anfänglich)	---	---
Institutionalismus	Regimestabilität	Spillover Marktmacht	---
Transnationalismus	Liberalisierungsfreundliche epistemische Gemeinschaften		Stärkung der Entwicklungsländer-Netzwerke
Liberalismus	Dominanz kapitalintensiver, exportorientierter Wirtschaftszweige Schutz wettbewerbsschwacher Sektoren in den Industrieländern		Zunahme gesellschaftlicher Differenzen
Konstruktivismus	*embedded liberalism*	Neoliberalismus	Legitimationskrise des Neoliberalismus

Tab. 11.2: Internationale Handelspolitik: Erklärungskraft der Theorien

Weiterlesen

Daten und Fakten

Aktuelle Daten und Berichte zur internationalen Handelspolitik sind auf der Website der WTO zu finden (www.wto.org). Der Welthandelsbericht (*World Trade Report*) von 2007 befasst sich außerdem ausführlich mit der 60-jährigen Geschichte des GATT.

Überblicke

The World Trade Organization von Amrita Narlikar (2005) führt in die Geschichte des GATT, den Aufbau und die Verfahren der WTO sowie die aktuellen Verhandlungen ein. Ausführlicher und auch als liberal-institutionalistische Analyse lesbar ist *The Evolution of the Trade Regime* von John Barton et al. (2006).

Analysen

Dominance and Leadership in the International Economy von Charles Kindleberger (1981) präsentiert die Theorie der hegemonialen Stabilität. *International Regimes, Transactions, and Change* von John Ruggie (1983) analysiert den „eingebetteten Liberalismus“ der Weltwirtschaftsordnung. *Negotiating Trade* (hrsg. von John Odell, 2006) enthält Fallstudien über Verhandlungen im Rahmen des GATT und der WTO.

12 Internationale Menschenrechtskooperation: Globale und regionale Schutzregime

Die Menschenrechte sind ein neuer und in mancherlei Hinsicht ungewöhnlicher Gegenstand internationaler Kooperation. Aus traditioneller völkerrechtlicher Perspektive haben sie in der internationalen Politik nichts zu suchen, weil sie ausschließlich das Verhältnis des Staates zu seinen Bürgerinnen und Bürgern betreffen, damit der internen Souveränität des Staates unterliegen und ihre internationale Regulierung eine Einmischung in die inneren Angelegenheiten der Staaten darstellt. Umso bemerkenswerter ist es, dass die Menschenrechte nach 1945 erstmals in systematischer Weise zum Gegenstand globaler Regeln und Verfahren wurden und auch in den Regionen des internationalen Systems zu unterschiedlichen Zeiten und in unterschiedlichem Ausmaß Menschenrechtsregime entstanden. Die Erklärung der Entstehung internationaler Menschenrechtskooperation, ihrer Entwicklung und ihrer regionalen Unterschiede ist das Thema dieses Kapitels. Im ersten Teil des Kapitels wird beschrieben, wie sich der internationale Menschenrechtsschutz global im Rahmen der Vereinten Nationen und in den regionalen Menschenrechtsregimen entwickelt hat und welche Regeln und Verfahren es gibt (12.1). Im zweiten Teil werden die Erklärungen der IB-Theorien für die internationale Menschenrechtspolitik vorgestellt und überprüft (12.2).

12.1 Die Entwicklung des internationalen Menschenrechtsschutzes

12.1.1 Kodifizierung

Menschenrechte als innerstaatliche Angelegenheit

Die Menschenrechte – verstanden als vorstaatliche und die Staatsgewalt bindende Rechte des Individuums – sind eine westliche Idee. Am Ende des 18. Jahrhunderts wurden sie infolge der Amerikanischen und der Französischen Revolution erstmals zur normativen Grundlage staatlicher Herrschaftsordnungen erhoben. Die liberaldemokratischen Bewegungen und Revolutionen des 19. Jahrhunderts vergrößerten den Geltungsbereich der Menschenrechte im Westen. Es blieb jedoch eine souveräne Angelegenheit der einzelnen Staaten, ob und wie sie die Menschenrechte auf ihrem Gebiet gewährleisteten.

Vorläufer der internationalen Menschenrechtskooperation

Der Durchbruch zu einer internationalen Kodifizierung der allgemeinen Menschenrechte – im Sinne einer zwischenstaatlichen Regulierung der staatlichen Herrschaftsausübung – kam erst 1945. Ansätze zu einer Internationalisierung einzelner Rechte gab es bereits vorher: so die schrittweise internationale Ächtung der Sklaverei seit dem Wiener Kongress von 1815, das humanitäre Kriegsvölkerrecht seit der Genfer Konvention von 1864, der Schutz nationaler Minderheiten in Osteuropa durch den Völkerbund nach dem Ersten Weltkrieg oder die Pionierleistung der Internationalen Arbeitsorganisation (ILO) bei den Arbeits- und Sozialrechten. Diese sektoralen Ansätze wurden zum Teil nach 1945 fortgesetzt, wie im Fall der ILO, oder später wiederaufgegriffen: Das gilt für den Minderheitenschutz nach dem Ende des Ost-West-Konflikts. Eine Innovation der Zeit nach 1945 war hingegen die internationale Kodifizierung, Förderung und Überwachung der *allgemeinen* Menschenrechte. Um sie wird es in diesem Kapitel gehen.

Internationale Kodifizierung

Zu Beginn dieser Entwicklung wurde in der Charta der VN 1945 der „Glaube[n] an die Grundrechte des Menschen, an Würde und Wert der menschlichen Persönlichkeit" (Präambel) bekundet und „die allgemeine Achtung und Verwirklichung der Menschenrechte und Grundfreiheiten für alle" (Art. 55c) zum Ziel der Weltorganisation erhoben. In der „Allgemeinen Erklärung der Menschenrechte" der VN-Generalversammlung von 1948 wurden die Menschenrechte im Einzelnen kodifiziert. Obwohl die Allgemeine Erklärung nicht rechtsverbindlich war und von den Staaten auch nicht ratifiziert wurde, erwarb sie mit den Jahren völkergewohnheitsrechtlichen Status. Eine rechtliche Kodifizierung erfolgte erst 1966 mit den beiden internationalen Menschenrechtspakten über „bürgerliche und politische Rechte" und über „wirtschaftliche, soziale und kulturelle Rechte". Diese Pakte traten 1976 in Kraft und sind von 161 bzw. 158 Staaten (Stand: April 2008) ratifiziert worden. Eine sehr große Mehrheit der Staaten erkennt die Menschenrechte also inzwischen als rechtlich verbindliche internationale Normen an.

Textbox 12.1 Zeittafel Internationaler Menschenrechtsschutz

1948	Allgemeine Erklärung der Menschenrechte Amerikanische Erklärung der Menschenrechte und -pflichten Konvention über die Verhütung und Bestrafung des Völkermords
1950	Europäische Menschenrechtskonvention
1959	Europäischer Gerichtshof für Menschenrechte
1966	Internationale Menschenrechtspakte
1967	Resolution 1235 der VN-Generalversammlung

1969	Amerikanische Menschenrechtskonvention
1970	Resolution 1503 der VN-Generalversammlung
1979	Inter-Amerikanischer Gerichtshof für Menschenrechte
1981	Afrikanische Charta für Menschenrechte und die Rechte der Völker
1993	Internationales Kriegsverbrechertribunal für Jugoslawien
	Hoher Kommissar der Vereinten Nationen für Menschenrechte
1994	Internationales Kriegsverbrechertribunal für Ruanda
1998	Internationaler Strafgerichtshof
2004	Afrikanischer Gerichtshof für Menschenrechte und die Rechte der Völker
2006	Menschenrechtsrat der VN
2007	ASEAN-Charta mit Menschenrechtsbestimmungen

Regionale Kodifizierung: Westeuropa und Amerika,...

Auch auf regionaler Ebene ist eine – allerdings stark variierende – Kodifizierung der Menschenrechte zu beobachten. Die Vorreiter waren Westeuropa und Amerika. In Westeuropa wurde 1950 im Rahmen des Europarats die Europäische Menschenrechtskonvention (EMRK) verabschiedet; 1961 kam die Europäische Sozialcharta dazu. Abgesehen von Belarus haben alle europäischen Staaten (47) inzwischen die EMRK ratifiziert – und 39 die Sozialcharta. In Amerika kam es schon 1948 zu einer Deklaration der Menschenrechte, aber erst deutlich später als in Europa, nämlich 1969, zur Unterzeichnung der rechtlich verbindlichen Amerikanischen Menschenrechtskonvention. Sie erhielt 1988 ein Zusatzprotokoll über die wirtschaftlichen, sozialen und kulturellen Rechte. 24 der 35 Mitglieder der Organisation Amerikanischer Staaten (OAS) – also etwa zwei Drittel der Staaten der Region – haben die Konvention ratifiziert.

...Afrika und Asien

In anderen Weltregionen erfolgte eine Kodifizierung der Menschenrechte, wenn überhaupt, erst in jüngerer Zeit. In Afrika wurde 1981 die Afrikanische Charta der Menschenrechte und der Rechte der Völker (Banjul Charta) unterzeichnet. Fast alle Mitglieder der Afrikanischen Union haben die Charta in der Folgezeit ratifiziert. In Südostasien hatte zunächst nur die interparlamentarische Organisation der ASEAN (*Association of South East Asian Nations*), also nicht die Regierungen selbst, 1993 eine Menschenrechtserklärung verabschiedet. Erst im November 2007 kam es zur Unterzeichnung der ASEAN-Charta, die auch ein Bekenntnis zu den Menschenrechten enthält. In der islamischen Welt und im übrigen Asien existiert keine institutionalisierte regionale Menschenrechtskooperation. 1994 verabschiedete der Rat der Liga der arabischen Staaten zwar eine Arabische Charta der Menschenrechte, die aber mangels einer ausreichenden Zahl von Ratifikationen nicht in Kraft getreten ist.

Der international festgelegte Menschenrechtskatalog der VN, Europas und Amerikas ist weitgehend deckungsgleich. Er spiegelt in der Verbindung von individuellen Grundfreiheiten und demokratischen Bürgerrechten mit sozialen Grundrechten im Großen und Ganzen die Grundwerte des liberaldemokratischen Wohlfahrtsstaats der Nachkriegszeit wider – auch darin, dass die wohlfahrtsstaatlichen Rechte, wie das Recht auf Arbeit oder Wohnung, weniger verbindlich festgelegt sind und weniger streng überwacht werden als die bürgerlichen Freiheits- und politischen Teilhaberechte. Der Katalog der Rechte in den afrikanischen und asiatischen Dokumenten weicht davon in signifikanter Weise ab: Sie räumen den „Völkern“ bzw. der „Gemeinschaft“ eigene Rechte ein und regeln daneben auch die „Pflichten“ des Individuums gegenüber Staat und Gesellschaft. Außerdem legen sie Wert auf die kollektiven Menschenrechte der „dritten Generation“ wie das Recht auf Entwicklung. Damit soll den Besonderheiten der afrikanischen, asiatischen und islamischen Kultur Rechnung getragen werden.

Verschiedene Menschenrechtskataloge

12.1.2 Überwachung

Die Verfahren des internationalen Menschenrechtsschutzes lassen sich erstens danach unterscheiden, ob sie aufgrund von Berichten oder durch Beschwerden in Gang kommen; zweitens danach, ob Staatenvertreter, unabhängige Experten oder Richter über die Menschenrechtsverletzungen befinden; und drittens danach, ob das Verfahren mit der Dokumentation und Diskussion von Missständen endet oder mit rechtsverbindlichen Urteilen.

Berichtsverfahren

Das schwächste Verfahren ist das Berichtsverfahren. Im Rahmen der Internationalen Menschenrechtspakte der VN erlegt es den Staaten lediglich die Pflicht auf, regelmäßig Berichte über die Umsetzung der internationalen Menschenrechtsnormen zu verfassen und dem Menschenrechtsausschuss, bestehend aus 18 unabhängigen Experten, vorzulegen. Was in den Berichten steht, bestimmen die Staaten selbst. Auch die Europäische Sozialcharta sieht nur ein Berichtsverfahren vor.

Beschwerdeverfahren

Beschwerdeverfahren erlauben es dem Überwachungsorgan, aus aktuellem Anlass tätig zu werden. Verschiedene Menschenrechtsregime ermöglichen die Staatenbeschwerde, bei der Staaten vermutete Menschenrechtsverletzungen in anderen Staaten anzeigen können. Der Regelfall ist jedoch die Individualbeschwerde (einschließlich Beschwerden gesellschaftlicher Organisationen). Der aus Vertretern der Staaten zusammengesetzte Menschenrechtsrat der Vereinten Nationen (bis 2006 war es die Menschenrechtskommission) prüft Mitteilungen über „massive“ und „systematische“ Menschenrechtsverletzungen in jedem beliebigen Land. Dies kann öffentlich (1235-Verfahren) oder vertraulich erfolgen (1503-Verfahren). Mitteilungen dieser Art nimmt auch die Afrikanische Menschenrechtskommission entgegen. Im System der

EMRK können sich nur Individuen, die selbst von Menschenrechtsverletzungen betroffen zu sein glauben und den nationalen Instanzenweg bereits durchlaufen haben, an den Europäischen Gerichtshof für Menschenrechte wenden. Im interamerikanischen System ist die Interamerikanische Kommission für Menschenrechte verantwortlich. Wichtiger für die Wirksamkeit des internationalen Menschenrechtsschutzes ist allerdings, wie die Überwachungsorgane vorgehen, wenn sie einen Bericht oder eine Beschwerde erhalten haben.

Sanktionsmöglichkeiten: 1. Dokumentation

Die Staatenberichte werden von den zuständigen Organen geprüft, der für die Internationalen Pakte zuständige Menschenrechtsausschuss kann darüber hinaus kritische Rückfragen an die Staatenvertreter stellen. Mit den Beschwerdeverfahren sind weitergehende Befugnisse verknüpft. Die Vereinten Nationen können eigene Länderuntersuchungen in Auftrag geben. Falls Verletzungen der Menschenrechtsverletzungen festgestellt werden, enden die VN-Verfahren jedoch allenfalls damit, dass diese in einem Bericht an den Wirtschafts- und Sozialausschuss ECOSOC dokumentiert und somit öffentlich gemacht werden. Ähnlich arbeiten die Interamerikanische und die Afrikanische Menschenrechtskommission.

2. Verurteilung

Das Menschenrechtsschutzverfahren des Europarats ist das stärkste weltweit. Der Gerichtshof fällt ein rechtsgültiges Urteil, das den beklagten Staat gegebenenfalls zur Änderung seiner Menschenrechtspraxis und zur Entschädigung des Klägers verpflichtet. Einen Gerichtshof gibt es seit 1979 auch im amerikanischen System; Individuen können sich jedoch nicht direkt an ihn wenden, und er hat bisher nur vergleichsweise selten entschieden. Der Afrikanische Gerichtshof für Menschenrechte hat erst 2006 seine Arbeit aufgenommen.

Fortschreitende Institutionalisierung

In den 1990er Jahren hat die globale Institutionalisierung des Menschenrechtsschutzes neuen Aufschwung erhalten.

- Der Weltsicherheitsrat hat erstmals humanitäre Interventionen bei gravierenden Menschenrechtsverletzungen legitimiert (wie z. B. in Bosnien-Herzegowina).
- 1993 wurde das Amt eines Hochkommissars für Menschenrechte der Vereinten Nationen geschaffen, der zwar keine Sanktionsgewalt besitzt, aber eigene Untersuchungen vornehmen kann.
- 1993 und 1994 wurden internationale Tribunale zur Verurteilung der Verantwortlichen für die Völkermorde im ehemaligen Jugoslawien und in Ruanda eingerichtet.
- 1998 wurde das Statut des Internationalen Strafgerichtshofs verabschiedet, der die Arbeit der Tribunale verstetigt und bei Völkermord, Kriegsverbrechen und Verbrechen gegen die Menschlichkeit tätig wird. 105 Staaten haben die Kompetenz des Strafgerichtshofs bereits anerkannt (Stand: Oktober 2007).

- 2006 wurde die Menschenrechtskommission der VN, die wegen der politischen Instrumentalisierung von Menschenrechtsfragen kritisiert worden war, durch den Menschenrechtsrat ersetzt. Dessen Mitgliedschaft wurde auf Staaten beschränkt, die die Menschenrechte achten oder zumindest in Menschenrechtsfragen mit den VN zusammenarbeiten.

Verrechtlichung

Der internationale Menschenrechtsschutz weist einen deutlichen Trend zugunsten von Verrechtlichung auf. Zum einen zeigte sich bereits früh eine Entwicklung von allenfalls politisch bindenden Menschenrechtsdeklarationen (wie 1948 in den VN und in Amerika) zu rechtsverbindlichen Verträgen. Auch hat sich eine wachsende Zahl von Staaten diesen Verträgen angeschlossen. Zum anderen sind die Verfahren mit der Zulässigkeit individueller Beschwerden und mit der Verurteilung von Regierungen durch unabhängige Richter immer stärker von den Staaten unabhängig und Gerichtsverfahren ähnlicher geworden. Allerdings hat sich eine ausgeprägte regionale Differenzierung des internationalen Menschenrechtsschutzes erhalten, die in Tabelle 12.1 zusammenfassend dokumentiert ist.

	Normen	**Regelorgan**	**Thematisierung**	**Sanktionierung**
Vereinte Nationen	*Rechtlich verbindlich* (Allgemeine Erklärung 1948)	*Regierungen* (Menschenrechtskommission, jetzt: Menschenrechtsrat)	*Beschwerde* (Mitteilung)	*Dokumentation*
	(IPBPR 1966)	Expertenkommission (Menschenrechtsausschuss)	*Bericht* (Beschwerde fakultativ)	*Dokumentation*
	(IPWSKR 1966)	*Regierungen* (ECOSOC)	*Bericht*	*Dokumentation*
Europa	(EMRK 1950)	*Gerichtshof*	*Beschwerde* (Klage)	*Verurteilung*
	(ESC 1961)	*Expertenkommission*	*Bericht*	*Dokumentation*
Amerika	(AMRK 1969)	*Expertenkommission -> Gerichtshof*	*Beschwerde* (Mitteilung)	*Dokumentation*
Afrika	(Banjul-Charta 1981)	*Expertenkommission*	*Bericht*	*Vertrauliche Untersuchung*
Südostasien	*Deklaratorisch* (ASEAN-Charta 2007)	Geplant	Keine	Keine
Übriger Orient	Keine	Keine	Keine	Keine

Tab.12.1: Instrumente des internationalen Menschenrechtsschutzes

Aus dieser Beschreibung ergeben sich folgende zentrale Fragen:
1. Wie kam es dazu, dass der Schutz der Menschenrechte internationalisiert wurde? Und warum gerade nach 1945?
2. Warum und wie wurde der Menschenrechtsschutz zunehmend ausgebaut und verrechtlicht?
3. Warum unterscheidet sich der internationale Menschenrechtsschutz regional?
4. Unter welchen Bedingungen ist internationaler Menschenrechtsschutz wirksam?

12.2 Erklärungen des internationalen Menschenrechtsschutzes

Für die Erklärung des internationalen Menschenrechtsschutzes, seiner Verrechtlichung, regionalen Unterschiede und Wirksamkeit können wir auf die Hypothesen der IB-Theorien zur internationalen Kooperation zurückgreifen. Die Erwartungen, die sich daraus ergeben, sind in Tabelle 12.2 zusammengefasst.

<table>
<tr><th></th><th>Entstehung</th><th>Verrechtlichung</th><th>Regionale Unterschiede</th><th>Wirksamkeit</th></tr>
<tr><td>Realismus</td><td>Hegemonie</td><td>Stärkung hegemonialer Kontrolle</td><td>Machtstruktur</td><td>Hegemoniale Macht</td></tr>
<tr><td>Institutionalismus</td><td>Internationale Interdependenz</td><td>Wachsende Kontrollprobleme</td><td>Interdependenz</td><td>Stärke der Interdependenz und Institutionen</td></tr>
<tr><td>Transnationalismus</td><td>Transnationale, zivilgesellschaftliche Kampagne</td><td colspan="3">Einflussmöglichkeiten und Stärke transnationaler Netzwerke</td></tr>
<tr><td>Liberalismus</td><td>Liberale Staaten/ Stabilisierung junger Demokratien</td><td>Innerstaatliche Verrechtlichung / Instabilität junger Demokratien</td><td>Verbreitung liberaler Staaten; Ausmaß der Demokratisierung</td><td>Übereinstimmung mit staatlichen Zielen</td></tr>
<tr><td>Konstruktivismus</td><td>Gemeinsame Identität/Kultur</td><td>Stärkung gemeinsamer Identität/Kultur</td><td>Kulturelle Varianz</td><td>Legitimität</td></tr>
</table>

Tab. 12.2: Erklärungen des internationalen Menschenrechtsschutzes

12.2.1 Ein Rätsel für den Institutionalismus: Regime ohne Interdependenz

Für den Institutionalismus sind Art und Stärke der Interdependenz für internationale Kooperation und deren Institutionalisierung ausschlaggebend. Die Entstehung des internationalen Menschenrechtsschutzes müsste also Ausdruck gewachsener Interdependenz sein, und die Unterschiede in den regionalen Menschenrechtsregimen die Folge unterschiedlich stark ausgeprägter Interdependenz. Der Trend zur Verrechtlichung wiederum müsste eine Zunahme von Kooperationsproblemen widerspiegeln, die stärkere Kontroll- und Sanktionsmaßnahmen erfordern. Je stärker diese Maßnahmen (bei ansonsten ähnlich gelagerten Kooperationsproblemen) sind, desto wirksamer ist der internationale Menschenrechtsschutz.

Funktionale Kooperationslogik...

Die Menschenrechte sind aus dieser funktionalen Perspektive jedoch ein untypischer Gegenstand internationaler Kooperation. Üblicherweise streben Staaten dann Zusammenarbeit an, wenn es ihnen nicht (oder jedenfalls nicht optimal) möglich ist, wichtige eigennützige Ziele eigenständig zu erreichen, und sie schaffen kooperative Institutionen (Regime), wenn sie fürchten müssen, von ihren Kooperationspartnern betrogen und übervorteilt zu werden. Kooperation funktioniert dann, wenn die Vorteile aus dem Betrug durch Sanktionen in gleicher Münze (Reziprozität) zunichte gemacht werden können. Beim Welthandel (Kap. 11) waren diese Voraussetzungen offensichtlich: Handel steigert den Wohlstand der daran beteiligten Länder, doch bestehen Anreize, sich protektionistisch einseitige Vorteile zu verschaffen. Diese Vorteile verschwinden jedoch, wenn andere Staaten sich ebenfalls protektionistisch verhalten.

...bei Menschenrechten nur eingeschränkt gültig

Diese Kooperationslogik gilt für die Menschenrechte allerdings nicht oder nur eingeschränkt. Die Menschenrechte betreffen allein das Verhältnis zwischen einem Staat und den Menschen, die in seinem Herrschaftsgebiet leben. Sie verlangen, dass der Staat seine Herrschaft beschränkt und der rechtsstaatlichen und demokratischen Kontrolle unterwirft. Nehmen wir zunächst menschenrechtsfreundliche, liberale Staaten an. Ein Staat, der die Menschenrechte achten und verwirklichen will, muss sich nur selbst darauf verpflichten und die dafür notwendigen innerstaatlichen Regeln und Verfahren schaffen. Um auf dem eigenen Territorium Meinungsfreiheit zu gewähren, Demonstrationen zuzulassen oder die Unabhängigkeit der Gerichte zu respektieren, braucht er weder die Unterstützung anderer Staaten, noch spielt es eine Rolle, wie andere Staaten sich auf ihrem Territorium verhalten. Wenn ein autoritärer Staat Demonstrationen zerschlägt, beeinträchtigt das die Möglichkeit des liberalen Staates Demonstrationen zu genehmigen in keiner Weise. Regierungen, die in ihrem Staat die Menschenrechte gewährleisten wollen, brauchen also in der Regel keinen internationalen Menschenrechtsschutz. Warum also finden wir das früheste und am stärksten rechtsförmige regionale Menschenrechtsregime gerade in Westeuropa, wo die Menschenrechte ohnehin von den Regierungen anerkannt und durch innerstaatliche Institutionen wie Verfassungen und Verfassungsgerichte geschützt waren?

Fehlender Eigennutzen der Menschenrechtsförderer…

Es bringt diesen menschenrechtsfreundlichen Staaten auch keinen unmittelbaren eigenen Nutzen, sich für Menschenrechte in anderen Staaten einzusetzen, in denen sie verletzt werden. Wenn ein liberaler Staat die Menschenrechtssituation in einem autoritären Staat anprangert und die Opfer von Menschenrechtsverletzungen und die Menschenrechtsopposition dort unterstützt, so trägt er dafür die Kosten (und riskiert feindliche Reaktionen des autoritären Staates). Im Fall des Erfolgs haben den Nutzen aber die Menschen im autoritären Staat, die größere Freiheiten und mehr Rechte gewinnen. Weder die Regierung noch die Menschen des liberalen Staates gewinnen dadurch selbst an Freiheit und Rechten. Außerdem fehlen dem liberalen Staat Möglichkeiten zu reziprokem Verhalten, um Regelverletzungen durch den autoritären Staat zu sanktionieren. Wenn ein freihändlerischer Staat als Reaktion auf Importbeschränkungen durch einen protektionistischen Staat ebenfalls Importbeschränkungen verhängt, schadet das dem protektionistischen Staat. Wenn der liberale Staat jedoch als Reaktion auf Demonstrationsverbote im autoritären Staat ebenfalls Demonstrationen verbietet, so hat dieser davon keinen Schaden, sondern fühlt sich allenfalls in seinem Verhalten bestätigt.

…und der Menschenrechtsverletzer

Wenn menschenrechtsverletzende Staaten nicht durch reziprokes Verhalten der Menschenrechte gewährleistenden Staaten zur Anerkennung und Einhaltung internationaler Menschenrechtsnormen gebracht werden können, dann bleibt umso rätselhafter, warum sie internationale Menschenrechtskonventionen unterzeichnen und sich internationalen Verfahren des Menschenrechtsschutzes unterziehen sollten. Warum aber haben dann die internationalen Menschenrechtspakte nicht nur etwa 90 Unterzeichner – das wäre ungefähr die Zahl der liberalen Demokratien, die den Menschenrechten ohnehin innerstaatlich verpflichtet sind – sondern 160? Das sind sogar weit mehr als die etwa 120 elektoralen Demokratien, in denen immerhin wirksame Wahlen stattfinden, die aber gewöhnlich auch erhebliche Menschenrechtsdefizite aufweisen.

Wenn es also weder eine funktionale Notwendigkeit zur internationalen Kooperation noch wirksame internationale Reziprozität beim Menschenrechtsschutz gibt, dann steht die institutionalistische Theorie mit ihrer Erklärung von Kooperation durch problemspezifische Interdependenz vor einem grundlegenden Rätsel. Unter welchen Umständen wäre in dieser funktionalen internationalen Kooperationslogik dennoch internationaler Menschenrechtsschutz denkbar?

Ausnahmen: 1. Technische Unterstützung

Zum einen mag es durchaus eine funktionale Notwendigkeit geben: Nehmen wir an, ein Staat, der die Menschenrechte fördern und schützen will, besitzt nicht das notwendige Know-how dazu. Dann profitiert er von internationalen Organisationen oder von anderen menschenrechtsfreundlichen Staaten, die ihm Informationen über die besten Regeln und wirksamsten Instrumente geben und ihm bei der Errichtung innerstaatlicher Institutionen behilflich sein können. Solche Leistungen bietet zum Beispiel der Europarat auch durchaus an. Allerdings bleibt die Frage bestehen, warum andere Staaten diese Unterstützung finanzieren sollten. Vor allem aber bleibt rätselhaft, warum die internationalen Menschenrechtsregime dann nicht reine Informationsvermittlungsregime sind, sondern Berichte verlangen, Beschwerden entgegennehmen und Menschenrechtsverletzungen durch Veröffentlichung und Verurteilung sanktionieren.

2. Spezifische Reziprozität

Zum anderen ist durchaus internationale Reziprozität nach dem Motto „Wie du mir, so ich dir“ denkbar. Das gilt für spezielle Bereiche wie Minderheitenschutz oder auch in symmetrischen Systemkonflikten. Wenn Angehörige der Nation B als Minderheit in Staat A wohnen und solche der Nation A als Minderheit in Staat B, dann sind die Rechte dieser Gruppen für internationale Reziprozität geeignet. Gleiches gilt, wenn in einem internationalen Systemkonflikt Anhänger der Ideologie von A in B leben und umgekehrt. Dann kann A die Gewährung von Rechten für die Anhänger und Angehörigen von B davon abhängig machen, dass B diese Rechte ebenfalls gewährt, und die Verletzung von Rechten der eigenen Anhänger und der Angehörigen der eigenen Nation in B dadurch sanktionieren, dass er die Rechte für die Parteigänger und Landsleute von B ebenfalls beschränkt. Allerdings ist gerade der Schutz von nationalen Minderheiten (soweit er über das allgemeine Diskriminierungsverbot hinausgeht) international nur schwach institutionalisiert. Vor allem aber sind liberale Demokratien, wenn es um die Menschenrechte geht, aus innerstaatlichen Gründen kaum strategiefähig. Ihre Menschenrechtsgarantien sind nämlich von der Verfassung und durch Gerichte geschützt. Selbst wenn eine liberaldemokratische Regierung z. B. auf die Verfolgung von Demokraten in einem islamistischen Land durch die Verfolgung von islamischen Fundamentalisten im eigenen Land reagieren wollte, könnte sie es nur begrenzt – es sei denn diese Fundamentalisten würden sich durch die Planung oder Ausübung von Gewaltakten jenseits der Rechtsordnung bewegen.

Es bleibt also dabei, dass eine an egoistischen Kosten-Nutzen-Kalkülen, funktionalen Erfordernissen und internationaler Reziprozität orientierte Kooperationstheorie, wie sie der Institutionalismus vertritt, den internationalen Menschenrechtsschutz im Kern nicht erklären kann. Welche Erklärungsalternativen bieten die anderen Theorien?

12.2.2 Liberale Hegemonie: die realistische Erklärung

Der Realismus versucht das Rätsel des internationalen Menschenrechtsschutzes auf zwei Wegen zu lösen. Erstens gehe es gar nicht primär um Menschenrechte, sondern um Macht. Das erklärt, warum Staaten unter bestimmten Umständen durchaus an der Durchsetzung von Menschenrechten in anderen Staaten interessiert sein können. Zweitens tritt hegemonialer Zwang an die Stelle freiwilliger Kooperation durch Reziprozität.

Hegemoniales machtpolitisches Interesse...

Aus realistischer Perspektive geht es in der internationalen Menschenrechtspolitik nicht unmittelbar um die Menschenrechte; vielmehr werden sie für die internationale Machtkonkurrenz instrumentalisiert. Zu einer institutionalisierten internationalen Menschenrechtskooperation kommt es dann, wenn diese im machtpolitischen Interesse eines Hegemons ist. Das ist am ehesten von einem liberalen Hegemon zu erwarten. Durch internationalen Menschenrechtsschutz kann ein solcher Hegemon in seinem Einflussbereich liberale Regime fördern und durchsetzen. Im machtpolitischen Interesse des liberalen Hegemons ist das insofern, als er seine Interessen gegenüber anderen liberalen Staaten besser durchsetzen kann als gegenüber nicht-liberalen Staaten und weil liberale Staaten eher bereit sein dürften, seine Hegemonie zu akzeptieren.

...steht über Menschenrechtsschutz

Allerdings spielen Menschenrechte eine der Machtpolitik untergeordnete Rolle. Einerseits dienen sie den Staaten zur Kaschierung machtpolitischer Interessen und zur Legitimation, um – auch gewaltsam – gegen Konkurrenten vorzugehen oder unliebsame Regierungen zu stürzen. Andererseits verschonen Staaten menschenrechtsverletzende Regierungen von Vorwürfen der Menschenrechtsverletzung und Maßnahmen der Menschenrechtsdurchsetzung, wenn diese machtpolitisch nützlich, also z. B. mit ihnen verbündet sind. Auch ist der liberale Hegemon keineswegs gewillt, sich selbst der Kontrolle durch internationale Institutionen zu unterwerfen. Wenn er für Verrechtlichung eintritt, dann nur, wenn er diese zur Stabilisierung seiner Hegemonie einsetzen kann, selbst aber autonom bleibt. Regionale Unterschiede im Menschenrechtsschutz sind demnach durch regionale Machtstrukturen zu erklären. Je stärker liberale Hegemonie in einer Region ausgeprägt ist, desto stärker und wirksamer ist auch das regionale System des Menschenrechtsschutzes.

Empirische Übereinstimmungen: 1. Regimeentstehung

Die Entstehung des globalen Menschenrechtsschutzes 1945 stimmt mit den Annahmen des Realismus durchaus überein. Das Ende des Zweiten Weltkriegs markiert den Beginn der US-amerikanischen Hegemonie und den Beginn des Ost-West-Konflikts. Die internationale Institutionalisierung der Menschenrechte im Rahmen der von den USA gewünschten und vorangetriebenen Vereinten Nationen war aus dieser Perspektive also durchaus nützlich, um zum einen liberale Staaten daran zu hindern, sich von den Menschenrechten abzuwenden und sich damit dem westlichen Lager zu entfremden, und zum anderen die kommunistischen Staaten anzuprangern und ideologisch zu bekämpfen.

2. Instrumentalisierung

Mit der realistischen Perspektive stimmt auch überein, dass die USA mit dem internationalen Menschenrechtsschutz vielfach instrumentell umgegangen sind. Während des Ost-West-Konflikts haben die USA menschenrechtsverletzende Diktaturen unterstützt, sofern diese antikommunistisch orientiert waren. Das gilt für den Iran unter dem Schah ebenso wie für Chile unter General Pinochet (1973-1990) oder die Philippinen unter Ferdinand Marcos (1965-1986). Andererseits wurden linke Regierungen unabhängig von ihrer tatsächlichen Repressivität bekämpft. Das gilt wiederum für den Iran unter der Führung von Mohammed Mossadegh (vor dem royalistischen Putsch, der den Schah 1953 an die Macht brachte) und für Chile unter der Regierung Allende (1970-73).

3. selektive Unterwerfung

Außerdem haben die USA nur wenige internationale Menschenrechtsverträge ratifiziert und sich starken Kontrollverfahren stets verweigert. Den Internationalen Pakt über bürgerliche und politische Rechte haben sie erst 1992 ratifiziert, allerdings ohne die fakultative Individualbeschwerdemöglichkeit; dem Pakt über wirtschaftliche, soziale und kulturelle Rechte sind sie ganz ferngeblieben. Ebenso wenig haben sie die Amerikanische Menschenrechtskonvention oder das Statut des Internationalen Strafgerichtshofs ratifiziert.

Probleme realistischer Erklärungen: 1. Verrechtlichung

Die zunehmende Verrechtlichung des internationalen Menschenrechtsschutzes ist jedoch gleichzeitig ein Schwachpunkt der Hegemonietheorie. Diese Verrechtlichung ist nämlich keineswegs durch die USA vorangetrieben worden, sondern vielfach gegen ihren Widerstand erfolgt. Prominentestes Beispiel aus jüngerer Zeit ist die Haltung gegenüber dem Internationalen Strafgerichtshof. Die USA waren einer von nur sieben Staaten, die 1998 gegen das Statut stimmten, und sie haben seitdem starken Druck auf internationale Organisationen und andere Staaten ausgeübt, um zu verhindern, dass US-Bürger an den Gerichtshof ausgeliefert werden können. Nach den Anfängen in den vierziger Jahren des vorigen Jahrhunderts haben die USA im internationalen Menschenrechtsschutz eine passive und defensive Rolle eingenommen.

2. Regionale Differenzierung und Wirksamkeit

Auch die unterschiedliche Stärke und Wirksamkeit der regionalen Menschenrechtsregime variiert nicht mit den regionalen Machtstrukturen oder dem Einfluss der USA. Das europäische Regime hat sich ohne hegemoniale Sanktionen der USA und trotz einer relativ diffusen regionalen Machtstruktur früh als stärkstes und wirksamstes regionales Regime entwickelt. Mit dem Faktor Machtstruktur lässt sich also allenfalls die Entstehung des globalen Menschenrechtsregimes erklären. Für die Verrechtlichung, regionale Differenzierung und Wirksamkeit müssen wir auf andere Faktoren zurückgreifen.

12.2.3 Externalisierung und internationale Absicherung: die liberale Erklärung

Schaffung eines friedlichen und kooperationsförderlichen internationalen Umfelds

Der liberalen Theorie gemäß liegt der Schlüssel zur Lösung des institutionalistischen Rätsels in den staatlich-gesellschaftlichen Strukturen. Liberaldemokratische Staaten haben zum einen ein Interesse an der internationalen Förderung der Menschenrechte, weil dies ein mit ihren innerstaatlichen Normen kompatibles internationales Umfeld schafft. Entsprechend der Theorie des demokratischen Friedens dient die Verbreitung der Menschenrechte vor allem dazu, die internationale Unsicherheit einzudämmen. Darüber hinaus ist ein Umfeld von Staaten, die die individuellen Rechte achten, den grenzüberschreitenden gesellschaftlichen Aktivitäten liberaler Staaten generell zuträglich – nicht zuletzt für die Sicherung von Eigentums- und Freizügigkeitsrechten beim wirtschaftlichen Austausch.

Absicherung junger Demokratien

Zum anderen haben gerade junge, noch instabile Demokratien ein unmittelbares Interesse an der internationalen Menschenrechtskooperation (Moravcsik 2000). Die demokratischen Regierungen dieser Staaten haben kein Vertrauen in die Stärke der innerstaatlichen demokratischen Institutionen und fürchten, dass antidemokratische Kräfte an die Macht gelangen und die liberale Demokratie unterminieren oder abschaffen könnten. Hier dienen internationale Menschenrechtsregime – vor allem solche „mit Biss", also starken Kontroll- und Sanktionsmechanismen – als Stabilitätsanker für die Demokratie. Sie sichern auch die Herrschaft der demokratischen Kräfte ab, weshalb diese ein durchaus egoistisches Interesse an der Beschränkung der staatlichen Souveränität durch internationale Menschenrechtskooperation haben. Wenn z. B. nationale Gerichte antidemokratische oder illiberale Urteile fällen, können diese von internationalen Menschenrechtsgerichtshöfen korrigiert werden, und wenn antidemokratische oder illiberale politische Kräfte an die Macht kommen, können diese durch die Drohung mit internationalen Sanktionen auf einem demokratischen Kurs gehalten werden.

Zielkompatibilität als Kooperationsvoraussetzung

Entsprechend der liberalen Theorie ist internationale Kooperation jedoch nur dort zu erwarten, wo sie gemeinsamen oder kompatiblen Zielen der beteiligten Staaten entspricht. Typischerweise sind es liberale Staaten, zu deren Grundnormen die Achtung der Menschenrechte gehört, die eine internationale Kodifizierung und Überwachung der Menschenrechte vereinbaren, während Staaten, die die Menschenrechte im Inneren nicht achten, auch kein Interesse daran haben, dass diese durch internationalen Menschenrechtsschutz von außen gestärkt werden. Je mehr liberale Staaten es in einer Region gibt, desto ausgeprägter und wirksamer dürfte demnach dort auch der internationale Menschenrechtsschutz sein. Entsprechend der Erwartung, dass gerade junge Demokratien ein Interesse haben, den internationalen Menschenrechtsschutz voranzubringen, sollten wir außerdem die Entstehung und Verrechtlichung von internationalen Menschenrechtsregimen vor allem am Beginn von Demokratisierungswellen und in den Regionen beobachten, in denen solche Demokratisierungswellen stattfinden. Und diese Prozesse sollten insbesondere durch junge und nicht durch etablierte Demokratien vorangetrieben werden.

Empirische Übereinstimmungen

Damit lassen sich die Fragen, die bei der realistischen Erklärung internationaler Menschenrechtskooperation offen geblieben sind, weitgehend beantworten. Betrachten wir dazu die „Weltkarte der Freiheit", wie sie von Freedom House für das Jahr 2008 erhoben wurde (Abb. 12.1). Hier sieht man in mittelgrau die „freien Länder", in denen die Menschenrechte weitestgehend geschützt sind. In dunkelgrau erscheinen die „unfreien Länder", in denen es massive und systematische Menschenrechtsverletzungen gibt. Die hellen Stellen der Karte markieren die „teilweise freien Länder", die zwischen diesen beiden Gruppen angesiedelt sind.

1. Regionale Differenzierung

Entsprechend den Erwartungen der liberalen Theorie korrespondiert die regionale Differenzierung der Menschenrechtsregime mit der regionalen Verteilung von politischen und Bürgerrechten. In Europa, wo wir die meisten „freien Länder" finden, existiert auch das stärkste Menschenrechtsregime; gefolgt wird Europa in beiden Punkten von Amerika. In Afrika und Südostasien, wo es eine Gemengelage von freien, teilweise freien und unfreien Ländern gibt, treffen wir schwache Menschenrechtsregime an. Dies lässt sich so interpretieren, dass die freieren Länder hier zwar dafür sorgen können, dass Institutionen des internationalen Menschenrechtsschutzes etabliert werden, die weniger freien Länder hingegen verhindern, dass diese Institutionen ihre Souveränität wirksam einschränken. Die gleiche Verbindung zwischen heterogenen innerstaatlichen Strukturen und Praktiken und schwach wirksamen Menschenrechtsinstitutionen existiert übrigens auf der globalen Ebene. Im Vorderen Orient schließlich überwiegen die „unfreien Länder" eindeutig; entsprechend finden wir hier keine regionalen Menschenrechtsregime.

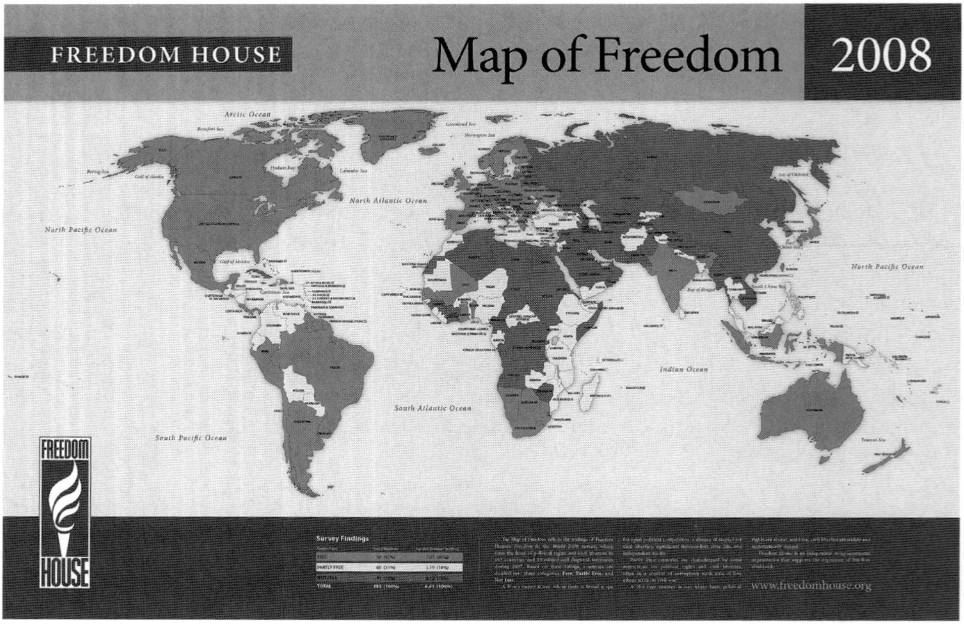

Abb. 12.1: „Weltkarte der Freiheit"
Quelle: http://www.freedomhouse.org/uploads/maps/fiw_current.pdf

2. Zeitliche Übereinstimmung mit Demokratisierungswellen

Auch die zeitliche Übereinstimmung von regionalen Demokratisierungswellen und der Etablierung von Menschenrechtsregimen ist weitgehend zu beobachten. Das westeuropäische Menschenrechtsregime entstand im Gefolge der „zweiten Welle" nach 1945; es erweiterte sich in der ersten Hälfte der 1990er Jahre um die ost- und mitteleuropäischen Staaten der dritten Demokratisierungswelle. Das amerikanische Menschenrechtsregime wurde im Gefolge der Demokratisierungswelle der späten 1970er Jahre institutionell stark aufgewertet.

3. Passivität etablierter Demokratien

Schließlich erklärt die liberale Theorie auch die bereits erwähnte Unwilligkeit der USA, sich selbst einer internationalen Kontrolle der Menschenrechte zu unterwerfen. Für etablierte Demokratien, deren

Eliten keine Bedrohung ihres Herrschaftssystems sehen, besteht kein Eigeninteresse an internationalem Menschenrechtsschutz; es dominiert vielmehr die Sorge vor einem Verlust nationaler, demokratischer Autonomie. Gerade weil es sich um Rechtsstaaten handelt, deren unabhängige Gerichte auch internationale Menschenrechtsnormen anwenden, müssen sie – im Gegensatz zu autokratischen Staaten – damit rechnen, tatsächlich für ihr Verhalten zu Verantwortung gezogen zu werden. So lässt sich auch erklären, dass Großbritannien, eines der wenigen europäischen Länder, dessen Demokratie in der ersten Hälfte des 20. Jahrhunderts intakt geblieben war, nicht zu den Vorreitern des europäischen Menschenrechtsregimes gehörte, sondern anfänglich sicherzustellen versuchte, dass dieses Regime ohne Auswirkungen auf die britische Politik bleiben würde (Moravcsik 2000).

Probleme liberaler Erklärungen

Die liberale Kooperationstheorie ist also geeignet, die regionalen Unterschiede in der Entstehung, Verrechtlichung und Wirksamkeit internationaler Menschenrechtsregime zu erklären. Für zwei Entwicklungen im internationalen Menschenrechtsschutz hat jedoch auch die liberale Theorie keine einleuchtende Erklärung: Zum einen stellt sich die Frage, warum auch nicht-liberale, menschenrechtsverletzende Regierungen sich den globalen und regionalen Menschenrechtsregimen angeschlossen haben. Auch wenn sie – in Übereinstimmung mit liberalen Erwartungen – verhindern, dass diese Regime ihre interne Souveränität einschränken, und sich nicht an die Regimeregeln halten, bleibt bemerkenswert, dass sie überhaupt ihre Unterschrift unter die Menschenrechtsdokumente setzen. Zum anderen bleibt offen, wie es dazu kommen konnte, dass sowohl das globale Regime als auch die fortgeschritteneren regionalen Regime immer weiter verrechtlicht wurden. Diese Entwicklung war weitgehend unabhängig von Demokratisierungswellen (siehe die Fortschritte im globalen Regime in den 1960er und 1970er Jahren) und ergriff auch die konsolidierten Demokratien, die eigentlich kein Interesse daran haben sollten, ihre Autonomie weiter einzuschränken. Kann der Konstruktivismus diese Erklärungslücke schließen?

12.2.4 Internationale Kultur und Legitimität: die konstruktivistische Erklärung

Alle bisherigen Erklärungen gingen davon aus, dass der internationale Menschenrechtsschutz auf staatliche Eigeninteressen zurückzuführen sein muss. Aus konstruktivistischer Perspektive hingegen spiegeln Menschenrechtsregime eine internationale Kultur wieder, in der Menschenrechte eine hohe Legitimität genießen und ein wichtiger Bestandteil der Identität einer internationalen Gemeinschaft sind.

Lernen aus historischer Erfahrung

Der Zeitpunkt der Internationalisierung der Menschenrechte hängt in erster Linie mit der historischen Erfahrung des Nationalsozialismus und dem Sieg der antifaschistischen Koalition im Zweiten Weltkrieg zusammen. Der Nationalsozialismus war mit dem ideologischen Ziel angetreten, das Jahr 1789 – und damit die liberalen Prinzipien der Französischen Revolution – aus der Geschichte zu streichen (so Joseph Goebbels). Die nationalsozialistische Herrschaftspraxis, angefangen von der Unterdrückung der individuellen Freiheiten und politischen Mitbestimmungsrechte bis hin zur Vernichtung des europäischen Judentums und anderen rassistisch motivierten Massenmorden, war eine Verletzung der Menschenrechte in einer Größenordnung, wie sie die Welt seit dem Aufkommen der modernen Menschenrechtsidee nicht gesehen hatte. Dem stellten die Gegner Deutschlands im Zweiten Weltkrieg die „Vier Freiheiten" – Rede- und Meinungsfreiheit, Glaubensfreiheit, Freiheit von Not und Furcht – entgegen, die US-Präsident Roosevelt im Januar 1941 formuliert hatte und die im August des gleichen Jahres mit der Atlantik-Charta zur (auch von der UdSSR formal anerkannten) ideologischen Grundlage der Anti-Hitler-Koalition wurden. Durch deren Sieg setzte sich das liberale westliche Weltordnungskonzept durch – und mit ihm die Überzeugung, dass Förderung und Schutz der Menschenrechte fortan eine Aufgabe der Staatengemeinschaft sein müssten.

Hohe internationale Legitimität von Menschenrechtsnormen

Dass die liberaldemokratischen Staaten diese internationalen Normen anerkennen und vertreten würden, ist aus konstruktivistischer Sicht selbstverständlich. Schließlich sind sie für ihre Identität von zentraler Bedeutung. Für die Relevanz der Menschenrechte als Normen der Nachkriegs-Staatengemeinschaft spricht aber vor allem, dass auch alle anderen Staaten verpflichtet sind, die Menschenrechte anzuerkennen. Sobald die Förderung der Menschenrechte einmal als Aufgabe der Vereinten Nationen festgeschrieben war, musste jeder Staat, um international anerkannt zu sein und Mitglied der Weltorganisation zu werden, seinerseits die Menschenrechte prinzipiell anerkennen. Dass die Allgemeine Erklärung der Menschenrechte außerdem den Status des Völkergewohnheitsrechts besitzt, bedeutet, dass Staaten auch ohne ausdrückliche Zustimmung an die Menschenrechte gebunden sind. Wer sich angesichts der hohen Legitimität dieser Normen offen und prinzipiell gegen die Menschenrechte ausspricht, stellt sich gegen den Kern der Staatengemeinschaft. Diese Legitimität schuf auch die Grundlage dafür, dass der internationale Menschenrechtsschutz immer stärker verrechtlicht werden konnte.

Regionale Menschenrechte reflektieren regionale Identität

Entsprechend spiegelt der regionale Menschenrechtsschutz wider, wie bedeutend die Menschenrechte für die regionale Identität sind. In Europa, dessen internationale Organisationen auf einer liberaldemokratischen Kultur basieren, ist die Achtung der Menschenrechte daher von besonders hoher Bedeutung. Von europäischen Staaten wird erwartet, dass sie sich dem starken Menschenrechtsschutz des Europarats vollständig unterwerfen. Staaten, die sich dem verweigern, gehören nicht zur Gemeinschaft und haben keine Chance, Mitglieder von EU oder NATO zu werden. In Regionen, in denen die Menschenrechte für die regionale Identität von geringerer Bedeutung sind, besteht keine Verbindung dieser Art zwischen Menschenrechtskooperation und Mitgliedschaft in der regionalen Staatengemeinschaft. Außerdem werden die besonderen Normen und Regeln der afrikanischen und asiatischen Menschenrechtsdokumente als Ausdruck einer nicht-westlichen regionalen Kultur legitimiert.

Damit erklärt der Konstruktivismus, warum auch Staaten, die kein eigenes Interesse an den Menschenrechten und ihrer internationalen Durchsetzung haben, aber nach internationaler Anerkennung streben, den internationalen Menschenrechtsnormen zumindest verbal und auf dem Papier Tribut zollen. Um ihre internationale Legitimität zu erhöhen, schließen sie sich Menschenrechtserklärungen an und unterzeichnen auch rechtlich bindende Menschenrechtskonventionen. Sie sind allerdings nicht bereit, sich einer wirksamen internationalen Überwachung ihrer Herrschaftsausübung und deren Vereinbarkeit mit den Menschenrechtsnormen unterzuordnen.

Geringe Sozialisationswirkung

Daraus ergibt sich die Diskrepanz zwischen der breiten und weithin anerkannten Kodifizierung der Menschenrechte und den bruchstückhaften und weithin zahnlosen Verfahren der Menschenrechtsdurchsetzung, die den internationalen Menschenrechtsschutz auszeichnet. Die vom Konstruktivismus hervorgehobene Logik der Angemessenheit greift also nur teilweise. Die internationale Sozialisation durch internationale Menschenrechtsinstitutionen ist allenfalls eine oberflächliche.

12.2.5 Menschenrechtsnetzwerke: die transnationalistische Erklärung

Rolle von NGOs und Netzwerken:

In der transnationalistischen Erklärung verlagert sich das Augenmerk von den Regierungen und ihren Interessen und Aktivitäten auf das Handeln transnationaler Menschenrechtsnetzwerke. Es sind solche Netzwerke, die aus nationalen und transnationalen NGOs, Rechtsexperten, internationalen Organisationen und ihren Unterstützern in den staatlichen Bürokratien bestehen, die Menschenrechtsprobleme auf die internationale Tagesordnung bringen und transnationale Kampagnen zur Kodifizierung, Verrechtlichung und Durchsetzung der Menschenrechte durchführen. Das institutionalistische Rätsel internationaler Kooperation löst sich aus transnationalistischer Perspektive dadurch auf, dass eben nicht die Staaten und Regierungen mit ihren egoistischen Herrschafts- und Autonomieinteressen, sondern transnationale advokatorische und normbasierte Netzwerke mit ideellen Interessen die treibenden Akteure des internationalen Menschenrechtsschutzes sind.

Nach der bisherigen Analyse leidet der internationale Menschenrechtsschutz auf der einen Seite unter nicht-liberalen Staaten, die zwar der internationalen Legitimität der Menschenrechte formelle Reverenz erweisen, in der Praxis aber ihre Verpflichtungen zu umgehen versuchen und auf der anderen Seite unter liberalen Staaten, die zwar in der Praxis die Menschenrechte weitgehend gewährleisten, aber (abgesehen von den instabilen Anfangsjahren der Demokratisierung) keinen Nutzen aus der internationalen Menschenrechtskooperation ziehen. Aus transnationalistischer Perspektive sind in dieser zwischenstaatlichen Konstellation die transnationalen Menschenrechtsnetzwerke die einzigen Akteure, die sich konsistent und konsequent für die Entwicklung und Verbesserung eines wirksamen internationalen Menschenrechtsschutzes einsetzen.

Etablierung, Verschärfung und...

Schon die Entstehung des globalen Menschenrechtsregimes ist demnach nicht ohne die Aktivitäten von Nichtregierungsorganisationen zu erklären. Obwohl die internationalen Menschenrechtsdokumente durch Regierungsvertreter ausgehandelt werden, gehen sie in der Regel auf die Initiative von NGOs und individuellen Aktivisten zurück, die durch beharrliche Lobby- und Überzeugungsarbeit die Regierungen nicht nur dazu bringen, überhaupt aktiv zu werden, sondern ihnen auch oft Entwürfe für Erklärungen und Konventionen liefern. Darüber hinaus ist die zunehmende Verrechtlichung der Menschenrechtsregime auf die Aktivitäten des transnationalen Menschenrechtsnetzwerks zurückzuführen. NGOs und Menschenrechtsexperten nutzen bestehende Institutionen und Verfahren so intensiv wie möglich und versuchen, sie auch ohne formelle Vertragsveränderungen zu erweitern und zu verschärfen. Sie haben auch immer neue, speziellere und konkretere Tatbestände des Verstoßes gegen die Menschenrechte auf die Tagesordnung gesetzt und für deren Kodifizierung Unterstützung mobilisiert: wie z. B. Frauenrechte, Kinderrechte und das Folterverbot.

...Einhaltung von Menschenrechtsnormen

Transnationale Menschenrechtsnetzwerke helfen schließlich dabei, den internationalen Menschenrechtsnormen stärkere Geltung zu verschaffen, als das in einer rein zwischenstaatlichen Interaktion der

Fall wäre. Sie sorgen zum einen dafür, dass Menschenrechtsverletzungen publik werden und auf die Tagesordnung internationaler Organisationen und staatlicher Außenministerien gelangen. Zum anderen üben sie Druck aus, damit Regierungen und internationale Organisationen sich auch wirksam für die Einhaltung der Menschenrechte in anderen Staaten einsetzen.

Bumerang-Effekt

Wenn Regierungen Menschenrechtsverletzungen begehen, dann thematisieren zunächst nationale NGOs diese Verstöße und versuchen direkt bei den Regierungen Abhilfe zu schaffen. Weigern sich die Regierungen, so sorgen die nationalen NGOs (oder Vertreter internationaler NGOs, die sich im betreffenden Land befinden) dafür, dass diese Information in das transnationale Menschenrechtsnetzwerk eingespeist wird (vgl. Kap. 5.3). Dies bringt die Verletzung den internationalen Organisationen und den Staaten zur Kenntnis – vor allem den demokratischen Staaten, die aufgrund ihres Selbstverständnisses Menschenrechtsverletzungen nicht einfach ignorieren können. Auch informieren sie die Medien. Auf diesem Wege versucht das Netzwerk öffentlichen moralischen Druck auf die Regierungen und ihre internationalen Organisationen aufzubauen, so dass diese sich offiziell mit den Menschenrechtsverletzungen befassen müssen. Vor allem bei systematischen und gravierenden Menschenverletzungen, die starke öffentliche Aufmerksamkeit erzeugen, fühlen sich die demokratischen Regierungen und die mit dem Menschenrechtsschutz beauftragten Organisationen gezwungen zu reagieren und die ihnen zur Verfügung stehenden Verfahren und Mittel auszuschöpfen, um den Menschenrechtsverletzungen Einhalt zu gebieten – von einer internationalen Verurteilung des regelverletzenden Staates über wirtschaftliche Sanktionen bis hin zu humanitären Interventionen. Dies ist der sogenannte „Bumerang-Effekt": Wenn eine Regierung innerstaatlich nicht dazu gebracht werden kann, Menschenrechtsverletzungen abzustellen, dann sorgt das transnationale Menschenrechtsnetzwerk dafür, dass die Angelegenheit internationalisiert wird („der Bumerang fliegt") und internationaler Druck gegen die Regierung ausgeübt wird („der Bumerang trifft"). Ist der Druck stark genug, macht die menschenrechtsverletzende Regierung zumindest taktische Konzessionen und erkennt die Geltung der Menschenrechte öffentlich an (Risse/Sikkink 1999).

Antwort auf institutionalistische Erklärungslücke

In der transnationalistischen Analyse haben die Akteure des Menschenrechtsnetzwerks als einzige Akteure ein genuines, nicht-instrumentelles Interesse an der Etablierung, Verschärfung und Einhaltung internationaler Menschenrechtsnormen. Indem sie Menschenrechtsverletzungen öffentlich thematisieren und skandalisieren und im Rahmen der Regime des internationalen Menschenrechtsschutzes

Verfahren gegen den menschenrechtsverletzenden Staat anstrengen, schaffen sie einen Ersatz für die mangelnde internationale Interdependenz der Menschenrechtsprobleme. Darüber hinaus erhöhen sie durch die Anprangerung von Menschenrechtsverletzungen, aber auch durch Anprangerung von internationaler Untätigkeit die Kosten für die Regierungen. Bei den untätigen Regierungen sind es vor allem Legitimitätskosten, die diese dadurch senken können, dass sie sich von menschenrechtsverletzenden Regierungen distanzieren und Sanktionen gegen sie verhängen. Bei den menschenrechtsverletzenden Regierungen sind es nicht nur die Legitimitätskosten, die durch Anprangerung und Ausgrenzung entstehen, sondern im Extremfall auch ökonomische Kosten durch Wirtschaftssanktionen und der Zwang humanitärer Interventionen. In der Tat haben Studien festgestellt, dass zivilgesellschaftliche Netzwerke – gemessen an der Zahl von NGOs, in denen Bürgerinnen eines Staates engagiert sind – einen positiven Einfluss auf die Menschenrechtssituation in einem Land haben (vgl. z. B. Neumayer 2005). Der Transnationalismus füllt daher die „Interdependenz-" und „Kosten-Nutzen-Lücke" der internationalen Menschenrechtskooperation, die die institutionalistische Analyse aufgeworfen hatte.

Fassen wir zusammen: Der internationale Menschenrechtsschutz ist ein eigentümliches Feld zwischenstaatlicher Kooperation und Institutionen, weil ihm keine zwischenstaatliche Interdependenz zugrunde liegt. Deshalb hat der Institutionalismus große Schwierigkeiten, überhaupt die Existenz internationaler Menschenrechtsschutzregime zu erklären. Der Realismus führt die Entstehung des allgemeinen internationalen Menschenrechtsschutzes nach 1945 auf die liberale US-Hegemonie zurück, scheitert aber an der Erklärung der Verrechtlichung der regionalen Unterschiede. Der Liberalismus erklärt die Existenz von Menschenrechtsregimen mit dem Interesse von liberalen Staaten an der Schaffung eines friedlichen Umfeldes und der internationalen Stabilisierung labiler Demokratien; die regionalen Unterschiede spiegeln demnach die regionale Verteilung liberaldemokratischer Staaten wider. Dafür, dass die internationalen Menschenrechtsregime sich zunehmend verrechtlicht haben und über den Kreis der liberalen Staaten weit hinaus Mitglieder gefunden haben, bleibt er jedoch eine Erklärung schuldig.

Der Konstruktivismus, der den internationalen Menschenrechtsschutz auf kollektive Lernprozesse aus den Erfahrungen von Völkermord und Krieg zurückführt und regionale Unterschiede unterschiedlichen regionalen Gemeinschaften und Kulturen zuschreibt, erklärt dies durch den Legitimationsdruck der Menschenrechte als etablierter kultureller Standard der Staatengemeinschaft, dem sich auch nicht-liberale Staaten nicht entziehen können. Diese hohe Legitimität war auch der Nährboden für die zunehmende Verrechtlichung des internationalen Menschenrechtsschutzes. Der Transnationalismus weist vor allem darauf hin, dass nicht die Regierungen die treibende Kraft hinter der Entstehung und Entwicklung des internationalen Menschenrechtsschutzes waren, sondern transnationale Menschenrechtsnetzwerke. Sie formulierten und propagierten die normativen Konsequenzen aus den Erfahrungen des Zweiten Weltkriegs und setzten sich für deren institutionelle Verankerung in internationalen Organisationen und Regimen ein; und sie nutzten die Legitimität der Menschenrechte, um deren Verrechtlichung und wirksame Umsetzung voranzubringen. Die transnationalistische Erklärung ergänzt damit die konstruktivistische um eine spezifische Akteursperspektive.

	Entstehung	*Regionale Unterschiede*	*Wachsende Anerkennung*	*Zunehmende Verrechtlichung*
Institutionalismus	---	---	---	---
Realismus	Liberale US-Hegemonie	---	---	---
Liberalismus	Stabilisierung von Frieden und Demokratie	Regionale Verteilung liberaler Staaten	(Verbreitung von Demokratie)	---
Konstruktivismus	Kollektive Lernprozesse aus Zweitem Weltkrieg und Völkermord	Regionale Kulturen und Gemeinschaften	Internationale Legitimität	
Transnationalismus	Menschenrechtsnetzwerk als treibende Kraft			

Tab. 12.3: Internationaler Menschenrechtsschutz: Erklärungskraft der Theorien

Weiterlesen

Daten und Fakten

Quantifizierte Daten zur Menschenrechtssituation in allen Ländern der Welt seit 1972 liefert *Freedom House* (www.freedomhouse.org). *Amnesty International* (www.amnesty.org) und *Human Rights Watch* (www.hrw.org) veröffentlichen jährliche Berichte.

Überblicke

Der Handbuchartikel *International Human Rights* von Hans Peter Schmitz und Kathryn Sikkink (2002) bietet einen Überblick über die internationale Menschenrechtskooperation und ihre theoretische Erklärung. Matthias Koenig (*Menschenrechte*, 2005) führt außer in die internationale Menschenrechtspolitik auch in die Geschichte und Begründung der Menschenrechtsidee ein. Das vorliegende Kapitel beruht in Teilen auf *Die Internationalisierung der Menschenrechte* (Schimmelfennig 1996).

Analysen

The Origins of Human Rights Regimes von Andrew Moravcsik bietet eine liberale Analyse der internationalen Menschenrechtskooperation. Thomas Risse und Kathryn Sikkink (*The Socialization of International Human Rights Norms into Domestic Practices*, 1999) kombinieren eine konstruktivistische mit einer transnationalistischen Analyse der Wirkungen internationaler Menschenrechtskooperation. Martha Finnemore und Kathryn Sikkink (*International Norm Dynamics and Political Change*, 1998) entwickeln ein allgemeines Modell zur Erklärung der Entwicklung internationaler normativer Regime.

13. Europäische Integration: Währungsunion und Osterweiterung

Die europäische Integration ist eine besondere Entwicklung in der internationalen Politik der vergangenen 50 Jahre. Mit ihr stoßen wir in den Grenzbereich von zwischenstaatlicher und innerstaatlicher Politik vor. In keiner anderen internationalen Organisation ist die Überwindung der internationalen Anarchie weiter fortgeschritten: in vielen Politikbereichen haben die Mitgliedstaaten ihre souveränen Kompetenzen an supranationale Organe delegiert oder üben sie zumindest gemeinsam statt autonom aus. Das gilt vor allem für den Binnenmarkt, die Handelspolitik und die Währungspolitik. Nach den Grundsätzen der Direktwirkung und des Vorrangs des europäischen Rechts gelten europäische Regeln in den Mitgliedstaaten auch dann, wenn sie nicht ausdrücklich in nationales Recht überführt worden sind, und brechen ihnen entgegenstehende nationale Regeln. Die supranationalen Organe der EU – Kommission, Parlament und Gerichtshof – besitzen vertraglich garantierte, von den Regierungen der Mitgliedstaaten unabhängige Kompetenzen im europäischen Gesetzgebungsprozess sowie bei der Umsetzung und Durchsetzung europäischer Regeln.

Andererseits fehlen der Europäischen Union typische Attribute eines Staates. Die EU besitzt kein Gewaltmonopol – weder nach innen durch eine europäische Polizei noch nach außen durch eine europäische Armee. Sie besitzt keine Steuerhoheit und auch sonst kaum eigenständige Einnahmen. Ihre „Verfassung" beruht im Wesentlichen auf internationalen Verträgen, deren Veränderung stets von allen Mitgliedstaaten vereinbart und ratifiziert werden muss: ein einheitlicher europäischer Volkssouverän existiert nicht. Diese Sonderstellung macht die europäische Integration zu einem faszinierenden Studienobjekt der Internationalen Beziehungen.

Dabei stehen die großen konstitutionellen Veränderungen und Entwicklungsschritte der europäischen Integration im Mittelpunkt des Interesses. Warum integrieren Staaten ihre Politik in zahlreichen Politikbereichen? Warum übertragen sie Kompetenzen auf die EU und ihre Organe? Warum hat die Gemeinschaft sich von ursprünglich sechs auf inzwischen 27 Staaten erweitert? Stellvertretend für diese Fragen behandelt Kapitel 13 mit der Europäischen Währungsunion (EWU) und der Osterweiterung der EU die beiden wichtigsten Integrationsentwicklungen der 1990er Jahre (vgl. die Zeittafel in Textbox 13.1). Zunächst aber werden der Begriff der Integration und die

Angebote der Theorien internationaler Politik für die europäische Integration vorgestellt (Kap. 13.1).

13.1 Integration und Integrationstheorie

13.1.1 Definition und Dimensionen der Integration

Politische Integration ist ein Prozess, in dem politische Kompetenzen von der nationalstaatlichen auf die internationale Ebene übertragen und damit der exklusiven Souveränität des Staates entzogen werden.

Internationale Integration unterscheidet sich von der internationalen Kooperation dadurch, dass bei der Kooperation die Souveränität der Staaten unangetastet bleibt. Kooperation ist dezentral, freiwillig und schränkt die Kompetenzen der Staaten formell nicht ein. Integration erfolgt zunächst ebenfalls freiwillig durch zwischenstaatlichen Vertragsschluss, zentralisiert und beschränkt aber die formellen Kompetenzen der Staaten. Sie unterliegen damit (teilweise) einer für sie bindenden, übergeordneten Rechtsordnung.

Integration wird hier als institutionell, graduell und ergebnisoffen verstanden. Sie bezieht sich allein auf institutionelle politische Regeln – und nicht etwa auf die wirtschaftliche Verflechtung oder die Herausbildung einer europäischen Identität: dies können wichtige Erklärungsfaktoren der Integration sein, sind aber nicht Bestandteil der Definition. Diese Definition geht auch nicht von der föderalistischen Vorstellung eines europäischen Bundesstaates durch einen einmaligen politischen Gründungsakt aus, ja lässt sogar völlig offen, ob es jemals zu diesem Ergebnis kommen wird.

Textbox 13.1 Zeittafel europäische Integration (vor allem Währungsunion und Erweiterung)

1951	Europäische Gemeinschaft für Kohle und Stahl (EGKS) mit Belgien, BRD Frankreich, Italien, Luxemburg, Niederlande
1957	Römische Verträge: Europäische Wirtschaftsgemeinschaft und Euratom
1970	Werner-Plan für eine Währungsunion
1972	Europäische Währungsschlange
1973	Erste Erweiterung: Dänemark, Großbritannien, Irland
1979	Europäisches Währungssystem Erste Direktwahl zum Europäischen Parlament
1981	Beitritt Griechenlands

1986	Einheitliche Europäische Akte (Vollendung des Binnenmarkts) Beitritt Portugals und Spaniens
1991	Vertrag von Maastricht (Wirtschafts- und Währungsunion, Gemeinsame Außen- und Sicherheitspolitik, innen- und rechtspolitische Zusammenarbeit) Erste Assoziationsverträge mit osteuropäischen Staaten („Europa-Abkommen")
1993	Grundsatzbeschluss zu Osterweiterung und Beitrittskriterien („Kopenhagener Kriterien")
1995	Beitritt von Finnland, Österreich, Schweden (EFTA-Erweiterung) Inkrafttreten des Schengener Abkommens zum Personenverkehr
1997	Vertrag von Amsterdam Stabilitäts- und Wachstumspakt zur Währungsunion
1999	Einführung des Euro (ohne Dänemark, Großbritannien, Schweden) Europäische Sicherheits- und Verteidigungspolitik (ESVP)
2000	Vertrag von Nizza Europäische Grundrechte-Charta
2002	Einführung des Euro als Bargeld
2004	Beitritt von zehn neuen Mitgliedstaaten (Estland, Lettland, Litauen, Malta, Polen, Slowakei, Slowenien, Tschechische Republik, Ungarn, Zypern) Verfassungsvertrag unterzeichnet
2005	Verfassungsvertrag durch Referendum in Frankreich und den Niederlanden abgelehnt Beitrittsverhandlungen mit Kroatien und der Türkei
2007	Beitritt Bulgariens und Rumäniens Einführung des Euro in Slowenien als 13. Euro-Land Erweiterung des Schengen-Raumes (Estland, Lettland, Litauen, Malta, Polen, Slowakei, Slowenien, Tschechische Republik, Ungarn) Vertrag von Lissabon
2008	Einführung des Euro in Malta und Zypern

Dimensionen der Integration: 1. sektoral

Weiterhin können wir eine sektorale, eine vertikale und eine horizontale Dimension der politischen Integration unterscheiden. Die sektorale Dimension betrifft die integrierten Politikbereiche oder Sektoren. Ein Zuwachs an sektoraler Integration bedeutet, dass mindestens ein neuer Politikbereich durch die EU reguliert wird. Solche sektoralen Integrationsprozesse waren in jüngerer Vergangenheit z.B. in der Verteidigungspolitik oder der Zuwanderungs- und Asylpolitik zu beobachten. Die zentrale Untersuchungsfrage bei der sektoralen Integration lautet: Warum wird ein Politikbereich auf EU-Ebene neu reguliert (und der exklusiven Zuständigkeit und autonomen Entscheidung des Nationalstaates entzogen)? Sekundär stellen Integrationstheorien die Frage, wie die substantiellen EU-Regeln in diesem Politikbereich zu erklären sind. Mit anderen Worten: Erklärungsgegenstand ist die *sektorale Ausdehnung* der EU und ihre *substantielle Regulierung*.

2. vertikal

Die vertikale Dimension betrifft die Verteilung von Kompetenzen unter den EU-Institutionen in den integrierten Politikbereichen. Durch die sektorale Integration wird ein Politikbereich der autonomen Regulierung der Staaten entzogen und zum Gegenstand institutionalisierter Kooperation im Rahmen der EU. Dabei ist jedoch noch nichts über die Form der Regulierung ausgesagt. Es kann sich zunächst um rein intergouvernementale Koordination oder Kooperation handeln. Vertikale Integration (oft auch als „Vertiefung" der EU bezeichnet) besteht bereits, wenn in einem Politikbereich kollektive Entscheidungen nicht mehr einstimmig, sondern mit Mehrheit getroffen werden – dadurch geben die Mitgliedsregierungen ihre individuelle Verhinderungs- oder Veto-Macht auf. Darüber hinaus findet vertikale Integration statt, wenn die Mitgliedsregierungen gemeinsam ausgeübte Kompetenzen an andere EU-Institutionen delegieren oder diese mit ihnen teilen. In vielen Politikbereichen hat beispielsweise die Kommission die Aufgabe, die Regeleinhaltung zu überwachen; der Gerichtshof kann Regelverletzungen feststellen und sanktionieren; das Parlament teilt mit dem Rat die gesetzgeberische Kompetenz. Generell gilt aber, dass die Kompetenzverteilung sektoral verschieden ist. Vertikal gering integrierten Bereichen (z.B. Außen- und Sicherheitspolitik) stehen stark integrierte Bereiche (vor allem der Binnenmarkt) gegenüber. Die zentralen Untersuchungsfragen lauten hier also: Warum beschränken, übertragen oder teilen die Mitgliedsregierungen ihre Kompetenzen und warum tun sie dies je nach Politikfeld in unterschiedlicher Weise? Erklärungsgegenstand ist somit die (sektoral verschiedene) *institutionelle Vertiefung* der EU.

3. horizontal

Die horizontale Dimension betrifft die territoriale Geltung der EU-Regeln in den integrierten Politikbereichen. Durch horizontale Integration gelangen neue Territorien in den Geltungsbereich der EU-Regeln und den Kompetenzbereich der EU-Institutionen. Das bedeutsamste Ereignis horizontaler Integration ist die Erweiterung der EU um neue Mitgliedstaaten; horizontale Integration findet aber auch unterhalb dieses Niveaus statt – etwa im Rahmen der Assoziations- oder Handelsabkommen, die die EU mit zahlreichen Ländern abgeschlossen hat. Selbst unter den Mitgliedern ist die horizontale Integration nicht homogen. Die Währungsunion gilt nicht in allen Mitgliedstaaten (z.B. nicht in Großbritannien) und während einige Mitgliedsregierungen (wie wiederum die britische) das Schengener Abkommen über Personenkontrollen an den Binnengrenzen nicht unterzeichnet haben, sind einige Nicht-Mitglieder (wie Norwegen oder die Schweiz) Mitglieder von „Schengen". Die zentralen Untersuchungsfragen sind hier: Warum dehnt die EU ihre Mitgliedschaft (und ihre Regeln im weiteren Sinne) auf einige neue Staaten aus (aber nicht auf andere), und warum wollen externe Staaten (aber nicht alle) Mitglieder oder Teil des EU-Regulierungsraums werden? Kurz gesagt: Erklärungsgegenstand der horizontalen Dimension ist die *institutionelle Erweiterung* der EU. Die Dimensionen der Integration sind in Tabelle 13.1 noch einmal zusammengefasst.

	Sektoral	**Vertikal**	**Horizontal**
Gegenstand	Politikbereich	Kompetenzverteilung	Territorium
Integrations-zuwachs	Integration neuer Politikbereiche („Ausdehnung")	Abgabe nationalstaatlicher Kompetenzen („Vertiefung")	Vergrößerung des territorialen Geltungsbereiches („Erweiterung")

Tab. 13.1: Dimensionen der politischen Integration

Integrationstheorien Intergouvernementalismus vs. Supranationalismus

Die Integrationstheorien erklären die politische Integration, die institutionelle Dynamik der EU, in ihrer sektoralen, vertikalen und horizontalen Dimension. Sie formulieren Aussagen darüber, wie und unter welchen Bedingungen es zu einem Integrationswachstum kommt. Die Theorien der europäischen Integration haben sich zwar stets aus allgemeinen Theorien der internationalen Politik entwickelt, liegen aber teilweise quer zu den in Teil II vorgestellten Theorien. Die zentrale Differenz ist die zwischen dem Intergouvernementalismus, der eine realistische und eine liberal-institutionalistische Variante besitzt, und dem Supranationalismus, der sich traditionell aus dem Transnationalismus speist, neuerdings aber auch eine konstruktivistische Variante aufweist.

Die wichtigste Unterscheidung zwischen Intergouvernementalismus und Supranationalismus besteht in der Frage, ob der Integrationsprozess ein eigendynamischer, transformativer Prozess ist oder nicht. Der Intergouvernementalismus verneint diese Frage: Der Integrationsprozess der EU war und bleibt unter der Kontrolle der Regierungen, die ihn hervorgebracht und nach ihren Interessen gesteuert haben. Der Supranationalismus bejaht sie: Die von den Regierungen geschaffenen Institutionen lösen eine eigendynamische Entwicklung aus, die der Kontrolle der Staaten entgleitet und diese selbst transformiert.

13.1.2 Intergouvernementalismus

Realistischer Intergouvernementalismus

Der Intergouvernementalismus entstand in den 1960er Jahren (vgl. Hoffmann 1966; 1982) und orientierte sich zunächst stark an realistischen Annahmen. Die zentralen Thesen lauteten: Die Mitgliedstaaten sind und bleiben die dominanten Akteure im Integrationsprozesses; sie gestalten ihn nach ihren nationalen Zielen und Interessen. Das nationalstaatliche Interesse an Selbstbestimmung, die Beharrungskraft nationalstaatlicher Bürokratien, die Diversität der nationalen Situationen und Interessen sowie externe Akteure und Einflüsse (wie die USA, die Sowjetunion oder die NATO) setzen der Integration Grenzen. Integration unterminiert den Nationalstaat nicht, sondern stärkt ihn im Wiederaufbau nach dem Zweiten Weltkrieg, im globalen Wettbewerb und gegenüber gesellschaftlichem Druck. Die Integration bleibt weitgehend auf den Wirtschaftsbereich beschränkt; staatliche Kernfunktionen (wie Außen- und Sicherheitspolitik) bleiben ausgeklammert. Die supranationalen Organisationen der EU sind schwach und bleiben im Wesentlichen Instrumente der Mitgliedstaaten. Europäische Integration muss daher ausgehend von den Präferenzen und Ressourcen der Staaten sowie ihren Verhandlungen untereinander analysiert werden.

Liberaler Intergouvernementalismus

In den 1990er Jahren legte Andrew Moravcsik (1993; 1998) mit dem „Liberalen Intergouvernementalismus" (LI) eine Neuformulierung vor, die zwar die Grundannahmen des realistischen Intergouvernementalismus (RI) teilte, aber stärker auf institutionalistische und liberale Theoriebausteine zurückgriff. Er kombinierte eine liberale Theorie der innenpolitischen Präferenzbildung und Zwei-Ebenen-Verhandlungen mit einer institutionalistischen Theorie der zwischenstaatlichen Kooperation.

Moravcsiks Intergouvernementalismus zeichnet sich durch eine liberale Theorie der Bildung außenpolitischer Präferenzen aus (vgl. Kap. 6.2): Regierungspräferenzen in der europäischen Integration spiegeln also das sektor- oder problemspezifische Kräfteverhältnis gesellschaftlicher Interessengruppen (vermittelt durch politische Institutionen) wider. In der Agrarpolitik reflektieren sie z.B. die Kosten-Nutzen-Kalküle und Kräfteverhältnisse landwirtschaftlicher Produzenten und Konsumenten, in der Energiepolitik die Präferenzen der dominanten energiewirtschaftlichen Interessengruppen. Da die EU eine vornehmlich ökonomische Organisation ist, sind auch die Integrationspräferenzen der Regierungen vornehmlich von ökonomischen Gruppen und deren Interessen bestimmt. Während das generelle Interesse an europäischer Integration sich aus dem Druck zur wohlfahrtsmaximierenden Kooperation in einer expandierenden Weltwirtschaft ergibt, resultieren die spezifischen staatlichen Präferenzen aus einem gesellschaftlichen Interessenkonflikt, in dem sektorale Interessen und Anpassungskosten die zentrale Rolle spielen und sich in erster Linie die wirtschaftlichen Präferenzen mächtiger Produzentengruppen durchsetzen. Folglich betreiben Regierungen

Integrationspolitik als ein Mittel, um den heimischen Produzenten wirtschaftliche Vorteile zu sichern. Darin unterscheidet sich der LI vom Realismus, der annimmt, dass Regierungen zum einen in der Lage sind, ihre außenpolitischen Präferenzen unabhängig vom Druck gesellschaftlicher Interessen zu formulieren und zu verfolgen, und zum anderen sektorübergreifende außenpolitische Ziele besitzen: die Maximierung von Autonomie, Sicherheit oder Einfluss. „Geopolitische" Ziele überlagern nach Auffassung des RI die ökonomischen.

Zwischenstaatliche Integrationsverhandlungen

Integrationsverhandlungen sind für den Intergouvernementalismus im Wesentlichen zwischenstaatliche Verhandlungen. In ihnen ist das Verteilungsproblem das gravierendste Kooperationsproblem und die Verhandlungsmacht der Staaten der einflussreichste Faktor. Die Brisanz des Verteilungsproblems ergibt sich für den LI daraus, dass Staaten die Interessen mächtiger heimischer Produzenten vertreten. Sie zeigt sich in harten Verhandlungen,

> in denen glaubwürdige Drohungen, ein Veto einzulegen, finanzielle Ausgleichszahlungen zu verweigern und alternative Bündnisse unter Ausschluss widerspenstiger Regierungen einzugehen, den Ausschlag gaben. Die Ergebnisse spiegelten die relative Macht der Staaten wider – genauer gesagt, Muster asymmetrischer Interdependenz. Diejenigen, die am meisten von der Integration profitierten, mussten die größten Kompromisse eingehen, um sie zu verwirklichen, während diejenigen, die am wenigsten profitierten oder die höchsten Anpassungskosten hatten, Bedingungen durchsetzten. (Moravcsik 1998: 3, Übersetzung FS)

Geben aus liberaler und institutionalistischer Sicht die politikfeldspezifischen Machtressourcen und Interdependenzen den Ausschlag, sind aus realistischer Sicht die allgemeinen Machtressourcen für die Verhandlungsmacht entscheidend. Generell geht der Intergouvernementalismus aber davon aus, dass sich die großen Mitgliedstaaten, vor allem Deutschland, Frankreich und Großbritannien, in der europäischen Politik regelmäßig durchsetzen werden und dass Durchbrüche bei der Integration von einer Interessenübereinstimmung oder einem Interessenausgleich der Großen abhängen.

Institutionelles Design: Autonomiegewinn und Handlungsspielraum...

Auch das institutionelle Design der EU wird von den Regierungen bestimmt. Hier stellt sich für den Intergouvernementalismus die Frage, warum Regierungen, die die Kontrolle über den Integrationsprozess behalten wollen, überhaupt bereit sind, Souveränität abzugeben. Für den realistischen Intergouvernementalismus sind Autonomie und Einfluss zentrale Interessen der Staaten. Bei der Wahl von EU-Institutionen werden sie also vornehmlich darauf achten, Kontroll- und Einflussverluste zu vermeiden – und

Kompetenzen nur insoweit formell übertragen, wie sie sich davon einen Netto-Autonomiegewinn versprechen. In diese Richtung geht zum einen die *Voice opportunity*-These von Joseph Grieco, nach der schwache Staaten besonders integrationswillig sind, weil sie sich davon einen verstärkten Einfluss auf die Politik stärkerer Staaten erwarten als außerhalb des Rahmens der Integration (1996). Zum anderen ist die These der „Neuen Staatsräson" (Wolf 2000) zu nennen: Regierungen gehen internationale Bindungen ein und nehmen damit externe Autonomieverluste in Kauf, weil und insofern sich dadurch ihr interner Handlungsspielraum gegenüber gesellschaftlichen Interessen und innerstaatlichen Institutionen vergrößert.

...vs. Einhaltung der Verhandlungsergebnisse

Für den LI hingegen sind Regierungsautonomie und -einfluss keine relevanten Faktoren der institutionellen Wahl. Im Zentrum steht der Beitrag, den internationale Institutionen leisten können, um die Einhaltung der Verhandlungsergebnisse durch alle Mitgliedstaaten zu gewährleisten. Indem sie Kompetenzen an EU-Organe delegieren, entziehen die Regierungen die Verhandlungsergebnisse dem Einfluss der Innenpolitik, also unzufriedener Interessengruppen oder anderer Parteien im Fall eines Regierungswechsels. Sie entziehen sie auch einer rein intergouvernementalen Überwachung und Kontrolle, die sich als zu schwach erweisen könnte – gerade, wenn mächtige Mitgliedstaaten die Regelverletzer sind. Das Ausmaß des Souveränitätsverzichts verhält sich dabei proportional zum Wert der Vereinbarung und zum Risiko der Regelverletzung. Je höher die Gewinne aus der Kooperation für eine Regierung sind – und je höher das Risiko der Regelverletzung durch andere Regierungen ist – desto größer ist ihre Bereitschaft, Kompetenzen auf die EU-Organe zu übertragen.

Fassen wir die Grundannahmen des Intergouvernementalismus noch einmal zusammen: Staaten (Regierungen) sind die relevanten Akteure, die den Prozess der politischen Integration auf der Basis nationaler, vorrangig materieller Präferenzen zweckrational initiieren, steuern und kontrollieren. Ausmaß, Form und Inhalt politischer Integration werden zwischenstaatlich ausgehandelt und entsprechen der Präferenz- und Machtkonstellation der beteiligten Regierungen. Die zentralen Integrationsbedingungen des Intergouvernementalismus sind in Tabelle 13.2 zusammengefasst.

	Horizontale Integration/	**Sektorale und vertikale Integration**	**Substanzielle Regulierung (Verteilung der Integrationsgewinne)**
	Steigerung des Nutzens der Mitgliedsregierungen und Erweiterungskandidaten	Steigerung des Nutzens der Mitgliedsregierungen	Verhandlungsmacht der Regierungen
RI	*abhängig von* allgemeinen Sicherheits- und Machtinteressen der Regierungen: Autonomie- und Einflussgewinnen		...allgemeinen staatlichen Machtressourcen
LI	...problemspezifischen Wohlfahrtsinteressen dominanter gesellschaftlicher Interessengruppen: Effizienzgewinnen		...Distanz des Idealpunkts vom Status quo; Größe des gesellschaftlichen Winsets

Tab. 13.2: Integrationsbedingungen des Intergouvernementalismus

Integrationsnutzen

Demnach hängt Integration generell vom Nutzen der beteiligten Staaten ab und die Verteilung der Integrationsgewinne von der Verhandlungsmacht der Regierungen.

- Für den RI gilt, dass der Integrationsnutzen sich aus den allgemeinen Sicherheits- und Machtinteressen der Regierungen ergibt. Es kommt zu Integration, wenn die Regierungen durch Integration Autonomie- und Einflussgewinne erzielen können. Je größer die allgemeinen Machtressourcen eines Staates sind, desto größer sind seine Verhandlungsmacht, sein Einfluss auf die substanziellen Regeln und die Form der Integration und sein Anteil an den Integrationsgewinnen.
- Für den LI gilt hingegen, dass der Integrationsnutzen sich aus den problemspezifischen Wohlfahrtsinteressen der dominanten gesellschaftlichen Interessengruppen ergibt. Es kommt zu Integration, wenn die Regierungen durch Integration Effizienzgewinne bei der Realisierung dieser Interessen erzielen können. Je geringer die Intensität der problemspezifischen gesellschaftlichen Präferenzen ist, je näher also der Idealpunkt der Regierung am Status quo ist und je kleiner ihr gesellschaftliches Winset ist, desto größer sind ihre Verhandlungsmacht, ihr Einfluss auf die substanziellen Regeln und die Form der Integration und ihr Anteil an den Integrationsgewinnen.

13.1.3 Supranationalismus

In den 1950er und 1960er Jahren war der Neofunktionalismus der wichtigste Gegenentwurf zum vorherrschenden Realismus; der Konstruktivismus wurde erst am Ende der 1990er Jahre von den IB in die Europaforschung „importiert". Gemeinsam ist ihnen die Auffassung eines eigendynamischen und transformativen Integrationsprozesses. Danach mag die europäische Integration anfänglich durchaus das Ergebnis zwischenstaatlicher Verhandlungen gewesen sein und die zwischenstaatliche Präferenz- und Machtkonstellation reflektiert haben (so Pierson 1998). Im Verlauf der Zeit verselbstständigte sich der Integrationsprozess jedoch in einer Weise, die von den Regierungen so weder gewollt war, noch von ihnen ohne hohe Verluste rückgängig gemacht werden konnte. Der kausale Mechanismus, den der Neofunktionalismus dafür anführte (Haas 1968: 283-317), ist der „Spillover". Gegenwärtig schreibt der „rationalistische Supranationalismus" die Eigendynamik der Verselbstständigung von transnational-supranationalen Netzwerken zu, die sich im Zuge der europäischen Integration herausbilden (vgl. Stone Sweet/Sandholtz 1997); der „konstruktivistische Supranationalismus" sieht vor allem Prozesse der internationalen Sozialisation am Werk (Christiansen et al. 2000). Während der Intergouvernementalismus also Anleihen bei Realismus, Institutionalismus und Liberalismus macht, greift der Supranationalismus auf den Transnationalismus und den Konstruktivismus zurück. Die für den Supranationalismus typischen Spillover-Prozesse lassen sich in funktionalen, politischen und institutionellen Spillover unterteilen.

Spillover-Prozesse: 1. funktional

Wie bereits in Kapitel 11.2.2 beschrieben, führt der funktionale Spillover zur Nachfrage nach weiteren Integrationsschritten, wenn (a) die Gewinne aus der Integration eines Sektors suboptimal bleiben, sofern nicht auch der Nachbarsektor integriert wird; (b) die Integration eines Sektors negative Auswirkungen auf andere Sektoren hat. Zur Vertiefung kommt es, wenn das bestehende Integrationsniveau in einem Sektor nicht ausreicht, um eine effektive und effiziente Kooperation zu erreichen. Ähnlich funktioniert laut Haas auch der „geographische Spillover" als Auslöser von Erweiterung (Haas 1968: 313-315). Demnach geraten auch Regierungen, die der EU zunächst nicht beitreten wollten, aufgrund der negativen Externalitäten der Integration (z.B. der Umlenkung von Handels- oder Investitionsströmen) unter Druck, ihre Entscheidung zu revidieren. Anders gesagt: Die Nebeneffekte sektoraler Integrationsschritte führen dazu, dass Regierungen neue, ursprünglich nicht geplante Integrationsschritte vereinbaren.

2. politisch

Politischer Spillover entwickelt sich als Reaktion auf einen anfänglichen Integrationsschritt, wenn Interessengruppen, Bürokraten und andere nationale politische Akteure ihre politischen Erwartungen und Aktivitäten auf die neue Entscheidungsebene hin orientieren. In dem Maße, wie die Integration ihnen dabei hilft, ihre politischen

Ziele besser als im nationalen Rahmen zu verwirklichen, entwickeln sich transnationale Netzwerke und Koalitionen mit supranationalen Problemlösungsperspektiven. Sie üben dann Druck auf die nationalen Regierungen aus, weitere Integrationsschritte zu vereinbaren. Mit der Zeit kann es durch supranationale und transnationale Sozialisationsprozesse zu neuen, den Nationalstaat transzendierenden europäischen Identitäten und Loyalitäten kommen, die sich ebenfalls zugunsten weiterer Integration auswirken.

Der institutionelle Spillover ist auf die Aktivitäten der supranationalen Organe der EU zurückzuführen. Zum einen tragen diese zum funktionalen und politischen Spillover bei. Sie stellen Verknüpfungen zwischen Politikbereichen her und zeigen negative Externalitäten auf. Sie fördern transnationale Netzwerke und verbünden sich mit ihnen, um die Regierungen in einen „Zangengriff" von oben und von unten zu nehmen; und sie entwickeln die europäischen Regeln eigenständig und informell fort und können so auf die weitere Integration Einfluss nehmen. Zum anderen helfen sie den Regierungen, gemeinsame Interessen und Möglichkeiten der effizienten Zusammenarbeit erst zu entdecken und in Verhandlungen zu einer optimalen Übereinkunft zu gelangen. 3. institutionell

Durch diese Spillover-Prozesse kommt es dazu, dass das Ausmaß der Integration regelmäßig über das hinausgeht, was die Regierungen ursprünglich beabsichtigten und vereinbarten. Warum aber können die Regierungen dann nicht gegensteuern und die Integration wieder rückgängig machen? Hierfür macht der Supranationalismus institutionelle Blockaden verantwortlich (Pierson 1998: 43-47). Die Regeln für Vertrags- und Politikänderungen in der EU sind sehr restriktiv. Vertragsrevisionen müssen einstimmig vereinbart und in den nationalen Parlamenten ratifiziert werden; Politikänderungen bedürfen mindestens einer qualifizierten Mehrheit. Wenn also auch nur ein einziger Staat oder eine Minderheit von Staaten von einer bestehenden Regelung profitiert, was wahrscheinlich ist, können diese eine Änderung blockieren. Außerdem werden die Mitgliedstaaten durch die schiere Menge, aber auch die hohe Bindungswirkung von EU-Regeln (vor allem im Vergleich mit anderen internationalen Organisationen) extrem stark durchdrungen und in ihrem Inneren verändert („europäisiert"). Aus der EU auszutreten wäre daher äußerst aufwändig und kostspielig. Dadurch lässt sich auch die Austrittsdrohung als „letztes Mittel" zur Durchsetzung staatlicher Präferenzen in EU-Verhandlungen immer weniger glaubhaft einsetzen.

Fassen wir die Annahmen des Supranationalismus zusammen: Der Prozess der politischen Integration entfaltet eine institutionelle Eigendynamik, die von den Regierungen weder beabsichtigt noch kontrollierbar oder rückgängig zu machen ist. Transnational agierende gesellschaftliche Akteure im Verbund mit supranationalen Organisationen sind die relevanten Akteure, die den Prozess der politischen Integration vorantreiben. Ausmaß, Form und Inhalt politischer Integration entwickeln sich in komplexen transnationalen sozialen und institutionellen Prozessen und gehen – abhängig von der institutionellen Macht der trans- und supranationalen Akteure – über die Präferenz- und Machtkonstellation der beteiligten Regierungen hinaus. Die wichtigsten Integrationsbedingungen des Supranationalismus sind Tabelle 13.3 aufgeführt.

	Horizontale, sektorale und vertikale Integration	**Substanzielle Regulierung**
	Eigendynamik jenseits des Regierungsnutzens	Institutionelle Macht
Rationalistisch	*Abhängig von* Nutzen und Kapazität transnationaler Netzwerke und supranationaler Organisationen	...supranationalen Kompetenzen und Handlungsspielräumen
Konstruktivistisch	... europäischer Identität und Legitimität	...institutioneller Legitimität

Tab. 13.3: Integrationsbedingungen des Supranationalismus

Laut rationalistischem Supranationalismus hängt Integration, die über die Präferenz- und Machtkonstellationen der Regierungen hinausreicht, vom Nutzen und von der Kapazität transnationaler Netzwerke und supranationaler Organisationen ab. Varianz im Ausmaß der Integration reflektiert Varianz in der relativen Intensität transnationaler Aktivität und Kapazität supranationaler Organisationen. Je größer die Kompetenzen und die autonomen Handlungsspielräume der supranationalen und transnationalen Akteure in der europäischen Integration sind, desto größer ist ihr Einfluss auf die substanziellen Regeln und die Form der Integration.

Für die konstruktivistische Variante des Supranationalismus hängen Integration und Integrationswachstum hingegen vom Ausmaß der europäischen Identität der beteiligten Akteure und der Legitimität der europäischen Regeln und Organisationen ab. Varianz im Ausmaß der Integration reflektiert Varianz in der relativen Intensität europäischer Identität und Legitimität. Je höher die institutionelle Legitimität von Wissensbeständen, Werten und Normen ist, desto größer ist ihr Einfluss auf die substanziellen Regeln und die Form der Integration.

Diese Bedingungen lassen sich nun an der Europäischen Währungsunion und der Osterweiterung der EU überprüfen. Die Währungsunion ist dabei als ein Schritt der Vertiefung oder vertikalen Integration anzusehen, weil es bereits zuvor eine europäische währungspolitische Kooperation gegeben hatte. Die Osterweiterung ist naturgemäß in der horizontalen Dimension der Integration anzusiedeln.

13.2 Die Europäische Währungsunion

13.2.1 Der Weg zur Währungsunion

Werner-Plan

Eine Europäische Währungsunion (EWU) war in den Römischen Verträgen von 1957, die die Europäische Wirtschaftsgemeinschaft ins Leben riefen, zunächst nicht vorgesehen. In dieser Zeit waren die Währungen der Mitgliedstaaten Teil des „Bretton-Woods-Systems", eines Systems fester (obgleich anpassungsfähiger) Wechselkurse mit dem US-Dollar als Leit- und Reservewährung. Gegen Ende der 1960er Jahre mündeten jedoch zwei Entwicklungen in den ersten Plan für die Integration der europäischen Währungen: zum einen der erfolgreiche Abschluss der ersten wirtschaftlichen Integrationsphase mit Zollunion und Gemeinsamer Agrarpolitik und zum anderen das heraufziehende Ende des Bretton-Woods-Systems. Der Werner-Plan von 1970, benannt nach dem damaligen luxemburgischen Premierminister, sah einen dreistufigen Prozess zur Währungsunion mit einer einheitlichen Währung und der Aufgabe mitgliedsstaatlicher währungspolitischer Souveränität vor und zeigte darin bereits eine deutliche Übereinstimmung mit dem Vertrag von Maastricht 1992.

„Schlange im Tunnel"

Die praktische Umsetzung war jedoch von Rückschlägen und Krisen begleitet und scheiterte schließlich. Gleich zu Beginn brach das Bretton-Woods-System fester Wechselkurse zusammen. Die Mitgliedstaaten der EWG vereinbarten daraufhin im März 1972 die sogenannte „Schlange im Tunnel": d.h. eine Schwankungsbreite ihrer Wechselkurse von ±2,25% untereinander (die „Schlange") und eine Schwankungsbreite der gesamten Schlange von ebenfalls ±2,25% gegenüber dem US-Dollar (dem „Tunnel"). Der erste Ölpreis-Schock von 1973 und die unterschiedlichen wirtschaftspolitischen Reaktionen der Mitgliedstaaten setzten die „Schlange" jedoch früh unter Druck. Die neuen Mitgliedstaaten (Großbritannien, Irland, Dänemark) und Italien verließen das System in den Jahren 1972 und 1973; der „Tunnel" kollabierte ebenfalls 1973. Frankreich trat 1974 aus, 1975 wieder ein und 1976 wieder aus.

Europäisches Währungssystem

Im Jahr 1979 wurde mit dem Europäischen Währungssystem (EWS) ein neuer Anlauf effektiver Koordination unternommen. Das EWS sah eine Korbwährung (den ECU) vor, in die die Währungen der Mitgliedstaaten mit unterschiedlichen Gewichten einflossen, und einen Europäischen Wechselkursmechanismus mit bilateralen Schwankungsbreiten unter den beteiligten Währungen von immer noch ±2,25%, jenseits derer die Notenbanken zur Intervention verpflichtet waren. Faktisch entwickelte das System sich in den 1970er und 1980er Jahren allerdings zu einer „D-Mark-Zone", in der die Benelux-Länder, Dänemark und Frankreich ihre Geldpolitik einseitig an der D-Mark und den Leitzinsen der Deutschen Bundesbank ausrichteten. Diese Zone entwickelte zunehmend Stabilität. Im Verlauf der 1980er Jahre wurden Anpassungen der Wechselkurse immer seltener und in immer geringerem Umfang notwendig.

Delors-Bericht

Beim Treffen des Europäischen Rats in Hannover 1988 gaben die Staats- und Regierungschefs der Europäischen Gemeinschaft einen Plan für die Errichtung einer Währungsunion in Auftrag, der im April 1989 als „Delors-Bericht" (Jacques Delors war zu dieser Zeit Präsident der Kommission) veröffentlicht wurde und in den Vertrag von Maastricht 1992 mündete. Er sah einen dreistufigen Übergang zur Europäischen Währungsunion vor:

- Stufe 1 ab dem 1. Juli 1990: freier Kapitalverkehr unter den Mitgliedstaaten.
- Stufe 2 ab dem 1. Januar 1994: das Europäische Währungsinstitut (der Vorgänger der Europäischen Zentralbank) nimmt seine Arbeit auf, die nationalen Zentralbanken erhalten vollständige Unabhängigkeit und die Koordination der Wirtschaftspolitiken der Mitgliedstaaten beginnt.
- Stufe 3 ab dem 1.1.1999: Beginn der Währungsunion. Die Wechselkurse der Währungen werden unwiderruflich festgelegt; der Euro löst die nationalen Währungen als Buchgeld ab; die Europäische Zentralbank nimmt ihre Arbeit auf.

Die Europäische Zentralbank ist von den Weisungen der Regierungen unabhängig und in erster Linie der Aufrechterhaltung der Preisstabilität in der Eurozone verpflichtet. Sie verwaltet die Währungsreserven und versorgt die Wirtschaft mit Geld.

Ökonomistische vs. monetaristische Vorstellungen

Die EWU basierte auf einem Kompromiss zwischen „ökonomistischen" und „monetaristischen" Vorstellungen, die im Zuge der europäischen Währungsintegration immer wieder aufeinandergetroffen waren. Der Ökonomismus oder die „Krönungstheorie" vertrat die Auffassung, dass die wirtschaftliche und wirtschaftspolitische Konvergenz unter den Mitgliedstaaten der Errichtung einer Währungsunion *vorausgehen* müsse. Der Monetarismus oder die „Lokomotiv-Theorie" erwartete hingegen Konvergenz als *Ergebnis* der Währungsintegration. Der Vertrag von Maastricht sah nun zwar (im

Sinne des Monetarismus) feste Termine zur Errichtung der Währungsunion vor, beschränkte (im Sinne des Ökonomismus) aber die Mitgliedschaft auf solche Staaten, die die wirtschaftlichen Konvergenzkriterien (hinsichtlich der Inflationsrate, der Zinssätze, der Wechselkursstabilität, des Haushaltsdefizits und der Staatsverschuldung) erfüllten.

Stabilitäts- und Wachstumspakt

Die Währungsunion stellte auch insofern einen Kompromiss dar, als sie zwar die Geldpolitik, nicht aber die Haushalts- und Wirtschaftspolitik der Mitgliedstaaten integrierte. Während die Mitgliedstaaten ihre geldpolitische Souveränität an das „System der Europäischen Zentralbanken" mit der Europäischen Zentralbank an seiner Spitze abgaben, waren sie bei der Haushalts- und Wirtschaftspolitik allenfalls zu einer Koordination bereit. Um sicherzustellen, dass die Mitgliedstaaten der EWU die nicht von der EZB steuerbaren Konvergenzkriterien nach ihrem Beitritt nicht vernachlässigen und damit die Währungspolitik einer Zerreißprobe aussetzen würden, wurde 1997 auf Drängen Deutschlands hin der Stabilitäts- und Wachstumspakt vereinbart, der die Euroländer auf einen weitgehend ausgeglichenen Staatshaushalt (mit einer jährlichen Neuverschuldung von maximal 3% des Bruttoinlandsprodukts) verpflichtet und bei dauerhafter Verletzung Geldstrafen vorsieht.

Am 1.1.2002 wurde der Euro auch als Bargeld in 12 der 15 Mitgliedstaaten der EU eingeführt. Dänemark, Großbritannien und Schweden blieben der Euro-Zone jedoch fern. 2007 ging Slowenien als erstes der neuen Mitgliedstaaten zum Euro über; Malta und die Republik Zypern folgten am 1.1.2008.

Für die Erklärung der Währungsintegration ergeben sich aus dieser Beschreibung drei zentrale Fragen:

1. Warum kam es zur EWU? Und warum wurde die Entscheidung dazu gerade am Ende der 1980er Jahre gefällt?
2. Wie lassen sich das institutionelle Design und die Kompetenzen der EWU erklären: die Unabhängigkeit der EZB, ihre Verpflichtung auf Inflationsbekämpfung und der Stabilitäts- und Wachstumspakt?
3. Warum nehmen einige Mitgliedstaaten nicht an der Währungsunion teil?

13.2.2 Realistischer Intergouvernementalismus: geldpolitische Gleichgewichts- und Hegemonialpolitik

Dass Staaten eine Kernkompetenz wie die Geldpolitik und ein zentrales Merkmal von Staatlichkeit wie die eigene Währung aufgeben, ist aus realistischer Sicht höchst unwahrscheinlich und nur durch außergewöhnliche Umstände zu erklären. Welche könnten dies sein?

Kandidaten für die Erklärung sind externe Gleichgewichtspolitik, interne Gleichgewichtspolitik und interne Hegemonie.

Währungspolitische Gleichgewichtspolitik gegenüber den USA

Eine mögliche realistische Erklärung besteht darin, die Währungsunion als eine monetäre Allianz zu interpretieren, die den Zweck verfolgte, ein Gleichgewicht gegen die Dominanz des US-Dollars zu schaffen, gegen die die europäischen Staaten jeder für sich wenig ausrichten konnten. Daran ist plausibel, dass der US-Dollar auch nach dem Zusammenbruch des Bretton-Woods-Systems die weltweit vorherrschende Reserve- und Handelswährung (unter anderem für wichtige Rohstoffe wie Erdöl) geblieben war und dass nur die Integration der Währungen eines so bedeutenden Handelsblocks wie der EU daran mittelfristig etwas zu ändern versprach. Allerdings lässt diese Erklärung offen, warum der Schritt zur Währungsunion gerade Ende der 1980er Jahre gelang und nicht schon in den zwei Jahrzehnten zuvor, in denen die Dominanz nicht geringer war, und warum Dänemark, Schweden und das Vereinigte Königreich sich nicht beteiligten, obwohl sie von der Dominanz des US-Dollars nicht anders oder weniger betroffen waren als die Euro-Länder. Eine mögliche Erklärung für den Zeitpunkt wäre das Ende des Ost-West-Konflikts, das die sicherheitspolitische Abhängigkeit Europas von den USA verringerte und damit mehr Spielraum für währungspolitische Autonomiebestrebungen eröffnete. Allerdings wurde das Projekt der Währungsunion bereits 1988, also vor dem Zusammenbruch der Sowjetunion und des Warschauer Pakts, auf den Weg gebracht. Eine mögliche Erklärung für das Ausscheren könnte die besonders starke sicherheitspolitische Anlehnung Großbritanniens an die USA sein – diese Erklärung greift jedoch zumindest für Schweden nicht.

Währungspolitische Gleichgewichtspolitik gegenüber Deutschland

Eine zweite Erklärung nimmt ebenfalls Gleichgewichtspolitik an, allerdings nicht gegen die externe, sondern die interne geldpolitische Vormacht Deutschland. Wie beschrieben, hatte sich das EWS zu einer D-Mark-Zone entwickelt, deren Mitglieder sich den anti-inflationären geldpolitischen Präferenzen und Vorgaben der Bundesbank anpassen mussten, ohne auf diese Politik Einfluss nehmen zu können. Unter diesen Umständen war es für die Teilnehmer am EWS nicht mehr möglich, mit einer lockeren Geldpolitik ihren Staatshaushalt zu finanzieren oder die Wettbewerbsfähigkeit der eigenen Wirtschaft durch Abwertung der eigenen Währung zu stärken. In der Tat entzog die Währungsunion die Geldpolitik der exklusiven Kontrolle der Bundesbank und sorgte für eine stärkere Symmetrie unter den Mitgliedstaaten. Die realistische Integrationsbedingung des Autonomie- und Einflusszuwachses war für Staaten wie Frankreich, Italien, Dänemark und die Benelux-Staaten daher erfüllt.

Dafür bleiben andere Fragen offen. Erstens, warum sollte Deutschland die eigene währungspolitische Vorrangstellung und die Autonomie der eigenen Zentralbank aufgeben? Die oft geäußerte Vermutung, das Ende der D-Mark und der Hegemonie der Bundesbank sei der Preis für die Zustimmung der anderen EU-Staaten zur Wiedervereinigung Deutschlands gewesen, kann nicht überzeugen, weil der Delors-Bericht von den Staats- und Regierungschefs bereits im Juni 1989 angenommen wurde – also vor dem Fall der Mauer und lange bevor die Wiedervereinigung auf die Tagesordnung kam. Auch die Tatsache, dass die Währungsunion weitgehend nach deutschen Vorgaben gestaltet wurde, kann diese Frage nicht beantworten. Zwar wurde die Europäische Zentralbank genau wie die Bundesbank auf das Ziel der Preisstabilität verpflichtet, doch würde sie ihre geldpolitischen Entscheidungen nach den Bedürfnissen der gesamten Eurozone treffen und nicht mehr nur nach den geldpolitischen Interessen Deutschlands. Zweitens, warum sollten ausgerechnet Dänemark, Großbritannien und Schweden sich dem antihegemonialen Bündnis verschließen? Vor allem Dänemark war lange Teil der D-Mark-Zone gewesen und hätte ähnliche Gründe für eine Gleichgewichtspolitik haben müssen wie z.B. die Niederlande.

Währungspolitische Hegemonialpolitik Deutschlands

Auch die dritte mögliche realistische Erklärung ist nicht überzeugungskräftig. Zwar konnte Deutschland seine geldpolitischen Ordnungsvorstellungen in der EWU weitgehend durchsetzen, doch geschah dies um den Preis des Verlusts der eigenen Autonomie und Souveränität in diesem Bereich. Dies deckt sich nicht mit realistischen Erwartungen für das Verhalten von Hegemonen. Auch der Zeitpunkt der Währungsunion ist unterbestimmt, existierte die währungspolitische Vorrangstellung doch bereits seit längerer Zeit. Schließlich bleibt unerklärt, warum zwar große Mitgliedstaaten wie Frankreich und Italien sich der „hegemonialen Währungsordnung“ fügten, nicht aber kleinere Mitgliedstaaten wie Dänemark und Schweden.

13.2.3 Liberaler Intergouvernementalismus: Konvergenz, Verhandlungsmacht und Glaubwürdigkeit

Für den liberalen Intergouvernementalismus stehen nicht allgemeine Autonomiegewinne und Machtressourcen der Staaten im Vordergrund, sondern entsprechend seinen liberalen und institutionalistischen Annahmen die problemspezifischen Interdependenzen und gesellschaftlichen Interessen, die Verhandlungsmacht, die aus der Konstellation dieser Interessen resultiert, und die Glaubwürdigkeit der kooperativen Verpflichtungen, die durch die Delegation politischer Kompetenzen an internationale Organisationen demonstriert wird. Der Zeitpunkt der Währungsunion erklärt sich demnach aus der Konvergenz der gesellschaftlichen Interessen der zwei Schlüsselakteure Deutschland und Frankreich, die britische Abseitsposition aus anders gelagerten währungspolitischen Bedingungen. Dass Deutschland auf seine währungspolitische Souveränität und Autonomie verzichtete, ist für eine liberale Theorie an sich nicht rätselhaft – zumal die deutsche Regierung ihre substanziellen währungspolitischen Ziele durchsetzen konnte. Dass ihr das gelang, hatte wiederum mit der überlegenen „Zwei-Ebenen-Verhandlungsmacht" Deutschlands zu tun (vgl. für den gesamten Abschnitt Moravcsik 1998: Kap. 6).

Währungspolitische Interdependenz

Die währungspolitische Interdependenz der europäischen Staaten war infolge der gewachsenen Handelsverflechtung und der Liberalisierung des Kapitalverkehrs gestiegen. Je höher die Handelsverflechtung einer Volkswirtschaft ist, desto kostspieliger sind währungspolitische Differenzen zwischen den Staaten, die Wechselkursinstabilität und die Umtauschkosten zwischen den Währungen. Je stärker der Kapitalverkehr liberalisiert ist, desto geringer ist die Wirksamkeit von einseitigen geldpolitischen Maßnahmen und desto eher kann eine Währung zum Gegenstand von Spekulationen der Finanzmärkte werden. Der relative Verlust faktischer geldpolitischer Autonomie und die potenziellen Effizienzgewinne geldpolitischer Kooperation schufen einen wichtigen Anreiz zur Währungsintegration, waren aber für sich genommen nicht hinreichend.

Interessenkonvergenz

Für das Zustandekommen der EWU war außerdem eine Konvergenz der wirtschaftspolitischen Interessen Deutschlands und Frankreichs notwendig, deren Währungen die höchsten Anteile im Währungskorb des EWS hatten. Traditionell war Deutschland ein Hartwährungsland mit einer von der unabhängigen Bundesbank durchgesetzten Politik der Geldwertstabilität, Frankreich hingegen ein Weichwährungsland, in dem die Regierung in wirtschaftlichen Krisenzeiten mit der Abwertung des Franc und der Ausweitung der Geldmenge die Konjunktur zu beleben versuchte. Im Verlauf der 1980er Jahre hatte Frankreich sich jedoch der deutschen Position angenähert: die französischen Regierung verpflichtete sich einem „starken Franc", und die Inflationsrate lag am Ende des Jahrzehnts nur geringfügig über der deutschen. Außerdem waren sowohl die deutsche als auch die französische Industrie (und mit ihnen die Regierungen beider Länder) angesichts der Abwertung des Dollars an einer lockereren Währungspolitik interessiert, um ihre Wettbewerbsfähigkeit im Export zu stärken. Die Annäherung der Inflationsraten machte eine Währungsunion möglich, ohne diese gleich einer

Zerreißprobe auszusetzen. Die Aussicht auf eine Verringerung des Einflusses der Bundesbank, die die Geldwertstabilität über alle anderen wirtschaftlichen Erwägungen stellte, machte die Währungsunion überdies für beide Regierungen attraktiv. In Großbritannien hingegen lag die Inflationsrate weit über der deutschen und französischen – unter diesen Umständen kam die Währungsintegration für die britische Industrie und Regierung nicht in Frage.

Interessendivergenz

Allerdings überlappten sich die Interessen Deutschlands und Frankreichs nur teilweise. Zum einen vertrat Frankreich nach wie vor die „monetaristische Position" und strebte nach einer Währungsunion, in der die Regierungen die Geldpolitik kontrollieren würden. Deutschland hingegen blieb bei seiner „ökonomistischen Position" und vertrat das Prinzip einer unabhängigen, der Inflationsbekämpfung verpflichteten Zentralbank. Zweitens begünstigte der Status quo des EWS die deutsche Seite und bürdete der französischen Wirtschaft höhere Anpassungsleistungen und höhere Kapitalmarktkosten auf; die deutsche Wirtschaft und Regierung hatten daher ein geringeres Interesse an der Währungsunion als die französische. Drittens war der Handlungsspielraum der deutschen Regierung eingeschränkt. Die Bundesbank hatte bei einer Veränderung des Status quo am meisten zu verlieren; entsprechend skeptisch waren ihre Vertreter gegenüber den europäischen Plänen. Gleichzeitig genoss sie mit ihrer Unabhängigkeit und Politik großes Vertrauen in der Gesellschaft. Eine Währungsunion gegen den Widerstand der Bundesbank und in Abkehr von den Prinzipien der Unabhängigkeit und der Geldwertstabilität wäre daher innenpolitisch nur schwer durchzusetzen gewesen.

Verhandlungsmacht

Das stärkere Interesse Frankreichs an der Währungsunion und der engere innenpolitische Spielraum Deutschlands verliehen der deutschen Regierung eine überlegene Verhandlungsmacht. Wenn die französische Regierung die Währungsunion wollte, dann musste sie ihr Interesse an einer politischen Kontrolle der europäischen Geldpolitik zurückstellen und eine Währungsunion zu deutschen Bedingungen mit unabhängiger Zentralbank und dem Primat der Geldwertstabilität akzeptieren. Um diese Bedingungen auch für die Zukunft zu sichern, bedurfte es aus deutscher Perspektive eines institutionellen Designs, das die politischen Begehrlichkeiten der interventionistischen Weichwährungsländer dauerhaft abwehren würde. Dies war nur durch die Aufgabe nationaler Souveränität und die Delegation nationaler Kompetenzen an ein unabhängiges System europäischer Zentralbanken zu erreichen.

13.2.4 Supranationalismus: Institutionen, Ideen und Identität

Der liberale Intergouvernementalismus vermag auf der Basis institutionalistischer und liberaler Annahmen plausible Antworten auf die Fragen nach der Entstehung, dem Zeitpunkt und der Zusammensetzung der EWU zu liefern. Welche Alternativen bietet der Supranationalismus auf der Basis transnationalistischer und konstruktivistischer Annahmen?

Rolle transnationaler Akteure und Prozesse

Zum einen macht der Supranationalismus geltend, dass der LI die Entstehung der Währungsunion auf Verhandlungen zwischen Regierungen und mächtigen innerstaatlichen Akteuren reduziere und damit die Rolle transnationaler Akteure und Prozesse unterschätze. David Cameron (1995) weist z.B. darauf hin, dass die wichtigsten Entscheidungen zur Gestaltung der Währungsunion in transgouvernementalen Netzwerk-Gremien wie dem Ausschuss der Zentralbankgouverneure, dem Währungsausschuss der EG und schließlich dem Delors-Ausschuss getroffen wurden, in dem sich Vertreter der nationalen Zentralbanken, der Europäischen Kommission sowie Experten trafen. Die Institutionen, die durch das EWS bereits existierten und die durch die Kommission zusätzlich ins Leben gerufen worden waren, gaben den Zentralbanken die Möglichkeit, ihre Ansichten und ihren Einfluss auch an den Regierungen vorbei geltend zu machen. Die Rolle der Bundesbank lässt sich demnach nicht auf die eines innenpolitischen Veto-Spielers reduzieren, der den Verhandlungsspielraum der deutschen Regierung klein hielt, sondern umfasste auch die Autorität und Legitimität, die sie als unabhängige Zentralbank mit langjähriger Erfahrung in der Führung des EWS unter den anderen Zentralbanken genoss.

Ideelle Konvergenz: neoliberaler Konsens

Zweitens führt der LI die Möglichkeit der Währungsunion auf die Annäherung der Inflationsraten unter den europäischen Regierungen zurück, klärt aber aus Sicht des Supranationalismus nicht hinreichend, worauf diese Annäherung zurückzuführen ist. Kathleen McNamara (1999) behauptet nun, dass sich unter den europäischen Regierungen im Verlauf der 1980er Jahre ein neoliberaler oder monetaristischer Konsens herausbildete, der das vorhergehende keynesianische Paradigma ablöste. Das heißt: In den 1960er und 1970er Jahren galt es europaweit als richtige Wirtschaftspolitik, in Zeiten konjunktureller Schwierigkeiten durch eine lockere Geldpolitik und hohe Staatsausgaben die Wirtschaft anzukurbeln – auch um den Preis hoher Inflation. Das neoliberale Paradigma, das sich seit Mitte der 1970er Jahre durchsetzte, forderte hingegen eine straffe Geldpolitik und staatliche Ausgabendisziplin. Im Zuge dieser ideellen Konvergenz näherten sich auch die Inflationsraten an und stabilisierte sich das EWS. Der neoliberale Konsens, der sich unabhängig von der parteipolitischen Zusammensetzung der europäischen Regierungen herausbildete, machte auch die EWU mit ihrer anti-inflationären Ausrichtung erst möglich.

Institutioneller Rahmen und institutionelle Vorlagen

Drittens ist die Währungsunion aus dieser Perspektive keineswegs eine automatische Konsequenz eines neoliberalen Konsenses. Vielmehr spricht sich die monetaristische Wirtschaftstheorie in der Regel für ein System flexibler Wechselkurse aus; das gilt auch für Vorreiterstaaten des neoliberalen Paradigmenwechsels wie die USA und Großbritannien. Der Supranationalismus argumentiert in diesem Zusammenhang, dass der institutionelle Rahmen, den die Europäische Gemeinschaft bereits geschaffen hatte, den neoliberalen Konsens in Richtung der Vertiefung der währungspolitischen Zusammenarbeit kanalisierte. Zum einen förderten die geldpolitischen Netzwerke der EG die Herausbildung des neoliberalen Konsenses. Zum anderen existierte seit dem Werner-Plan von 1970 bereits eine institutionelle Vorlage für die Währungsunion, die zunächst an widrigen wirtschaftlichen Umständen scheiterte, aber unter günstigeren Bedingungen wieder aufgegriffen werden konnte. Nicht umsonst war der Drei-Stufen-Plan des Vertrags von Maastricht den drei Stufen des Werner-Plans sehr ähnlich.

Währungspolitik als Identitätspolitik

Wie lässt sich schließlich aus supranationalistischer Sicht erklären, dass einige Staaten nicht an der Währungsunion teilnehmen? Dafür werden wiederum weniger materielle als ideelle Ursachen angeführt. Dass Dänemark, Großbritannien und Schweden den Euro nicht eingeführt haben, hat demnach nicht mit mangelnder wirtschaftlicher Konvergenz zu tun, sondern in erster Linie mit der Stärke der „Euroskepsis“ in diesen Ländern, also der generellen Ablehnung weitreichender Souveränitätstransfers an die EU. „Beim Euro“, so Thomas Risse et al., „geht es um Identitätspolitik und politische Visionen der europäischen Ordnung“ (1999: 175).

Halten wir fest: Während der Intergouvernementalismus die Entstehung der EWU auf Regierungsverhandlungen zurückführt, bei denen sich auf der Basis realwirtschaftlicher Konvergenz die deutschen institutionellen Präferenzen dank überlegener Verhandlungsmacht durchsetzen konnten, handelte es sich nach supranationalistischer Auffassung bei der EWU um das Ergebnis eines Wandels transnationaler wirtschaftspolitischer Ideen im Rahmen bestehender europäischer Institutionen und Netzwerke. Anerkanntes Wissen und institutionelle Legitimität erklären die Entscheidung für die Währungsunion und ihr Design; die Grenzen europäischer Identität markieren die Grenzen der EWU.

13.3 Die Osterweiterung

Bei der Osterweiterung handelt es sich um die größte Erweiterung, die die EU jemals in Angriff genommen hat. In den Jahren 2004 und 2007 sind insgesamt zwölf Staaten der EU beigetreten; die Zahl der Mitglieder vergrößerte sich von 15 auf 27; mit Kroatien und der Türkei wurden 2005 Beitrittsverhandlungen aufgenommen; weitere Balkanstaaten haben ein prinzipielles Beitrittsangebot. Zum anderen hat die Osterweiterung deutliche Auswirkungen auf das institutionelle Gefüge und die zentralen Politikfelder der Gemeinschaft. Die harten Verhandlungen, die die Mitgliedstaaten seit mehr als zehn Jahren über die Agrar- und Strukturpolitik, den Haushalt und die Reformen der Organe und Entscheidungsprozesse der EU – vom Vertrag von Amsterdam (1997) bis zum Vertrag von Lissabon (2007) geführt haben, stehen in unmittelbarem Zusammenhang mit der Osterweiterung. Sie sollten dem Ziel dienen, die Funktionsfähigkeit der Gemeinschaft auch bei einer annähernden Verdopplung ihrer Mitgliedschaft zu erhalten.

13.3.1 Der Weg zur Osterweiterung

Assoziation

Unmittelbar nachdem in Mittel- und Osteuropa der Systemwechsel begonnen hatte und die kommunistischen Regimes abgelöst wurden, begannen die meisten der neuen Regierungen in dieser Region sich nach Westen zu orientieren und von der Europäischen Gemeinschaft (EG), wie sie damals noch hieß, eine Beitrittsperspektive zu fordern. Dieses Anliegen stieß jedoch zunächst überwiegend auf Ablehnung. Stattdessen bot die EG diesen Staaten 1990 eine Assoziation an, die im Wesentlichen die Liberalisierung des Handels, die Angleichung der wirtschaftlichen Gesetzgebung der assoziierten Staaten und einen „politischen Dialog" zu allen Fragen der Außenpolitik vorsah. Nach zähen Verhandlungen erreichten es die Assoziationsstaaten, dass ihr Beitrittswunsch in die „Europa-Abkommen" aufgenommen wurde – allerdings nicht als Ziel der EG.

Von Kopenhagen zur Agenda 2000

Im Juni 1993 stellten die Staats- und Regierungschefs der Mitgliedstaaten beim Europäischen Rat von Kopenhagen jedoch den assoziierten mittel- und osteuropäischen Ländern (MOEL) die Mitgliedschaft grundsätzlich in Aussicht – unter der Bedingung, dass sie stabile demokratische Institutionen und eine funktionierende Marktwirtschaft entwickeln, ihre Wettbewerbsfähigkeit erhöhen und das Gemeinschaftsrecht übernehmen würden. Außerdem müsse die Gemeinschaft zunächst die Voraussetzungen dafür schaffen, weitere Mitglieder aufzunehmen, ohne dass darunter die Vertiefung der Integration leiden würde. Diese Bedingungen sind zusammen als die „Kopenhagener Kriterien“ bekannt. Zur Vorbereitung der Erweiterung wurde unter anderem für 1996 eine Regierungskonferenz einberufen; die Kommission wurde aufgefordert, Stellungnahmen zu den Beitrittsgesuchen abzugeben und eine Studie über die Folgen der Erweiterung für die zentralen Politikprogramme und die Haushaltsplanung der EU anzufertigen. Die Regierungskonferenz endete 1997 mit dem Vertrag von Amsterdam, der allerdings die zentralen Fragen der Anpassung der Entscheidungsregeln in einer erweiterten EU ausklammern musste, weil die Regierungen keine Einigung erzielen konnten. Dennoch ging der Erweiterungsprozess planmäßig weiter: Im Juli 1997 veröffentlichte die Europäische Kommission die Erweiterungsstudie „Agenda 2000“ mit ihren Stellungnahmen zu den Beitrittsanträgen und empfahl die Aufnahme von Beitrittsverhandlungen mit Estland, Polen, Slowenien, der Tschechischen Republik, Ungarn und Zypern.

	Assoziation	**Beitrittsverhandlungen**	**Beitritt**
Albanien	2006		
Bosnien-Herzegowina	2008		
Bulgarien	1993	2000	2007
Estland	1995	1998	2004
Kroatien	2001	2005	
Lettland	1995	2000	2004
Litauen	1995	2000	2004
Mazedonien	2001		
Montenegro	2007		
Polen	1991	1998	2004
Rumänien	1993	2000	2007
Serbien	2008		
Slowenien	1996	1998	2004
Slowakei	1993	2000	2004
Tschechische Republik	1993	1998	2004
Ungarn	1991	1998	2004

Tab. 13.4: Entwicklung der Osterweiterung

Weitere Beitrittsverhandlungen und Beitritt

Unter dem Eindruck des Kosovo-Krieges entwickelte die EU 1999 neue Politikinitiativen für den Balkan. Sie bot den südosteuropäischen Ländern, ebenfalls unter der Bedingung liberaldemokratischer Reformen, Stabilisierungs- und Assoziierungsabkommen (SAA) an und öffnete ihnen die Perspektive eines Beitritts. Im Dezember 1999 entschied der Europäische Rat in Helsinki, Beitrittsverhandlungen mit den übrigen assoziierten Staaten aufzunehmen: Bulgarien, Lettland, Litauen, Malta, Rumänien und der Slowakei. Im April 2003 wurden die Beitrittsverträge mit 10 der 12 Kandidaten unterschrieben; der Beitritt erfolgte zum 1. Mai 2004; Bulgarien und Rumänien folgten zum 1.1. 2007. Zu diesem Zeitpunkt waren die institutionellen Reformen, die sich die EU vorgenommen hatte, jedoch noch ungewiss. Nachdem der Verfassungsvertrag in Frankreich und den Niederlanden vom Volk abgelehnt worden war, gelang erst mit dem Vertrag von Lissabon im Oktober 2007 ein neuer Anlauf. Tabelle 13.4 gibt einen nach Ländern differenzierten Überblick über die Entwicklung der Osterweiterung.

Dieser kurze Abriss der Osterweiterung wirft eine Reihe von Fragen auf, die im folgenden Abschnitt aus der Perspektive von Intergouvernementalismus und Supranationalismus beantwortet werden sollen.

1. Warum bot die EG den MOEL zunächst nur eine Assoziation ohne Beitrittsperspektive an?

2. Wie kam es, dass sie sich 1993 dann doch grundsätzlich für die Osterweiterung entschied?

3. Nach welchen Kriterien wählt die EU ihre Beitrittskandidaten aus? Warum sind einige der exkommunistischen Staaten heute Mitgliedsländer, andere hingegen noch nicht einmal assoziiert?

13.3.2 Intergouvernementalismus: die überlegene Verhandlungsmacht der Bremser

Aus intergouvernementalistischer Perspektive kommt es dann zur Erweiterung, wenn diese sowohl den alten als auch den neuen Mitgliedern nützt. Dass die Osterweiterung im Interesse der mittel- und osteuropäischen Beitrittsaspiranten war, erscheint offensichtlich – nicht jedoch, dass auch die alten Mitglieder profitieren würden.

Beitrittswunsch der MOEL

Der Beitrittswunsch der MOEL erklärt sich aus der Sicht des realistischen Intergouvernementalismus zum einen aus ihrem Sicherheitsbedürfnis gegenüber der Russischen Föderation, deren Hegemonialsphäre sie in der kommunistischen Ära angehört hatten, zum anderen aus den zu erwartenden Autonomiegewinnen: Statt als schwache Außenseiter mit der EU verhandeln zu müssen, gibt die

Mitgliedschaft ihnen Sitz und Stimme in den Entscheidungsgremien der Union. Aus dem Blickwinkel des liberalen Intergouvernementalismus spricht für den Beitritt außerdem, dass die MOEL wirtschaftlich vom Binnenmarkt der EU und von Investitionen aus der EU abhängig sind. Der weitaus größte Anteil ihres Außenhandels geht in oder kommt aus der EU. Die Mitgliedschaft in der EU versprach ihnen nicht nur einen freien Zugang zum Binnenmarkt, sondern auch zu den Subventionen durch die Agrar- und Regionalfonds der Gemeinschaft. Zudem werden ausländische Investoren durch die Perspektive des Beitritts ermutigt.

Präferenzen der EU-Mitglieder

Die Interessen der Altmitglieder waren hingegen weder gleichförmig noch eindeutig positiv. Die Präferenzen der EU-Mitgliedstaaten divergierten in doppelter Hinsicht: Zum einen war umstritten, ob die Gemeinschaft sich überhaupt zur Osterweiterung verpflichten und diese zielstrebig vorbereiten solle. Mit Blick auf die generelle Frage des Beitritts lassen sich die Mitgliedstaaten in „Vorreiter" und „Bremser" unterteilen. Zum anderen wurde der Umfang der Osterweiterung debattiert. In dieser Frage plädierte eine Gruppe von Staaten für eine begrenzte (erste) Erweiterungsrunde mit Schwerpunkt Ostmitteleuropa, während andere eine inklusive Vorgehensweise befürworteten. Tabelle 13.5 zeigt, wie diese Präferenzen unter den Mitgliedstaaten verteilt waren. Die Präferenzverteilung entspricht weitgehend der geographischen Lage der Mitgliedstaaten. Abgesehen von Griechenland und Italien waren die Nachbarländer der MOEL die Vorreiter der Osterweiterung und abgesehen von Großbritannien gehörten die weiter entfernten Mitgliedstaaten zu den Bremsern. Die Staaten der „Zentralregion" der EU befürworteten eine zunächst begrenzte Erweiterung, während die „Nordstaaten" (mit Ausnahme von Finnland) und die „Südstaaten" eine inklusive Vorgehensweise bevorzugten.

	Begrenzte Erweiterung	**Inklusive Erweiterung**
Vorreiter	Deutschland, Finnland, Österreich	Dänemark, Großbritannien, Schweden
Bremser	Belgien, Luxemburg, Niederlande	Frankreich, Griechenland, Irland, Italien, Portugal, Spanien

Tab. 13.5: Die Osterweiterungspräferenzen der Mitgliedstaaten

Geographische Lage als Interdependenzindikator

Die geographische Position lässt sich als Indikator für die Stärke der internationalen Interdependenz verstehen, die aus Sicht des LI die nationalen Präferenzen bestimmt. Die östlichen Mitgliedstaaten wären nicht nur von negativen Entwicklungen in den MOEL – wie Wirtschaftskrisen, Kriege und Migration – besonders stark betroffen gewesen; sie profitierten wegen ihrer Nähe auch in besonders hohem Maße von den Märkten im Osten. Schließlich sind die Mitgliedstaaten aus denselben Gründen besonders am Beitritt derjenigen Staaten interessiert, an die sie grenzen oder in deren Nähe sie liegen. Das erklärt, warum die Staaten in der „Zentralregion" der EU mit dem Vorschlag der Kommission von 1997, die Beitrittsgespräche zunächst auf die mitteleuropäischen Staaten (plus Estland) zu begrenzen, einverstanden waren, während die „Südstaaten" insbesondere auf die Einbeziehung der südosteuropäischen Länder (Bulgarien und Rumänien) drängten und die „Nordstaaten" Dänemark und Schweden sich für die baltischen Staaten verwendeten.

Verteilung der Erweiterungskosten

Hinzu kommt eine ungleiche Verteilung der Erweiterungskosten, die sich in erster Linie aus der unterschiedlichen sozio-ökonomischen Struktur der Mitgliedstaaten ergibt. Infolge von Handels- und Haushaltskonkurrenz drohte die Osterweiterung besonders hohe Kosten für die ärmeren und stärker von landwirtschaftlicher und „Low-tech"-Produktion geprägten Mitgliedstaaten zu erzeugen. Zum einen fürchteten diese Mitgliedstaaten einen verschärften wirtschaftlichen Wettbewerb, weil sie auf die gleichen Produktionssektoren spezialisiert waren wie die MOEL (Landwirtschaft, Textil- und Lederwaren, Metallverarbeitung). Zum anderen war absehbar, dass die MOEL zu Nettoempfängern des Gemeinschaftshaushalts werden würden. Bei einer im EU-Vergleich überdurchschnittlich hohen landwirtschaftlichen Produktion und zugleich unterdurchschnittlich geringen Wirtschaftskraft würden die MOEL das Anrecht auf hohe Transfers aus den Strukturfonds der Gemeinschaft und aus der Gemeinsamen Agrarpolitik erwerben. Da eine Haushaltserhöhung auf den entschiedenen Widerstand der „Nettozahler" der EU (Deutschland, Großbritannien, Niederlande) traf, erschienen Reformen unumgänglich, von denen zu erwarten war, dass sie die Transfers an die bisherigen „Nettoempfänger" (Spanien, Griechenland, Portugal und Irland) verringern würden. So wird verständlich, dass diese vier Staaten zu den Bremsern gehörten – trotz teilweise geographischer Nähe zu den MOEL.

Geopolitische Interessen

Schließlich spielten auch geopolitische Interessen eine Rolle. Insbesondere Frankreichs Skepsis beruhte auf der Sorge, dass sich im Zuge der Osterweiterung die Machtbalance der Gemeinschaft zugunsten Deutschlands, des wichtigsten Wirtschaftspartners der MOEL, verschieben würde. Die italienische Regierung fürchtete wiederum, dass die Osterweiterung zu Lasten der Mittelmeerregion gehen würde, der ihre besondere Aufmerksamkeit galt. Die britische

Vorreiterrolle schließlich wird mangels greifbarer ökonomischer Interessen in der Region auf die Integrationsskepsis der konservativen Regierung zurückgeführt, die in der Erweiterung eine Chance sah, die weitere Vertiefung der Gemeinschaft zu verhindern.

Erklärungskraft des LI...

Insgesamt stimmt der Befund vorwiegend ökonomisch bestimmter Erweiterungspräferenzen mit den Erwartungen des LI weitgehend überein. Außerdem lässt sich die anfängliche Entscheidung der EU zu einer Assoziation ohne Beitrittszusage auf die Verteilung der Verhandlungsmacht unter den Akteursgruppen zurückführen. Da der Idealpunkt der Bremser (keine Erweiterung) dem Status quo (EU in den bestehenden Grenzen) am nächsten war, war ihre Verhandlungsmacht am größten. Sie konnten glaubwürdig jedes Verhandlungsergebnis blockieren, das ihren Interessen widersprach. Die MOEL waren hingegen nicht in der Lage, die Osterweiterung zu erzwingen. Aufgrund der hochgradig asymmetrischen Interdependenz zwischen Ost und West reichte ihre Verhandlungsmacht dazu nicht aus. Während die EG für die MOEL früh zum alternativlosen Wirtschaftspartner wurde, war die wirtschaftliche Bedeutung der MOEL für die meisten Mitgliedstaaten sehr gering. Jede Drohung der MOEL, ihre Märkte für die EU zu schließen, wäre daher unglaubwürdig gewesen. Auch waren die Vorreiter der Osterweiterung unter den Mitgliedstaaten der Gemeinschaft nicht nur in der Minderheit, sondern verfügten auch über eine geringere Verhandlungsmacht als die Bremserkoalition. Selbst für Deutschland, den wohl größten Nutznießer der Osterweiterung unter den Mitgliedstaaten, waren die MOEL ökonomisch wie politisch von weit geringerer Bedeutung als die EU-Partner. Unter diesen Umständen konnten die Vorreiter für den Fall einer Blockierung der Osterweiterung durch die Bremser nicht glaubwürdig mit Alternativen zur EU (etwa einer nordosteuropäischen Wirtschaftsgemeinschaft) drohen.

Schließlich bestand mit der Assoziation der MOEL eine für alle Mitgliedstaaten attraktive, dem Status quo vorzuziehende Alternative zur EU-Vollmitgliedschaft. Sie ermöglichte es den potenziellen Gewinnern der ökonomischen Integration der MOEL, im Zuge der Errichtung einer Freihandelszone für Industriegüter und der regulativen Angleichung an die Gemeinschaft, ihr ökonomisches Engagement in den MOEL auszubauen, bot aber den potenziellen Verlierern die Möglichkeit, die wirtschaftliche Konkurrenz aus den MOEL einzudämmen und den Zugang der MOEL zu den Entscheidungsgremien und Subventionstöpfen der EU zu verhindern. Da die MOEL nicht die Verhandlungsmacht besaßen, um den Beitritt zu erzwingen und sich durch eine Ablehnung der Europa-Abkommen noch schlechter gestellt hätten als durch ihre Unterzeichnung, war die

Assoziation auch aus ihrer Sicht die unter den Umständen beste Lösung.

...und Erklärungsprobleme

Da sich weder an den staatlichen Präferenzen noch an den materiellen Machtverhältnissen Veränderungen ergeben hatten, bleibt jedoch die Frage, wie es dazu kommen konnte, dass die EU sich binnen weniger Jahre dennoch für die Osterweiterung entschied. Ein Argument dafür könnte sein, dass die von den Bremserstaaten gefürchteten Kosten der Osterweiterung am Ende doch relativ bescheiden waren (Moravcsik/Vachudova 2003); vor allem, weil es den Mitgliedstaaten gelang, in den Beitrittsverträgen diskriminierenden Regeln durchzusetzen, die den neuen Mitgliedstaaten einige Rechte (wie die Freizügigkeit für Arbeitnehmer) und Leistungen (wie volle Transfers aus der Gemeinsamen Agrarpolitik) für die ersten Jahre der Mitgliedschaft verwehrten (Schneider 2006). Dies erklärt jedoch nicht, warum die EU sich 1993 grundsätzlich zur Osterweiterung entschloss und 1998 mit den Beitrittsverhandlungen begann, als die Verhandlungen über die institutionellen und Haushaltsreformen noch in vollem Gange und die Erweiterungskosten und ihre Verteilung noch unsicher waren. Auch die Auswahl der Beitrittskandidaten unter den MOEL lässt sich so nicht erklären.

13.3.3 Supranationalismus: Identität, Legitimität und Argumentationsmacht

Für den Supranationalismus ist nicht der Nutzen für die beteiligten Staaten, sondern die Übereinstimmung mit den institutionellen Normen und Regeln der EU – oder alternativ der Nutzen für transnationale Akteure und supranationale Organisationen – die zentrale Bedingung für die Erweiterung. In der Tat lässt sich sowohl die Entscheidung zur Osterweiterung als auch die Auswahl der Kandidaten auf die kollektive Identität der EU und die aktive Rolle der Europäischen Kommission zurückführen (Schimmelfennig 2001).

EU als Gemeinschaft liberaldemokratischer Staaten

Die kollektive Identität der EU, ihr institutionalisiertes Selbstverständnis, ist das einer Gemeinschaft europäischer, liberaldemokratischer Staaten (vgl. Kap. 10.3.2). „Europa" bezeichnet die regionale Ausdehnung der Gemeinschaft, wobei die geographischen Grenzen vor allem im Osten keineswegs eindeutig bestimmt und innerhalb der Gemeinschaft durchaus umstritten sind. Die „liberale Demokratie" kennzeichnet die grundlegenden Werte und Normen der Gemeinschaft. Diese kollektive Identität spiegelt sich in den Mitgliedschaftsregeln der Gemeinschaft wider. Artikel 6 und 49 des EU-Vertrags verlangen, dass alle Mitglieder die Grundsätze der „Freiheit, der Demokratie, der Achtung der Menschenrechte und Grundfreiheiten sowie der Rechtsstaatlichkeit" (Art. 6(1) EUV) achten.

Dementsprechend wäre zu erwarten, dass die EU – ungeachtet des materiellen Nutzens – alle europäischen Staaten aufnimmt, die der EU beitreten wollen und liberale Demokratien sind. Die Auswahl der Beitrittskandidaten in der Osterweiterung sollte demnach dem Stand der Demokratisierung in den MOEL entsprechen.

		1997		1999		2004	
Status	**Land**	**PR/ BF**		**PR/ BF**		**PR/ BF**	
Beitritts-verhandlungen	Estland	1/ 2	Frei	1/ 2	Frei	1/ 2	Frei
	Polen	1/ 2	Frei	1/ 2	Frei	1/ 2	Frei
	Slowenien	1/ 2	Frei	1/ 2	Frei	1/ 1	Frei
	Tschechien	1/ 2	Frei	1/ 2	Frei	1/ 2	Frei
	Ungarn	1/ 2	Frei	1/ 2	Frei	1/ 1	Frei
Assoziation	Lettland	2/ 2	Frei	1/ 2	Frei	1/ 2	Frei
	Litauen	1/ 2	Frei	1/ 2	Frei	1/ 2	Frei
	Slowakei	2/ 4	Tw. frei	2/ 2	Frei	1/ 2	Frei
	Bulgarien	2/ 3	Frei	2/ 3	Frei	1/ 2	Frei
	Rumänien	2/ 3	Frei	2/ 2	Frei	2/ 2	Frei
Keine Assoziation	Kroatien	4/ 4	Tw. frei	4/ 4	Tw. frei	2/ 2	Frei
	Mazedonien	4/ 3	Tw. frei	3/ 3	Tw. frei	3/ 3	Tw. frei
	Albanien	4/ 4	Tw. frei	4/ 5	Tw. frei	3/ 3	Tw. frei
	Belarus	6/ 6	Unfrei	6/ 6	Unfrei	6/ 6	Unfrei
	Bosnien-Herzegowina	5/ 5	Tw. frei	5/ 5	Tw. frei	4/ 4	Tw. frei
	Jugoslawien (Serbien-Montenegro)	6/ 6	Unfrei	6/ 6	Unfrei	3/ 2	Tw. frei
	Moldawien	3/ 4	Tw. frei	2/ 4	Tw. frei	3/ 4	Tw. frei
	Ukraine	3/ 4	Tw. frei	3/ 4	Tw. frei	4/ 4	Tw. frei

Tab. 13.6: Demokratisierung und Osterweiterung

Tabelle 13.6 zeigt, dass beides im Großen und Ganzen zutrifft. Die Tabelle zeigt den Stand der Integration in die EU für die MOEL in den Jahren 1997, als die EU die ersten Beitrittskandidaten benannte; 1999, dem Jahr der Aufnahme von Beitrittsverhandlungen mit weiteren Bewerbern; und 2004, dem Jahr der ersten Beitritte. Dieser Integrationsstand – unterschieden nach den Kategorien „Beitrittsverhandlungen“, „Assoziation“ und „keine Assoziation“ – wird in Beziehung gesetzt zum Stand der Demokratisierung in den MOEL anhand der Einstufung durch Freedom House als „frei“, „teilweise frei“ und „unfrei“ sowie detaillierten Ratings für „politische Rechte“ (PR) und „bürgerliche Freiheiten“ (BF), wobei 1 die beste und 7 die schlechteste Wertung ist.

Zunächst zeigt die Tabelle, dass mit Ausnahme der Slowakei 1997 und Mazedonien 2004 die Gruppe der „freien“ MOEL mit der Gruppe der assoziierten MOEL deckungsgleich ist. Schon hier besteht also eine weitgehende Übereinstimmung zwischen der Einhaltung demokratischer Normen und dem Stand der EU-Integration. Weiterhin sehen wir, dass nur „freie“ Länder von der EU zu Beitrittsverhandlungen eingeladen werden, und dass kein „freies“ Land auf Dauer von Beitrittsverhandlungen und von der Mitgliedschaft ausgeschlossen wird. Die detaillierten Ratings zeigen außerdem Unterschiede zwischen den assoziierten MOEL, die bereits 1997 zu Beitrittsverhandlungen eingeladen wurden, und denjenigen, die bis 1999 warten mussten.

Argumentationsmacht

Wie aber kam es dazu, dass sich eine an den Gemeinschaftswerten und -normen orientierte Erweiterung gegenüber der Assoziation durchsetzen konnte, die den vorherrschenden Interessen der Altmitglieder entsprach? Der Konstruktivismus führt dies auf die Argumentationsmacht der Befürworter der Osterweiterung zurück, die in diesem Fall die Verhandlungsmacht der Bremser schlug. Die Argumentationsstrategie der MOEL und ihrer Unterstützer bestand im Wesentlichen darin, die demokratischen MOEL als legitime Mitglieder der europäischen, liberaldemokratischen Gemeinschaft zu präsentieren, die als solche auch ein Anrecht auf den Beitritt zur EU hätten. Außerdem wurde die Erweiterung als eine Prinzipienfrage konstruiert, bei der es nicht um Eigeninteressen, Kosten und Nutzen gehen dürfe, sondern bei der die Identität, die Werte und Normen und die historische Mission der EU und der europäischen Integration stünden. Den Bremsern wurde schließlich vorgeworfen, sie würden genau diese Prinzipien verletzen und diese Mission verraten, wenn sie sich gegen die Erweiterung sperrten.

Der systematischste und formal bedeutsamste Argumentationsbeitrag war der Bericht der Kommission mit dem Titel „Die Erweiterung Europas: eine neue Herausforderung“ an den Europäischen Rat von Lissabon im Juni 1992. Der Bericht legte zunächst dar, dass die gesamteuropäische Vision der Gemeinschaft spezifische Verpflichtungen für die gegenwärtige Situation impliziere: „Die Gemeinschaft war niemals ein geschlossener Klub und darf sich jetzt der historischen Aufgabe, die Verantwortung für den gesamten Kontinent zu übernehmen ... nicht entziehen". Außerdem hob der Bericht die Wertegemeinschaft mit den MOEL hervor und definierte die Erweiterung als eine Maßnahme der Demokratieförderung in beiderseitigem Interesse. Die Tatsache, dass der Bericht kommentarlos den Schlussfolgerungen des Europäischen Rats von Lissabon beigefügt wurde und auch bei den Verhandlungen, die zum Kopenhagener Bekenntnis zur Osterweiterung führten, nicht in Frage gestellt wurde, zeigt die Wirksamkeit einer Argumentation, die auf normativen und identitären Begründungsprinzipien beruhte, die auch von den Bremsern anerkannt waren.

Das Beispiel der Osterweiterung zeigt also, wie unterschiedliche Phasen eines Prozesses von unterschiedlichen Bedingungen und Mechanismen geprägt sein können. In der Anfangsphase bis zur Assoziation dominierte die materielle Verhandlungsmacht der Bremser in der EU; anschließend setzten sich von den Befürwortern der Osterweiterung angeführten Erweiterungsnormen und Argumente durch. Sie erklären auch die Auswahl der neuen Mitglieder unter den Beitrittsaspiranten.

Weiterlesen

Daten und Fakten

Als Nachschlagewerk eignet sich *Europa von A bis Z*, das 2007 bereits in der 10. Auflage erschienen ist (hrsg. von Werner Weidenfeld und Wolfgang Wessels). Bei der Orientierung über aktuelle Entwicklungen der europäischen Integration und Politik helfen das *Jahrbuch der Europäischen Integration* (ebenfalls von Werner Weidenfeld und Wolfgang Wessels herausgegeben) und die *Annual Review* des *Journal of Common Market Studies*.

Überblicke

Überblicke über die Ansätze zur Analyse der europäischen Integration und Politik sowie zu zentralen Forschungsbereichen und -ergebnissen bieten das *Handbook of European Union Politics* (hrsg. von Knud Erik Jørgensen et al., 2007) und *Die Europäische Union* (Katharina Holzinger et al., 2005). Kap. 13.1 ist an das von Berthold Rittberger und mir verfasste Kapitel über Integrationstheorien aus diesem Buch angelehnt.

Analysen

Als kontrastierende rationalistische und konstruktivistische Analysen seien zur Währungsunion Kapitel 6 aus *The Choice for Europe* von Andrew Moravcsik (1998) sowie *Consensus and Constraint* von Kathleen McNamara (1999) und zur Osterweiterung *Discriminatory EU Membership and the Redistribution of Enlargement Gains* (Thomas Plümper und Christina Schneider, 2007) sowie *The Community Trap* (Frank Schimmelfennig, 2001) empfohlen.

Schlusswort

Dieser Grundkurs schließt nicht mit einem theoretischen Fazit. Die exemplarischen theoriegeleiteten Analysen waren nicht dazu gedacht und sind auch nicht dazu geeignet, Schlussfolgerungen über die beste Theorie der internationalen Politik zu ziehen. Auch Aussagen über die Reichweite – etwa von der Art, der Realismus sei zur Erklärung internationaler Politik vor dem Zweiten Weltkrieg, von Kriegen, im Problemfeld Sicherheit oder außerhalb der OECD-Welt am besten geeignet, der Institutionalismus hingegen für die Zeit seit dem Zweiten Weltkrieg, internationale Kooperation, das Problemfeld Wohlfahrt die OECD-Welt – sind in dieser Allgemeinheit schlicht nicht haltbar. Wenn die Analysen unterschiedlicher Beziehungsmuster und Problemfelder der internationalen Politik etwas gezeigt haben, dann dass keine Theorie eine vollständige und exklusive Erklärung bieten kann, sondern dass Ereignisse und Muster internationaler Politik aus dem Zusammenspiel verschiedener Bedingungen und Mechanismen entstehen und dass jedenfalls nicht leicht und zweifelsfrei entscheidbar ist, welche Erklärung die beste ist.

Die Großtheorien und Theoriedebatten gehören zur Identität des Faches und haben seine Entwicklung weithin geprägt. Daher besteht auch dieser Grundkurs im Wesentlichen aus ihrer theoretischen Rekonstruktion und Anwendung. Der Grundkurs sollte allerdings als Plädoyer für eine problemorientierte Verwendung dieser Theorien verstanden werden. Die Theorien der internationalen Politik haben ihren gemeinsamen Ausgangspunkt in der Anarchie des internationalen Systems und den von ihr bedingten politischen Problemen. Sie benennen unterschiedliche Bedingungen und Mechanismen dafür, dass in einem anarchischen System Kriege und Frieden, internationale Kooperation und supranationale Integration entstehen können. Diese Bedingungen und Mechanismen können auf ihre kausale Relevanz geprüft und sinnvoll herangezogen werden, um Ereignisse, Entwicklungen und Muster internationaler Politik zu erklären.

Problematisch wird es, wenn Theorien zur ideologischen Lagerbildung oder wissenschaftlichen Identitätszuschreibung gebraucht werden. Dass jemand „für den Institutionalismus“ oder „gegen den Realismus“ ist, sich als „Rationalist“ versteht oder als „Konstruktivistin“ eingeordnet wird, ist zwar im Eifer der Theoriedebatten verständlich, für die Suche nach Erklärungen und die kritische Prüfung von Theorien aber wenig hilfreich.

Literaturverzeichnis

Acharya, Amitav and Alistair Iain Johnston. Hrsg. 2007. Crafting Cooperation: The Design and Effectiveness of Regional Institutions. Cambridge: Cambridge University Press.

Adler, Emanuel. 2002. Constructivism and International Relations. In: Carlsnaes, Walter, Thomas Risse und Beth A. Simmons. Hrsg. Handbook of International Relations. London: Sage. 95-118.

Baldwin, David A. Hrsg. 1993. Neorealism and Neoliberalism. The Contemporary Debate. New York: Columbia University Press.

Barber, Benjamin R. 1996. Coca-Cola und Heiliger Krieg. Wie Kapitalismus und Fundamentalismus Demokratie und Freiheit abschaffen. München: Scherz Verlag.

Barton, John H. et al. 2006. The Evolution of the Trade Regime. Politics, Law, and Economics of the GATT and the WTO. Princeton: Princeton University Press.

Brooks, Stephen G. 1997. Dueling Realisms. International Organization 51 (3): 445-477.

Brown, Michael E. et al. Hrsg. 2004. Offense, Defense, and War. Cambridge: MIT Press.

Brown, Michael E., Sean Lynn-Jones, and Steven E. Miller. Hrsg. 1996. Debating the Democratic Peace. London: MIT Press.

Bueno de Mesquita, Bruce et al. 1999. An Institutional Explanation of the Democratic Peace. American Political Science Review 93 (4): 791-807.

Bull, Hedley. 1977. The Anarchical Society. A Study of Order in World Politics. Basingstoke: Macmillan.

Bull, Hedley. 1969. International Theory: The Case for a Classical Approach. In: Knorr, Klaus und James N. Rosenau. Hrsg. Contending Approaches to International Politics. Princeton: Princeton University Press.

Cameron, David R. 1995. Transnational Relations and the Development of European Economic and Monetary Union. In: Risse-Kappen, Thomas. Hrsg. Bringing Transnational Relations Back In. Non-State Actors, Domestic Structures and International Institutions. Cambridge: Cambridge University Press.

Checkel, Jeffrey T. 2001. Why Comply? Social Learning and European Identity Change. International Organization 55 (3): 553-588.

Checkel, Jeffrey T. Hrsg. 2007. International Institutions and Socialization in Europe. Cambridge: Cambridge University Press.

Christiansen, Thomas, Knud Erik Jørgensen, und Antje Wiener. Hrsg. 2001. The Social Construction of Europe. London: Sage.

Collier, Paul and Anke Hoeffler. 2004. Greed and Grievance in Civil War. Oxford Economic Papers 56: 563-595.

Czempiel, Ernst-Otto. 1986. Friedensstrategien. Systemwandel durch Internationale Organisationen, Demokratisierung und Wirtschaft. Paderborn: Schöningh

Czempiel, Ernst O. und James N. Rosenau. Hrsg. 1992. Governance Without Government: Order and Change in World Politics. Cambridge: Cambridge University Press.

Deutsch, Karl W. et al. 1957. Political Community and the North Atlantic Area: International Organization in the Light of Historical Experience. Princeton: Princeton University Press.

Doyle, Michael W. 1996. Kant, Liberal Legacies, and Foreign Affairs. In: Brown/Lynn-Jones/Miller. 1996. 3-57.

Fearon, James D. und David D. Laitin. 2003. Ethnicity, Insurgency, and Civil War. American Political Science Review 97 (1): 75-90.

Finnemore, Martha. 1996a. National Interests in International Society. Ithaca: Cornell University Press

Finnemore, Martha. 1996b. Norms, Culture, and World Politics: Insights from Sociology's Institutionalism. International Organization 50 (2): 325-347.

Frankel, Benjamin. 1996. Restating the Realist Case: An Introduction. In: Ders. Hrsg. Realism. Restatements and Renewal. London: Frank Cass. ix-xx.

Fukuyama, Francis. 1989. The End of History? The National Interest 16 (Summer): 3-18.

Gabel, Medard and Henry Bruner. 2003. Global inc. An Atlas of the Multinational Corporation. New York: New Press.

Gartzke, Erik and Kristian Skrede Gleditsch. 2006. Identity and Conflict: Ties that Bind and Differences that Divide. European Journal of International Affairs 12 (1): 53-87.

George, Alexander L. und Andrew Bennett. 2005. Case Studies and Theory Development in the Social Sciences. Cambridge: MIT Press.

Gilpin, Robert. 1981. War and Change in World Politics. Cambridge: Cambridge University Press.

Gleditsch, Kristian Skrede. 2007. Transnational Dimensions of Civil War. Journal of Peace Research 44 (3): 293-309.

Gleditsch, Nils Petter et al. 2002. Armed Conflict 1946-2001: A New Dataset. Journal of Peace Research 39 (5): 615-637.

Grieco, Joseph M. 1988. Anarchy and the Limits of Cooperation. A Realist Critique of the Newest Liberal Institutionalism. International Organization 42 (3): 485-507.

Grieco, Joseph M. 1990. Cooperation among Nations. Europe, America, and Non-Tariff Barriers to Trade. Ithaca: Cornell University Press.

Grieco, Joseph M. 1996. State Interests and Institutional Rule Trajectories. A Neorealist Interpretation of the Maastricht Treaty and Economic and Monetary Union in Europe. Security Studies 6 (3): 176-222.

Grieco, Joseph. 1997. Realist International Theory and the Study of World Politics. In: Doyle, Michael and G. John Ikenberry. Hrsg. New Thinking in International Relations Theory. Boulder: Westview. 163-201.

Haas, Ernst B. 1968. The Uniting of Europe. Political, Social, and Economic Forces 1950-1957. Stanford: Stanford University Press.

Haas, Peter M. 1992. Introduction. Epistemic Communities and International Policy Coordination. International Organization 46 (1): 1-35.

Harbom, Lotta and Peter Wallensteen. 2007. Armed Conflict, 1946-2006. Journal of Peace Research 44 (5): 623-634.

Hasenclever, Andreas, Peter Mayer, and Volker Rittberger. 1997. Theories of International Regimes. Cambridge: Cambridge University Press.

Hasenclever, Andreas and Brigitte Weiffen. 2006. International Institutions are the Key: a New Perspective on the Democratic Peace. Review of International Studies 32 (4): 563-585.

Hoffmann, Stanley. 1966. Obstinate or Obsolete? The Fate of the Nation-State and the Case of Western Europe. Daedalus 95 (3): 862-915.

Hoffmann, Stanley. 1982. Reflections on the Nation-State in Western Europe Today. Journal of Common Market Studies 21 (1-2): 21-37.

Holzinger, Katharina et al. 2005. Die Europäische Union. Theorien und Analysekonzepte. Paderborn: Schöningh.

Hopf, Ted. 1998. The Promise of Constructivism in International Relations Theory. International Security 23 (1): 171-200.

Huntington, Samuel P. 1996. Kampf der Kulturen. Die Neugestaltung der Weltpolitik im 21. Jahrhundert. München: Europaverlag.

Huntington, Samuel P. 1991. The Third Wave: Democratization in the Late Twentieth Century. Norman: University of Oklahoma Press.

Jackson, Robert H. 1990. Quasi-States. Sovereignty, International Relations, and the Third World. Cambridge: Cambridge University Press.

Jansen, Dorothea. 2003. Einführung in die Netzwerkanalyse. Opladen: Westdeutscher Verlag. 2. Aufl.

Johnston, Alistair Iain. 2001. Treating International Institutions as Social Environments. International Studies Quarterly 45(4): 487-515.

Jørgensen, Knud Erik, Mark Pollack, und Ben J. Rosamond. Hrsg. 2007. Handbook of European Politics. London: Sage.

Kaldor, Mary. 2007. Neue und alte Kriege. Frankfurt: Suhrkamp.

Kant, Immanuel. 1979. Zum ewigen Frieden - Ein philosophischer Entwurf. In: Batscha, Zwi und Richard Saage. Hrsg. Friedensutopien. Kant/Fichte/Schlegel/Görres. Frankfurt: Suhrkamp.

Katzenstein, Peter. Hrsg. 1996. The Culture of National Security. Norms and Identity in World Politics. New York: Columbia University Press.

Katzenstein, Peter J. 1976. International Relations and Domestic Structures: Foreign Economic Policies of Advanced Industrial States. International Organization 30(1): 1-45.

Katzenstein, Peter J. 1978. Between Power and Plenty. Foreign Economic Policies of Advanced Industrial States. Madison: University of Wisconsin Press.

Katzenstein, Peter J. 1991. Die Fesselung der deutschen Macht im internationalen System: der Einigungsprozeß 1989-90. In: Blanke, Bernhard und Hellmut Wollmann. Hrsg. Die alte Bundesrepublik. Kontinuität und Wandel. Opladen: Westdeutscher Verlag. 69-80.

Keck, Margaret E. und Kathryn Sikkink. 1998. Activists Beyond Borders: Advocacy Networks in International Politics. Ithaca: Cornell University Press.

Kegley, Charles W. Jr. Hrsg. 1991. The Long Postwar Peace. Contending Explanations and Projections. New York: Harper Collins.

Kennedy, Paul. 1991. Aufstieg und Fall der grossen Mächte. Ökonomischer Wandel und militärischer Konflikt von 1500 bis 2000. Frankfurt: Fischer.

Keohane, Robert O. 1984. After Hegemony. Cooperation and Discord in the World Political Economy. Princeton: Princeton University Press.

Keohane, Robert O. and Joseph S. Nye. 1977. Power and Interdependence: World Politics in Transition. New York: Harper Collins.

Kindleberger, Charles P. 1981. Dominance and Leadership in the International Economy. Exploitation, Public Goods, and Free Rides. International Studies Quarterly 25 (2): 242-254.

Koenig, Matthias. 2005. Menschenrechte. Frankfurt: Campus

Koremenos, Barbara, Charles Lipson und Duncan Snidal. 2001. The Rational Design of International Institutions. International Organization 55 (4): 761-799.

Krauthammer, Charles. 1991. The Unipolar Moment. Foreign Affairs 70 (1): 23-33.

Layne, Christopher. 1996. Kant or Cant: The Myth of the Democratic Peace. In Debating the Democratic Peace. In: Brown/Lynn-Jones/Miller. 1996. 157-201.

Levy, Jack S. 2002. War and Peace. In: Carlsnaes, Walter, Thomas Risse und Beth A. Simmons. Hrsg. Handbook of International Relations. London: Sage. 350-368.

Lijphart, Arend. 1999. Patterns of Democracy. Government Forms and Performance in Thirty-Six Countries. New Haven: Yale University Press.

Mansfield, Edward D. and Jack Snyder. 1995. Democratization and the Danger of War. International Security 20 (1): 5-38.

March, James G. und Johan P. Olsen. 1989. Rediscovering Institutions. The Organizational Basis of Politics. New York: Free Press.

McNamara, Kathleen. 1999. Consensus and Constraint: Ideas and Capital Mobility in European Monetary Integration. Journal of Common Market Studies 37 (3): 455-476.

Mearsheimer, John J. 1995. The False Promise of International Institutions. International Security 19 (3): 5-49.

Modelski, George. 1981. Long Cycles, Kondratieffs, and Alternating Innovations: Implications for U.S. Foreign Policy. In: Kegley, Charles W. Jr. und Pat McGowan. Hrsg. The Political Economy of Foreign Policy Behavior. Beverly Hills: Sage. 63-83.

Moravcsik, Andrew. 1993. Preferences and Power in the European Community. A Liberal Intergouvernmentalist Approach. Journal of Common Market Studies 31 (4): 473-524.

Moravcsik, Andrew. 1997. Taking Preferences Seriously: A Liberal Theory of International Politics. International Organization 51 (4): 513-553.

Moravcsik, Andrew. 1998. The Choice for Europe: Social Purpose and State Power from Messina to Maastricht. Ithaca: Cornell University Press.

Moravcsik, Andrew. 2000. The Origins of Human Rights Regimes: Democratic Delegation in Postwar Europe. International Organization 54 (2): 217-252.

Moravcsik, Andrew und Milada Anna Vachudova. 2003. National Interests, State Power, EU Enlargement. East European Politics and Societies 17 (1): 42-57 (2003).

Morgenthau, Hans J. 1969. The Nature and Limits of a Theory of International Relations. In: Czempiel, Ernst-Otto. Hrsg. Die Lehre von den Internationalen Beziehungen. Darmstadt: Wissenschaftliche Buchgesellschaft. 63-77.

Morgenthau, Hans J. 1973. Politics among Nations: The Struggle for Power and Peace. New York: Knopf.

Müller, Harald. 1994. Internationale Beziehungen als kommunikatives Handeln. Zur Kritik der utilitaristischen Handlungstheorien. Zeitschrift für Internationale Beziehungen 1 (1): 15-44.

Müller, Harald. 2003. Begriff, Theorien und Praxis des Friedens. In: Hellmann, Gunther, Klaus Dieter Wolf, und Michael Zürn. Hrsg. Die neuen Internationalen Beziehungen. Forschungsstand und Perspektiven in Deutschland. Baden-Baden: Nomos. 209-250.

Müller, Harald und Thomas Risse-Kappen. 1990. Internationale Umwelt, gesellschaftliches Umfeld und aussenpolitischer Prozess in liberaldemokratischen Industrienationen. In: Rittberger, Volker. Hrsg. Theorien der internationalen Beziehungen. Bestandsaufnahme und Forschungsperspektiven. Opladen: Westdeutscher Verlag. 375-400.

Münkler, Herfried. 2002. Die neuen Kriege. Reinbek: Rowohlt.

Narlikar, Amrita. 2005. The World Trade Organization. A Very Short Introduction. Oxford: Oxford University Press.

Nölke, Andreas. 2003. Intra- und interdisziplinäre Vernetzung: Die Überwindung der Regierungszentrik. In: Hellmann, Gunther, Klaus Dieter Wolf, und Michael Zürn. Hrsg. Die neuen Internationalen Beziehungen. Forschungsstand und Perspektiven in Deutschland. Baden-Baden: Nomos. 519-554.

Odell, John S. Hrsg. 2006. Negotiating Trade. Developing Countries in the WTO and NAFTA. Cambridge: Cambridge University Press.

Odell, John S. und Susan Sell. 2006. Reframing the Issue: the WTO Coalition on Intellectual Property and Public Health, 2001. In: Odell. 2006. 85-114.

Peters, B. Guy. 1999. Institutional Theory in Political Science. The "New Institutionalism". London: Continuum.

Pierson, Paul. 1998. The Path to European Integration: A Historical-Institutionalist Analysis. In: Sandholtz, Wayne und Alec Stone Sweet. Hrsg. European Integration and Supranational Governance. Oxford: Oxford University Press. 27-58.

Plümper, Thomas und Christina Schneider. 2007. Discriminatory European Membership and the Redistribution of Enlargement Gains. Journal of Conflict Resolution 51 (4): 568-587.

Putnam, Robert D. 1988. Diplomacy and Domestic Politics. The Logic of Two-level Games. International Organization 42 (3): 427-460.

Putnam, Robert D. 1993. Making Democracy Work. Civic Traditions in Modern Italy. Princeton: Princeton University Press.

Ray, James Lee. 1995. Democracy and International Conflict. An Evaluation of the Democratic Peace Proposition. Columbia: University of South Carolina Press.

Reus-Smit, Christian. 1997. The Constitutional Structure of International Society and the Nature of Fundamental Institutions. International Organization 51 (4): 555-589.

Riecke, Henning . 2006. Die Transformation der NATO. Die Zukunft der euro-atlantischen Sicherheitskooperation. Baden-Baden: Nomos.

Risse-Kappen, Thomas. 1994a. Wie weiter mit dem „demokratischen Frieden"? Zeitschrift für Internationale Beziehungen 1 (2): 367-379.

Risse-Kappen, Thomas. 1994b. Ideas Do Not Float Freely. Transnational Coalitions, Domestic Structures, and the End of the Cold War. International Organization 48 (2): 185-214.

Risse-Kappen, Thomas. 1995a. Democratic Peace - Warlike Democracies? A Social Constructivist Interpretation of the Liberal Argument. European Journal of International Relations 1 (4): 491-517.

Risse-Kappen, Thomas. Hrsg. 1995b. Bringing Transnational Relations Back In. Non-State Actors, Domestic Structures, and International Institutions. Cambridge: Cambridge University Press.

Risse, Thomas. 2000. "Lets Argue!" Communicative Action in World Politics. International Organization 54 (1): 1-39.

Risse, Thomas. 2002. Transnational Actors and World Politics. In: Carlsnaes, Walter, Thomas Risse und Beth A. Simmons. Hrsg. Handbook of International Relations. London: Sage. 255-274.

Risse, Thomas et al. 1999. To Euro or Not to Euro? The EMU and Identity Politics in the European Union. European Journal of International Relations 5 (2): 147-187.

Risse, Thomas und Kathryn Sikkink. 1999. The Socialization of International Human Rights Norms into Domestic Practices: Introduction. In: Risse, Thomas, Stephen C. Ropp, and Kathryn Sikkink. Hrsg The Power of Human Rights. International Norms and Domestic Change. Cambridge: Cambridge University Press. 1-38.

Rittberger, Volker und Michael Zürn. 1990. Towards Regulated Anarchy in East-West Relations. In: Rittberger, Volker. Hrsg. International Regimes in East-West Politics. London: Pinter. 9-63.

Rosato, Sebastian. 2003. The Flawed Logic of Democratic Peace Theory. American Political Science Review 97 (4): 585-602.

Rosenau, James N. 1990. Turbulence in World Politics. A Theory of Continuity and Change. Princenton: Princeton University Press.

Ruggie, John Gerard. 1983. International Regimes, Transactions, and Change: Embedded Liberalism in the Postwar Economic Order. In: Krasner, Stephen D. Hrsg. International Regimes. Ithaca: Cornell University Press. 195-231.

Ruggie, John Gerard. 1993. Multilateralism: The Anatomy of an Institution. In: Ders. Hrsg. Multilateralism Matters. The Theory and Praxis of an Institutional Form. New York: Columbia University Press. 3-47.

Russett, Bruce et al. 1995. Grasping the Democratic Peace. Principles for a Post-Cold War World. Princeton: Princeton University Press.

Russett, Bruce M., John R. und Michaelene Cox. 2000. Clash of Civilizations, or Realism and Liberalism Deja Vu? Some Evidence. Journal of Peace Research 37 (5): 583-608.

Schimmelfennig, Frank. 1995. Debatten zwischen Staaten. Eine Argumentationstheorie internationaler Systemkonflikte. Opladen: Leske + Budrich

Schimmelfennig, Frank. 1996. Die Internationalisierung der Menschenrechte. Bestimmungsfaktoren internationaler Menschenrechtsinstitutionen. Sowi 25 (3): 165-173.

Schimmelfennig, Frank. 1999. NATO Enlargement: A Constructivist Explanation. Security Studies 8(2), 198-234.

Schimmelfennig, Frank. 2001. The Community Trap: Liberal Norms, Rhetorical Action, and the Eastern Enlargement of the European Union. International Organization 55 (1): 47-80.

Schimmelfennig, Frank. 2007. Functional Form, Identity-Driven Cooperation: Institutional Designs and Effects in Post-Cold War NATO. In: Acharya/Johnston. Hrsg. 145-179.

Schmitz, Hans Peter und Kathryn Sikkink. 2002. International Human Rights. In: Carlsnaes, Walter, Thomas Risse und Beth A. Simmons. Hrsg. Handbook of International Relations. London: Sage. 517-537.

Schultz, Kenneth A. 1998. Domestic Opposition and Signaling in International Crises. American Political Science Review 92 (4): 829-844.

Schweller, Randall L. 1994. Bandwagoning for Profit. Bringing the Revisionist State Back In. International Security 19 (1): 72-107.

Sebenius, James K. 1992. Challenging Conventional Explanations of International Cooperation. Negotiation Analysis and the Case of Epistemic Communities. International Organization 46 (1): 323-366.

Slaughter, Anne-Marie. 2004. A New World Order. Princeton: Princeton University Press.

Stone Sweet, Alex and Wayne Sandholtz. 1997. European Integration and Supranational Governance. Journal of European Public Policy 4 (3): 297-317.

Tsebelis, George. 2002. Veto Players. How Political Institutions Work. Princeton: Princeton University Press.

Varwick, Johannes und Wichard Woyke. 2000. Die Zukunft der NATO. Transatlantische Sicherheit im Wandel. Opladen: Leske + Budrich.

Walt, Stephen M. 1987. The Origins of Alliances. Ithaca: Cornell University Press.

Waltz, Kenneth N. 1993. The Emerging Structure of International Politics. International Security 18 (2): 44-79.

Waltz, Kenneth N. 1979. Theory of International Politics. New York: Random House.

Weber, Max. 1980. Wirtschaft und Gesellschaft. Grundriß der verstehenden Soziologie. Tübingen: Mohr (Siebeck).

Weidenfeld, Werner und Wolfgang Wessels. Hrsg. 2007. Europa von A bis Z. Taschenbuch der europäischen Integration. Baden-Baden: Nomos, 10. Aufl.

Wendt, Alexander. 1992. Anarchy is What States Make of It. The Social Construction of Power Politics. International Organization 46 (2): 391-425.

Wendt, Alexander. 1994. Collective Identity Formation and the International State. American Political Science Review 88 (2): 384-396.

Wendt, Alexander. 1999. Social Theory of International Politics. Cambridge: Cambridge University Press.

Wendt, Alexander. 2003. Why a World State is Inevitable: Teleology and the Logic of Anarchy. European Journal of International Relations 9 (4): 491-542.

Wolf, Klaus Dieter. 2000. Die Neue Staatsräson - Zwischenstaatliche Kooperation als Demokratieproblem in der Weltgesellschaft. Baden-Baden: Nomos.

Zacher, Mark W. und Richard A. Matthew. 1995. Liberal International Theory: Common Threads, Divergent Strands. In: Kegley, Charles W. Jr. Hrsg. Controversies in International Relations Theory: Realism and the Neoliberal Challenge. New York: St. Martin›s Press. 107-150.

Zakaria, Fareed. 1995. Realism and Domestic Politics: A Review Essay. In: Brown, Michael E., Sean M. Lynn-Jones und Steven E. Miller. Hrsg. The Perils of Anarchy. Contemporary Realism and International Security. Cambridge: MIT Press. 462-438.

Zangl, Bernhard und Michael Zürn. 1999. Interessen in der internationalen Politik: Der Akteursorientierte Institutionalismus. Zeitschrift für Politikwissenschaft 9 (3): 923-950.

Zangl, Bernhard und Michael Zürn. 2003. Frieden und Krieg. Sicherheit in der nationalen und postnationalen Konstellation. Frankfurt: Suhrkamp.

Zürn, Michael. 1992. Interessen und Institutionen in der internationalen Politik. Grundlegung und Anwendung des situationsstrukturellen Ansatzes. Opladen: Leske + Budrich.

Zürn, Michael. 1993. Bringing the Second Image (Back) in. About the Domestic Sources of Regime Formation. In: Rittberger, Volker. Hrsg. Regime Theory and International Relations. Oxford: Clarendon Press. 282-311.

Register

pro Studium Politikwissenschaft

UTB

- Maren Becker, Stefanie John, Stefan A. Schirm
Globalisierung und Global Governance
Grundzüge der Politikwissenschaft
Hrsg. v. Mir. A. Ferdowsi
UTB 2965 S
ISBN 978-3-8252-**2965**-8
W. Fink. 2007.
228 S., einige Grafiken, zahlr. Tab.,
EUR 12,90, sfr 24,00

- Tobias Bevc
Politische Theorie
UTB basics
UTB 2908 M
ISBN 978-3-8252-**2908**-5
UVK. 2007. 304 S., 15 Abb.,
EUR 17,90, sfr 32,00

- Irene Etzersdorfer
Krieg
Theorien bewaffneter Konflikte
UTB 2875 S
ISBN 978-3-8252-**2875**-0
Böhlau. 2007. 264 S.,
EUR 19,90, sfr 35,90

- Wilhelm Hofmann, Nicolai Dose, Dieter Wolf
Politikwissenschaft
basics
UTB 2837 M
ISBN 978-3-8252-**2837**-8
UVK. 2007.
304 S., 29 Abb.,
EUR 17,90, sfr 32,00

- Sven Bernhard Gareis
Deutschlands Außen- und Sicherheitspolitik
Eine Einführung
UTB 2843 M
ISBN 978-3-8252-**2843**-9
Barbara Budrich.
2., aktual. Aufl. 2006.
272 S., 7 Abb., 24 Tab.,
EUR 16,90, sfr 31,00

- Sven Bernhard Gareis, Johannes Varwick
Die Vereinten Nationen
Aufgaben, Instrumente und Reformen
UTB 8328 L
ISBN 978-3-8252-**8328**-5
Barbara Budrich.
4., akt. u. erw. Aufl. 2006.
382 S., 34 Abb., kart.,
EUR 18,90, sfr 34,00

- Stefan Marschall
Das politische System Deutschlands
UTB basics
UTB 2923 M
ISBN 978-3-8252-**2923**-8
UVK. 2007. 300 S., 33 Abb., 28 Tab.
EUR 19,90, sfr 35,90

- Irina Michalowitz
Lobbying in der EU
UTB 2898 M
ISBN 978-3-8252-**2898**-9
facultas.wuv. 2007. 240 S.,
EUR 18,90, sfr 34,00

- Manfred Mols, Hans-Joachim Lauth, Christian Wagner (Hrsg.)
Politikwissenschaft
Eine Einführung
UTB 1789 S
ISBN 978-3-8252-**1789**-1
Schöningh.
5., aktual. Aufl. 2006.
528 S., 9 Abb., 5 Tab.,
EUR 21,90, sfr 39,00

- Dieter Nohlen
Wahlrecht und Parteiensystem
Über die politischen Auswirkungen von Wahlsystemen
UTB 1527 S
ISBN 978-3-8252-**1527**-9
Barbara Budrich.
5., überarb. u. erw. Aufl. 2007.
527 S., 5 Abb., 68 Tab.,
EUR 14,90, sfr 27,90